启笛 | 听见智慧的和声

诸仙纪

中国仙话八议

严优 著

图书在版编目（CIP）数据

诸仙纪：中国仙话八议 / 严优著. —— 北京：北京大学出版社，2022.8
ISBN 978-7-301-33059-3

Ⅰ.①诸… Ⅱ.①严… Ⅲ.①传统文化 – 研究 – 中国 Ⅳ.① K203

中国版本图书馆 CIP 数据核字 (2022) 第 094641 号

书　　　名	诸仙纪：中国仙话八议 ZHUXIANJI: ZHONGGUO XIANHUA BAYI
著作责任者	严优　著
责 任 编 辑	闵艳芸
标 准 书 号	ISBN 978-7-301-33059-3
出 版 发 行	北京大学出版社
地　　　址	北京市海淀区成府路 205 号　100871
网　　　址	http://www.pup.cn　新浪微博：@北京大学出版社
电 子 信 箱	zpup@pup.cn
电　　　话	邮购部 010-62752015　发行部 010-62750672　编辑部 010-62752824
印 刷 者	北京宏伟双华印刷有限公司
经 销 者	新华书店 787 毫米 ×1092 毫米　24 开本　20.5 印张　411 千字 2022 年 8 月第 1 版　2023 年 9 月第 2 次印刷
定　　　价	108.00 元

未经许可，不得以任何方式复制或抄袭本书之部分或全部内容。
版权所有，侵权必究
举报电话：010-62752024　电子信箱：fd@pup.pku.edu.cn
图书如有印装质量问题，请与出版部联系，电话：010-62756370

目录

序言　01
前言　11

上编　关于神仙的冷热知识

第一单元　神仙的来历　3
　　古神：海神怒惩秦始皇　4
　　巫师：从巫咸到女祭　9
　　传说人物：赤松子和他的朋友们　21
　　道家自创：神乎其神的若士　27
　　历史人物：神仙都爱橘中戏　32
　　修道者：开宗立教张天师　37

第二单元　从仙界"体制"看神仙类别　41
　　天仙：镶嵌在庞大的系统中　42
　　地仙之一：老实干活的体制派　45
　　地仙之二：安守洞天福地的中间派　49
　　地仙之三：利益得兼的原教旨派　55
　　散仙之一：早期隐逸高士　58
　　散仙之二：无政府派逍遥到底　64

第三单元　成仙的技术　69

　　那些可致长寿的食材　70
　　也不必非得吃　73
　　外丹：淮南王的奇迹　75
　　内丹与房中术：从容成公说起　83
　　白日飞升：黄帝乘龙　90
　　作为接引者的瑞兽　96
　　火烧登仙：啸父的排场　105
　　尸解：皮囊的魔术　109
　　另辟蹊径：脉望坠星之法　116

第四单元　仙术与法门　121

　　预言：城陷为湖　122
　　禁咒术：徐仙姑的惩罚　128
　　符箓术：急急如律令　132
　　隐身法：看不见的李仲甫　139
　　时空扭曲：费长房缩地脉　144
　　无碍之路：崂山道士穿墙过　152
　　变你之形：板桥三娘子　157
　　幻术：你对月亮都做了些什么　164
　　打破维度之锁：画中人　171

下编　关于神仙的远近往事

第五单元　从人界到仙界　177
　　人类愿望的阶梯　178
　　长寿：彭祖及"数字化"生存　180
　　转世：金童玉女七世姻缘　188
　　复活：镏民们的秘密　202
　　永生：长毛有翅的古拙仙　206
　　仙乡到底在何方　210

第六单元　道教神仙体系的大"流量"　221
　　玉皇大帝与话语权　222
　　太上老君沉浮记　234
　　二郎神听调不听宣　246
　　你与雷神的距离　255
　　逆子哪吒，少儿不宜　266
　　爱之往迎：福禄寿喜财　276
　　避之不及：凶煞穷厉瘟　286
　　东岳大帝与碧霞元君　295
　　来，干了这碗孟婆汤　310
　　一城当家神城隍　319
　　可大可小的土地神　324
　　家神灶王爷与灶王奶奶　332
　　监察神的极致：三尸神　342

第七单元　男神仙的嬉与游　345

名流范儿：洪崖先生和他的坐骑　346
偶像派：王子乔的鞋子戏法　352
最高冷：姑射山之神人　358
谪仙人：东方朔是什么来历　365
人仙之间：去问严君平　372
老顽童：左慈逗你玩儿　378
最著名组合：八仙集结　385

第八单元　女神仙的乐与怒　403

玉女们：转教小玉报双成　404
圣母的慈悲：妈祖救厄　412
老祖母：骊山老母广收徒　423
孕嗣保障组：子孙娘娘大家族　427
处女神的尊严：麻姑指爪风波　433
神女无情：江妃邂逅郑交甫　440
学术派：那一场旷世盲棋　448
卑屈成神：厕神兼乩仙紫姑　452

后记　459

序言

一

鸦片战争后，对于多数传教士而言，中华本土的道教、萨满教等"异端"反而魅力不减。在传教士禄是遒（H. Doré, 1859—1931）搜罗编辑的多卷本《中国迷信》（Recherches sur les superstitions en Chine）中，"道教仙话"就独立成卷。

在落后挨打而求国家独立、民族自强的总体语境下，包括道教在内的诸多本土信仰常与"迷信"捆绑一处。五四新文化运动的中坚，早年不时"互文互名"的鲁迅、周作人哥俩，都曾经批判性地将中国文化的根底归结为道教，认为中国人多属道教徒。周作人更进一步，将中国文化的根基推到了萨满教。

1918年8月20日，在写给许寿裳的信中，鲁迅有言："前曾言中国根柢全在道教，此说近颇广行。以此读史，有许多问题可以迎刃而解。"1920年7月18日，在《乡村与道教思想》中，鉴于"支配国民思想的已经完全是道教的势力了""中国人的确都是道教徒了"，周作人明确指出：他所批判的道教并非指老子的道家者流，而是张天师做教主、道士们做祭司的太上老君派的拜物教。1925年9月2日，在《萨满教的礼教思想》中，周作人更明白地写道："中国据说以礼教立国，是崇奉全圣先师的儒教国，然而实际上国民的思想全是萨满教的（Shamanistic 比称道教的更确）。"

近百年来，对道教以及萨满教的宗教学研究不乏声浪。然而，对于与道教关联甚紧、蔚为大观的周作人当年点过名的张天师、太上老君等神仙的志怪传奇、传说故事的研究，却明显不足。对于这些和神仙相关的叙事，无论是书面记载还是口耳相传，严优将之统称为"仙话"。截至目前，直接以仙话命名的学术专著屈指可数，研究者也以男性学者为主。代表作有郑土有《中国仙话与仙人信仰研究》、罗永麟《中国仙话研究》和梅新林《仙话：神人之间的魔幻世界》等。

之所以如此，不但与仙话在近代以来被"迷信"污名化有关，更与孔圣人不语怪力乱神这一正统而正确的"紧箍咒"——文化潜意识有关。经过源自西方的"赛先生"不同程度洗礼的世人，反而更加认同了在中国长期占据主流的不语怪力乱神的儒家观念。人们可能会在茶余饭后津津乐道，但大致还是将仙话定格在不足为据的奇谈怪论。其实作为一种土生土长的文化现象，传衍数千年的想象力丰富、奇幻瑰丽的仙话是一宗重要的文化遗产。它是世界的，更是中国的。在文化强国、弘扬优秀文化遗产、讲好中国故事、全面提升公民文化素质与文化自信等新的语境下，重新审视、定位仙话就有了必要。

如同众多文化遗产一样，源生于过去的仙话当然是粹渣并存、良莠不齐。它不是严格意义上的纪念碑，更不一定是丰碑，却有着巫鸿借中国古代艺术和建筑诠释的"纪念碑性"（monumentality）。一个时代有一个时代的价值评判，一群人有一群人的好恶和认知水准，一个人有一个人的心灵感受能力与智性。但是，这些"个体化"也是个性的存在，都不言而喻地承袭了过往，预示着未来。这使得在相当意义上，历史是拟构（fiction）与心性的，甚或因人而异，不时变脸。对这种具备纪念碑性的文化遗产而言，不同时代的后来人对其形式、意蕴以及价值可能会有相似或迥异的体认。粹渣、良莠完全可能易位，甚至如一枚硬币，可以随心所欲地随时翻转。如果因为一种文化遗产存在渣和莠，就弃之不顾，那便是作为后来者的我们掩耳盗铃式的愚妄。

如何对之加以创新性传承、创造性转化,让千百年或明或暗传承不绝的仙话具有当下意义,或者说今天的我们应该怎样释读仙话,是至少都风闻过一两个仙话的国民应有的文化自觉与文化担当。换言之,作为一种文化遗产,世界的、民族的仙话,当进入到生活世界中的个体层面,与个体默观、凝望、对视进而互动时,就不再仅仅是属于遥远的过去、他乡,高高在上,而完全有可能成为一种活态的、有着当下性的支撑人的"生"之艺术(vernacular)。如此,强调个性、性情的个人的遗产、群体的遗产与更强调共性、知性的民族的遗产、国家的遗产也就不是一对眈眈相向的矛盾范畴,而是共情共鸣的你中有我我中有你的互文关系。

正是出于这种基于家国情怀、小我与大我一体的文化自觉和学术担当,在2017年推出了学理情趣兼具、雅俗共赏的佳作《诸神纪》之后,严优与北京大学出版社再度携手,推出了这本同样"轻快"的《诸仙纪》。

二

在对汗牛充栋的仙话进行系统学术研究的同时,严优更希望能对大众进行关于仙话的知识普及。一反百年前启蒙先驱的否定性基本定位,有着文化自信的严优旗帜鲜明地指出:"神仙学说及仙话是中华民族贡献给人类文明的一份别致的礼物";通过具有突出的"中国性"的仙话,完全可以讲出精彩的"中国故事"。因此,"对传统文明进行现代化的审视与扬弃,并且不断将这种审视与扬弃的成果与本文明的后裔们分享",就成为严优创作《诸仙纪》的强大内驱力。

何为仙话?作为一个严肃的学术问题,经由与神话的比较,严优在"前言"中将仙话定义为"基于人们相当长时期内相当程度共识的、关于仙的故事的总和"。然而,我更欣赏她在对"监察神"——三尸神的品评中似乎是不经意地写的那句："仙话提供克服一切障碍超越自我的可能性"。应该说，这一句是截至目前关于仙话最言简意赅，且直击内核的定义，也是严优基于对个体生命的敬意、基于人间本位主义，赋予仙话以"正"能量，进而赋予《诸仙纪》合理性的基石。

易言之，仙话并非仅是有角色、有情节、有共识的关于神仙林林总总、源远流长的故事。这些长命不绝衰的故事，之所以在自古及今的中华文明体中有一席之地，之所以在科技昌明的今天还要讲述、重温，关键就在于它是生命观的投射，是对人突破自身局限性的一种朴素而奇妙的想象，或如汪洋恣肆，或如小溪潺潺，或如瀑布飞流，或如泉水叮咚。而且，它也确实在相当意义上表明了人克服一切障碍而超越自我的可能性。作为别具一格、自成一体的文类，仙话有着人类优秀文艺作品基本的形态、质地与功能。因为它直面的是最普遍意义和最本质意义上的个体本身，面对的是人心与人性，映射的是人类永恒的困境、对生命的理解、期许和从未停止的如夸父逐日般的苦苦追寻。

当然，要说清仙话，就不得不说清"仙"。与禄是遒等十九二十世纪之交的传教士整体上倨傲、笼统地将中国本土的宗教信仰视为"异端"、污名化为"迷信"不同，20 世纪后半叶基于田野调查的焦大卫（D. K. Jordan）、武雅士（A. P. Wolf）等人类学家，对中国本土宗教提出"神—鬼—祖先"的三极认知范式。这种认知虽然有所进步，但"神"依旧是一个模糊的概念，几乎囊括了除鬼之外人们供奉膜拜的一切超自然力量，神、仙、精、灵、怪，等等。在汉语语境中，"神""神仙""仙"之语义多相含混。三个语词中，最常用的是双音节的偏义复词"神仙"。不同语境下，"神仙"或指"神"，或指"仙"。在与其《诸神纪》之"神"的比较中，严优定义了她这本仙话要谈的"仙"。

何为仙？它是通过内养外服等方式修炼而长生不死，经常住在山里或其他奇境之中，具有某些特殊能力的得道者。仙是后天的，是凡人经过艰苦修炼得成，其"仙格"由"人格"提升而来，其超自然性由自然性改造而来。显然，与神相较，仙与人有着更多的互动、关联和亲缘性，是凡人对生命的理解与追求，是绝大多数中国人长期信奉、实践的奉神为人和奉人为神的"神人一体"辩证法的绝佳体现。

因此，鉴于"仙话"的仙与话的双重指向，《诸仙纪》在架构上分成了围绕"仙"和"话"的上、下两编。同时，也因为仙话的仙与话的双重指向，"仙在话中"和"话中说仙"的《诸仙纪》又成为一个整体的"纪"。这个纪，不仅仅是"录"，也是"述"。在对仙话进行深入浅出、妙趣横生的现代转译的同时，严优还以女性的直觉，对仙话这一男权社会的衍生物进行犀利的评析。

与郑土有等前辈相对严肃的学术写作不同，严优明确将自己的写作定位为"轻学术"——有游戏精神，轻松活泼又不乏棱角、锋芒的学术写作。也即，她要一如既往地在学术语言与普通读者的通俗阅读需求之间架起桥梁。顺势，严优将其写作与古已有之的文体"笔记"区分开来，命名为"一种具有当下性的笔记"。较之古代的笔记体著述，其当下性的笔记不仅仅是如张岱《夜航船》般的记与言，而是更有体系、更注重论与辨，要摆事实、讲道理，要动之以理、晓之以情。较之学术专著，其当下性的笔记又有着更多的弹性与回旋的空间。一定程度上的自由联想、随兴发挥，使之有着更多的本色与真情。

如是，在作家和学者之间的自由摆渡、切换与穿越，使得貌似调侃却严肃认真、直捣黄龙的"轻"说，既是《诸仙纪》的内核，也常让人脑洞大开，会心颔首，抿嘴一笑。诸如天上玉皇名号得来的全不费功夫，人间"龙王"的捉襟见肘、装神弄鬼、装疯卖傻，皆栩栩如生，如在眼前。在其"轻"说之中，道貌岸然、相互含括、狼狈为奸的神权、皇权、男权没有了遮羞布，赤身裸体，一览无余。

当用现代日常生活中人们熟悉的技术、物象来勾画仙家时，高流量的神仙之画皮也欲盖弥彰。不是无所不能的神仙实现了时空穿越，而是读者在文字前反转、倒立，俨然梦蝶的庄周，是耶非耶，满眼的迷离朦胧,心与物游,不知今夕何夕,身在何处。在严优笔下,灶王爷,是老天爷投放到世间的三百六十度无死角的监控摄像头,且自带超大硬盘,整年全天候不间断存储你的黑料;三尸神,作为监察界的劳模、间谍界的王牌,对你的监察是钻进你的肉身的内部监控。

毫无疑问,这样的"仙话"——对神仙的唠嗑、比划,绝对前所未有。其实,严优以其不显山露水的曲笔,描绘出了当代以科技形态存在的无处不在的"神仙"。她不仅描绘出古人的生存困境和突围的尝试,也不经意地在其游戏文字中道出貌似"不信一切"的现代人生活的两难,和算计重重,处处设防,监视又"全景敞视",以致荷戟独彷徨而无险可守、无围可突的窘境。

当然,这一技术世界困境的揭示,仅仅是无心插柳。以其女性的细腻与敏锐,严优对仙话的当下的纪与述——现代释读,更着力女性主义立场。如同《诸神纪》一样,她试图通过其"仙话",为过往仙话中受歧视、压抑,甚或奴役的女性(神仙)鼓与呼,从而赋予古旧仙话以当下性和启蒙性,进而实现对仙话这一文化遗产的创造性传承和创新性转换。

三

灶王爷的仙话,实乃民间文学中屡见不鲜的"浪子回头"这一母题。在男权社会衍生的仙话中,这样的母题绝对不会出现在女性身上。相对难产而死的产妇,乡土中国长期都视为不洁,避之不及。

20世纪前半叶,在现清华大学附近的前八家村,村庙延寿寺供奉的"鸡姑"(亦名"寄孤")神就主要是应对死于难产的产妇而在阴间专门保佑产妇灵魂、收留孤魂野鬼的地方性神灵。然而,虽然其处理的是具有强力的横死幽灵等所谓"污秽"之物,却地位低下,"大庙不收,小庙不留"。在1940年完成的学士毕业论文《一个村庄之死亡礼俗》中,陈封雄(1917—1999)指出:村民认为,女性难产而死是因有罪而上天罚之的结果,是不洁的;因此为了避免污秽祖茔,难产而死的妇女须暂厝,等到本家再丧一人安葬时,顺便将产妇之棺掘出,在祖茔地依序葬之,即"带灵"。不仅如此,在接三日,丧家要为死亡产妇扎制一个鸡笼焚烧,以使产妇之魂免入鸡笼。

了解了这些不乏"惨烈"的社会事实,就更能理解严优讨论仙话中占了半边天的女神仙时的自白:"考察在传统的男性表达中如何呈现女性面对体制与权力的态度(顺应/屈从/不合作/反对/抗拒……),并进而探讨现实中女性关于快乐与痛苦的感受在仙话中有着怎样的曲折反映。"为此,她特意写出了"神仙与姻缘"一章,包括白水素女、牛郎织女、柳毅传书、吴洞灰闺女等。遗憾的是,因整本书篇幅关系,该章只能与读者失之交臂。

这里剧透一下,在被"留白"的"神仙与姻缘"这一章之中,一直如福尔摩斯般抽丝剥茧而揭秘的严优,依然是在对以男权为核心的旧权力系统的拷问。对于白水素女(田螺姑娘)下凡,严优品评道:

> 螺女下凡,表面上是天赏,本质是勤恳本分的底层男子对自己的(幻想性)奖励。身无长物,穷到娶不起妻,又希望有好运降临,唯一可以拿来跟上天讨价还价的优长,只有道德。我信仰,你安抚;我奉献,你支配;我表现,你奖励。这是公平的,比(仅具有普通道德水准的)刘阮袁根的际遇公平,更别说拿来与(借出差之机大搞艳遇的)张鷟相比了。至于谢端见到仙女就苦缠不放,其行为背后,除了道德勇气的支撑,也是现实婚俗(男方应主动)的反映。

对路人皆知的牵牛郎,严优毫不客气地道明其尴尬的身份:放牛娃的升级版,不上学的童工,成年了因身无长物,称呼仍只能与牛挂钩。但是,对这样一个极度贫困而仍旧勤劳的男子,底层民众"充满真情地投入了自己"。于是,"在牛精的教唆和帮助下,贫苦质朴的青年牛郎完成了偷窥—藏衣—要挟—结婚—生子五部曲,走向人生巅峰"。当然,严优同样没有忘记揭示为抱得美人/帅哥归,好儿郎柳毅和吴洞"灰姑娘"工于心计、老谋深算的一面。

值得称道的是,在《诸仙纪》中,类似这种对男权世界以及神仙"小心眼"的鞭挞,并非仅仅是立足古今。先后在北京大学中文系和北京师范大学中文系浸润多年的严优,还有着中西比较的广博视野,有着对仙话、笔记、中国文学、中国文化和她自己辨识力满满的自信,有着一双"透视眼"和超强的"读心术"。

因此,在"神仙与姻缘"中释读广为流传的月老与韦固这则仙话时,深谙中西文学之趣和接受美学三昧的严优敏锐地指出:因为是男性写的,故事并不承担替女性发声的责任;《简·爱》(Jane Eyre)里从不曾替自己说话的"阁楼上的疯女人"仅仅是"韦妻在遥远的时间与空间外的别样回响"。如此一来,长期被国人视为彰显女性觉醒、赞誉有加的夏洛蒂·勃朗特(Charlotte Brontë, 1816—1855)的《简·爱》,就应该打不少折扣了。作为觉醒的女性,勃朗特的短缺,也因此暴露了出来。

这种深刻与独到,难免让人想到当年热血沸腾的江绍原(1898—1983),在《语丝》《晨报副刊》《京报副刊》上连载的诸多古今中西比较的"礼部文件"的影子、曼妙与威力。

四

显而易见,在严优笔下,古代的仙话,不再仅是古代的,也是当下的;不再仅是中国的,还是世界的;而且是关于并无古今中西之别的人心与人性的。以其才情、自觉与担当,严优赋予了作为研究对象的仙话以新意。即,有着与诗话、词话同等意涵的"仙话"这一新文类,不仅仅是其自言的"当下性的笔记"。仙话,是关于神仙的故事,更是关于神仙故事的故事,是关于神仙故事的当代诠释。作为新文类"仙话"的核心,《诸仙纪》中每章大比重的"掰书君曰",充满了认知论的意涵。严优确实将众多的古书给我们掰开、拆散、揉碎了,让我们感知到散落在这些古书间的仙话背后的逻辑、权力和可能有的能量。《诸仙纪》也骤然变得沉重起来,至少有些凝重。

众所周知,井上圆了(1858—1919)在东瀛开启的妖怪学,其本意完全不是搜罗奇闻异事,弘扬"妖怪",反而是针对明治维新精神革新并不彻底的事实,试图破除迷信与妄信,以科学打破"假怪",引导人进入"真怪"之宗教的世界。在相当意义上,五四新文化运动开启的理性启蒙并未彻底完成。借其"仙话",严优只不过是在相当意义上继续这一启蒙伟业。她半点没有要大家去相信这些仙话的措意。她只是觉得:作为中国人,也是世界性的公民,大家都应该了解这些仙话;通过仙话,实现文化上的传承和自我革命,实现国民与世界公民的自我教育,进而自信十足地在网络时代进行无处不在并洋溢着真、善、美、正的文化表达、交际与交流。

就传统文化的循环再生而言,近一百多年来的中国与日本迥然有别,差距不小。因为井上圆了《妖怪学讲义》,在经历了哲学上认知的洗礼和革新之后,日本原本有的神仙鬼怪早已经实现了创新性传承与创造性转换。日本的神仙鬼怪乃日本动漫等文化产业的核心竞争力与生长点,风靡世界。在弘扬日本文化的同时,也赚得金钵满满。不仅如此,一改明治维新前日本从中国引入"妖怪"的传统,明治维新后,不仅是"妖怪","妖怪学"也长期在向中国有序回流与渗透。其影响既波及年轻人的视觉审美,也影响到学界对"妖怪学"的再审视。在相当层面上,动漫、影视之有声有色的动态传播和平面纸媒之静态的日本"妖怪来袭",也多少赋予了当代中国"老"鬼与"新"鬼兼容并存的日常消费文化以新格局。与西方的吸血鬼影视文化一道,频频来袭的日本妖怪(学)在让影视化的《封神演义》《白蛇传》《西游记》《聊斋》等有着持久消费群的同时,还在相当意义上刺激了《山海经》《搜神记》《太平广记》《阅微草堂笔记》等典籍的通俗化释读与不同形态文化的再生产。

正是在此意义上，严优对仙话的再写作、当代意涵的赋予和革命性的释读，实乃源头活水。它必然有利于仙话从文化遗产、文化资产向文化资本、文化产业、文化产品的当代转换。与《诸神纪》一样，本书既是国民传统文化知识的普及读本、〇〇后开心的私房读本，也是让当下网络上铺天盖地却一地鸡毛的玄幻文学作者汗颜的头脑风暴读本。换言之，严优对于仙话的"活生生的体验的描述"，不仅道出了作者本人对于她和《诸仙纪》之间"关系的感受"，还以其独具的思考与书写，开启了对于仙话、中国传统文化以及人类的"一种新的观照"。

作为永远在路上且有着文化担当的学者型作家，相信继《诸仙纪》之后，诸圣纪、诸鬼纪、诸怪纪、诸人纪等，都在酝酿之中，甚或已经在严优写作的路上！

岳永逸

2022 年 3 月 8 日于林翠远山居

前言

说起神仙，人们常会有复杂的感受，尤其受过现代教育、自认理性的知识精英，也许一面会被神仙学说和神仙故事充沛的想象力、丰富的角色设置和多变的情节结构所吸引，一面又觉得神仙故事不过是古人大开脑洞的胡说八道，只可充当茶余饭后的闲谈，登不得大雅之堂。

其实，大可不必如此纠结。仙话展现了中国人独特的思维模式，（尤其其中的修仙求仙故事）可视为我国独有的或曰具有"标识性"的文学品种。鲁迅曾说"中国根柢全在道教"，而道教体现在文学层面主要就是仙话。仙话里藏有一些足以将我们与他者文明区分开的共识或观念，包括但不限于：中国人对神灵与人类关系的思考，对生死及生命形态的思考，对规则与自由的思考，对男女关系及各自地位的思考，等等。深入研究仙话，无疑将使我们对于中国文化、中华文明的本质和丰富性的理解更进一步。

在全球化的时代背景下，越来越便捷的信息交流和越来越频繁的文化融会令不同族群原本清晰的一些特征变得模糊起来，这容易使人们产生一种"文化乡愁"，担心自己族群的独特性难以回溯和保持。仙话及其提供的奇观则因独树一帜而能够帮助中国人有效缓解这种乡愁。正如学者在论述神话和奇幻文学时所言："……超自然要素被受众理解为文化传统，便能消解工业化和全球化所带来的焦虑和愁绪，让大众文化感觉历史的根系仍未断绝。"[1]

仙话，是可以讲得很精彩的"中国故事"。

关于神仙

有了以上认知前提，我们首先来界定一下本书中所使用的"仙"和"神仙"等概念。

"仙"，又写作"仚"，《说文解字》释为"人在山上貌"，《释名》说"老而不死曰仙，仙，迁也，迁入山也。"。参考古今学者的研究，本书综合定义为："仙"是通过内养外服等方式修炼而长生不死、经常住在山里或其他奇境中、具有某些特殊能力的得道者。

"神"（狭义）与"仙"的区别是：神（狭义）是具有"神格"的超自然灵体（包括天地万物万事的创造者、司掌者等），是先天的（在创世之初自发形成或由创世神安排）。而仙是后天的，是凡人经过艰苦修炼得成，其"仙格"是由"人格"提升而来，其超自然性是由自然性改造而来。

"神仙"是个笼统的说法，在不同语境中用法各异：第一，广义，泛指，在这种情况下，"神仙"是整体概念，"神"与"仙"两者混言不别。第二，可视为偏义复词（偏重于"仙"），在这种情况下，"神仙"视同为"仙"。第三，可视为"神"（狭义）与"仙"的合称，在这种情况下，"神"（狭义）与"仙"是分开的。

本书提到"神仙"多为第二种情况，即偏重于"仙"。但鉴于"神"与"仙"在实际传承中难以割舍的关联（比如有些神灵同时具有先天性和后天性），本书中的"神仙"有时也会指向第一种情况，即二者混言不别。

---

[1] 谢开来：《超自然叙事的民俗解释与陌生化问题》，《跨文化研究》2020年第43期。

有必要说明一下广义的神/神灵。中国的神灵世界可谓无远弗届，孔子说："祭如在，祭神如神在"，《左传·僖公十年》中狐突说："神不歆非类，民不祀非族"，所以，无祀就无神，有祀就有神，凡得到中国人（或其中的族群）共识所祭祀的鬼神，就属于"我们的神"。本书以讨论"仙"为主，但有时也难免对其他广义神灵有所涉及。

广义的中国神灵主要包括神（狭义）、仙、鬼、精、怪、妖几大类，彼此有所区别，又并非截然不同。"神""仙"之别前文已述。"鬼"现在指人死后的灵魂，但在古文里"神鬼"有时并用不分：如韩愈《请上尊号表》说，"北岳医闾，神鬼受职"；又如《山海经》中，青要山神武罗写作䰠武罗（"䰠"等于"神"，鬼是义旁）；再如本书提到的小雷神律令，他其实是由人鬼担任的。"精"是自然物（动植物乃至矿物）之灵，"怪"更侧重罕见、特异的性质，"精怪"常合称，其词义并不含道德判断，人类对某精怪的褒贬全看其具体表现。"妖"则是作恶的精怪或人鬼，道德上是"坏"的。从道德、地位或能力等维度看，神（狭义）、仙、鬼、精、怪、妖之间存在渐变关系。比如同为树木之灵，《搜神记》里庇护庐江一方的大树黄祖被视为树神，《古今诗话》里吕洞宾遇到的松树神被称为"老树精"，而《聊斋》里吸人阳气的树精则被称作"树妖"。至于"魔"，其实是个外来的佛教词汇，在中国有时与妖组词，有时与鬼组词，在仙话中若遇到，可笼统视为邪恶的坏灵，归入妖类。

本书以"仙界"指称仙所处的（自然及人文）环境。由于"仙"与道教的观念密不可分，有时候本书也将这一领域及其人物扩称为"仙道界"。

关于仙话和神话

本书是关于中国仙话的话题式述评研究。

中国仙话研究滥觞于20世纪初，历起步期（1920—1940年代）、沉寂期（1950—1970年代末）、繁荣期（1980年代至今），经过鲁迅、茅盾、闻一多、袁珂、谭达先、张磊、罗永麟、郑土有、梅新林、干春松等数代学者的不懈努力，已经取得了丰硕的研究成果，形成了"仙话学"的基本框架和理论体系[1]。本书的讨论，就建立在前辈们这些可贵的学术成就基础之上，算是换个角度往前试探的一小步。

什么是"仙话"？按照学界比较公认的定义，仙话是"以记叙神仙活动为主要内容，以追求长生不死和人的自由为中心主题，情节结构曲折离奇，反映人类渴求生命永恒和幸福美满生活愿望的一种叙事文学作品"[2]。或者，本书将其简单界定为：仙话是基于人们相当长时期内相当程度共识的、关于仙的故事的总和。这里主要强调三点：一是仙话是关于仙的故事（"话"），它得有人物及其关系（仙、仙与仙、仙与人），有情节；二是仙话中所体现的观念基于神仙学说，在一定人群中存在相当共识，其讲述能得到较多共鸣；三是这种共识能持续较长的历史时期。像今天的玄幻文学，虽然也自编了各种"神仙"故事，但主要是展现个人创想能力（个性），而非传达基于深厚悠久观念学说的共识（共性），所以不算仙话——算幻想作品是没问题的。

神仙学说至少在春秋战国时期就已成型，至清代余绪不绝，其发展贯穿了中国社会整个帝制/王朝时代。仙话与神仙学说的出现和发展是同时的，因为仙话是神仙学说的普及版，没有仙话的实例举证和生动表达，神仙学说难以立足并壮大。学界常认为，仙话的发展经历了以下时期：萌芽期（春秋战国）、成熟期（秦汉）、裂变期（隋唐）、续盛期（唐宋元）、衰落期（明清），其中对隋唐宋元时期的定性稍有争议，但曲线大致趋势不变。

---

[1] 参见贾利涛《二十世纪中国仙话研究述评》（《文学教育》，2013年第11期）、陈祖英《二十世纪仙话理论的建构及意义》（《聊城大学学报（社会科学版）》，2019年第2期）。
[2] 郑土有：《晓望洞天福地——中国的神仙和神仙信仰》，陕西人民教育出版社，1991年。

仙话的源头主要有远古神话、历史事迹和民间传说三大类[1]。经过两千多年的发展，仙话为我们积累下丰厚的资源，它们有的具备完整的故事形态，有的则体现为情节或母题的碎片。本书将这些仙话的主要内容简要归纳为：第一，关于如何不死成仙的故事（访仙学仙、炼丹服药、导引交接、脱壳飞升等）；第二，关于神仙生活的故事（仙境展示、神仙婚恋、神仙的交谊与争斗、神仙的奇才异能等）；第三，关于神仙与人类的故事（人仙婚恋，神仙惩恶扬善、扶贫济弱等）。本书在不同的章节、从不同的角度对这几类仙话均有涉及。当然，学界对仙话还有别的分类方式，比如罗永麟先生根据故事主体将其分为帝王将相仙话、方（道）士仙话、庶民仙话[2]，梅新林先生根据历史源头将其分为神话变形型、历史附会型、传说衍生型[3]，等等，此不赘言。

仙话与神话是既有联系、又有区别的。

关于仙话与神话的关系，20世纪80年代学界经历了相当充分的争论。争论的一方以袁珂先生为主，他认为（部分健康的）仙话可视为广义的神话（这其实已是他自己认识变化的结果：1950年代他将仙话视为道士们的胡说，1960年代则认为仙话是神话的变种、末流）；争议的另一方则主张仙话与神话存在质的不同，仙话是独立的领域，持论者主要有谭达先、罗永麟、郑土有等学者。这场争论的双方都贡献出了自己的精到思考。经过反复的讨论，仙话的独特性得到学界共识，仙话学得以初建，仙话研究逐渐进入繁荣期。

毋庸置疑，仙话与神话联系紧密：仙话中的一部分由神话发展变化而来（即神话的"仙话化"），因此存在大量的神话仙话混融的故事（如西王母仙话、黄帝仙话等）；二者有一些共通或相似的观念或元素（如不死、变形、异能、奇迹等）；二者都与宗教有关（神话与原始宗教，仙话

---

[1] 梅新林：《仙话：神人之间的魔幻世界》，上海三联书店，1992年。
[2] 罗永麟：《中国仙话研究》，上海文艺出版社，1993年。
[3] 梅新林：《仙话：神人之间的魔幻世界》。

与道教）；二者都是想象—虚构的叙事文学，等等。

然而仙话与神话又有着巨大的区别。本书在前人总结[1]的基础上，将典型神话和典型仙话之间的主要区别表述如下（同时，也顺便说明每种区别里可能存在的模棱两可的混融态）：

第一，两者产生的时代背景不同。神话主要产生于远古和上古，而仙话从上古末期到中古近古都在持续产生，甚至还在中古掀起过高潮。

第二，两者的主要内容不同。典型神话主要是对宇宙自然、人类族群及文化事象的根本起源的解释（"神话是关于世界和人怎样产生并成为今天这个样子的神圣的叙事性解释"[2]），因应着人类童年时期的认知。典型仙话往往不涉及万事万物的根本起源，而倾向于反映人类在童年期之后的更加广阔的社会生活内容。

当然，有些释源性的故事其实处于二者的混融状态。例如长白山天池的起源传说（天池由王母之女的梳妆镜掉落人间形成），若将王母之女视为仙女，当然可以认为这是仙话，但故事本身又与修炼毫无关系，王母之女也更宜视为先天神，所以将该传说归入神话也没问题。我们可以将这类模棱两可的故事视为"非典型神话"或"非典型仙话"。

第三，两者的叙事格局、价值取向不同。典型神话具有神圣性（偏崇高审美），更重宏大叙事，强调神的活动产生的公共价值（类似郑土有所言"集体性"），比如女娲补天、大羿射日等。典型仙话则偏重优美审美，且更多集中在个体叙事上，强调仙的活动所提供的自我超越价值（即梅新林所言"人的生命意识觉醒"，解脱"生命不自由感"，如求仙修炼故事），或者追求超越凡俗的幸福（如人仙婚恋故事）。

---

[1] 郑土有在《质的区别：仙话与神话》中将此区别总结为：1.神与仙的内涵差异；2.不死观念的差异；3.法术的差异；4.度的超越（量变到质变）（参见《中国仙话与仙人信仰研究》，上海人民出版社，2016年）。潜明兹将其观点进一步整理总结为：1.神话是灵魂不灭的，仙话是灵魂和肉体同时不灭的；2.成为神是自然的过程，成仙则需要苦修；3.神格突出集体性，仙格以自我为中心（《中国神话学》，上海人民出版社，2008年）。

[2] [美]阿兰·邓迪斯编：《西方神话学读本·导言》，朝戈金等译，广西师范大学出版社，2006年。

一些混融的故事兼有两种格局和价值取向，比如八仙扶危济困、点化凡人的故事，它们既具有公共价值，也具有个体价值。

　　第四，两者主角（神或仙）的本质不同，有先后天之分。

　　准确地说，中国的神仙队伍主要包括三大部分：先天的，后天的，介于先后天之间的。其中先天的可视为典型的神，后天的可视为典型的仙，两者区别明显。

　　而最后这部分是神与仙之间的混融态，大致又有两种情况：一是某些神灵兼具先天性与后天性，比如玉皇大帝和太上老君（详见本书相关专节）；二是某些神灵的先后天属性模棱两可——比如"死而成神"（广义）者，他们由于生前贡献或特殊原因，死后由天帝委派或确认了神职（著名的例子有娥皇女英死为湘水神，冯夷淹死为黄河神，包拯、海瑞死为阎罗王或阴司主判等）。从来源上看，这些神灵当然是后天的，但他们获得神职和地位显然并非自己刻意修炼的结果。这类神灵，你说他们是神也行，是仙也行，所以，不妨如前文所言含混地称之为神仙就好了。

　　第五，两者所预设的某些重大观念不同。比如对于"不死"的认识：神话中灵魂不死，仙话中灵魂与肉体都不死（在本书的飞升、火烧、尸解等专节对此有所辨析）；神话认为神是天然不死、永恒存在的，而仙话则认为仙的不死是积极追求的结果（所以成仙后还需要内养外服来维持这一状态）。又如对于"变形"的认识：神话中的变形基于活物论，人与自然混一平等；仙话中的变形更体现人的主观能动性，人基于自身意志变形为外物或让外物变化，人对自然具有了掌控能力。再如关于"法术异能"的认识：神话中神制造奇迹的能力是天生的，而仙话中仙的技能是后天习得的，因此可以通过不断修炼来掌握新技能，实现等级的进阶，等等。

　　第六，两者的创作主体和创作方式不同。神话是先民不具名的集体创作，经过时间和空间上的双重筛选而遗留至今。仙话则有三大类源头，其中来自神话和民间传说的同样具有匿名性，但来自历史人物的，一般都有着明显的方道士加工的痕迹，比如淮南王刘安鸡犬升天传说，道教张天师传说，等等。尤其《列仙传》《神仙传》《墉城集仙录》这类神仙传记，更是方术士或道士等刻意的编撰。当然，如前文所述，这种编写是基于当时的某些共识、体现了某些共性，不能视为单纯的个性化的文学创作。

关于本书的体例

本书所涉仙话的时间跨度，与仙话的整个发展历程大致相当，上至春秋的《左传》、战国的诸子著作、《山海经》等，下至清人笔记与世情小说、神魔小说。民国后与神仙有涉的文学作品在本书行文中偶有涉及，但不是主要述评对象。同时必须承认，仙话库藏中有精华，也有糟粕，正文中对此有进一步辨析。

本书分上下编，上编是关于神仙及仙话的基本知识，下编是关于神仙的故事。当然，神仙知识和神仙故事其实是非常丰富的，囿于能力和篇幅，本书只能挂一漏万，在由时间、空间、类型/母题构成的三维网格上精选一些"点"作为代表，并由"点"带动局部的"线"与"面"来进行述评。

上编的神仙知识，当然是我国神仙学说的一部分，但本书主要讨论故事（"仙话"的"话"），不讨论教义，所以对神仙学说是有选择地进行呈现的——选择标准主要看其是否具有故事性、核心性、代表性，或能否引起读者的普遍兴趣。上编的四个单元分别述及神仙的来历、神仙的类别、成仙的技术（如何修仙）、仙术与法门（神仙的异能）。

下编的神仙故事，首先捋一捋人仙之间的进阶，再将道教神仙体系中的显赫神灵单列一章，然后将男神仙代表人物列一章，最后将女神仙代表人物列一章。

本书的写作框架是话题/议题式的，每个话题以一个故事开篇（突出"话"），接着在故事后的"掰书君曰"中再针对本故事进行评说，并展开与本话题相关的更多讨论。当然也有例外。有些话题难以用一个故事代表，或者相关故事比较碎片化，或者理论探讨的意义大于讲述故事，这样的话题，本书便会采用夹叙夹议的方式展开，例如巫师专节、吉神（福禄寿喜财）专节、玉皇大帝专节，等等。

本书并没有采用理论构架先行的方式，因此笔者的观点是分散在全书中的，这也许会给更偏重于寻找理论观点的读者带来不便。为了稍加弥补，在此对本书有所涉及的较重要的讨论略作索引：

神仙的来历问题（第一单元末），神仙的分类标准问题（第二单元导语），巫觋祝的辨析及一些巫术观念（巫师、符箓专节），散仙与地仙的异同、散仙的精神内涵（地仙、散仙、姑射神人专节），先后天神辨析及神权演变问题（玉帝、老子专节），神仙分身的映射原理（老子、灶神专节），幽冥系统的演化、地狱及惩罚（泰山专节），神仙对人的监察系统（灶神、三尸神专节）；

人神关系、民间信仰的特点（海神、凶神等专节），造神运动的规律、俗神信仰的发生发展及更替原理（泰山、妈祖等专节），道释两方对信仰市场的争夺（老子、八仙等专节），

仙话中的性剥削与性压榨（房中术专节），女性在仙话中的主体性问题（房中术、玉女、麻姑等章节），仙话中的道德门槛（飞升、脉望、穿墙术等专节）；

民间转世观/生世观（转世专节），环保观、命势观、禄命观（费长房、禄星、孟婆等专节），灵肉关系（尸解专节），污秽观（厕神专节）；罪业观及死后安排（泰山、孟婆等专节）；

仙话的数字哲学解释体系、数字的文化功能（彭祖、八仙专节），变形问题（板桥三娘子专节），仙话的角色拓展方式（东方朔、八仙专节），外来概念的本土化问题（哪吒等专节）……

与偏重崇高取向的神话相比,仙话显得更加世俗化,更加接地气;与儒家学说两千年被奉为圭臬的待遇相比,道家及后来的道教思想在传统中国不占主导地位。然而,仙话以其无可替代的独特性,理当在中华文明的大家族中占据重要地位。

　　仙话中隐藏着中国悠长历史中文化/思想发展的"暗线",有着对诸多人类终极关怀的安顿:是什么,为什么,怎么办,往哪里去……

　　正统的、主流的思想仿佛一部堂皇大戏,戏台上的主角是帝王将相,是上层知识精英,光鲜亮丽,字正腔圆;而接地气的仙话则更多体现了

(明)唐寅《梦仙草堂图》

坐在台下看戏的中下层民众的思想，它们也许上不得台面，但却真实而深刻，内蕴无穷。

无论作为本文明的后裔还是作为研究者，光知道台上如何唱戏，不知道台下如何抠脚，算不得真正了解并懂得中国人的精神世界。

现在，让我们把聚光灯和话筒朝向这个异彩纷呈的"暗线世界"，看它如何发光，听它如何出声。

开灯，展卷，两杯茶，请君笑看《诸仙纪》。

上编

关于神仙的冷热知识

中国仙话中,神仙主要有这么几个来源:1.上古神灵演化,2.巫师或方士演化,3.传说人物演化,4.历史人物演化,5.民间俗神演化,6.道士或修仙得道者演化,7.道教自创,8.佛教神灵改造。本单元,让我们从一些具体的例子入手,来看看神仙们是怎样从不同渠道汇集到仙话世界中的。

第一单元

神仙的来历

古神：海神怒惩秦始皇

海神是上古自然神，在漫长历史中经历了诸多演变。本节以他作为仙话吸纳上古神灵的例子，讲讲他与人类之间发生的一个小故事。

秦始皇统一天下之后，巡游国境，来到文登县的东海边。秦始皇素来求仙好道，见东海外远远有岛影缥缈，正是传说中的仙山模样，便想过去寻访，并亲眼看看海上日出景象。因为担心乘船渡海不安全，他下令从岸边向那仙山修建一条石桥过去。

工匠们不敢违抗，可是上哪儿弄那么些石头，又怎样才能让石头在如此深的海水里立起来成为桥墩子呢？正在犯愁，有个声音从半空传来："我是海神，我来帮你们赶石竖柱吧。"说着，工人们就听见一阵甩皮鞭的声音，无数洁白的石头像羊群一样，被无形的神鞭驱赶着，从远处众山中络绎不绝走了过来。

石头来到海边，神鞭又指挥它们跳入海中相应的位置。但凡有哪块石头跳得稍微慢了些，神鞭挥舞之声便响起来，紧接着，那石头上就会出现鞭痕，并且渗出血来。工匠们看得目瞪口呆，急忙配合着完成筑桥工作。就这样，石桥顺利地一直往海里修去，直修了四十余里。

秦始皇得知这一消息，立刻祝祷，请求与海神相见。海神起初不愿意，奈何被磨不过，只得说道："我长得丑，如果你们保证不画我的形貌，我就可以与你见一面。"秦始皇满口答应了。

秦始皇骑着马，率领手下沿着修好的石桥往海中走，一直走了四十里，终于见到了海神。海神巨大威武的身躯矗立在深海中。秦始皇激动地下马参见。

有一名技艺精湛的画工被秦始皇夹藏在一大堆随从中，此时忙悄悄地用脚描画海神的模样。可是，画工这个小动作哪里逃得过海神的眼睛。海神大怒："始皇帝负约，见面中止，你们滚吧！"

秦始皇吓得赶紧跳上马，调转马头往回跑。他的马刚转过来，前腿还站在桥面上，后腿踩的桥面就已经坍塌了。秦始皇大惊失色，拼命策马腾跃，一路狂奔。海浪如峰聚山压，石桥在他的身后一刻不停地连续坍塌，惊天动地。随从们哭喊连天。到最后，秦始皇终于登岸，勉强捡回来一条命，而他的许多随从都落入了海中，尤其是那个倒霉的画工，直接掉进海里溺死了。

至今，文登海边那一带山中的石头都向东方倾斜着，这是当年它们被驱赶的方向。尤其山下的石头，全都是红色的，人们说，那就是当年被海神鞭出来的血痕。东海中还竖立着一些大石头，彼此相望，那就是当年石桥被海神摧毁之后残存下来的桥柱。

掰书君曰

上文故事综合改写自晋代伏琛《三齐略记》、南朝梁殷芸《小说》等资料。

这是人类求仙过程中发生的一个小故事。出场的海神是地道的上古自然神，不宜简单称之为"仙"，我们可以视为狭义神向仙发展过程中的一个中间态。

秦始皇求仙，原本是冲着海上仙山（蓬莱等）去的。但对秦始皇而言，见到的神/仙是在山上还是海里其实并不重要，验证神灵的真实存在才是核心。验证了真的有神仙，长生不死就有了路径，自己就可以变着法子央求，以自己人类帝王的身份，想来神灵们多少会给个面子。秦始皇此行不虚，求仙遇神，神、仙兼具，于是本故事里海神的定位也从神话中的"神"，不动声色地转移成了仙话中的"神仙"。这是仙话的早期萌芽态。

秦始皇派遣方士徐福率领数千名童男童女乘坐大海船"蜃楼"入海求仙，19世纪的日本浮世绘描绘了这一传奇性的画面（约1843，波士顿艺术博物馆藏）

故事其实分为两段，《三齐略记》等记载了"海神竖柱"，《小说》等记载了"海神鞭石"。你当然可以分开来看，认为秦始皇在海边造了两座桥，遇了两次神，有一次神人帮他赶石头入海，另一次海神帮他立了桥墩子又给拆了。不过我以为这其实讲的是同一件事，糅合起来更合理，可并称为"海神竖柱"。

"海神竖柱"这个故事的内涵，其实是神（仙）—凡人关系中的诚信问题。

中国民间信仰的特点之一是注重实用，具有强烈的世俗化倾向，这使得神（仙）—凡人关系既坚韧，又脆弱。老百姓对神灵的态度是：第一，将信将疑——不可不信，不可全信。第二，可亲近但有距离——神

（仙）并不能全然统治日常生活，这与儒家人伦传统占据强大支柱地位有关。第三，诚信双赢——信仰是有条件的，烧香许愿，事成还愿，大家互利互惠，说话算话。哪怕是买张灶神、土地神的印刷品来祭拜这类成本低廉的信仰实践，也依然遵循"双方订约——神灵践诺——人类践诺"的流程，实现信仰的闭环。第四，亲兄弟明算账——这家不能帮忙达成心愿，立马换一家，不会不好意思，也没有过多的心理负担。

那么我们看本故事中，神（仙）—凡人关系之所以破裂，就是诚信双赢这一条不成立了。海神鞭石、竖柱搭桥，是主动给予人类恩惠，也许因为对方是"天之子"，加上一番求仙的诚心，因此行个方便帮助其达成愿望。事先秦始皇有没有对海神进行过献祭，我们不知道，但他强烈要求见面时答应了海神的条件，这可以视为对神的回馈，哪怕是被动的。画工偷偷用脚画像，岂宁不是自己吃了熊心豹子胆，而是秦始皇的安排，或者委婉一些，"左右人"的安排。画像的动机，可能是出于尊敬和仰慕，方便后期祭拜；若说是因为人类的自大，非要冒犯，或者因为稀罕，想画下来在世人面前嘚瑟一把，也不是完全没可能。

秦始皇的行为背弃了与神的契约，神应该怎么应对呢？当然必须要发怒，要降罚，否则以后谁还拿神的意思当回事呢？至于罪与罚是否相当……这个画工说了不算，秦始皇说了也不算，海神说了才算。

由此我们也可以看到男神（仙）施罚的特点：偏暴烈。安陵国的唐雎出使秦国，与当时还不是始皇帝的秦王正面硬刚，留下了"天子之怒，伏尸百万，流血千里""若士必怒，伏尸二人，流血五步，天下缟素"的千古佳句，充满了浓厚的火药味。现在，咱们似乎可以续上一句："海神之怒，浪如山压，桥塌柱折，浮尸东海"，跟上唐雎先生的节奏，继续对秦始皇以暴制暴。至于女神（仙）施罚或报复的特点，可参考后文"徐仙姑的惩罚"一节。

最后说说海神。秦始皇遇到的应该是东海神。按《山海经》的记载，东海之神名叫禺虢（hào，有时简化作号），也作禺猇（hào）、禺猇

禺虢

北方禺彊

（xiāo）等。虢、䝞、猇、鸮四字是音/形相近产生的讹变。禺虢的形貌是"人面鸟身"，并且"珥两黄蛇，践两黄蛇"（耳朵上挂着两条黄蛇，脚下踩着两条黄蛇）。禺虢的儿子禺强（玄冥）是北海神，模样跟他差不多，也是耍蛇践蛇的人头鸟。他俩都是非常古朴的上古天神模样。

除了他们父子，神话中春神句芒、西海神弇兹、雨师妾等等，也都是这副形貌，其源头可能来自崇鸟的部族（比如鸟夷），是人兽混形的神话原始时代的遗留。

海神自言"我形丑"，应该指的就是自己这副人头鸟挂蛇的尊容。但其实，神不会觉得自己丑，更不会自卑到杀人，怪模怪样恰恰是其神性的表现。早期的信众是以这副形貌为神圣的，经过长久演变，其信仰基础不存，内含的原始文化信息丢失，在仙话编写者眼中，耍蛇的人头鸟就被认为丑陋了。人类的心理投射到神身上，变成了神的自卑和恼羞成怒，才最终演化为"一幅写生引发的血案"。

主要出处

《三齐略记》《水经注·濡水》《山海经》《古今图书集成·山川典》《夜航船》《小说》

巫师：从巫咸到女祭

本节聊聊巫师群体。因为故事性不很强且零碎，就采用夹叙夹议的方式吧。

远古巫师的一部分在后世转化为方士、术士，专注于方仙道，他们中的佼佼者开创了神仙学说与实践的各种流派，甚至被直接奉为神仙。因此，巫与仙的渊源极深。

巫与仙的主要关联，我想不外乎两点：一是巫能通神，二是巫能炼药。能通神，意味着人有了接近神的渠道，这是人能升格为神的前提；能炼药，意味着人打通了升格为神的物质、技术壁垒，具备了成神的可能性。通神与炼药这两件事在巫的工作中是一体两面、相辅相成的。当巫通过炼药服药而能控驭灵魂出入肉体，自由与神沟通时，巫离仙也就不远了。仙话中第一批修炼得道之仙就这样从巫中产生。

先聊巫的第一大功能：通神。

"巫"是一个象形或者会意字，有各种异体，也有各种造字法解释。先看许慎的《说文解字》："巫，祝也。女能事无形，以舞降神者也。"他对于"巫"字形的解释是"象人两褎舞形"，"褎"通"袖"。巫是以舞降神娱神的，许慎认为巫字画的就是长袖善舞的女人，所以连发音都与"舞"近似。许先生那时看不到很多考古实物，对字源的解释难免有局限。《说文》版本的字形，"工"形中间有个波浪状部件，解释成挥舞的衣袖说得通（见右图一）。但这只是"巫"的一种写法。图二是巫的甲骨文字形之一，时代比许慎早很多，巫字中间的部件解释成手持祭器（杖、戈、钺类）可能会更贴切——即便如此，我觉得将"工"形解

巫字形 1

巫字形 2

巫字形 3

巫字形 4

巫字形 5

巫字形 6

巫觋之舞（商代黑黏土塑像）

释为人的头加躯干还是有点勉强。上页图三的甲骨文字形，中间的部件画作两只手捧物状，而"工"形就可理解为她们手捧的玉器。图四是金文，字形比较复杂，原来的基本字形上面加了一个折弯（或画个点），可能指示巫是要上天的，下面加了一张口，强调巫通过语言与神沟通，包括卜筮、祷告、诅咒等。图五是篆文字形，中间部件变为两个"人"，这时将"工"解释为天地及连通两者的天梯而将"巫"解释为借助天梯上下天地的人就说得通。图六是古楚简帛文字，又有双手，又有祭品；又有人，又有嘴，可以说是各种元素的大集合。巫字还有一些变体，此处就不赘言了。

造成以上多种异体字形的原因，可能是不同的族群来源再叠加上复杂流变之故，但我们可以看到，它们都是在抓住巫的功能进行强调：要么强调舞蹈娱神，要么强调语言交流（歌吟、祷告等），要么强调主持献祭，要么强调在天地间上下沟通……这些不同的侧面结合起来，就为我们勾勒出了上古巫这个群体的基本职业面貌。

祝

此处我们区分下巫、觋（xí）、祝三个相近的概念。从造字顺序来说，巫、祝两字产生在前，甲骨文上都能找到；觋字产生在后，因为它是对巫字的延展。从概念内涵与外延上来说，上古"巫"有广义和狭义之分。广义的"巫"包含所有巫觋祝祭类神职人员。狭义的"巫"在与"觋"相别时，"巫"指女巫，"觋"指男巫。《国语·楚语》说："古者民神不杂，民之精爽不携二者，而又能齐肃中正，其知能上下比义，其圣能光远宣朗，其明能光照之，其聪能听彻之，如是则神明降之。在男曰觋，在女曰巫。"可见巫觋都是当时的文化精英、道德楷模。"觋"的造字在"巫"旁多了个"见"（突出了人的大眼睛，见右图一），强调巫觋是"能见鬼神者"，有时候这个大眼睛又放在了巫字下面（图二）。加上大眼睛，并不代表只有男觋能见鬼神，而是一种用加偏旁来进行意义分化的造字手段。

觋字形1

觋字形2

就女巫男觋的产生先后和比例而言，虽有不同说法，我个人认为可能远古（多数）族群先有女巫，后有男觋，并且在相当长时间内女巫多于男觋。我以为这主要与女性的气质偏向有关。相比男性而言，女性更加感性，更易受外界影响和带动，这种气质为通神提供了基础。当然并非女性整体都如此，我是说这种气质的比例在女性中比男性高，所以从女性中选拔巫会更容易。能通神的女巫是从部族女性中挑选出来的易感者/敏感者——理工直女类型肯定是干不了这个工作的。西汉古滇国的"诅盟场面青铜贮贝器"器盖上，主持祭祀的就是女巫。后世巫觋的演变在各部族中情况不大一样，有些部族男巫女巫兼用，比如满族、赫哲族、鄂温克族等的萨满，有些偏用男巫，比如壮族的端公、彝族的毕摩、景

巫师：从巫咸到女祭

古滇国诅盟场面青铜贮贝器器盖上的祭祀场景

颇族的斋瓦等。

在敬神畏神的时代，巫手握神权，连带拥有了较高的政治权力和地位。商王武丁之妻妇好就是这样一个集神权与俗权于一身的人，她的随葬品中同时有象征神权的玉琮和象征俗权的铜钺。自周代起，神权与俗权有了比较明确的界限，孔子说"祭如在""敬鬼神而远之"是其体现。

狭义的"巫"在与"祝"相别时，"巫"指女巫，并且可能突出其跳舞娱神的舞蹈队功能，"祝"指以语言与神沟通的巫，后世多认为是男巫，笔者略有异议（详后）。上页图三是"祝"在甲骨文中的字形之一，字形左侧是祭台，也就是"示"的本义（"神祇"二字都采用了这个示字旁），右侧画了个跪坐的人，特意突出了其口部，意味着他在祭祀时负责祷告、问询乃至诅咒。我们至今使用的"祝愿""祝福""祝贺"等词，就是从祝的语言通神功能延展而来的。

当我们考察原始群巫内部层级时，祝应该是等级更高乃至最高的巫。祝、巫配合，祝是主祭者（掌握话语权），巫是协助者，好比舞台上独唱与伴舞的关系。不过，虽然后世通常将祝解释为男巫，我个人却认为：早期巫、祝可能都由女性担任，二者有职责差异，有等级差异，但没有性别差异。我们可以考察甲骨文中祝字的写法，在它表示人形的部分（今天写作"儿"的那部分），其实与甲骨文中的女字写法非常接近，虽然手部不同，但躯干和下肢都呈现为跪坐，脚尖点地，脚背垂直于地面，这是商及先商时代默认的以坐姿为代表的女性性别特质表达。对比"人""儿""男"在同期的写法，可以看得更明显。也就是说，先民在创造"祝"这个字时，表达人形的部分既没有用涵盖两性的"人"，也没有用专指男性的"男"，更没有用我们今天所认为的"儿"形（这里其实是"人"的异形，并不表达"孩儿"之义），而是用了一个指向性非常明显的"女"形。我想，这同时可充作上文关于"女巫出现更早"之浅见的一点旁证。

因此我们可以说：在"巫"（狭义）"祝""觋"三个概念中，"巫"与"祝"是职能分化（并同时导致了等级分化），"巫"与"觋"是性别分化。

群巫的这种分化，体现了社会职能的精细化进程和性别角色的历史变迁。传说来自炎黄世系的著名火神"祝融"，其名号含义应当是叫做"融"的"祝"[1]，可见也是个高级神巫。商人祭祀制度又与炎黄系不同，其主祭很多是由女性担任的（如妇好；又，武丁的另一个妻子妇妌也主

女

人

儿

男

---

[1] 笔者认为，火神内涵来自三个相互关联的因素：其一，灶火；其二，负责观测和祭祀大火星的司火官；其三，"刀耕火种"之"火"（烧荒），是自然界的元素。其中灶火和烧荒都好理解，大火星是指恒星心宿二，不是行星火星，它之所以重要是因为它周期性的位置变化与当时的历法测定（传说中的"颛顼历"）紧密相连，而历法测定可以指导农业生产。因此，这三个方面都与民生紧密相关，火官就是一个与民生紧密相关的官职。"祝融"最初应为专称（现实中那个名为融的祝），后来变成通称（现实中火官的职位名，重黎与吴回都做过，见后文彭祖节），再后来又再次被（多数）民众视为专称（神话中那个与共工打架的火神）。

巫师：从巫咸到女祭

女巫悦神图(傅抱石《九歌图·东皇太一》)

祭)。周代,主祭者为男性,周代掌宗庙祭祀之官称为"祝伯""祝宗"等。周礼中的等级秩序通过儒家的继承与发挥影响后世几千年,正规祭祀也由男性主导,反而是在"中原"的边缘地带还有女巫主祭传统的古老遗存(如萨满)。

再聊聊巫的第二大功能:炼药。

炼药服药(迷幻药)为通神提供了方便,使得巫觋更容易进入被神灵附体的类癫狂状态;而能够见到神灵,似乎离加入神灵的队伍也就不太远了。在先民心目中,巫药应该是兼具迷幻与长生功能的。随着巫术的逐渐成熟,巫药在用途上更精细地分化为迷幻药和不死药,前者用以见到神,后者用以成为神。巫觋在他们的"生化实验室"里制作迷幻药的同时,也开始了对长生不死药的研究。他们不断地试验和实践,对植物与矿物在人体内所能产生的效果有了越来越深刻的认识,这就使得上古巫、医不分家。《吕览·侈乐》注："医师在女曰巫。"《周礼·春官》注："巫掌招弥以除疾病。"

大概在春秋时期，巫的医药功能分流为巫医和炼丹术士。巫医是个偏义词，偏于"医"，即"以巫的手段来治病的医"。所以巫医不仅管神事，也要管人事；不仅管公家，也要管个体；不仅管自己，也要管他人。而炼丹术士就不大讲究公心，而是一门心思追求"自我实现"。

书契时代前的巫觋在后来的文献中留下了痕迹，咱们说说其中的几个代表。

《山海经·大荒西经》提到"灵山十巫"——巫咸、巫即、巫盼、巫彭、巫姑、巫真、巫礼、巫抵、巫谢、巫罗，他们居住在大荒之中的灵山，在灵山采集各种药物，并且通过灵山这座天梯与神灵实现交流。《海内西经》提到"开明六巫"——"（开明东）有巫彭、巫抵、巫阳、巫履、巫凡、巫相"，他们正用不死药抢救被贰负和危杀死的人面蛇身神窫窳。这两组"群巫"名单发生了交集（巫彭、巫抵）。有研究者认为灵山十巫中的"巫礼"就是开明六巫中的"巫履"（郝懿行：礼之义履也），"巫盼"即"巫凡"（发音相近，袁珂），"巫谢"即"巫相"（一音之转，袁珂），如此"十巫"与"六巫"实为同一个群体，生活在同一时代和地域，至少记录者是这么看的。除了巫姑从名称上可以明确为女巫，其他巫者，我们不很确定他们到底是女巫还是男觋，因为不很确定他们生活的时代巫觋是否已经分开表述。

关于十巫之首巫咸。《世本》说"巫咸作筮"，意思是卜筮是巫咸发明的，那么巫咸可视为群巫的祖师和首领。当然卜筮的发明不可能一人一蹴而就，而应当是群体长期研

十巫（清汪绂释《山海经存》）

巫师：从巫咸到女祭

究，不断探索，试错、循证的成果。关于巫咸生活的时代有多种说法，如神农时（《路史》）、黄帝时（《归藏》）、帝尧时（《世本》）、殷商时（《外国图》）等，其事迹是替当时的君主/首领占卜、祈祷、献祭、医治。

"科学"地说，巫咸虽然是会炼药的神巫，也不可能穿透时间活上两千年，对吧，除非他直接从巫修炼成了仙。所以他在文献中的轨迹不是一条线，而是一些"散点"状的异文。很有可能，在后世观念中，"巫咸"成为巫的代表或代称，"箭垛式"地吸附了许多与上古神巫有关的传说，所以显得无处不在。《山海经·海外西经》提到有巫咸国，群巫右手操青蛇，左手操赤蛇，通过登葆山上下于天地之间。这里的"国"应该是指一小片地域（《孟子》："小国，地方五十里"），类似"水乡泽国"中"国"字的用法。你可以将"巫咸国"理解为上古的"医卜学院"，而非一个独立的氏族政权，群巫因为要采药、研学、通神，所以集体居住和行动，并服务于氏族的日常生活。另外也可理解为该氏族全族（国）皆巫，或者以巫为重，首领巫咸身兼神俗两边的职务，于是这个氏族以首领的名号命名。关于后者有个可参照的例子是巴人的祖先[1]，据说其合族都是巫诞的后代，而以廪君为首领（《世本》："廪君之先，故出巫诞"）。这种情况下，他们的祖地是有可能被视为"巫诞国"的。

巫咸颇得后世尊崇，在各种文献中被反复提及。人们如果有事需向上帝求告，巫咸是帮忙转达的最佳中介。

古蜀巫（觋）。传说他们可以借助天梯来往于天地之间，交通鬼神。但后世学者认为，他们很可能是借助诸如马桑树果实这样的致幻食物，才能达到感应鬼神的效果。（清《边裔典》）

---

[1] 拙作《诸神纪》提到廪君与盐水女神的故事，此不赘言。

著名的《诅楚文》石刻记录了战国时秦国对背弃盟约的楚国的诅咒，其中一篇叫《告巫咸文》，直接向宗祝的祖师巫咸告状。西汉扬雄《甘泉赋》有"选巫咸兮叫帝阍，开天庭兮延群神"之句，意思是派巫咸上天去敲门，请众神下来，这是写巫咸的"上"。屈原《离骚》说"巫咸将夕降兮，怀椒糈而要之"，意思是巫咸将在傍晚从天界降下来，我要准备好香椒和粳米迎接，这是写巫咸的"下"。这几处的巫咸视为专指泛指皆可，其行迹职司已经近似于神仙。

关于巫彭。巫彭明确处于灵山十巫和开明六巫的交集中，所以他的时代同样很早，是在一个神、人、兽的外形未截然分开的时代。有人说惩罚贰负等的是黄帝，那么巫彭至少生活在黄帝时代。巫彭在六巫中第一个被提及，看来至少是六巫小分队的首领。巫彭能交通天地，又能治病救人、起死回生，这是上古巫医一体的明证。《世本》说"巫彭始作治病工"，《说文解字》说"古者巫彭初作医"，以巫彭为医生这个职业的祖师。《华阳国志校补图注卷一》又把巫彭与彭祖画等号（"巫彭即世传为殷太史的彭祖"），这大概是因为彭祖会炼药修仙，看上去差不多也算个巫医。但暂时没有更多证据证明巫彭的"彭"与彭祖的"彭"直接相关。

十巫系统之外，另有几位著名女巫。

女丑。《山海经·海外西经》提到女丑，"生而十日炙杀之"，在求雨仪式中活活被晒死了。我以为，女丑名号中的"丑"可以有两种理解：其一，为地支之一，那么"女丑"可能是按排行来命名的；其二，将"丑"解释为枢纽的"纽"的本字，那么"女纽"就暗示了她的中介性，她是沟通神人的枢纽。但"丑"肯定不是丑陋之义，因为两者根本不是同一个字（表"丑陋"之义的字写作醜）。上古有"曝巫聚尪（wāng）"之法。"曝巫"就是在久旱时把神灵的仆从（巫）放到大太阳底下晒给神灵看，表面上是拿巫的肉体做牺牲来试图感动神灵，其实就是威胁（她们不是你的宝宝吗，看你心疼不心疼）。"尪"是跛脚、驼背之义，"聚

女祭与女薎（雷玥溪绘）
寒荒之国的河畔正在进行一场远古祭祀，女祭手捧祭肉，女薎手捧祭酒

尪"是找一群跛脚驼背的人来晒。曝晒残疾者,仍然是向神灵卖惨。将巫与当时处于社会边缘的尪并为牺牲,可见被曝的巫不是高等级的祝,而是其助手或下级。《吕氏春秋》说商汤在桑林祈雨,"剪其发,磨其手,以身为牺牲",试想如果不是因为这种拿最高首领来献祭的做法太超常规,又怎么会被刻意记录和歌颂呢。又,商王后妇好也曾担任主祭,她是金字塔尖上的人,墓中不仅陪葬两百多件青铜礼器,还有十几个生殉的人牲,商人祈雨时总不能拿她去曝晒吧。所以女丑的牺牲存在很大的被迫性,如果后世仙话收录她,大概可归入火烧成仙之列。

女祭和女薎(miè)。《山海经·大荒西经》记录:"有寒荒之国,有二人女祭、女薎",《海外西经》说:"女祭、女戚在其北,居两水间,戚操鱼狟(shàn),祭操俎(zǔ)。"《山海经》原本是有图的,这两段记录是看图说话。这里的"女戚"可能是"女薎"的形误,"其"是指刑天,"鱼狟"据王念孙说是"角觛(dàn)"的形误,可能是角制或角形的酒器。综合这两段话的意思:女祭、女薎在寒荒之国,站在(图画中)刑天的北面、两条河流之间,女薎手里拿着盛放祭酒的器具,女祭手里拿着盛放祭肉的器物。从中我们可以得到一些有关远古祭祀的信息:这场祭祀的主持者为女性;女祭、女薎就是主祭(画图者可能会忽略下级,但决不会漏掉上级);二人中女祭可能为主导,因为她的名号直接与祭祀相关,而且排位在前;祭祀时最起码有酒有肉。

从女祭、女薎和女丑的名号,我们可以看到:当时对巫的命名除了叫巫某,也可以叫女某(直接标注性别)。原因我以为主要有二:其一,当时虽然群巫的性别分工已经有了,但"巫""觋"的概念区分可能还不固定,因此相比"巫祭"的含糊,"女祭"更能说明性别,而族群又似乎很需要这种明确性,所以采用了后者;其二,女祭、女薎可能是兼职祭司,所以不适宜名之以巫,这有点类似妇好——身份是女首领,平时有行政工作,祭祀时主持祭仪。上古有许多叫做女某的人(女英、女嬉、女登、女娇等等),无一例外都身份显赫,但她们中的许多人并没留下与祭祀相关的记录。这既可能因为她们的确不承担此职,也可能恰好相反——默认她们需要担任主祭,所以不必特别记录。女祭、女薎大概也是这种兼职的情况,只不过她们的工作恰好被记录下来了。

要之,上述这些巫觋,虽然职责以祭祀为主,但却很可能是后世神仙的雏形或原型。

主要出处

《山海经》《说文解字》《世本》《国语·楚语》《吕氏春秋》《周礼·春官》《路史》《归藏》《诅楚文》

传说人物：赤松子和他的朋友们

本节聊聊由上古传说人物演化而来的仙人，或者在上古传说中原本已具有"仙"的特征的名人。

赤松子据说是炎帝时期的雨师。所谓雨师，就是主管下雨的人（巫）或者神。赤松子常年服食水玉（水晶），并且将服食方法教给了炎帝。赤松子修道有成，后来进入火中自烧升天了。得仙后，他能够随着风雨自由地上下，还经常去到昆仑山拜望西王母，并获准在西王母的石室中逗留。炎帝的一个小女儿见到他的成就，便跟随他修炼，最后也得道成仙，跟他一起离去了。赤松子在成仙后也念念不忘服务人间，在帝喾时代他还回来继续担任过雨师。

与赤松子时代接近的，还有容成子、广成子、浮丘公、中黄子、白石生等仙人。

赤松子

容成子

广成子

浮丘公

图片皆出自明王世贞辑次《有象列仙全传》

容成子、广成子、浮丘公、中黄子据说都是黄帝之师。容成子主要教黄帝玄素之术（房中术），浮丘公教他在古木清泉间栖真，广成子教他医药养生。中黄子又名中黄丈人、中黄真人，常驻的地方有中岱、崆峒山、青城山等。黄帝到这些仙山拜谒他，从他那里领受了九茄之方（一作九加之方）。中黄子留下的《中黄丈人经》是传说中著名的道经。中黄子有个执意做地仙不上天的弟子叫白石生（即白石先生），当彭祖之时已经两千多岁，那么中黄子的岁数肯定又比白石生要大很多。所以中黄子并不是与黄帝同时代的人，而是比黄帝早很久的人物，他之所以能够做黄帝之师，是因为他在那时就已经是得道之仙。

与黄帝同时代的仙人有宵封子、马师皇、赤将子舆等。宵封子又作宁封子，是黄帝时的陶正，也就是管理烧窑制陶的官员。有异人拜访他，替他掌管烧窑的火候，还能让窑中升起五色烟来。异人将这些方法教给了宵封。后来宵封集火自烧，随着烟气上下，得道成仙了。人们去察看燃烧之后的灰烬，还能从中发现宵封的遗骨。于是人们将他的遗骨埋葬在宵北山中，从此尊称他为宵封子[1]。马师皇是黄帝时的马医，擅长为马治病，有病龙慕名而来求治，也被他一一治愈。后来，龙驮着他升仙了。赤将子舆又被人称作缴父，因为他常常在集市中卖缴（生丝线，可系在箭上）。他是黄帝时人，到尧时代还做木工。他不食五谷，服用百草花养生，能够随着风雨上上下下。

尧时代比较著名的仙人有偓佺、方回等，夏代比较著名的仙人有务光等，商代比较著名的仙人有彭祖、仇生、安期生等，周代比较著名的仙人有啸父、师门等，秦代有羡门子、宋毋忌等。

安期生是琅琊阜乡人，常年在东海边卖药，他师从河上公，据说在秦始皇时已经有一千岁了。秦始皇时代往前一千年大致是商朝武丁时代，

---

[1] 按传说，宵封子既为陶正，那么很可能他是为了研究烧窑技术献出生命，并得到人民纪念。后世方仙道将他纳入神仙行列，并将他被烧死说成是火烧脱化成仙。宵封子故事在拙作《我们的神》中有专节，此不赘言。

图片皆出自明王世贞辑次《有象列仙全传》

宁封子　　马师皇　　赤将子舆　　安期生

所以他最晚也是商代人。六国时期，齐人李少君入山遇险，得安期生救命，便拜他为师，跟着走遍了赤城、罗浮、太垣、玉门及五岳各处山水，吃到了大如瓜的宜海枣、大如瓶的钟山李，得到了神丹炉火、飞雪之方、誓约口诀等。后来玄洲（中国仙话中虚构的仙境之一）派龙虎导引的羽车并数百人迎接安期生过去，师徒就分别了。秦始皇东游时，不知怎么请动了安期生见面，两人谈了三天三夜，秦始皇赐给他各种金玉礼物数千万计。后来安期生离开，将所得财宝都留了下来，并且留下一封书信和一双赤玉鞋（赤玉舄）作为报答。在书信中他说："几年后到蓬莱山来找我。"因为这个约定，秦始皇后来才派遣徐福、卢生等数百人入海寻访，但最终铩羽而归。秦朝败亡之后，安期生曾经去见项羽，项羽想封他官爵，安期生没有接受。后来，安期生又回到蓬莱仙境中去了。

羡门子姓羡门，名高，或名子高（一说子高为字），不知何时人。当年秦始皇派卢生出海去求仙，羡门子就是众仙之一。据说他修炼自始至终很虔敬专一，最后云中下来一条龙将他接引上了天。他有《羡门子上经》和"羡门子丹法"等流传于世。后来，紫阳真人周义山在蒙山遇到了羡门子，见他乘着白鹿，佩戴着青毦之节。周义山拜求长生诀，羡门子告诉他："你的名字已经在丹台了，何愁不能得仙呢？"

掰书君曰

上文故事综合改写自西汉刘向《列仙传》、东晋葛洪《神仙传》《抱朴子》、北宋张君房《云笈七签》、明代张岱《夜航船》等资料。

仙话里有一批早期的仙人，时代上推得很久远，名气很响亮，后世各种文献资料、文学作品都反复提及。但这些人的真实性是非常存疑的，视为传说人物更适宜。

赤松子又写作赤诵子。赤松子的时代很早，《列仙传》说他是"神农时雨师"，但当时许多文献已将炎帝与神农氏混为一谈了[1]，因此后世诸多引文会直接改为"炎帝时雨师"。考虑到方仙道[2]号称祖溯黄帝，经常拉其做修仙得道的背书，而炎帝与黄帝在传说中为兄弟（同时代），我以为，将赤松子着落在父系的炎帝时代，可能比着落在母系的神农时代更适当。

雨师大致是上古负责祭祀雨神祈祷降雨的巫师，在神话中，雨师和雨神有时会有所混淆。赤松子如果有真人为本的话，其人可能就是上古主祭雨神的巫师，并且因其声名显赫而进入传说。

严格地说，赤松子的朋友记录在案的只有炎帝之少女。炎帝之少女修仙得道后居然没有专门的名号，并且居然在凡间没有任何名气，这当然显得反常。大概因为赤松子故事算较早期的仙话创作，当时方士们思虑还没有那么周详，"炎帝少女追之，亦得仙，俱去"只是顺手添加的有趣情节，没再往下发挥，于是没能充分利用帝女身份为修仙事业进行背书。将《列仙传》与几百年后东晋葛洪的《神仙传》对比，我们会发现后来仙话讲故事的格局和方式还是有很大进步的，尤其是更加懂得利用名人效应了。

---

[1] 综观上古神话故事的各种素材，神农氏与炎帝不宜混同为一人，拙作《诸神纪》中对此有所辨析，此不赘言。本书仍然将神农氏与炎帝分视为不同神话角色。

[2] 方仙道是春秋战国时期一种糅合了神仙观念、阴阳五行思想与方术的学说，有时也指践行这一学说的团体及其实践。《史记·封禅书》："而宋毋忌、正伯侨、充尚、羡门高最后，皆燕人，为方仙道，形解销化，依于鬼神之事。"

赤松子的"赤"字想必来自他服食的各种东西——水玉只是其一。《抱朴子》说他夏天采服火芝（上叶赤红色，下茎青色）；又说他"以玄虫血渍玉为水而服之"——理论上，用玄虫血泡玉泡出的汁称作水玉也不很勉强，虽然这个配方推翻了水玉即水晶的旧知识，但毕竟人家跟"赤"和"玉"都搭上了。最神奇的其实是"赤松子丹法"，以千岁藤汁、桃汁等素材通过一系列操作后服食，能够令人长生，面目须发全变红——可以想见，赤松子自己就该是这副面容。后来秦穆公时有位仙人叫做赤须子，恐怕也采用了类似的炼丹配方。至于"松"，也许松子在他的食谱中，或者他居住在松树上 / 下。

容成子、广成子、浮丘公、中黄子都因与黄帝捆绑而声名大噪。中黄子这个名号，仙话色彩尤其重："黄"指涉黄帝，"中"是国人对于自身地理位置和文化正统性的休认。中黄子在文献中的记述很简略，主要是以他的徒弟黄帝和白石生来衬托。又，《云笈七签》说人体的胃中有十二神，其中一位就叫中黄子。道教以胃为太仓，是神仙们吃饭的地方，并且是"日月三道之所行也"，胃的位置在人体居"中"，其色"黄"，所以将中黄子安置在这里也说得过去。容成子等故事见后文黄帝飞升专节。

安期生与羡门高经常在文艺作品中并举。苏轼诗云："安期与羡门，乘龙安在哉！茂陵秋风客，劝尔麾一杯。帝乡不可期，楚些招归来。"其实，有关这两位仙人的记载都是只言片语，而且多为侧面记录。

安期生最令人印象深刻的事是食仙枣。李白就说"亲见安期公，食枣大如瓜"，枣比蟠桃、灵芝更接地气。许多仙话都将仙丹仙药比喻为枣，或直接叫做药枣。《神仙传》写沈羲被太上老君召见，"服药后，赐枣二枚，大如鸡子"，枣在延年益寿方面的功能性不可小觑。文人们金风玉露喝够了，偶尔在想象中吃颗大瓜枣，心里也是甜的。可参看后文长寿食材章节。

羡门子在《史记》中提到过，《抱朴子》《真诰》等书中又写作移门子、衍门子，后世研究者认为是同一人。文献中关于羡门子的故事很少，龙来接引他飞升是根据《抱朴子》文句"敬卒若始，羡门所以致云龙也"推想的；紫阳真人遇羡门故事是《夜航船》中记载的小片段。唐李益有诗句曰"始知武皇求不死，去逐瀛洲羡门子"。羡门子在仙话中的名声，与秦始皇的追捧密不可分。

主要出处

《列仙传》《神仙传》《抱朴子》《云笈七签》《夜航船》《史记》《真诰》

道家自创：神乎其神的若士

仙话中有不少道家或道教自创的人物。道家创造人物是为了说理，表达哲思，道教则是为了丰富自己的神灵体系。道教与道家有扯不断的关系（详见散仙节、太上老君节），道家自创的人物也被后世的道士纳入了体系。本节举的是道家自创的例子。

若士是非常古老的神仙，人们不知道他的真实姓名，也不知道他的年龄。

秦朝时，燕人卢敖游北海，经太阴入玄阙，在蒙谷之山见到了若士。若士天庭饱满，眼窝很深，鬓角青黑，神采俊朗，正在轩轩然迎风而舞。一回头看见卢敖，若士便慢慢放下手臂，逃到了一块碑石之后。卢敖追过去，发现若士正蹲在龟壳上吃蛤梨呢。

卢敖诚恳地说，自己从小立志周游四极，第一次到北阴来就见到若士这么神奇的人，希望与他成为朋友。若士笑着说了一番话，大意是你只知道有四极，不知道四极之外还有更加广袤的宇宙。说完，若士抬起双臂，竦身飞入云中。

卢敖仰视他直至不见才收回目光，终于明白：自己终日行走，以为已经遍游海内，其实不过走了咫尺之路而已。

掰书君曰

若士出自《淮南子》，是典型的道家自创人物。

被后世道教奉为《南华经》的《庄子》里有很多这类先例，为了说

若士食蛤梨（雷玥溪绘）
遥远北方的蒙谷之山中，若士轩然迎风而舞后，蹲在龟壳上吃起了蛤梨

理虚构一个角色,还描写得活灵活现,比如支离疏、象罔等等。《淮南子·道应训》完美地继承了这一手法,它极力描写若士的酷炫屄,是为了引出庄子《逍遥游》里"小知不及大知,小年不及大年"的名言,进而说明"道"无远弗届、无所不包的道理。

从仙话的角度看,若士的怪模样,迎风起舞、吃怪食、竦身入云等怪异举动,正是典型的神仙风采,所以《神仙传》将他收入,也不觉勉强。如果仔细分析的话,我们甚至能看到若士身上典型的"仙"的气质。

比如他所吃的蛤梨。《淮南子》里作蛤梨,收入《太平御览》作"蛤蜊",《论衡校释》作"合梨",都认为是指一种贝壳(蛤蜊、海蚌)。但蛤蜊出现在这里似乎有点怪,理论上,神仙该吃些仙气飘飘的植物矿物才符合气质对吧,毕竟他的出场是"轩轩然……迎风而舞"啊。参见《南史·宋书》里王融路遇沉昭略,后者招呼他吃蛤蜊,他立刻就很嫌弃地表示"物以群分、方以类聚",意思是我这么清高,才不跟你这种嗜腥的人为伍呢。所以,葛洪在《抱朴子》里认为蛤梨其实是一种植物("此必草也"),理由是蛤蜊、海蚌之类的东西太腥臭,不煮熟连凡人都不吃,何况若士这样的君子呢。看来,葛小仙翁可能认为蛤梨是仙梨的一种。如果我们认为"蛤"字是同音借形,"蛤梨"另可写作"哈梨""葛梨"之类,也是说得通的。

但其实,蛤蜊与仙家并不矛盾。《抱朴子·内篇》列出的炼丹配方中,有一味药料就是牡蛎。牡蛎和蛤蜊并没有本质区别,其壳烧炼后都提供碳酸钙(可参见后文外丹专节)。只不过,《抱朴子》用牡蛎要经过煅烧,而《淮南子》省了煅烧这个步骤,直接让若士拿蛤蜊当生鲜吃罢了(也不知吐壳不吐壳)。

此外,我还可以提供另一种解释。唐代段成式《酉阳杂俎·卷十七》说:"蛤梨,候风雨,能以壳为翅飞。"揣摩其意,蛤梨还是那个蛤蜊(有壳),但它又不是普通的蛤蜊,而是一种神奇的蛤蜊,当风雨到来的时候,它就张开外壳作为翅膀,然后在天空中自由地翱翔……我个人更倾向于这个说法，因为气质独特嘛。神仙就该吃些怪东西，尤其若士那睥睨宇宙的范儿，吃草吃梨太普通了，吃点蛤蜊（包括壳）怎么了。"能随风雨上下"是神仙标配，会飞的蛤蜊，那就是仙蜊了。仙人吃仙蜊，多登对；仙蜊也只有仙人才吃得出格调：腥臭穿肠过，大道心中留。

至于为什么若士见到生人就不跳舞了，以及为什么跳完舞他就立刻蹲到乌龟壳上去吃海鲜……呃……也许，仙人也有自闭症？并且跳舞太消耗能量？以及，大乌龟是他的坐骑或者上一顿食物的残余？毕竟，他喜欢吃有壳的东西……

主要出处

《淮南子》《庄子》《抱朴子》《神仙传》《酉阳杂俎》《宋书》

历史人物：神仙都爱橘中戏

本节这几个有趣的神仙老头儿，原本是史料中有记载的历史人物。咱们聊聊他们成仙前后的事迹，并顺便讨论下神仙们的休闲娱乐问题。

大约在隋唐年间，巴邛有户人家，种植了一片橘园。

秋来降霜之后，所有的橘子都摘收了，只剩下高处两只特别大的橘子，每只有三四斗容器那么大的个头。巴邛人觉得非常惊异，爬到树上去将它们摘下来。本以为这么大的橘子会很重，没想到拿到手里，重量与寻常的橘子一样。

巴邛人用刀将大橘子剖开，赫然发现，每只橘子里都对坐着两个身高只有尺余的老翁！他们须眉皆白，肌肤红润，一面说说笑笑，一面下着象棋。橘子被人剖开后，他们也不惊慌，也不生气，仍旧忙着清算赌棋的结果。

其中一位老翁向对手说："你输给我海龙神第七女的头发十两，玉女成公知琼所用的额黄十二枚，紫绢帔一副，绛台山的霞实散二庚（一庚等于十六斗），瀛洲的玉尘九斛，王母的疗髓凝酒四盅，王母之女态盈娘子的跻虚龙缟袜八两。后天在王先生的青城草堂交给我吧。"

另一个老翁听到这里，接过话来："本来王先生答应了到这里来的，现在没法子，等不了他了。待在橘中的乐趣，原不比在商山少，可惜啊，这橘子还没等到根深蒂固，就被愚人给摘下来了。"

这时又一位老翁说道："我饿了，须得吃龙根脯。"说着，他就从袖中抽出一节草根，有一寸来长，形状盘曲像一条龙，而且龙身上的一切细节都很完备。老翁用刀削这龙根脯吃，随削随长，始终不会减少。吃饱之后，他含口水喷向龙根脯，龙根脯立刻化作了一条龙。

四位老翁一起骑到龙上去。只见他们脚下生出滚滚云雾，不多时，风雨齐至，天色晦暗，四个老翁和龙都消失不见了。

巴邛人目瞪口呆，不知道他们是什么来历，便将这橘中叟的故事传遍了乡野。

原来，这四位老翁是商山四皓。他们是秦末汉初四位著名的隐士，据说分别叫做东园公、夏黄公、绮里季、甪（lù）里先生。他们不愿意在朝廷做官，便隐居在商山。因为他们的年纪很大了，须发全白，所以叫做"四皓"，就是四个白发老翁的意思。汉初，刘邦屡次征召他们，他们都没有答应。可是后来为了帮吕后所生的儿子刘盈保住太子地位，他们也曾短暂地出过一次山。

在那之后，他们便又回到商山隐居了，日常服食紫芝等仙草。有人说他们跟随着彭祖学仙，会用杏仁炼丹。很显然，后来他们飞升了。隋唐距离汉初已经过去了八九百年，他们在隋唐重现于世，还能将身子缩小到尺余躲进橘子里，不是神仙根本办不到啊。

〔南宋〕刘松年（传）《李恭访商山四皓图》（局部）

成了仙之后，橘中叟们热衷于下棋，还经常去世上找人比试，或者出手指点那些看起来根基不错的年轻人。据说他们还曾在橘子里酿仙酒，边喝边弈，乘醉进行枰上搏杀，相当自得其乐。

掰书君曰

　　上文故事综合改写自《列仙传》、唐代牛僧孺《玄怪录》、西汉司马迁《史记》等资料。

　　关于商山四皓比较可靠的记录见于《史记·留侯世家》，刘邦想把吕后所生的太子废掉，换上戚夫人的儿子，吕后很着急，张良出主意请来了商山四皓。商山四皓是著名隐士，刘邦自己几次都请不到，居然被太子请到了，所以刘邦才对戚夫人说出了那句著名的话："羽翼已成，难动矣！"

　　商山四皓之入列神仙录，跟后文许由、巢父等一样，属于隐者被仙化。类似的又如介之推。虽然介之推本心汲汲于功名，归隐绵山是跟晋文公重耳赌气，但毕竟最后以隐士而死，所以被收入《列仙传》。

　　还有些历史名人，不见得是隐者，但也被拉入了神仙行列。比如《列仙传》中的老子、关令尹喜、吕尚、范蠡、东方朔等，《神仙传》中的茅盈、张道陵、淮南王、葛玄、左慈等。老子是道教教祖，自然要尊为神仙；姜太公吕尚辅佐周人灭商，又据说活了二百多岁才脱化，人生充满神奇，不做神仙说不过去；关令尹喜师从老子、范蠡师从吕尚、淮南王刘安师从神仙八公，便都跟着师父进入了神仙行列；东方朔名气大，故事多，著述丰，列入神仙谱实至名归……更有像关云长这样的历史名人，忠义神武，儒道释三家都抢着要，光一个道教神仙谱还装他不下呢。

　　回到橘中叟的故事。之所以判定橘中叟就是商山四皓，是因为在大橘子被摘下后，有个老头儿说了句"橘中之乐，不减商山"，加上人数又是四个，不是他们还能是谁。商山四皓有个异称，叫做南山四皓，见于《古今乐录》《后汉书》等记载，不过还是前者用得更广泛一些。商、南两字字形接近，异名属于传抄中的讹变。陶渊明有诗说"悠然见南山"，所见的也暗指这座隐者之山，而非当地城南的某座小丘。

橘子里的老头儿提到了神仙之"乐"，这颇值得一说。橘中叟属于后文所说的散仙，对弈正好可以彰显其淡泊高操，所谓"药壶松上挂，棋局橘中闲"（元·揭傒斯）。棋枰上的自由象征着宇宙间的最高自由，所以你就能理解他们为何将大量的时间花费在下棋这种看上去对世界没有任何用处的事情上了。当然，体制派也不是不下棋，忙里偷闲时谁都可以来一局，只不过没机会像散仙这样变成棋痴。

"观仙下棋"是一个常见的故事类型。对弈有下象棋和下围棋之分。很多时候仙话并未点明棋类。其实，散仙们完全可以下完围棋下象棋、下完象棋下围棋嘛，反正他们的时间正愁难以打发呢。

观仙下棋（清黄慎《商山四皓图》）

多数版本中，橘中叟下的是象棋（也有说围棋的，如清代吴承仕《论衡校释》附录："橘中围棋不可信也"，所以象棋又叫"橘中戏"。如果说围棋模拟宇宙阴阳，有抽象之乐、数学之乐，那么象棋模拟两国交战，车马兵炮俱备，"三十二子者，一一具变态"（宋刘克庄），则有具象之乐、沙盘之乐。下围棋事可参见后文旷世盲棋节。

故事里，橘中叟们下棋还附带打赌，这叫"博"，赌博。带赌注的对弈，就叫"博弈"。

其中一个老头儿用排比句说出了自己的赌注，什么龙女的头发、瀛洲的玉尘、王母女的缟袜之类，全都仙风飘飘，就连交货的青城、草堂这类地名，也是道气十足。你说他有必要向对手重复赌注清单吗，其实没必要。神仙还能记不住么，神仙还能赖账不成？所以他不过是鸣锣打鼓地向咱们凡人乡巴佬炫耀罢了，老头儿的嘚瑟真是太可爱了。

除此之外，神仙们经常进行的娱乐还有樗蒲（chū pú，一种博戏）、双陆之类，总之人间流行什么他们就玩什么，这当然是因为编造仙话的人们只能根据自己见过的东西进行想象的缘故。在这些游戏中，赌博经常会成为神仙们的附加选项。比如西王母与紫阳真人待在一起时爱玩"博戏"，可能是双陆或蒲博，或掷骰子游戏。赌注叫做黄中李，是西王母在龙月城中培植出来的仙果，平时看得比蟠桃都宝贵，但博戏的时候西王母却很慷慨，一下子拿出一两百枚做赌注，大约是因为紫阳真人等级高、面子大，而且有资格陪她玩的神仙太少的缘故吧。东王公则爱跟玉女玩"投壶"，赌注可能是老天爷的情绪反应——笑或者叹息。李白写"天公见玉女，大笑亿千场"，看来天公有点偏心，向着玉女。

四叟所驻扎的橘子，在仙话中属于人文瓜果，类似于葫芦的情况。葫芦和橘子都包含或通向一整个异世界，具有相似的文化功能。文中写大橘子分量很轻是顺手一带的妙笔细节，印证了老头们是神仙，没体重——都羽化成一缕魂儿了，也就谈不上重量了。

四川盛产柑橘，在四川产生的仙话，也顺便打上了鲜明的地方印迹，以更具讲述的亲切感与流传的合理性。

主要出处

《列仙传》《神仙传》《古今乐录》《后汉书》《玄怪录》《幽怪录》《太平广记》

修道者：开宗立教张天师

本节说说由修道者升格为神仙的例子。张天师是道教天师道的开山祖师，在仙话中，他有很多仙迹。

张天师名道陵，原本是汉代太学书生，精通五经，后来改学长生之道。他得到了黄帝《九鼎丹经》，还得到了隐书秘文，能够役使山岳众神。

汉末时局危乱，张道陵发现文教已经不足以拯危佐世。听说蜀中多山，蜀民朴素可教，便带着弟子入蜀，隐居于鹤鸣山。他遇到了太上老君，并依教炼出了丹药，但是没有服用。他说自己还没有为国家除害兴利，拯济民庶，不能就此冲天而去。太上老君又派清和玉女来教他吐纳清和之法。

学成之后，张道陵大战六天魔鬼，将其鬼众驱逐到西北不毛之地，让民众不再受疫疠之苦。他还与巫鬼誓约："人主于昼，鬼行于夜，阴阳分别，各有司存，违者正一有法，必加诛戮。"从此以后，人鬼两安，互不相扰了。张道陵被徒众和爱戴他的人们尊称为天师。

掰书君曰

上文故事综合改写自《云笈七签》、宋代类书《太平广记》等资料。

道教作为宗教有两个现实源头：一个是张道陵在四川创立的"五斗米道"，即"天师道"，又称"正一盟威之道"（"正一道"）；另一个

（明）陈槐《天师图》（台北故宫博物院藏）

是张角在中原创立的"太平道"。两个"道"的创立时间差不多[1]。所以，张道陵其实是中国道教的创教祖师（之一）。

天师道尊老子。张道陵引老子为思想源头，以《道德经》为经典，借鉴墨家严密的组织方式，糅合蜀巫的方术巫法，政教合一，信从者众。张道陵被尊为张天师。张道陵传子张衡，张衡传子张鲁，是为"三张"。张道陵（一说主要为张鲁）还写作了《老子想尔注》让徒众学习（详见太上老君专节）。

与神仙传记里那些只顾着自己长生不老的修道者相比，张道陵的贡献要具体和巨大得多。他用巫术、医技结合的方式为人们治病，并开道教祭醮符箓派之先河。他又以自己对老子的阐发给信众以精神力量，并教人向善。据说他还（在十二玉女的指点下）开凿了盐井，向徒众传授煮盐之术，让其获利养家。

因此，张道陵作为宗教的实际创领人被徒众美化并抬升为神仙，是很正常的。故事里，他同时得到了黄帝和老子的真传，还在清和玉女的指导下掌握了足以斩妖伏魔的法术。这些情节，其实也是当时天师道发展信众、巩固信众时的话术。不讲故事，不足以说明教主的神通及位置合法性来源，也不足以让信众印象深刻，矢志不渝。

---

[1] 参见任继愈主编《中国道教史》第一章第二节"早期道教的主要来源与产生的社会背景"，中国社会科学出版社，2001年。

张天师是道教修炼者（道士或准道士）被吸纳为神仙的典型，也可将他视为第一个成仙的道士。据说，他活了一百二十多岁才升天。他的妻子孙夫人与他一同修道，同日飞升为女仙，在仙传中位至上真东岳夫人。天师道的教主是世袭的，由张道陵传给孙夫人所生之子张衡，再由张衡传给儿子张鲁，此后代代相沿。

天师道没有与政权直接对抗，这让其在汉末乱世之后还能保存并发展。经过漫长的演进，金元后，道教龙虎山、茅山、阁皂山诸派统称"正一道"，以区别于其时兴起于北方的"全真道"。至今，正一道仍是道教主要教派之一。而当初张角的太平道则因为直接诉诸革"命"，遭受到致命打击，终近绝迹。

鉴于张天师及其教派的影响力，历朝历代的统治者都对他倍加推崇，赠送了许多美称，如太清正一真人、正一冲玄神化静应显佑真君，等等。

清郎世宁仿宋人张天师像

本单元写到这里，我们可以简单来个小结。前文说过，中国神仙的来历主要有八类：

1. 上古神灵演化。本节以海神为例，下文的雷神、风神孟婆、江妃、泰山神、土地神、灶神等也属此类，甚至玉皇大帝也与此相关；

2. 巫师或方士演化。本节写了十巫及众女巫，书中别处提到的宋毋忌、李少君、严君平、苌弘等也是，甚至后文妈祖、陈靖姑等，原型也可能是巫女；

3. 传说人物演化。除了本节所述，另可参见散仙专节白石生事，内丹专节容成公事，火烧专节啸父事，飞升专节黄帝、广成子、浮丘公事，男仙专章洪崖子事，等等，此外，八仙中的部分也可归属此类；

4. 历史人物演化。本单元以商山四皓为例，另可见太上老君专节老子事，炼丹专节刘安事，男仙专章王子乔事、东方朔事、左慈事，财神专节关羽事等；

5. 民间俗神演化。本单元没举例，可参见厕神专节紫姑事，女仙专章妈祖事、骊山老母事，子孙娘娘专节陈靖姑事，甚至二郎神也与此相关；

6. 道士或修仙者演化。本单元以张道陵为例，下文所涉葛洪、左慈、郭璞、三茅君（茅盈、茅固、茅衷）等等也都是；

7. 道家或道教自创。本单元以若士为例，其实道教成立之后自创的更多，比如后文会涉及的酆都大帝、三尸神、女丸等，甚至泰山玉女、姑射神人，也是自创的可能性更大；

8. 佛教神灵改造。本单元没有举例，可参见后文哪吒专节，以及民间故事中常见的龙王等。

需要注意的是，以上几类只是大致区分，具体到某个人物，其来历渠道不一定能截然分开。比如妈祖，既是巫女，又是俗神演化；再如二郎神，身上有历史、传说和俗神等成分的杂糅。

主要出处

《云笈七签》《神仙传》《太平广记》《太平御览》《夜航船》《五杂俎》

第二单元 从仙界"体制"看神仙类别

如何将神仙分类,是个让人头疼的问题。上单元的"来历"就可作为一个分类标准。此外,从性别上,有男仙、女仙;从年龄上,有孩童型、青少型、中年型、老年型;从神格(或者拟造一个词"仙格")上,有尊贵威严型(如太上老君)、慈眉善目型(如寿星)、倜傥潇洒型(如吕洞宾)、规范板正型(如各星君)、高洁疏冷型(如姑射神人)、听话顺从型(如金童玉女),等等。

道书中常以等级划分神仙,但是标准和说法又不统一。比如《抱朴子》将仙分成天仙、地仙、尸解仙三等;宋《钟吕传道集》分成天仙、神仙、地仙、人仙、鬼仙五等;《云笈七签》分上仙、次仙、太上真人、飞天真人、灵仙、真人、灵人、飞仙、仙人九品;元初全真教王嚞在《金关玉锁诀》中分为天仙、神仙、剑仙、地仙、鬼仙五等,但马钰之后又分成神仙、地仙、人仙、鬼仙四等。至于神魔小说中常常提到的"金仙",可以视为修辞,表示特别厉害,不必单列一级。本书不讨论道教教义,按教义等级划分神仙对本书的讨论没有太大意义,因此这些序列仅供读者诸君了解。

本书尝试从仙界"体制"的角度去分别讨论仙话中不同的神仙。所谓仙界的体制,其实是人们以人间官阶秩序为基础进行的想象。但本书的重点也不在天上仙官的衙门和职司,本书只略叙天庭的"职场",而将重点放在地仙和散仙上,因为后两者更接地气,与中国人的生活和观念紧密相关。

天仙：镶嵌在庞大的系统中

天仙，顾名思义，就是主要生活在天界的神仙，其中有些是先天神，有些是后天神。我们简单探讨一下。

天上基本不可能存在体制无法覆盖的角落，所以，理论上天仙都是体制派，都镶嵌在那个虚拟的中国神仙系统中。仙界各种职能机构叠床架屋，全方位、多层次管理着宇宙大事、仙界秩序和人间纠纷。

天仙的名号、部门与职司是一个漫长的层累增叠的过程。

道教最尊三清，次之四御。而民众看待仙话，一般以玉皇大帝（昊天上帝）为最高神，到今天也是如此。关于最高神人选的讨论详见玉皇大帝、太上老君专节。

关于女仙之首，道教为了教义阐发，也在西王母、太元圣女、玄妙玉女等人选之间纠缠过。而民众的仙话世界观中，西王母等同于王母娘娘，是玉皇大帝之妻，所以是当然的女仙首领，与玉皇大帝平起平坐。

在最高等级之下的神仙都可称仙官。仙官责任重大事情多，一点不比

神仙的盛会：东华帝君、南极帝君、扶桑大帝率领众神仙前去朝谒道教三位天尊（唐吴道子［传］《八十七神仙卷》）

凡人轻松。好处是不死，能飞，有仙桃儿吃，高兴了还可以让凡人见证见证法力的奇迹。他们的数量十分庞大，有些仙官在人间仅有名号而已，有些仙官甚至连名号也没有，就像是全体神仙合影巨图上的一个像素。

仙官既然在体系中，就有等级秩序。南北朝时期，陶弘景的《真灵位业图》提出了较早的神仙谱系，他将神仙分成七个等级，每个等级有中、左、右三位尊神领导其下各路神仙[1]。其中前四等基本都是天仙。该书还给许多著名历史人物或道士在天仙系统中安排了不错的位置（这些属于后天神）。神仙谱系在后来发展得愈发完备清晰，比如《大真科》《龙蹻经》等给出了具体的三阶九品二十七等级。总之，仙官体系比人间的官僚体系庞大多了，"三清天中有三万六千天公卿等品，并各有官僚、公卿、大夫、侯伯、置署如一……"（《洞真回元九道飞行羽经》）。严格地说，这种神仙等级体系已经与早期的方仙道内涵背道而驰，是对以儒家秩序为正统的社会主流思想的靠拢和妥协。

南宋金允中编撰的《上清灵宝大法》对道教黄箓大醮名录进行了整合，我们可以更清晰地看到道书中的仙官体系。作为斋醮对象，最主要的神仙是：三清（元始天尊、灵宝天尊、道德天尊），四御（昊天玉皇上

---

[1] 前四等级的中位神分别是上清虚皇道君元始天尊、上清高圣太上玉辰玄皇大道君、太极金阙帝君、太清太上老君，其名号极尽夸饰之风，后世多沿袭之。

帝[1]、紫微大帝、勾陈大帝、后土皇地祇），南极长生大帝，东极太乙天尊，木公，金母。往下，从九天帝君、三十二天上帝到十一曜星君、北斗星君、天地水三官，再到司命司禄、五岳、江河、酆都城隍，再到雷部驱邪院、昆仑仙众，再到各种功曹香官、金童玉女，等等等等，有天神有地祇，列了三百六十条。明代完善的《三教源流搜神大全》，在前人基础上又添列了许多神仙，此不赘言。

从仙话角度看，在见录的神仙中，最经常被"利用"到的是：玉皇大帝、金母（王母娘娘）——最高秩序的代表，同时金母还掌管长寿药；太上老君——最高道法的代表；五福十神、司命司禄、南极长生、财神喜神等——事关凡人的生死福禄；太乙天尊等——危难时的救助者；雷部——施罚者，更高等级神仙命令的执行者；金童玉女——主神的侍奉者和传令者，后者还容易与凡人发生情感关联；各星君——出其不意的支配者或辅助者；各种功曹——主角的辅助者。此外，还有土地神、冥神、城隍等，虽然是地祇，常驻地面/地下，但也是神仙体系中的正神，与民众发生很多联系，是故事中的审判者、裁决者、惩戒者等。本书有许多故事，都与上述这些神仙相关。

主要出处

《真灵位业图》《云笈七签》《三教源流搜神大全》

---

[1] 那时还没有处理好昊天玉皇上帝与三清的关系，详见后文玉皇大帝专节。

地仙之一：老实干活的体制派

留在人间不上天的神仙是值得注意的，但他们不上天的原因并不相同。本节讨论第一种情况——体制内的地仙。

有个叫林子羽的文人，某天游览了玉华洞。之后，他做了个梦，梦中来到一处叫做"瑶草洞天"的佳境。

一个婢女说自家小姐已经等候他多时，将他领到天蒴轩。轩中有张玛瑙几，几案上放着一本霞光集。一个十六岁左右的女孩子出来向他施礼，说自己是地仙瑶华洞主葆素真君董处默的第三女，小字芸香。董处默司文衡，负责将世间的美文佳作都收录到霞光集中，以备上帝观览。芸香因为读了林子羽的诗作十分欣赏，所以请他来对诗。两人于是作诗互相酬答。

林子羽惊醒后，又去玉华洞寻访，见到潭中有几尾红鲤鱼。他想起鱼传尺素的典故，便写了首绝句投入潭中。没想到，一双鲤鱼忽然游过来将诗卷衔走了。过了一会儿，一张诗笺从潭底浮出，那是芸香所写的和诗。原来，昨日梦中之事竟真的发生过……

掰书君曰

上文故事改写自清代谢章铤的《赌棋山庄词话·林子羽词》。

从仙话的角度，我们可以简单地认为地仙就是长期生活在人间/地面/地下的仙人，有体制派、中间派、原教旨派和隐逸派的区别。其中隶属于正统道教神仙官僚体系的，即为体制派，是神仙界的公务员，需要安

地官出巡：中国上古就有祭天、祭地和祭水的礼仪。天、地、水三官是道教早期敬奉的神灵，亦称"三官大帝"。其中地官总主五帝五岳诸地神仙，每逢七月十五日即来人间，校戒罪福，为人赦罪（唐吴道子［传］《地官图》）

分尽职，定期向上级汇报，参加官方聚会之类的活动。

《云笈七签·洞渊九地三十六音内铭》说，与天界的众多天帝相应，地下有三十六垒地皇，负责管理一方地域，包括管理地府，还监察学仙者，学得好的就可以让他们升天。当然这只是一家之言，因为如果要给所有地仙找个领导的话，后土皇地祇是当然的人选，要么就是东岳／冥王也行。不过三十六垒地皇这个说法，倒也体现了体制派地仙们身上沉重的制度枷锁。

体制派的地仙数量甚多。《真灵位业图》中，排在第六阶的地仙以茅固为首，有一百七十多位。而北周宇文邕的《无上秘要》则收录了一百三十九位地仙。托名东方朔所著的《海内十洲三岛记》更夸张："方丈洲……群仙不欲升天者,皆往来此洲,受太玄生箓,仙家数十万。""钟山在北海之中,地仙家数千万,耕田种芝草,课计顷亩也。"

不过,按照葛洪等的说法,地仙只是修道的中间阶段,"欲成地仙,当立三百善;欲成天仙,须立千二百善"。修炼者因为修为不够、积善不足或别的原因,"仅得地仙"。比如三茅君的后两位茅固、茅衷,七八十岁才辞官修仙。大哥茅盈对他们说:"你们醒悟得太晚了,最多修成地仙。"后来中茅君、小茅君果然以地仙名列仙班。又如一个叫李根的,因为"不得神丹大道之诀,唯得地仙方耳",就是说没有掌握飞升上天的秘诀,所以只成了地仙。

说到这里可以顺便讨论下大羿与嫦娥服药的事。著名的神箭天神大羿因为射了日,与妻子嫦娥一起被天帝开除神籍,后来,大羿从西王母那里求了长生不死药回来[1]。故事在这里由神话无缝衔接为仙话。西王母说得很清楚:不死药一人全吃掉可以升天,两人均分则可以留在地上永远过日子——就是成地仙的意思。这个细节,是当时存在天仙地仙区分的观念在故事中的反映。

但也有主动做地仙不上天的体制派。道经《吕祖志》说,吕洞宾的师父钟离权飞升时,吕洞宾表示自己暂不上天,"必须度尽天下众生方上升未晚也",这个宣誓有点地藏菩萨"地狱不空誓不成佛"的意思。宋代道释交融愈深,而且道教也需要这种积极入世、立志度化众生的代表来号召信徒,所以吕洞宾有这段小故事就很自然了。八仙基本上属于散仙,这是整体而言。分而言之,则钟、吕、韩、曹四人比较接近体制派,剩下的李、何、张、蓝比较散漫随性,尤其张果老、蓝采和,到哪儿都是一副放浪不羁、我行我素的模样,更接近下节所说的闲散风。

现在说回本文开篇的故事。

地仙董处默是文职,相当于现在文学作品精选集的编辑。不过他的

---

[1] 拙作《诸神纪》有大羿专节和嫦娥专节论述此二人事迹,此不赘言。

工作成果只给上帝看，有点做"内参"的意思。董处默的这个职责，是人间编修类文官在仙话中的呼应。

　　地仙的女儿，自然也是地仙。芸香在这样的家庭中成长，喜欢舞文弄墨就不奇怪了。这个故事中，人与地仙的沟通有两种方式，一是通过梦，梦可以无缝衔接两个异世界，二是通过神奇动物（赪鲤，即赤鲤）。地仙当然可以直接在凡间现身与凡人见面，但如果通过中介辗转沟通，就会显得更加神秘、更有身份。在这里，潭水是物质中介，既是人仙间的阻隔又是交流渠道，而鲤鱼则是精神中介。鲤鱼本来就是神物（见后文古仙琴高骑鱼升天事），加上《古诗十九首》里又有以鱼作为信使的典故（"客从远方来，遗我双鲤鱼，呼儿烹鲤鱼，中有尺素书"），故事中以赤鲤传递诗文实现人仙沟通，就显得有理有据。

　　当然，从另一个角度，我们也可以这么看：这故事不过是某文学青年为了让自己的诗文流传于世而瞎编的。他拉来地仙父女做背书，借神仙之口夸耀自己写得好，这种操作，其实是文学青年"出圈"的公开小秘密。

主要出处

《赌棋山庄词话》《无上秘要》《海内十洲三岛记》《云笈七签》《吕祖志》

地仙之二：安守洞天福地的中间派

有些地仙，可能与体制有些关系，但山高皇帝远的，关系又显得不那么紧密。或者记录他们事迹的仙话并没有点明其职司，故事内容也不涉及其与体制的关系。这一类地仙，我们就姑且称作中间派。

汉时，洛阳有一处地穴，深不可测。有个女人不知出于什么仇怨想杀掉丈夫，就对丈夫说："咱们从没见过那个地穴，去看看吧。"于是两人来到穴口。女人趁丈夫不备猛地一推，将其推入了洞中。很久，才听到似乎身体触底的声音。女人从洞口投下些饭食来，像是祭祀的意思，就迅速离开了。

不知过了多久，男子苏醒过来，摸索着吃掉了那些饭食，稍微有了点力气。他在洞底探寻良久，发现洞底周边有个小穴，便一咬牙爬进穴口，一路崎岖蜿蜒地匍匐前进。

爬过数十里，洞内渐宽，稍有亮光，地面显得宽平广远了。男子又往前走了百余里，感觉踩到了尘土上，并且闻到了粳米的芳香。他吃了那些散发着粳米香的尘土就不饿了，便带上一些作为干粮，继续往前走。又不知走了有多远，尘土吃光，脚下仿佛踩到了泥，他捡起来尝了尝，感到泥的味道与之前的尘土相似，便又带上继续走。就这样又不知走了多久多远，他忽然看到前方出现了一个大城市。

这座城市城墙修整，宫馆壮丽，城里的建筑和树木都以金箔作为装饰。因此地下城虽然不见日月，但十分明亮。城里人人身高三丈，身穿羽衣。城中的音乐十分稀奇，世间从未听闻。男子向长人哀声求告，长

(元)赵雍(传)《玉洞群仙图》(局部)

人说:"你继续往前走。"男子就这样经过了九座类似的城市。最后到了一个地方,他实在太饿了,又去向长人求告。

当时中庭里有一株周长百围的大柏树,树下有一头羊。长人对男子说:"你去跪在那头羊面前,捋它的胡须。"男子照着做了。他伸手一捋羊须,从羊须中捋出来一颗珠子,长人赶紧取走;第二次捋出的珠子,长人仍旧取走了;之后捋出的珠子,长人才允许他吞下去。吞珠之后,他就不饿了。

男子请问九座城市的名字,希望能留下来不走。长人说:"你不能留在这里,有什么问题回去问张华吧。"男子只得沿着洞穴继续往前走,最后从交州的一个洞口出来。

男子后来回到了洛阳,就这么一来一往间,六七年过去了。他设法找到了张华,讲述了自己的经历,并且出示了带回来的尘土和泥。张华看了说:"像尘土的这个,是黄河之龙的龙涎;像泥的这个,是昆山下的

泥;你去到的九处地方,是地仙九馆大夫的住所;你见到的那头羊名叫痴龙,从羊须里捋出的第一颗珠子,吃了之后可以与天地同寿,第二颗吃了可以延年,之后的珠子就只能止饥而已。"

掰书君曰

上文故事主要根据《古小说钩沉》的相关版本改写。

九馆大夫是安住在洞天福地中的地仙,与体制的关系不明。

"九馆"指那九座城市。"大夫"这称谓比较含糊,如果当正式官职看,姑且算是神仙界的中偏下级官员吧,相当于县长、市长。九馆大夫应该指九个地仙,每仙一馆(一城),品职正相当。如果认为是一仙统管九城也行,只是职称上有些委屈,好比让一个军人管一个营,却只给人家中尉军衔。

九馆大夫所居住的九馆,是典型的洞天福地。男子坠入深穴,又一路"匍匐从就,崎岖反侧",经过不知几百几千里,才来到九馆,可见地仙所居地址十分隐秘,根本不是外界想象的深山老林中的小山洞而已。九馆城中遍悬金箔,一是为了显示与凡间不同的仙家贵气(昆仑山也是堆金砌玉的),二来也是为了照明,提醒读者它的地下城特性。这让人联想到上古神话中的燧明国,国中没有昼夜,靠人或动物敲击燧木取火得光[1]。当然金箔本身并不发光,这跟燧木之火不同,九馆之所以亮亮堂堂,肯定得有稳定的光源供金箔反射。理论上这光源可以是灯火,不过太普通了,我认为起码得是夜明珠之类,不然怎么体现地仙的格调呢。

各处给予男子指示的长人并不是九馆大夫,而是普通地仙,相当于县长手下的掾吏,小公务员。所谓"人皆长三丈,被羽衣",表明这里的市民都是大高个儿,羽衣算是仙家制服。而且他们对于高级羊须珠并没有处置权,所以还得守着男子捋羊须,并将第一二颗拿走(而不是自己抢来吃掉)。九馆大夫是本篇没有出场的幕后地仙大佬,从故事看,他的生活相当惬意,好像也没太多体制的压力。

神羊痴龙值得多说几句。羊是仙家神兽之一,老子就骑过羊,四川道教名观青羊宫与他相关,因此,神奇的珠子能从羊须里捋出来,就不值得大惊小怪了。羊须滚珠这一情节可能是受到湿胡须能捋出水珠的现象的启发。我们可以很毒舌地将跪捋羊须理解为"溜须",相当于人为了口吃的觍着脸去跪拍神羊的羊屁。所谓第一颗羊须珠吃了能与天地同寿、第二颗能延年、以后的只能充饥云云,说得比较含糊,到底是每次捋须都有这种收获,还是算总的次数,语焉不详。理论上,仙话肯定要维护羊须珠的稀缺性,所以我倾向于开天辟地以来痴龙下巴里就只有那两颗极品珠子,不可能过段时间就像重新充满电一样,又产生两颗。长人将第一二颗拿走,不敢自己吃,想必是要送到九馆大夫甚至天帝处(其实自己吃了多好,吃了就与天地同寿了,还怕什么官大一级压死人)。那么

---

[1] 拙作《我们的神》有专篇讲述燧明国,此不赘言。

问题来了:为什么九馆大夫守着神羊不自己捋须,非要等这凡间男子来捋呢?万一谋害亲夫的恶妇不出现,或者出现了却没想到借洞杀人,他不就吃不到了吗?我以为这里可能有个隐藏设定:仙人无法捋羊须,必须出凡人捋。而洞天福地轻易进不来凡人,所以羊须珠就一直没捋,直到男子出现——他就是那个命中注定捋羊须的工具人。要不然,就是因为地仙们脸皮比较薄,众目睽睽之下跪拍神羊屁的事干不出来,只好假手于饿极了没脸没皮的凡人了。

说到痴龙,其实很有可能痴龙真的是一条龙,而不是羊,羊只是它的化身。理由如下:首先,"骊龙颔下珠"是个现成典故,《庄子》说"夫千金之珠,必在九重之渊而骊龙颔下"。骊龙的下巴上有胡须,骊珠就藏在龙须里,不然光溜溜的下巴怎能藏珠呢,难道靠双下巴的肉缝么。所以羊须珠其实是龙须珠的变种。其次,男子去往九馆路途上踩到的可充饥的香尘,经张华鉴定为龙涎,龙涎就是龙的口水,可见那段漫长的洞穴(至少曾经)是龙穴。龙在自己的洞里长年累月流下的口水变成了香尘,不然,哪条龙会那么无聊,专程跑到别人的城郊小路上吐口水呢?后来出于某种原因(比如被地仙九馆大夫收服),这条龙就离了巢穴来到九馆地带生活,日常以更温和的羊的形象示人。顺便说一句,龙涎不仅能吃,还能画画。《琅嬛记》引《贾子说林》说,帝舜用紫龙涎配绘实(一种仙草名)调出正赤色,可以画金玉,颜色能透入金玉中一寸。可见龙连口水都是宝贝,就跟凤凰的嘴壳子和麒麟的犄角一样(详见后文仙乡节)。再次,别的文学作品中出现的"痴龙"一词,指的通常都是龙。比如苏轼有诗句"天公不解防痴龙,玉函宝方出龙宫。雷霆下索无处避,逃入先生衣袂中",人家的痴龙是住在龙宫里的。修辞上"痴龙"可与"病虎"对偶。龙前加"痴",不外乎是形容一种傻呵呵的呆萌状态,可见龙族的智商也不统一,有些龙是聪明的,有些就常常犯二。化身神羊的那条龙,大概就是条稀里糊涂会犯二的龙,不然没事流那么多口水做什么。

张华应该是指魏晋时代的张华张茂先，博闻强记，中国第一本博物学著作《博物志》就是他写的。张华就像比他更早几百年的东方朔、严君平一样啥都知道，当时的人有见闻上的困惑，都喜欢去问他。虽然本节故事里说男子是汉时人，但这不重要，因为编故事的人细节不严谨是常有的事。重点是本故事最初收录在南朝刘义庆的《幽明录》中，而那时张华正是一个声名显赫的存在。

比《幽明录》大约晚一百年，南北朝时期的梁元帝萧绎编写了一本《金楼子》，里面同样收录了这个故事，但是加了个尾巴：男子最后对张华说"我为妻子所苦"，张华就把他媳妇抓来煮了（"华乃取其妻而煮之"）。这煮媳妇的主意，大概是萧绎自己的心愿。毕竟作为文采斐然却心胸狭隘的独眼皇帝，他常年与发妻徐氏（就是"徐娘半老"典故所指那位）怄气，还被发妻戴绿帽子，最后他逼发妻自尽了结了两人的孽缘。也许在别人看来落洞男子算是因祸得福，夫妻旧仇可以翻篇了，萧绎却不依不饶，非要用文墨替男子出口恶气，而且还拉上张华来执行。看其文写法，"取其妻"，感觉不是走正规程序缉拿归案，而有以法术隔空取人的意思，至于"煮之"，则直接就是黑巫术了，有点令人毛骨悚然。考虑到张华是张良的后裔，而张良跟黄石公学过仙术，好像也说得通。

《古小说钩沉》里还辑录了一个类似的坠洞逢仙故事，可视为正文的异文，比萧绎这版美好和平多了，读者诸君有兴趣可找来一览。

主要出处

《古小说钩沉》《抱朴子》《庄子集解》《琅嬛记》《金楼子》

地仙之三：利益得兼的原教旨派

有些看上去活得很闲散潇洒的地仙，其修仙动机相当自私，与真正追求精神自由的仙人不可同日而语，姑且称他们为（方仙道的）"原教旨派"，以区别于地仙中看上去同样闲散的"隐逸派"。

马鸣生是齐国临淄人。他年轻时做过县吏，捕贼时为贼所伤，瞬即死了过去，侥幸被道士的神药救活。于是他弃职随师。开始他只想学医术，后来发现老师有长生之道，就一直跟着，辛苦事奉。

老师见他心诚，传授给他三卷《太清神丹经》。于是他入山合药，炼成了仙丹。但他不愿意升天，只服了半剂，成为地仙。

马鸣生在每个地方居住不超过三年就会搬家，这样人们就不知道他是仙人。他盖了很多大房子，蓄养了很多仆婢，出入乘车驾马，生活奢侈放纵，与普通富翁无异。

他一直辗转玩了五百多年，大家都认识他了，很奇怪他为何不老。他在人间待腻了，于是修炼出了大丹，白日升天而去。

掰书君曰

上文故事改写自《神仙传》。

前文说过，神仙有不少是从巫师演化而来。最晚在春秋时期，巫师的医药功能分流为巫医和炼丹术士。巫医是"以巫的手段来治病的医"，所以巫医要管人事、管个体、管他人，换言之，巫医是"大家的"。

但炼丹术士就不大讲究公心了。他们炼丹，首先是追求自己健康长

(清)黄慎《炼丹图》

寿，确保身体棒之后，再享受由长寿附赠的各种好处，满足吃喝玩乐等各种感官欲求，如马鸣生这样的。其次，他们也可以拿自己的炼丹术去向统治者兜售，为自己换取现世的荣华富贵，继续更高的享受，比如哄着秦皇汉武玩儿的宋毋忌、徐福、李少翁等。

"一切为自己"可以说是炼丹术的"原教旨"，寿也好，富也好，贵也好，都是围绕自己的利益打算，为此，即便损人利己恐怕也无暇多顾。

在这种思想指导下产生的地仙，之所以选择不升天，是利益得兼的考虑。

所谓利益得兼，就是两头我都想要：既要长生不死，又要自在快活。长生不死就得升天成仙，升天成仙就得受仙条和大佬管束，多不爽。如何处理这种矛盾呢？做地仙成了最好的选择。排在此类地仙价值链第一位的，是长久地活着享福，无穷无尽地花天酒地，怎么爽怎么来，有权利而没义务。换言之就是物质自由和年龄自由优先，至于精神自由、精神探索，则完全可以往后放，放到不碍事的位置。葛洪《抱朴子》说地仙"食甘旨，服轻暖，通阴阳，处官轶，耳目聪明，骨节坚强，颜色悦怿，老而不衰……"好吃好穿不生病，钱多事少离家近，对这样的优厚待遇，凡人谁会不动心呢。

此类地仙出现在仙话中，有其时代背景。

魏晋之时，因应着压抑的时代氛围，隐逸逃避成为士大夫的自傲之选。"魏晋风度"从道家的思想传统到方仙道的技术传统学了个十足，其形而上的部分谈玄说道，"越名教而任自然"，其形而下的部分则嗑药纵欲，奢靡享受。"地仙说"应该是肇始于这一时期，或至少在此时才变得完备。仙话中早于这个时代的地仙，可能都是后来的追叙。其中，原教旨做派的地仙，就是其形而下追求的凸显。

主要出处

《神仙传》《抱朴子》

散仙之一：早期隐逸高士

散仙与地仙既有联系又有区别。散仙不是等级，而是一种生存状态（闲散，与体制无涉或牵涉甚少），更是一种主动追求的精神状态（道家"逍遥"思想的实践）[1]。我们可以这样描述：散仙是不在体制中的神仙，他们可能生活在天上或地面等处，而以后者居多。地仙中的隐逸派，就属于散仙。

仙的存在，已经是中国所独有的文化现象；散仙，或者说散仙精神（定义详见下文），更是仙道文化乃至整个中国文化的精髓之一。

散仙的雏形来自早期的隐逸高士，比如传说中尧时的许由、巢父，舜时的蒲衣子，夏时的务光等等。贤士们一肚子才华偏偏选择隐居草泽，不求闻达于诸侯，其出发点与佛教苦修者或基督教隐修士都很不一样：佛教苦修者是为了超脱轮回，基督教隐修士是为了事奉神，而许由这样的隐士呢，仿佛就为了追求一种精神上的优越感，瞧不起尘务，觉得别人都俗。

许由、巢父没有留下著述，他们存在的真实性存疑。他们所代表的隐逸思想是在先秦时期得到充分阐发的，尤其道家中的庄派[2]，为其提供了主要的思想支撑。庄子在《逍遥游》里说逍遥，竖起"至人无己，神人无功，圣人无名"的高标，搞得后世但凡有点文化的都不好意思直

---

[1] 当然也有一类散仙算是被体制抛弃的失业人员，比如犯错受罚的淮南王刘安（详见后文外丹节），他们不在本节讨论范畴。
[2] 或曰老庄一派，老是老聃，庄是庄周。不过道家都宗"老"，所以这里要偏"庄"理解起来才顺。黄老学说也有个"老"，但其实偏"黄"，算是道家中的积极派、进取派，与"庄派"的消极遁世迥异。

白地蝇营狗苟了，至少要表现出在升官发财之外自己其实也追求精神的超越：学着种豆南山，闲来采菊东篱，扬州十里扛把子，独钓寒江雪。

先秦诸子的思想厚壤中，儒家贡献了纲常，法家贡献了法治，墨家贡献了侠义，而道家贡献了自由——逍遥就是道家的自由，是为仙的思想根本。纲常与法律都属于秩序，侠与仙则是对秩序的逆反。四家中，后来儒、道算显学，法、墨算隐学（虽然法家一度做过主流）。道家在对人的精神完善的探索方面贡献犹著。方仙道与后来的道教，都从道家的逍遥说中汲取过精神力量，并用以论证其精神追求的合理性与超越性。

儒家确立正统地位后，不停地建构建构再建构，而道家将人拉出社会主流，看似对儒家所倡导的秩序有所解构、有所拆台，实际则是对中国人精神世界的丰富和补充。纲常与逍遥，或者说秩序与自由，成为中国人精神的两大支柱。其实儒、道两家都讲秩序，儒家的纲常名教自不待言，道家的顺乎自然也不过是将秩序的参照系外移而已，而后来的道教（体制派）更是将森严等级体系引入神仙世界，走到了道家原初教义的反面。此外，儒、道两家又都讲自由，孔子的自由是有限自由，"从心所欲不逾矩"，庄子的自由是无限自由，"无所待以游无穷"。虽然层面不同，但他们都认为追求自由是人的精神完善的应有之义。因此，儒、道两家的文化基因是可以相通的，你中有我，我中有你。有了儒道相融的基础，后来的儒道释三教合流才显得自然。

秩序是每个社会必有的，逍遥却是中华文化的独特基因，只此一家，别无分店。我愿意将这种追求逍遥自由的精神形象化地称之为散仙精神。中国传统社会中，儒家伦理秩序连续、持久、广泛而强悍，使得宗教神权始终无法占据中心、一教独大，也使得远古多神教思想得以留存。在这样的思想背景下，散仙们才能存在并理直气壮地表示：我可以成神（广义），我就是神，我是不服从你管教的神……这是西方一神教的神权社会所难以理解的。从这个角度我们也可以说，如果没有儒家的保护盾，仙

庄周梦蝶（16世纪作品）

道界就不可能产生那么多的散仙。

理解了散仙，才能真正理解中国文化——她决不仅限于忠孝廉耻、仁义礼智信所构筑出的那个中规中矩的世界。鲁迅说"中国根柢全在道教"，这个立论的依据，有一半是散仙精神贡献的。

历朝历代社会不同阶层都在继承和发扬这一精神，上有士大夫以辞官归隐作为最后的退路，下有普通百姓从渔樵耕读中悟出宇宙之道，从而采取旷达随性的人生态度。时至今日，散仙精神也在不停构筑着中国人的精神世界。比如当代人所推崇的摇滚精神。摇滚精神的核心是叛逆和愤怒吗？我以为不是。叛逆不过是因为不掌握权力，愤怒不过是因为感到无力——由于不掌握权力导致只能眼看着某些自己不认可的事情发生却毫无办法。如果只有叛逆和愤怒，充其量算是青春期综合征。摇滚精神的核心其实可以认为是散仙精神，至少在中国是。有叛逆，有愤怒，有桀骜，有顶撞，但更多的是不羁，是自由奔放、自我实现，对主流或体制不反对但也不向往，自外于世俗对于人的价值评价体系（比如功名利禄、富贵荣华），不媚俗，不屈从……我们甚至可以称之为"散仙主义"。

上述"主义"能不能实现、在多大程度上接近实现可以另说，但作为中国的理想精神状态之一，散仙主义为人们提供了从"这个操蛋的世界"逃离或与之和解的精神途径。在中国的各个历史时代，散仙及其背后的思想都很好地起到了全社会的泄压阀的作用，帮助上下各阶层实现痛苦转移、情绪调整、心理平衡等目的。考察它在多大程度上内化为了我们的国族共识或者说集体叙事，是一件意义深远的事。

早期隐士对世事的退避，也与他们跟当时汲汲于世的其他学派如法、儒、墨等的思想分歧有关。孔子周游列国途中，在楚国遇到两个高大的农夫长沮、桀溺。弟子仲由问路，他俩不回答，还揶揄孔子"是知津矣"（你不是经常给别人指点迷津吗，你走了那么多国家你还不认路吗），甚至要挖孔子墙角，让仲由来跟着自己一起避世。长沮和桀溺都是标准的隐士，清高得十分嚣张。

孔子有天下关怀，又积极用世，可能这勤勉范儿实在与信巫重鬼、（某种程度上更显得）消极散漫的楚文化不合，孔子在楚国路遇的挤兑比别处都多。还有个叫接舆（本名陆通）的楚狂人也因嘲笑孔子而留名于《列仙传》，后来李白还作诗以之自况（"我本楚狂人，凤歌笑孔丘"）。其实吧，要没有孔子，这几位隐者就真的"隐"得彻底，言行形貌，什么都留不下来。

前文说过，散仙早期多由隐士仙化而来。隐士的上品是高士，高士的极致是别人让天下给自己而自己不要。尧让天下与许由，许由不要；舜让天下与善卷，善卷不要；最狠的是夏末的务光，商汤克桀，让天下与他，他居然"负石自沉于蓼水"（但四百年后又重新出现在世间）。这些高士，都被各类神仙传记收录，所以都成了仙。

早前的修炼者如葛洪所言，是"为道者必入山林"，入山林，自然有修仙的便利。然而隐逸这件事常常不小心就变味，通过自我包装炒作，变成追求功名的"终南捷径"。于是，历朝历代都有从深山里挖出来拯济世间的宝藏"大师"，今天，也不例外[1]。

早在战国时代，法家直男韩非子就拆过许由们的台，说他们不要天下不是因为品行高洁，而是因为那时当天子又苦又累又没油水，聪明人避之唯恐不及（"夫古之让天子者，是去监门之养而离臣虏之劳也"）。到了晋代，皇甫谧更是在《高士传》里颠覆性地重述了许由的故事，转述如下：

尧年老了，打算禅让天下。听说隐者许由贤能，就派使者去找他。许由听使者转达了尧的话，扭头跑到颍水边，掬起河水洗耳朵。正在水边饮牛的巢父问他怎么回事。许由说："尧想召我为九州长，我恶闻其声，耳朵都被污染啦。"巢父听了很不客气："你要是跑到深山老林不通人烟的地方去待着，谁会知道你？你故意到处云游搞得尽人皆知，不过是为了求名罢了。现在名头到了极致，连天下都要让给你了，你又假模假式跑来洗耳朵，装什么清高！可别把我牛犊子的嘴弄脏了。"说完，巢父就牵牛挪到了许由的上游。

---

[1] 当然，真正的隐者即便在当代也是存在的。可参考美国人类学家比尔·波特（Bill Porter）上世纪八九十年代探访终南山隐居者后所著《空谷幽兰》（南海出版公司，2010年）及何世平等拍摄的纪录电影《隐士》（*Hermits*, 2015）。

巢父这条上古毒舌真不留情面，直接戳穿了许由不愿为公付出只想沽名钓誉的小算盘——老实说，巢父那段话有笔者扩充和发挥的成分，因为上古人说话比较简洁，我若不加些起承转合，读者诸君不易体会到巢老师发言的精髓。当然，这段异文很可能是皇甫谧或其他人编的，类似于今天的翻案爆料文章。

总之，不管后人如何评说，许由、巢父与大多数仙化的隐士一样，都被列入了神仙谱。最初是潇潇洒洒的散仙，偏生后来葛洪的《枕中书》强行给他俩在体制里派了个九天侍中的位置，听上去位高权重责任大，他俩若泉下有知，不晓得棺材板还压不压得住。

主要出处

《高士传》《列仙传》《神仙传》《枕中书》《韩非子》

散仙之二：无政府派逍遥到底

本节继续聊散仙，尤其仙传中的散仙。他们不一定由隐士转化而来，但表现得更加逍遥自在，是神仙界的"自由职业者"，甚至是神仙界的"无政府主义者"。

上古时有一个人，年少家贫，可是心中十分向往修道。他替人养猪放羊，慢慢地攒了点钱，又自己买羊买猪来养殖谋利。经过十几年节衣缩食，他终于攒出了万金的家底。到了这个时候，他就开始真正实施自己的修仙计划了。他寻访到了著名的仙人中黄丈人，拜他为师学习修炼之法，每天坚持不懈；还阅读《太素传》和各种仙经；并且将积蓄拿出来，到处寻买最好的药材服用。因为他居住在白石山，又经常煮白石当粮食，人们就管他叫白石先生。

当然白石先生并不是只吃白石，肉脯、谷类这样的普通食物他也吃，还喝酒。经过长年累月的修炼，他可以做到日行三四百里，并一直保持着三十多岁的面貌。最终，他得了道，能够不死了。

彭祖云游天下的时候，碰到了白石先生，那时候白石先生已经有两千多岁。彭祖看他老在地面待着，就问道："您的修为这么深厚，技艺这么高超，为什么不直接炼出升天的仙药，到天上去做神仙呢？光是在地面上保持不死，有什么意思呢？"

白石先生淡淡一笑："天上能比人间快乐吗？我在人间只要不死，怎么逍遥都由得我。天上那么多当官的，这个至尊，那个真君，比你等级高的一抓一大把。官大一级压死人，我要是上了天，还不得天天事奉他

白石先生（明王世贞辑次《有象列仙全传》）　　白石先生煮白石（明洪应明《仙佛奇踪》万历刻本）

们，看他们的脸色？这岂不比在人间苦多了么？"

说完这些话，白石先生就优哉游哉地走远，继续他的逍遥日子去了。

掰书君曰

上文故事改写自《神仙传》。

散仙徘徊在正统神仙体制边缘，他们大多不是"反体制"，而是"非体制"、不亲近体制，他们的故事所呈现的是一种独立自由、充分发展自我、实现自我的思想境界。相应的，神仙世界也没有多少好处可给到他们——比如瑶池会分蟠桃就基本没他们份儿，散仙得靠自己的灵丹妙药自谋长生。当然，八仙去瑶池蹭吃蹭喝算例外，毕竟偶像团体粉丝众多，仙界也需要借助其流量接接人气。

白石先生是典型的"无政府派"散仙。他一心修道,拜师、读经、炼药、服药,可是明明再努把力就能够上天,他却选择了放弃,到此为止。他给出的理由很明确:"天上多有至尊相奉事,更苦人间耳"——我苦修成仙就是为了摆脱人间秩序的桎梏自由自在,倘若修炼到最后的结果却是跑到天上去看更多大官的脸色,那我还修炼个什么劲儿呢?对不起,大爷我不伺候。

中国文化里,有很多这样的"温和的逆反者"形象。

散仙们的傲娇,不仅是对深厚的道家思想基础的响应和发扬,也暗合了每个普通人心中(难免藏有的)几丝对既有秩序的暗戳戳的反抗。人们乐得编造、记录或传承这样的另类故事,让已经超脱生死的散仙替自己表达心声。我们来看个比白石先生更"杠精"的修仙者的故事——

赵地有个人叫管革,从小好道。一般求道者都谦卑地到处拜师,但管革不是。他为人毫不谦逊,还特别喜欢跟人争辩,大概这也是追求真理的一种表现吧。他不种地,也不做工,就在赵魏之间闲逛。有一天他遇到了张果老。张果老见他有几分慧根,便招手叫他:"管革,过来。"管革说:"你谁呀?"张果老说:"我是张果先生。"管革说:"张果叫我干嘛?"张果老说:"你这孩子怎么不懂礼貌呢,连人间的帝王都非常尊敬我呢。"管革说:"我又不是人间帝王。"张果老懒得再跟他计较,叫他跟随自己一同云游,管革答应了。

张果老让他闭上眼睛,管革反问说:"为什么非要闭眼,不闭眼就去不了吗?"张果老说:"因为你是凡人之体啊。"管革说:"你这凡体都能去,我怎么不能去?"张果老没法子,只得将自己的拐棍扔到地下变成一头青牛给管革骑。管革骑在牛上,转瞬就与张果老一同到了恒山。

俩人在恒山顶上坐而论道。张果老问管革:"你为什么不去云游全天下,而只在赵魏间打转呢?"管革说:"修道之人不分地界,在我看来,赵魏和玉清、蓬莱是一样的……你刚才拿帝王匹夫那套礼节来说事,证

张果老与管革论道（雷玥溪绘）
管革曰：唯道人也，不随土地而化。我游赵魏之间，与游玉清蓬瀛不殊矣

明你还是个俗人……你化杖为牛给我看，我也不觉得有啥了不起。岂不知万物都可变化，人都能变成仙，何况物呢？……"理直气壮地说完一大篇话后，管革也不跟张果老告辞，就自己走下绝顶，到恒山半腰结庐而居、独自修炼去了。后来不知所终。

（出自明赵之韩、王潨初《恒岳志》）

试想，若普通修仙者遇到张果老这样的仙道界大佬，肯定得抱紧了大腿不撒手，百般奉承以便换取些仙药仙术之类的好处才是吧？然而像管革这种另类，心中无欲，目无体制，出世思想贯彻得很彻底，什么也不图，什么也不怕，所以就连张果老也敢单挑于驴下。这种小小的不合作情节是我国仙话中特别可爱有趣之处，你在其他文明的神话里是很难见到对体制本身的消解和不屑的——最多，是对主神的反抗而已。更多张果老故事可参见八仙等章节。

主要出处

《神仙传》《恒岳志》

世人都晓神仙好，可是要如何修炼才能成仙呢？本单元，咱们就聊聊成仙的各种技术，它们可是"极具操作性"的哦。感兴趣的话，您不妨也试试？

第三单元

成仙的技术

那些可致长寿的食材

成为神仙,首先就得长生不死。大致说来,仙话中能够帮助人类长寿的物质媒介主要有三类:植物、动物、矿物。这里不把人类算进去,因为人对人的长寿帮助通常体现在名师指点、互助修炼、仙术灌输等方面,属于主观能动行为,并非客观物质。像唐僧肉那种修仙顶尖食材是特殊个案,不能算通例的。

人类对这些长寿物质媒介的利用方式,最主要是吃,其次是用。本节说说食材——舌尖上的修仙秘笈。先说植物。

在古人眼中,某些特殊草木可以"食之长寿",吃的部位涵盖其花叶果根,不一而足。最著名的长寿瓜果当然是西王母的"蟠桃"。蟠桃是一切"不死果/长生果"家族的"课代表":产地高端神秘(昆仑山),所有者高端神秘(西王母)[1],生长过程艰难曲折("几千年一开花,几千年一结果"云云),延寿效果惊世骇俗(最顶级的吃了"与天地同寿")。因此,蟠桃的拥趸最众,而享用门槛极高,也才会有王母娘娘定期在瑶池召开群仙品桃会,各路神仙使出浑身解数献宝祝寿的传说。这时候玉皇大帝是靠边站的,毕竟对神仙们而言活命最重要,哪怕他们已经具有了永生的体质,还需定期吃仙桃补充长寿因子才能"充满电",保证永远续航。关键时刻该拍谁的马屁,活成了精上精的神仙们一点也不含糊。

除了蟠桃,还有一些具有类似功能的高级植物。比如白娘子偷盗的

---

[1] 拙作《诸神纪》中论及西王母的神格与不死药关系,略为:西王母在演化中成为同时掌管生死的神,故而司掌"不死药"。同时,西王母的这一职司与仙话乃至道教的阐发也关系紧密。

灵芝仙草，唐三藏不敢吃的人参果，凡人吃了就不会饿的丹木之实，吃了千年不渴的龙肝瓜，专供太上老君和王母的紫轻梨，西王母看得比蟠桃还紧的黄中李，安期生的大枣，等等。

上述这些宝物，靠自然采集原本很不容易，何况神仙那么多，大家都等着吃了延寿，纯野生的肯定不够分。怎么办呢？那就自己种吧。《海内十洲三岛记》说钟山、方丈洲等处的数千万仙家都是"耕田种芝草，课计顷亩如种稻状"，跟凡间农夫种地一样，亲自动手解决口粮问题。

此外，如果找不到高级植物，稍微降低标准也可以。人家偓佺只靠吃松子就把眼睛吃方了；还有赤须子，吃的不过是松实、天门冬、石脂等，结果也"齿落更生，发堕再出"而得仙；何仙姑偏爱吃云母，最后也白日飞升了。

不死药是对不死果的转化和提炼，这与道教丹鼎派的本草熬炼和化学实践有关，而丹鼎派对嗑药的执念，又来自更加古老的巫术通神需求[1]。不死果的另一种转化是酿酒，即不死酒，又或做成食物，加入食疗大军。孙猴子闹天庭的时候，吃遍了仙桃、仙丹、仙酒、仙食等一揽子延寿神物，综合疗效惊人，成了谁也打不死的铁憨憨。关于炼丹故事可参看下节。

能帮助人长寿的动物，最常吃的是老龟。在龙凤龟麟"四灵"中，唯有乌龟是人类能够真正且频繁接触到的神物。乌龟的长寿在人类心目中一直是个谜，于是有了传说，吃掉千岁龟，则人可活千岁。这种生命交易当然很不讲理，凭啥要拿人家老龟的一千岁换你的一千岁呢？但有

（明）陈洪绶《餐芝图》（局部）

---

[1] 拙作《诸神纪》少司命等章节中对神巫借药通神有所述及，此不赘言。

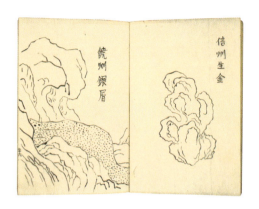 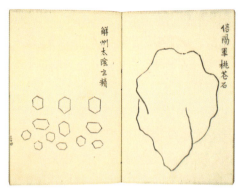

成仙矿物食品（《绍兴本草图画》，宋王继先校定，1830年日本江户时期写本）

些人为了长寿就是连六亲都能不认，所以吃掉九尾龟、千岁龟（如果真能遇到的话）这种计划，在他们心目中可能最多算是"以形补形"吧。

再说说吃了能帮助人类长寿的矿物，或者自然物。比较常见的是神泉。据传为东方朔所著的《神异经》里提到西北荒有酒泉，泉水"美如肉，清如镜"，饮了"不死长生"，今天甘肃省酒泉市即得名于此。泉水的味道像肉，这有点超出我们凡人的认知，大概说明泉水富含神秘内容，入口感觉鲜厚肥弹。再如《拾遗记》说"蓬莱山冰水，饮者千岁"；《括地图》提到负丘之山有赤泉，喝了就不老；又或者神宫的英泉，喝了一觉睡三百年才醒，不会死；再不济如终北国的神瀵（fèn，喷泉），喝了能活满一百岁才死（也不短了），等等等等。

除了液体，延寿当然也少不了流体乃至固体。昆仑山的玉膏就可能是一种半流体，是天帝的养生食物。而某些修炼者更是将松脂、石髓、玉英、云母、水玉（水晶或玻璃）等矿物纳入直接服用的食谱。瞧，连炼丹的步骤都省了。

主要出处

《抱朴子》《山海经》《云仙杂记》《海内十洲三岛记》《拾遗记》

也不必非得吃

人对长寿媒介（植物、动物和矿物）的利用方式，除了吃，就是用。

还是先说植物。有些草木的长寿作用不通过吃也能发生，当然这比较少见。比如昆仑山有一种寿木，人只要从它那里经过就不死不病，若摘下一片叶子揣在怀里，就不会老。你可能会质疑为何长寿来得如此容易，说好的"不经历风雨怎么见彩虹"呢？其实，考虑到此树只生长在昆仑山上，你就知道它的门槛到底有多高，寻常人是做梦也别想去树底下转悠的[1]。

再来说说动物。

并非对所有的致寿动物都需要残忍地"动嘴"。比如神羊痴龙，人们只需去溜它的须就能溜出宝珠来延年，这肯定比把它做成羊肉串吃要温柔多了。

又如"骑上去就长寿"系列。犬戎国有一种花纹很好看的马叫做吉良，骑上去就能寿千岁。此外，还有骑上去寿两千岁的狐狸乘黄，它的背上长了角，不知道是为了给骑乘者提供抓手，还是为了扎他们的屁股（哪能轻易让人骑不是）。乘黄出产于白民国，那里的人动不动上千岁

乘黄（清余省、张为邦绘《兽谱》）

---

[1] 拙作《诸神纪》中提到昆仑山作为顶级神山设有五重屏障以阻绝外人进入，此不赘言。

（或两千岁），大概他们的日常娱乐就是追狐狸、骑狐狸玩吧。还有一种叫做腾黄或吉光的黄色神马，骑上去能够寿三千岁，属于王者德行特别高时才会出现的祥瑞。吉良、吉光、乘黄、腾黄，这几个名字间显然存在着某种讹变关系。至于骑上去到底寿几千岁，其实并不很要紧——能看到你跳上马背或狐狸背的普通人，肯定活不过你，你不会因为最终数据不符而伤到面子；而当你真的活满两三千岁，你又无从判断到底是哪个因素导致了这一结果。因为很可能你骑一下吉良两千岁，吃半个孙猴子从天上扔下的蟠桃又加两千岁，然后你还喝了清炖九尾龟汤，还挑某个良辰吉日去溜了痴龙的须，还在寿木之下痴痴守望过意中人……在这么强的综合疗效之下，你不长寿，真是天理难容啊。

再说说能帮助人类长寿的矿物，或者自然物。上节提到可饮用的神泉，其实也能延展出别的用法，比如到泉中沐浴，会有青春如昔、延缓衰老的功效，与西方和中东传说中的"不老泉"算是同类。其影响力持续至今，当代人仍喜欢动不动泡温泉，认为属于养生医疗的一部分。

最后，顺便说说能致长寿的"医疗技术"。

在中国仙话中，有些延寿的技术手段相当粗猛狂暴、匪夷所思。比如东方朔曾经遇到一个黄眉翁，其延生秘笈是"返骨洗髓""剥皮伐毛"，就是把骨头拆出来，（大概是用神泉）把骨髓清洗干净，又剥下皮囊、拔光毛发让它们重新生长。他自称"三千年一返骨洗髓，二千年一剥皮伐毛，吾生来已三洗髓五伐毛矣"，算下来，他靠这法子已经活了一万岁，看来还能永远折腾下去。跟他相比，现代人的削骨隆鼻换脸之术就不算什么了。而且，洗髓法这个操作有点类似今天的骨髓移植，所以人家能发生神奇功效，好像也不是完全没有道理。

主要出处

《山海经》《神异经》《古小说钩沉》

外丹：淮南王的奇迹

上两节讲的都是如何利用自然物，本节人类的加工技艺登场了，咱们聊聊能让人成仙的炼丹术，并探讨一下仙方的人文内涵。

西汉的淮南王刘安，十分喜好神仙之道，广泛结交海内方士，招揽了无数门客。

有八个老翁（八公）来造访淮南王。守门人见他们容貌衰老，皮枯背驼，很是瞧不起，说道："我家王爷所喜好的是神仙度世、长生久视之道，来的人必须异于常人，他才会给予礼遇。现在你们老成这个样子，王爷不会想要见你们的。"八公请求了三四次，守门人都拿这番话搪塞。八公说："大王因为我们衰老就不相见，其实想变成少年有什么难呢？"说完，他们就振衣整容，一下子变成了孩童模样。守门人惊呆了，赶紧进去通报。

淮南王鞋都没穿好就跑出来迎接，见面拜礼称弟子，说道："高仙远降，有什么可以教寡人的？"八公报上了自己的姓名，分别叫做文五常、武七德、枝百英、寿千龄、叶万椿、鸣九皋、修三田和岑一峰（有异文），又说道："我们能够兴风作雨，震动雷电，令天地惊骇；我们能够让太阳回车，让河水倒流；我们能够役使鬼神，鞭挞妖魅；我们能够出入水火，移改山川……只要是变化的事情，我们无所不能。"淮南王听得无比崇拜，恭恭敬敬地将八公奉养在府内，朝夕请教。

当时淮南王手下有个小臣伍被犯了错，怕受责罚，就跑到京师去密报说淮南王要谋反。汉武帝起了疑心，派大宗正到淮南来调查。宗正到

淮南王白日飞升（雷玥溪绘）
八公取鼎煮药，使王服之。淮南王骨肉三百人同日升天，鸡犬舔药器者亦同飞去

来之际，八公对淮南王说："伍被诬陷主人，天必诛之，大王不必在意，还是跟我们去吧。这也是天意，如果没有被诬陷的事，日复一日快乐着，大王哪里舍得下人间呢？"淮南王无路可走，便同意了八公的话。

八公叫人在城外一座大山上架起大鼎，又采来仙药煮炼，最后炼成了仙丹，交给淮南王。淮南王全家三百余人服了药，都在同一天白日飞升成了仙。甚至他们家的鸡犬，因为吃了药鼎里仙药的残渣，也跟着飞上天去了。山上他们飞升的地方，留有马踏人踩的痕迹。后来，人们将这座山叫做"八公山"，它至今仍是淮南道教名山。

大宗正向汉武帝报告了此事，汉武帝很懊恨，诛杀了伍被，并从此广招方士，也四处求取度世之仙药以求长生。

掰书君曰

上文故事改写自《神仙传》。

理论上说，升仙有这么一个流程：

内修、外服（丹药）→ 身体变轻 → 绝粒 → 飞升或尸解。

内修又叫内养、"修内丹"。服药专指外部神奇物质输入，又叫"修外丹"。早期有人是单方面专注内养或外服的，后来的修仙者则大都双管齐下，认为修炼是内功，服药是外功，必须内外兼修才会有成。如果只想走捷径服药，不肯内修，就会像宋人阮阅在《诗话总龟后集》里提到的那样："然内丹未成，内无以交之，则服外丹者多死。"

在升仙的流程中，修炼、服药是原因，身体变轻和绝粒是过程，飞升或尸解是结果。换言之，修炼服药是凡人升仙的充要条件。

捋清了修仙的基本过程之后，现在让我们回到外丹环节。

炼丹又叫"黄白之术"，"黄"指黄金，"白"指水银。《抱朴子》说"仙药之上者丹砂，次则黄金，次则白银，次则诸芝，次则五玉，次则云母……次则石英……次则石硫黄……次则松柏脂、茯苓、地黄……"又说"朱砂为金，服之升仙者，上士也；茹芝导引，咽气长生者，中士也；餐食草木，千岁以还者，下士也。"参照这个标准，考虑到淮南王升仙升得这么气派，连人带鸡犬几百口子批量处理，想必八公为他炼的仙丹是以最高档的朱砂金银为主料的。

遗憾的是，那仙丹到底是怎样炼成的，用什么配方，需什么火候，有什么关窍，八公和淮南王并没有留下具体线索。但也不必丧气，别的类似配方咱们还是能找到的——仙道界老前辈虽然鄙视凡人，称"万兆蠢蠢，唯知贪富贵而已"，但本着兼济天下的胸怀，他们仍留下了若干"验方"。

比如葛小仙翁《抱朴子·内篇》里提到的"九丹"之首"丹华"，其炼制方法是：先作玄黄，用雄黄水、矾石水与戎盐、卤盐、礜石、牡蛎、赤石脂、滑石、胡粉各数十斤，调和成六一泥，密封好，然后火烧三十六天即成。连续服用七天可以升仙。如果再用玄膏与此丹混合，放到猛火上烧，须臾可成黄金——黄金也是用来吃的，是最高级的丹。

这方子用料有些夸张，单一原料动不动数十斤起步，一副做出来真的要供给几百人服食的样子。细看方子又觉得像是个普通化学试验说明，不怎么玄妙，尤其牡蛎壳，夜市海鲜摊遍地都是。如果你肯买齐原料，租个水泥罐车搅一搅，再搭个车间高温加工一下，想必也能成功。只是，谁能咽下这么一大堆口感粗糙、以铅汞硫砷等剧毒物质为有效成分的硬坨坨呢？硅基人？

倒是同书中"太乙金液"的炼法，似乎更符合我等凡人对仙丹的想象：用"古秤黄金"一斤，再添入玄明龙膏、太乙旬首中石、冰石、紫游女、玄水液、金化石、丹砂，密封起来化成水，就成了金液。金液是太乙元君服用后升仙的验方，仙经说："金液入口，则其身皆金色"，就是说喝一口金液就直接修炼成了金身的"金仙"，感觉比九丹更加高大上。

太乙金液方里这些原料的名目，什么玄明龙膏、紫游女、玄水液等等，神秘高冷，字里行间透着仙气，似乎看上一眼也能多活个三五年。

其实根据唐人梅彪《石药尔雅》解释，玄明龙膏就是水银，太乙句首中石就是雄黄，冰石又叫凝水石，紫游女（紫女）就是戎盐，玄水是酢一或者水银的别名（前面已有了玄明龙膏，那么这里就是酢一），金化石（化金石）就是消石……一通翻译下来，金液方又变成了理工直男的化学实验说明。由此可见，对名目进行文学修饰是多么的重要，一旦使用仙家别名，就贡献了超越化学实验的精神价值，显示出浓浓的"人文底蕴"。

秉承这一要旨，后来的仙道界在各种仙药的配方上愈发讲究人文口感了。就连《杨家将》里给宋太宗治心口疼的药材，也得是萧太后头顶的三根紫龙发呢。若论真正体现仙药炮制原理之精髓的，当推《红楼梦》里著名的"冷香丸"："要春天开的白牡丹花蕊十二两，夏天开的白荷花蕊十二两，秋天的白芙蓉花蕊十二两，冬天的白梅花蕊十二两……又要雨水这日的天落水十二钱……白露这日的露水十二钱，霜降这日的霜十二钱，小雪这日的雪十二钱……再加十二钱蜂蜜，十二钱白糖……"简单几个排比，已经广泛涉及四季、节气、阴阳和五味等等。然而这尚非全部。一般读者可能会忽略，癞头和尚说完这海上方，还给了包"异香异气"的药末作引子。跟前述虚晃十二枪的花花水水相比，这包药引子才是仙方的关键所在。脂砚斋在旁批中爆料说：它是"从放春山采来，以灌愁海水和成，烦广寒玉兔捣碎，在太虚幻境空灵殿上炮制配合"的。脂

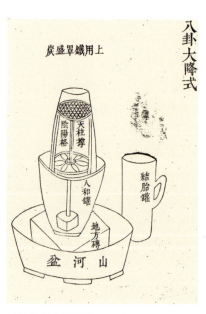

炼丹炉（《外科图说》，1856）

砚斋真是深得仙话真传。有了这核心药引子，只要改改材料，舍弃那些"调节格调"（你懂我的意思）用的花蕊霜露，而是直接加入常规炼丹材料朱砂雄黄水银之属，不就是妥妥一枚升仙丸了么？

其实炼丹这种事，越到后来普通人越能看出其虚妄。曹翁写冷香丸，未始没有暗嘲方外人故弄玄虚的意思。比他早的明人冯梦龙，在《初刻拍案惊奇》中借唐伯虎诗句表达了对烧丹炼汞骗人钱财者的讽刺："破布衫巾破布裙，逢人惯说会烧银。自家何不烧些用？担水河头卖与人。"意思是说：真有炼丹成仙的好事，你自己独享了多好，何必受累替我这个外人烧呢？

现在回头聊聊淮南王刘安吧。

淮南王属于历史名人入仙传的例子。刘安是王侯级人物，其热爱修仙、蓄养方士、醉心长生的事迹在文献中也赫赫有名，葛洪编写《神仙传》，自然要将他捧为神仙。其实《史记》里明文记载了刘安谋反的前因后果，首先他并非被人陷害，其次其结局是本人自杀，满门抄斩。虽然司马迁正当汉武时人，写当代史难免有所顾忌和遮掩（替汉武帝），但刘安本身并不是省油的灯，与早前的"七王之乱"也关系匪浅。拿《史记》与《神仙传》相比，当然还是太史公的话可信得多。

按照仙道界的术语，刘安如果死于刀刃然后成仙，那叫"兵解"，"兵"就是兵器之义。但关于刘安得道的传说略过了他家的刀兵之灾，改为服药飞升，那么在仙话里，我们就只好假设刘安真的是携家眷和宠物一起、全须全尾地飞上天过幸福日子去了。

淮南八公，据《淮南鸿烈》高诱撰叙目，其原型是替刘安编撰《淮南子》的八位主要门客苏飞、李尚等。这八位门客把自己编排成神仙，很显然他们不是儒生，而是方术士。当时围在刘安身边的方士当然不止八个，哪怕只算老头儿，也远不止八人。但是你看，团队还是有团队的好处的，如果不是打包推出，两千多年后谁还会知道他们的姓名呢？另可参见八仙专节。

外丹：淮南王的奇迹

关于淮南王升天后的生活还有续集:《刘安别传》说他到了天上还端着王侯架子,一不留神怠慢了神仙界的老前辈(对仙伯不恭),结果"谪守都厕三年"。"都厕"应是生造词,大略指天上的总厕所、高级厕所。你可能会问,神仙还需要排泄么?既然神仙都是餐风饮露的,那么理论上就该排空驭气,用不着厕所,对吧?但考虑到他们也爱吃矿物质(甚至海鲜壳),难免有结石需要排出,所以其设置似乎也有必要——孙猴子还用得着"五谷轮回之所"不是(更多关于都厕的讨论可参看费长房或紫姑专节)。三年罚满后,刘安被动地当了散仙,没有职务待遇,相当于从公务员队伍被辞退,不情不愿地变成了自由职业者。王安石诗云:"淮山但有八公名,鸿宝烧金竟不成。身与仙人守都厕,可能鸡犬得长生。"不仅体现了王荆公标志性的怀疑精神,还有点暗戳戳的嘲讽意味。

主要出处

《神仙传》《史记》《抱朴子》《刘安别传》《汉武帝内传》《红楼梦》

内丹与房中术:从容成公说起

上一节探讨了修外丹的事,本节来说说修内丹,以及与修内丹紧密联系的房中术,并着重探讨房中术里隐含的性压榨事实。

容成公又称容成子,是著名的古仙。他奉行玄素之道,能从宇宙本源中取得精髓,要诀就是谷神不死,守生养气。因此他的头发白了又变黑,牙齿落了又重生,寿命延续无极。

他是黄帝的老师之一,当黄帝修仙的时候,容成公尽心教导,并且和浮丘公一起陪他到崆山栖真。崆山有古木、灵药,还有却病之泉,黄帝在那里服气导引,勤修内功,领悟了大道的真谛。

黄帝时代之后很久,到了周穆王时,容成公又出现在世间,为当政者做些辅助、劝导的工作。有人说,容成公也是老子的老师,但具体传授了什么,就不清楚了。东晋谯秀的《蜀记》将容成子、李耳、董仲舒、张道陵、庄君平(严君平)、李八百、范长生、尔朱先生这几位先后在蜀地得道的仙人并称为"蜀八仙",容成公以时代古早居其首。

掰书君曰

上文故事改写自《列仙传》。

道教修炼其实主要就三板斧:服药、行气、房中术。服药是外丹,行气和房中术都可归入内丹。行气包括服气、导引、胎息、存思等一套内养之法;房中术则恐怕不是方术士的凭空想象,而是源自古老的巫祭传统[1]。从道教早期理论讲,既然人体的小宇宙内含阴阳,那么小宇宙要运行顺畅,就必须阴阳和谐。而说到阴阳和谐,导引与房中术的结合就顺理成章了。房中术一度曾发展得十分不堪,到宋元以后,房中术逐渐被主流教义摒弃,但余绪犹存。

在仙话中,容成子行的是玄素之道(即玄女和素女之道),后来的修炼者将他的名字也叠加进去,又有"容成玄素之法"的提法,甚至干脆单提为"容成之法/道"。容成子有记录的主要事迹就是作为黄帝之师教授玄素精要。但其实这方面的知识黄帝根本不必等容成子来教,素女本尊已经亲自降临教学过了,还传授了《素女经》[2]。

黄帝之后,导引加房中术的名家当推彭祖,于是这路数又有了个别名:"彭祖之法/术"。后文彭祖专节将会讨论其世系和经历,这里单把他长寿所"真正"依凭的"术"拿出来说一说。彭祖能够活八百岁,娶四十九个妻子,按照某些仙话的说法,其实就是在行玄素之道,或者更露骨些,一直在"采阴补阳"。不然你无法解释他为什么不谋求与最亲近的人共同长生,而是平均十五年换一个老婆。因为他(或者编写他故事的人)原本就不在乎妻子的寿命,甚至有可能希望她们一过"保鲜期"就尽快挂掉。

真正在乎亲人是什么表现呢?《神仙传》里讲:

彭祖(明还初道人辑《新镌绣像·列仙传》)

---

[1] 拙作《诸神纪》在少司命及姜嫄专节对祭祀中的性活动有所涉及,此不赘言。
[2] 玄素二女在道教经典中常被视为房中术始祖。拙作《诸神纪》有玄女、素女专节,在素女专节中讨论了素女与房中术的关系,此不赘言。

有人在城外看见一白发老翁跪受一个年轻女子杖打，怪而问之。原来这女子是老翁母亲，女子年轻时得到神仙秘方修炼，让儿子也跟着学习，儿子不听话，衰老至此。这女子想必刚从世外修炼归家，见了儿子模样痛心疾首，便大棍子伺候。你看，这才是至亲的态度。老母亲视儿子为骨肉，有好处首先想着与之分享，分享失败，自然恨铁不成钢。而修房中术者视妻子为外物（"鼎炉"），只有利用之心，决无成全之意，你活长活短与我有什么关系。当然，比起后来那些三天两头购买"二八眉清目秀之鼎"（十六岁清秀少女）进行修炼的渣男土财主，彭祖已算"收敛"了。

中国仙话有精华，也有糟粕。前文所述的散仙精神可作其精华之代表，而性压榨性剥削（采阴补阳、占尽便宜不负责等）就可说是仙话大观中最脏脏龌龊的糟粕部分。

我们再来看个西汉《列仙传》里的小故事。

太丘乡有个卖草鞋的人叫做文宾。他多次娶妻，每次都是数十年之后就将她们抛弃。后来他的一个前妻九十多岁了，看见文宾似乎比以前更加年轻力壮，就对着他跪拜哭泣。文宾说："这样不合适。正月初一，你能不能到乡亭西边的社庙里相会？"老妪忙答应了。约期前夕，老妪跟着儿孙走了十几里夜路到社庙，提前坐在庙里等他。文宾到来之后，对于她手脚如此硬朗感到惊讶，说道："你也好道吗？早知如此，当初就不抛弃你了。"然后文宾就教老妪服食菊花、松子之类的药材益气。老妪后来又活了一百多年。

这故事有点打个巴掌给颗甜枣的意思。虽说是仙话，文宾的渣男行径也难免让人联想到汉代乐府诗所讲述的真实百姓生活（如"上山采蘼芜，下山逢故夫"）。男的要修仙，娶妻只当工具，共同生活几十年，最后连妻带子一起抛弃。因为"物"尽其用了嘛，不能让"过期产品"耽误自己的修仙事业。文宾得知前妻好道后有点后悔，这是基于同好更利于"双修"的假设，而非基于道德。文宾可说是小号版的彭祖。

但其实，彭祖在《列仙传》里只是善内养，"常食佳芝，善导引行气"，无关房中术；到《神仙传》里房中术才占很大篇幅，但他强调"节宣其宜适"，就是说"运动"有益，但要适可而止。"必要而节制"是我国古代房中术的要旨，《素女经》说的也不离这个道理。《神仙传》成书于东晋，当时政治荒乱，思想交锋激烈，上中层人士生活放纵（前文地仙"原教旨派"章节已提及），这些状况自然会反映到书中。不过，这种"渣修炼"故事可不是魏晋的创造，早在以"黄老"治国的西汉初期它就已经成型了。到东汉魏伯阳写成第一本系统丹经《周易参同契》后，"渣修炼"者从其玄妙文辞中找到更多理论支撑，愈发策马狂奔。到了明代，李诩在《戒庵老人漫笔》里曝了一个"惊天黑料"——彭祖因服食云母获得"能御女"的超能力后就使劲作，尤其晚年娶了郑氏，最后竟"妖淫败道而死"，根本不是寿终正寝的。看来，当时借修炼之名行淫乱之实的人太多了（可参考明代成书的《金瓶梅》），以至于李先生要借续编故事对世人进行严正警告。

那么，有没有采阳补阴的例子呢？有，但主体多为狐狸或鬼怪之类的"阴物"。不过，《列仙传》倒是贡献了一个人类女性的例子，虽然故事原意更多是讲"双修"。

陈地的市场上有一个卖酒的妇人叫做女丸，她酿的酒味道醇美，远近闻名。有天，一个仙人路过她的酒肆，被酒香所吸引。仙人大概没有随身带钱的习惯，就拿出身上的五卷素书做抵押换酒喝。女丸打开仙人的素书，发现里面记载的全是养性、交接之术，便偷偷将书中的精要抄录了下来。后来，女丸在自己酒肆后面又设立专门的房间，召来年轻男子，与他们痛饮美酒，留他们住宿，实践素书上的修习之法。这样过了三十年，女丸的面貌反而如同二十岁那样年轻了。留书那位仙人后来再次来到酒肆，笑着对她说："偷窃道术之后就不必私藏，你有了翅膀怎么还不飞呢？"女丸听了，立刻放弃家业，跟随着仙人离开，不知去了哪里。

女丸其人于史无据，名号起得很"修炼"，故事也很玄乎，多半是刘向等人编的。刘向也是汉室宗亲，是淮南王刘安亲戚的后裔，思想很受刘安影响。

编写女丸故事，在当时其实面临一定的观念挑战。汉代对女子的贞节要求虽然没有宋以后严苛，但起码的道德规范还是清晰的，班昭不是还写了《女诫》么。如果一个没进行"执业注册"的普通女子真的在家中召来众男饮酒纵欲（而且是纵她自己的欲），别说汉代，无论哪个朝代都得管她家叫做"淫窟"，然后进行定点清理、公开处刑。君不见，在以开放著称的唐代，鱼玄机借修道为名结交遍长安，最后还是要被弄死，否则男权社会的纲常大厦就岌岌可危了嘛。

然而仙话就有这么神奇，披着修仙的外衣，一切道德、伦理、法律的藩篱都可以轻松翻越，似乎睡遍天下不成问题。更神奇的是，还可以倒打一耙，将性压榨的受益者由男性强行解释为女性。在所有关于性压榨的美辞中，仙话大概是最为冠冕堂皇的。或许他们认为，拉上玄素两女神亲自做背书，可以有效消解女性的抵触之心吧。只是这套漂亮话别说讲给良家女听，便是讲给进行过双修实践的鱼玄机女士听了，也不知道她的

（北宋）徐崇矩（传）《僊女炼丹图》（美国弗利尔美术馆藏）

草席卷还裹不裹得住。当然，热衷于出家修道的那几位唐代公主可能要算例外，富贵可以任性，人家或许真的与女丸有着同一个梦想也未可知。

要之，男术士编造女丸类故事的目的是为自己行方便，为那些借修炼纵欲的人清理贞节观的路障。不然就很难解释，为什么关于双修的秘笈里几乎从来不探讨女性该如何操作才能从中受益[1]。其实，女性哪怕作为欲望的对象，也比作为修炼的对象要好些，因为毕竟在前一种情形里她还是个人，在后一种情形里就连人都不是了，只是器具。更多关于仙话中女性主体性的讨论可参见玉女等章节。

仙话中，魏晋之后内丹的代表人物是唐时的钟离权、吕洞宾[2]。尤其后者，在房中术故事里常被抓差。最典型的是《东游记》《八仙得道》《飞剑记》这类神仙小说，写得不咋样，偏喜欢津津乐道于"吕纯阳三试白牡丹"之类情节，似乎为了表现吕洞宾的高超技术，大有"让所有的诱惑都来吧，俺不怕"之慷慨激烈。更多钟吕事迹可参看八仙专节。

房中术狂欢在宋后渐趋落潮。一来，以北宋紫阳真人张伯端《悟真篇》为代表的内丹学说进入"性命兼修"阶段，"黄白玄素"渐被视为邪术（虽然如果充分发挥想象的话，什么水火升降、鼎炉屋舍、婴儿姹女云云，也全都可以解释为房事暗语）。二来，修房中术得有人配合才行啊，而要找人配合——免费的，你得有本事说服人家突破道德桎梏、被你卖了还帮你数钱（别忘了这个时代的口号是"饿死事小失节事大"）；至于付费的……那你就得很有钱呀。宋初陈希夷（陈抟）在《摄生总要》里说过："欲求天上宝，须用世间财"，买药石、买女孩子、买柴米、祭神……这一切都需要钱，"非财用则无所措手足矣"。一般人既没有邪教教主般的"精神魅力"能骗得别人自甘奉献，又没有王侯将相的财力大

---

[1] 据现在掌握的资料，女丹法或女丹经的出现相当晚，至宋代才有女真曹文逸作《灵源大道歌》，元代有孙不二《元君坤元经》等，但里面都不涉房中术。

[2] 虽然钟离权号称汉钟离，但他的出现与唐末吕洞宾传说相联系，且故事中二者是师生关系，所以研究者多以钟吕并举，认为是唐时传说。

买人口，要想求长生，还是老老实实跟自己较较劲算了。

《宋稗类钞》说，宋徽宗问"年弥高而色不衰"的大府卿李博有什么内丹之术，李博于是进了一大篇文章，怎么盘坐，怎么呼气，怎么咽鼻涕，怎么吞唾沫，等等，全来自他自己的实践，洋洋洒洒事无巨细，但一点房中术的影子都没有。宋徽宗既不缺人也不缺钱，李博不往房中术上引导他，大概是因为当时"先进的"内丹理论已渐与房中术解绑了。

金元以后，全真教兴起，道教的性命双修说愈发注重自力，专注心性，讲究清修而远离肉欲[1]。

顺便说一句，在仙话中，不仅人能修内丹，动物也可以。电影《画皮》中狐仙小唯吐出的那颗莹白小球，就是她千年所修"内丹"的形象化表达。当然，也常有狐狸"媚人取精""采阳补阴"来助己修仙的传说。纪晓岚《阅微草堂笔记·滦阳消夏录》里评论说："夫内丹导引，外丹服饵，皆艰难辛苦以证道，犹力田以致富，理所宜然。"所以盗采精气就是强盗，"损人之寿，延己之年……天律不容"。纪大烟袋这段话，恐怕不仅在说狐狸，也是在说那些房中术的狂热粉丝吧。

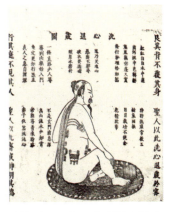

道教的内丹：洗心退藏（《性命圭旨》，1615）

主要出处

《列仙传》《神仙传》《戒庵老人漫笔》《悟真篇》《摄生总要》《宋稗类钞》《阅微草堂笔记》

---

[1] 这是大概而论。事实上，即便到了明清，道教采阴补阳之类的"传统"也并未完全断绝，否则也不会有明代"红丸案"了。

白日飞升：黄帝乘龙

外丹和内丹修炼好之后，人具备了成仙的条件，下一步就是飞升了。本节咱们就聊聊仙话里的飞升这回事，并探讨其中隐藏的道德门槛。

黄帝，如果我们将他看做人王的话[1]，他的结局是升仙而去，进入永生。那么，黄帝是如何升仙的呢？

黄帝统治了天下很久，在四方宾服、百姓安乐之后，他决定为自己的伟大一生做个伟大总结。早前他曾经在西泰山检阅天下鬼神，也曾经在泰山小规模祭天，但这一次，他手下的臣子风后、封巨和岐伯都建议他选择东泰山祭天。这三个臣子可不简单：风后曾在黄帝与蚩尤的大战中造出指南车，帮助黄帝军队走出蚩尤兴起的迷雾；封巨又叫大封、封鸿，据说是黄帝的老师，教给他很多本事；岐伯精通医术，曾经乘坐由十二只白鹿所拉的绛云之车去蓬莱仙山中采药。因此，黄帝采纳了他们的建议。

黄帝带领手下众臣来到东泰山，在那里竖起高高的祭坛，献上丰美的祭品，燔柴祭天，向天帝汇报自己的成绩，并报答天帝的恩德，这叫做"封"。然后他又率领群臣走下东泰山，来到不远处的凡山，在那里筑起厚重的祭坛，埋下丰美的祭品祭祀大地，这叫做"禅"。在这次封禅大典中，每一个环节都郑重其事、合乎礼仪，天地间因此显示出许多

---

[1] 黄帝在神话中的形象比较复杂，其神圣指数呈滑动变化，有时候是执掌宇宙大权的天神，有时候更像人王（酉邦或其联盟的首领）。拙作《诸神纪》中有关于黄帝等上古诸帝的形象辨析，此不赘言。

征兆，暗示着黄帝功德圆满，即将被接纳升天。

在封禅之礼后，黄帝为上天做了很多准备。他去到崟山，服食那里出产的玉膏。又去到崆峒山，向广成子请教长生之术。还去到元丘山，那里的不死树可以炼出不死药，只不过山上有许多大蛇守护。广成子教他佩戴上雄黄，众蛇闻到雄黄味，就全都躲开了，黄帝因此得以服食山上不死树炼出的不死药。黄帝又向著名的仙人浮丘公请教，表示自己愿意跟随侍候以进行修炼。浮丘公说："这样吧，在江南有一座黟山，高一千一百余丈，盘亘三百里，是神仙所居之地。山上有古木灵药，有一年四季清温香美的泉水，以之饮用或沐浴，就会万病全消。咱们到黟山去盘桓一阵子。"于是黄帝跟随着浮丘公和另一位仙人容成子云游到了黟山。因为这件事，黟山后来就被改名为黄山了——对，就是今天安徽境内那座风景秀美的名山。

在加紧修炼的同时，黄帝命手下去开采了首山的铜矿，在荆山下铸了一座大鼎，以凝聚自己一生的事迹。

大鼎铸成的那天，空中忽然祥云密布，雷声隐隐。就在地面的人们还没回过神来的时候，一条巨龙从祥云中探出头来，长长的胡须垂到了地面。黄帝知道自己升天

黄帝到崆峒山向广成子问道（明戴进《洞天问道图》）

白日飞升：黄帝乘龙

的一刻终于到来了，立刻拿上自己的弓爬上龙背，骑坐端正。他的臣民和后宫诸人见状，也赶紧跟着往龙身上爬，一共爬上去了七十多人。龙身上没位置了，龙便收首开始往上升。

这时候，那些还没来得及爬上去的小臣急了，拼命拽着龙的胡须，想要抓住最后的机会。可惜没上去的人太多了，都吊在龙须上，龙须哪里承受得住呢？龙使劲挣扎，胡须一下子都被拔了下来。在这个折腾的过程中，黄帝手里的弓也掉到了地面。龙带着黄帝迅速地向天上飞去，地下成千上万的百姓仰望着黄帝的身影，眼见他越来越远、越来越小，不由得抱着龙须和他的弓号啕大哭起来。他们在哭什么呢？一方面是舍不得黄帝：我们上哪里再找这么好的首领呢？另一方面是气恼：作为首领，你怎么说走就走，丢下我们不管了？再一方面也是遗憾和不平：眼睁睁看着那么多人升仙，居然都没有我的份儿吗？

打这以后，人们就管黄帝留下的那张弓叫乌号弓，乌号就是鸣咽号啕的意思。被小臣们拔下来的龙须落到地面变成了草，就叫做龙须草，用来编织凉席是极好的。至于黄帝铸鼎处旁边的湖呢，就叫做鼎湖，遗迹至今犹存。

掰书君曰

上文故事依据《太平御览》并综合多家资料改写。

道家推宗黄帝，黄老学派托名黄帝加上老子，侧重"无为而无不为"的治世之术。然而东汉兴起的道教强引道家为思想源流，因此黄老又被演绎成仙道人物，不得不加入到充满服药、修炼、异象、飞升等元素的仙话大家庭中，也是件热闹乐事。

故事里黄帝修炼手段甚广，从吃玉膏到采不死树到吃灵药到饮仙泉到洗仙泉……经过这样的超饱和修炼，修仙者的身体会逐渐变轻，到后期就会绝粒，术语也叫辟谷，不食人间烟火了。辟谷之后，身体进一步将沉疴旧积清零，只等成仙。

成仙的方式主要有三类：飞升、火烧和尸解。本节说飞升。

飞升一般都要加个定语：白日。也对，白日飞升大家才看得见，黑夜里悄没声走了，谁知道你成了仙。黄帝是天下共主，离去必须得有公开交代，不能像后文古拙仙那样随便"隐其身草野之间"。轰轰烈烈的场面为百官和百姓提供了告别机会，也是一种尊重。

白日飞升又有两种主要方式，一种是自己升上天，一种是有神物来接引。

自行升天听起来简单，但实际上没那么容易。我们先来看个有趣的小故事。

汉时有个人叫做唐公昉（或写做唐公防），师从著名的神仙李八百。由于事奉得十分勤谨，通过了艰难的考验（包括为假装生病的李八百舔吮恶疮等），李八百最终赐给了唐公昉仙丹（一说仙酒）。唐公昉及家人服下仙丹后，整个宅子都拔地而起，往天上升去，在地面留下一个三亩多大的宅基深坑。唐公昉家里的鸡犬等小动物也沾了光，都跟着一同升了天。唯有他家的老鼠升到半空又掉了下来，虽然没死，但将数寸肠子都摔出了体外，花了很长时间，通过不断吐出肠胃才更新过来。从此，人们管这种老鼠叫做唐鼠，又叫易肠鼠，或者拖肠鼠。

（出自南朝宋刘敬叔《异苑》、北魏郦道元《水经注》）

唐公昉升天故事明显是刘安升天故事的翻版。唐公昉也是一人得道鸡犬升天，其药力（及辐射力）超级强大，将整个屋宅连根拔起，让家庭生态系统中的所有成员雨露均沾，连老鼠这种排在家庭鄙视链末端的动物都搭上了顺风车。而且，根据我对吾国古文"叙述从简、只挑重点"原则的理解，想来唐公昉家不仅老鼠，连蟑螂苍蝇蚊子什么的，应该也都像被仙界吸尘器吸住般，一起飞升了。

那么，为什么老鼠飞到半空又掉下来了呢？恐怕这就涉及仙话的一

《飞升图》

个隐藏设定了：仙界有道德准入门槛，隐形的道德监察机构将在最后时刻进行复核，给出可否通过的判定。毕竟药效是无差别的。为了维护仙丹的江湖口碑，你允不允许吃了渣渣的阿猫阿狗往天上飞呢？肯定得允许啊，这是外丹学说的庄严承诺嘛。但是，如果"坏蛋"偷吃了仙药怎么办呢，难道我们能够容忍坏蛋得到好报么？当然不能！所以得有人拦着。让你飞到半空，是为了证明仙丹的存在；而让你从半空摔下来，则是为了证明资质审查机制的存在。耗子算是家贼，有"硕鼠硕鼠，无食我黍，三岁贯汝，莫我肯顾"的差评传世；耗子摔下来，说明隐形的道德监察机制起作用了。元好问有诗骂"欺人鼠辈"，最后不忘来一句"君不见/唐家拔宅鸡犬上升去/彼鼠独堕天不收"，真是哪壶不开提哪壶，直扎唐鼠们的心窝子。我估计，不仅耗子，唐家蟑螂苍蝇蚊子之类的坏蛋小家虫也都会在最后时刻被隐形监察官们拦下。那时候，天空中想必会下起一场"小飞"雨吧？

顺便说个唐公昉升仙故事的小尾巴：据《古今情海》引《城固县志》

说，飞升时唐公昉的女婿没在家，错失良机，唐公昉只好安排他到没有严霜蛟虎之患的智乡去居住。唐公昉的女儿以后就是仙女了，当了仙女却丢了丈夫，不知道她会不会夜夜做梦哭醒。毕竟神仙界的婚姻是个老大难问题。可参看后文玉女章节。

回到黄帝升仙的时刻来。黄帝是圣君，自然也是道德楷模，他的飞升应当被认为是整个仙界翘首期盼的事情。对他的道德审核，想必早在他开始修仙之前就已经进行过了。所以，他就是天选之人，是天帝（很难断言是哪个天帝）钦定的种子选手。不然，你怎么理解上天会派出那么多仙人——广成子、容成子、浮丘公，还有故事正文没写的九元子等——来帮助他修炼呢。再者，像黄帝这么重要的人物，肯定不能如同风筝一样直接飘上天空，得有仪式感，轰轰烈烈的才行。所以上天要么派出仙人仪仗来接，要么派出坐骑来接，要么两者兼有。故事里黄帝享受的，是龙的接引，龙就是仙界最奢华的红地毯、活天梯。

黄帝白日飞升故事的出炉不晚于汉初，汉代统治者热衷于死后到天上极乐之地继续享福，全社会跟着做嗑药永生的美梦。将黄帝拉作成功案例，似乎可以有效增加神仙学说的说服力。不过这样一来，黄帝在文献中的形象就愈发不统一了，一会儿是始祖神（人王死后被追奉），一会儿接近先天神，一会儿又是后天神（修道成仙）。关于先天神后天神的话题另可参看玉帝专节。

黄帝升仙的接引者是龙，不代表所有修仙者得道时的接引者都是龙。下一节，咱们进一步聊聊接引瑞兽的话题。

主要出处

《太平御览》《史记》《神仙传》《列仙传》《有象列仙全传》《三教源流搜神大全》《异苑》《水经注》《玉堂闲话》《古今情海》

作为接引者的瑞兽

升仙是件讲究的事,有瑞兽接引升仙,不光速度快,那动静也是相当拉风、相当有面儿的。而且,前来接引的神兽,也有不同类型和风格。

江夏辛氏开了个酒馆,酒美食精,远近闻名。有个修道者名叫费文祎(一作祎),经常到江夏辛氏的酒馆里喝酒。辛氏很大方,美酒无限量供应,还不收钱。

有一天,费文祎对辛氏说:"我欠你的酒钱太多了,今天还是稍微酬答你一些吧。"说完,他顺手拿起橘子皮,在墙壁上画了一只仙鹤,然后嘱咐辛氏:"有客人来了,只需拍手唱歌,仙鹤就会下来起舞。"说完他就走了。辛氏知道费文祎是奇人,赶紧一试,果然不爽。那仙鹤舞姿美妙,翩跹盘旋,搞得远近好事者全都跑来围观,吃吃喝喝观赏鹤舞。辛氏有了这镇馆之珍、招财之宝,暴发成了大富翁。

十年之后,费文祎又来了,问辛氏:"我的酒钱还够了没有啊?"辛氏感激涕零地说:"早都超过百倍了,请让我答谢您吧。"费文祎淡淡一笑:"我难道是为了你的报答才来的么?"(来讵为此)

于是他从怀里取出笛子,悠悠横吹一曲。只见滚滚白云从空中飘降,墙壁上的仙鹤也展翅飞了下来。费文祎收起笛子,跨上仙鹤,在白云的旋绕中飘然升仙而去。辛氏于是就在费文祎飞升之处建了一座高楼,起名为黄鹤楼。

费文祎再也没有回来。很久很久之后,唐代的崔颢于黄鹤楼壁上写道:"昔人已乘黄鹤去,此地空余黄鹤楼……"后来李太白过武昌,见此诗甚为叹服,遂不题而去,转赋了一首《金陵凤凰台》。又很久以后,元代某禅僧用此事作偈曰:"一拳捶碎黄鹤楼,一脚踢翻鹦鹉洲。眼前有景道不得,崔颢题诗在上头。"

掰书君曰

上文故事根据明代王世贞辑次(明汪云鹏玩虎轩刻本)的《有象列仙全传》改写而成。

白日飞升的奇迹,需要气氛来烘托。像后文何仙姑、蓝采和那样凭空而升,好比徒步去仙界报到,除非你是健身狂人,否则总让外人看着累;而且视觉上也嫌单薄,有点像被风刮起来的塑料袋,或者断了线的风筝。稍微讲究点的飞升,会添些辅助道具,像《列仙传》里的任光那样,"升轨桓梯,高飞云端",或者像《神仙传》里的樊夫人那样,"平坐床上,冉冉如云炁之举",勉强显得不那么寒碜。

大约仙话的创作者们也发现了这个问题,转而留心为故事增加更多的文学性和戏剧性。于是部分升仙者得天独厚,凭德行、实力或运气召来了瑞兽接引。骑上瑞兽,就好比出行有了豪车代步。这样一来,在通往天界的康庄大道上,新晋仙人们就有资格摇下车窗,好整以暇地向身边的徒步者大喊加油了。

担当接引任务的瑞兽,通常有龙、凤、鹤、鹄等神物,它们其实算是天使,即上天的使者。

来接黄帝的显然是条大龙,因为背上能坐七八十人,粗略一估算至少得有五十米长。看来老天爷决定要多搭些乘客上去,所以派来的不是私人飞机,也不是空军一号,而是太空军一号,座位留得比较充分。

与龙一起来接引黄帝的,理论上还该有庞大的仪仗。参考《神仙传》写安期生去玄洲,"有乘龙虎导引数百人"来迎,然后安期生"乘羽车而升天"——连龙虎也不过是数百迎客仙的代步而已。跟安期生相比,黄帝对人类世界的贡献显然大得多,所以咱们假设黄帝升仙时另有千百仙

（战国）佚名《人物御龙帛画》（湖南省博物馆藏）

人瑞兽跟着大龙一起来接引，也不为过。

在一般人的想象中，可能王霸宗师级别的修仙者才会获得神龙接引的待遇（比如道教宗师大茅君茅盈是"乘赤龙"升天的，长沙马王堆汉墓的丞相夫人辛追墓非衣上所绘的接引物同样是龙），其实不尽然，也有普通人乘龙的例子。比如黄帝时的马师皇，只是个马医，因为治好了龙的病，后来"龙负皇而去"；又如黄卢子（葛起），会"至渊中召龙出"，后来也是"乘龙而去"；陵阳子明曾经钓到白龙又放还，最后"龙来迎去"；甚至有个年轻人直接就叫"骑龙鸣"，他将十几头小龙从小养大，后来自己也成了骑着龙预告天灾的神仙。看来，只要你在修仙过程中与龙有过命的交情，哪怕你是个小人物，龙也是愿意来为你升天充当坐骑的。

除了龙，凤凰也是接引的天使。

秦穆公的女儿弄玉和女婿萧史就是骑着凤凰升仙的。这个故事里关于两人的修仙细节，非常拉风而文艺范儿地从嗑药变成了跟凤凰交朋友，最后被凤凰接走，故事从头到尾仙气飘飘，没有丝毫人间的针头线脑。对比黄帝升仙时老百姓拔秃龙须的激烈，以及刘安升仙时鸡飞狗跳的扑腾，我们甚至可以认为萧史弄玉的故事暗藏了一个隐喻：（高雅的）音乐能净化并勾走人的灵魂。后来，《凤凰台上忆吹箫》成了一个著名的词牌名，简称"忆吹箫"。

五代杜光庭的《仙传拾遗》讲了另一个骑凤升仙的故事。

襄阳有位姓蔡的姑娘，从小心灵手巧，特别擅长刺绣，邻居们都称赞不已。某天，忽然有位老翁上门来，请求她帮忙绣两只凤凰，并说在绣成之日会给她一些指点。姑娘如约绣好了凤凰，五彩斑斓，光焕夺目。老翁观赏之后很满意，指示她为凤凰安上眼睛。待到眼睛安好之后，两只凤凰忽然活了，腾跃飞舞不已。老翁叫上姑娘，一人乘上一只凤凰，就这么升天而去。从此以后，人们提起那个姑娘，就叫她蔡女仙。

吹箫引凤（雷玥溪绘）
秦穆公为女作凤台，萧史、弄玉夫妇居其上，不下数年。一旦，皆随凤凰飞去

这位订制凤凰绣品的老翁,显然是个资深的修仙者。他的飞升万事俱备只欠瑞兽,发现蔡氏女有技艺、有慧根,值得携带飞升,就想出这么个妙法。至于蔡姑娘飞升后去了哪里,幸福不幸福,我们凡人就不便妄测了。二维人物变活事迹另可参见画中人等章节。

除了凤凰,鹤也是接引者,以白鹤居多,也有黄鹤、青鹤等。仙话里,玉女董双成、周王子晋等都是骑鹤升仙的。骑着仙鹤去做神仙,看上去比骑龙乘凤还要飘逸有趣得多。这是由于鹤的外形黑白分明(请参考太极图的视觉效果),优美清瘦,显得仙风道骨。因此鹤有种强烈的仙道专属性质,要不为什么刻意称之为仙鹤呢。同为黑白款皮色的动物,熊猫就不行,憨胖贪吃,典型的沦陷红尘气质,没人管它叫仙熊猫,对吧。也不要提斑马,中国没有,有也不仙儿。想象一下,让董双成骑着熊猫、王子晋骑着斑马升仙,那将会是怎样一个臃肿笨拙的灾难场面呢?

回到正文故事来。因为费神仙之事,黄鹤楼就此成了吾国古诗文中长盛不衰的典故。不过遗憾的是,他居然没有骑黑白款的仙鹤,这样很不仙儿!何以会出现这样的误差呢?我仔细想了想,会不会因为橘子皮汁只能是黄色的?诶,散仙们有时候真的太任性了,只管潇洒耍帅,让酒馆提供笔墨很难吗,白喝那么多好酒人家辛氏也没说什么啊。更多关于神仙坐骑的讨论可参看洪崖专节。

有意思的是,后来吕洞宾传说大兴,人们就将黄鹤楼故事的主角改成了吕洞宾,没有费文祎什么事儿了。气得清人刘献廷在《广阳杂记》里替费神仙鸣不平:"盖文祎无人知之,洞宾则名喧天壤故也",抨击流量界的马太效应(强者愈强,弱者愈弱)。他的结论虽有点赌气,但很现实:"人不可无名,神仙犹尚如此,又何怪今之人趋走如鹜邪?"其实咱们不妨拿散仙精神劝慰劝慰刘先生:人家费神仙不争的,"来讵为此",去又讵为此?连楼带鹤带名气都让给吕神仙,又能如何呢?

至于鹄,乘鹄常常是乘凤或者骑鹤的异文,鸿鹄又被归属为凤凰类大鸟,所以乘鹄与乘凤、乘鹤本质上差不多,就不多说了。

子英乘赤鲤升仙(雷玥溪绘)
子英得赤鲤,养至丈余,生角,有翼。大雨中,子英爬上鱼背,腾升仙去

除了骑乘龙凤鹤鹄，还有一种很冷门然而却是最拉风的升仙方式，就是骑鱼。请看这个故事：

吴中舒县乡下有个叫子英的人，擅长入水捕鱼。有一天，他在水中捕到一条红鲤鱼，非常喜欢它的颜色，就带回家养在池中，用米谷等物喂养。过了一年，红鲤鱼长到了丈余长，头顶生出了角，身上长出了翅膀。子英感到怪异，赶紧向赤鲤恭敬致礼。赤鲤开口说话了："我是来迎接你的。你到我背上来，我带你升天。"那时天空下起了大雨，子英爬上鱼背，赤鲤腾空而去。升仙之后，每年子英都会回到家中与妻儿见面，然后赤鲤再来将他接走，这样一直坚持了七十年。

（出自西汉刘向《列仙传》）

想不到吧，水产品也能跨界带人飞升呢。鲤鱼的这种仙物属性，可能与它具有化龙的潜质相关。"鲤鱼跳龙门"的故事说明：只要足够努力，一向只配候宰于刀俎间的水产品还是有希望跃居动物界鄙视链顶端的。但本故事好就好在有两"不俗"：一是没为赤鲤设置龙门之类的变形门槛，而是让神物直接成长，自己显示出充分的异相；二是最终鱼还是鱼（虽然生角长翼看上去是标准的变龙前奏），包括子英年年回来探亲骑的仍然是鱼，这等于承认了鱼（尤其赤鲤）在神仙界独立而特殊的地位，正如仙鹤不必以变成凤凰为最终理想。想象一下，骑着条三米多长的水陆两栖大红鱼在空中自由飞翔，那是多么美丽而诡异的画面啊。动画影片《大鱼海棠》有类似骑鱼情节，不知是否受此启发。

同书中还有另一位骑鱼的仙人琴高。琴高入涿水取龙子，后来乘赤鲤破水而出。这故事直接将赤鲤与龙子挂上了钩，就没那么好玩了。

但琴高在仙话中比子英名气大，想来因为其名号自带曲高和寡的厌世隐逸风，很对神仙家胃口——或者说，神仙家们就是以此思路为这个角色命名的。子英这名号毕竟太普通了。李白说"赤鲤涌琴高，白龟道冯夷",岑参说"愿得随琴高,骑鱼向云烟",都在表达骨子里浸润的散仙精神。最好玩的是梅尧臣《琴高鱼和公仪》:"大鱼人骑上天去,留得小鳞来按觞。吾物吾乡不须念,太官常膳有肥羊。"得,在神仙界兜兜转转半天,居然回到了吃上,不愧是宇宙第一美食帝国培养出的文人士大夫啊。

主要出处

《有象列仙全传》《神仙传》《列仙传》《仙传拾遗》《太平广记》《舆地志》《坚瓠八集》

火烧登仙：啸父的排场

升仙的另一种方式是火烧，也就是自燔。我们来探讨下火烧能为凡人的肉体带来怎样的改变，并看看这个匪夷所思的场面大致是怎么回事。

冀州人啸父，从少年时代就在西周的集市上替人补鞋子为生，过了几十年容貌都不变老。后来人们逐渐注意到这一点，大感惊奇。有好事者便上门去求他传授法术，却没有成功。

啸父有个徒弟叫做师门，跟着他学会了使火。除了师门，另外只有个叫做梁母的人得到了啸父传授的作火法。啸父修炼成功之后，便准备前往三亮山去履行最后的手续。临去之前，他专门与梁母告了别。

啸父在三亮山上升起了数十堆火，然后从容地走进火丛中，让熊熊大火将自己吞没、烧毁。在炽烈火焰带来的高温和腾腾烟气中，啸父就这么冉冉向西方的天空升去，成为神仙。邑人得知后，纷纷立祠奉祀他。

掰书君曰

上文故事改写自《列仙传》。

升仙者弄一堆柴火把自己点着了，表面上看接近自燔，实际上人家是在焚烧旧皮囊，灵魂靠着这一把火的能量加持，顺利脱壳，升上天空。闻一多曾论述过古羌人火葬习俗与灵魂不灭观念的关系，郑土有进一步说明此习俗在别的早期族群中也存在过[1]。而仙话中的火烧，其实是在火

---

[1] 可参考郑土有《论仙人和仙话》，收入《中国仙话与仙人信仰研究》，上海人民出版社，2016年。

啸父（明周履靖《赤凤髓》卷二）

宁封子（明王世贞辑次《有象列仙全传》）

葬送灵魂上天的基础上更进了一步。另，希腊神话中也有将火烧与成神联系起来的例子，但只是偶发的个例，且其火烧更像一种摆脱现实痛苦的方法，而不是必要的炼化手段[1]。

火烧升仙不光是灵魂上天，因为中华文化与其他文化关于神的假说最大的差别就在于：中国的神仙说认可凡人成神（广义），认可肉体修仙、肉身永存，也就是凡人通过努力，能够直接带着原来的肉体进入神的行列。所以，我们更宜将火烧理解为煅烧，旧皮囊经过高温作用，与某些仙物（如丹药、仙酒等）发生化学反应，于是性质产生变化，由人体而变为仙体。在这个过程中，灵魂会有出壳的时刻，但当煅烧完成、得道成仙后，灵魂还是会回到焕然一新的皮囊中，只不过从此就拥有一个自由的形体了。

从故事时代来看，啸父并不是最早自烧的。前面提到炎帝的雨师赤松子，能够"入火自烧""随风雨上下"，有火有水，水火既济，这是对他升仙情境的描写。黄帝时的宁封子也是自烧成仙。前文说过，宁封子是陶正，在烧窑时亲自爬到窑顶察看，不小心掉下去烧死了。故事讲到这里还是个正常的历史传说，但仙话立刻接了下去——宁封子并不是因公殉职，而是集火自烧，随烟气上下，在火光中升了仙。

啸父是夏时人，比前辈赤松子和宁封子的排场都

---

[1] 如：半人半神的英雄赫拉克勒斯因为穿上了有毒的衣服疼痛难忍，于是架起柴堆为自己举行火葬。在火光中，雅典娜奉宙斯之命将他带到奥林匹斯山加入诸神的团体，获得永生。可参见[德]古斯塔夫·斯威布《古希腊神话与传说》，中央编译出版社，2010年。

更大。本来一把火可以做到的事，他非要跑到山上"列数十火"。这说明他仪式感很强，追求视觉震撼力。以今天的视角看，这行为艺术自带热搜性质，势必能引发持续关注和议论。大概这样一来，能号召更多人去修仙学道吧。

"啸父"应该是个江湖诨号，得名也许因为他擅于长啸（类似朴野时期的西王母），而长啸林中是内养的标准情境之一。"父/甫"是个后缀，指成年男子，比如夸父、缴父、尹吉甫……《列仙传》里甚至有个神仙直接就叫"父"。

啸父升仙前只跟一个人告了别，就是梁母。梁母无资料可考，理论上应该是个成年女子，这是"母"字应有之内涵。"梁"也许是姓氏或地名之类。啸父与梁母关系肯定不一般，但又显然不是夫妻。那么，可能是道友？毕竟授过法、切磋过。或者就是别的可歌可泣的人间真情谊了，"我不放心你孤单地活"那种。

啸父之徒师门的故事比较杂糅，有兵解，有接引，有水火交融，此不赘言。我们来看《列仙传》中另一个更杂糅的例子。

陶安公是六安的铸冶师，经常会点火烧炉子。有一天，炉火忽然散开往上升，紫焰冲天，陶安公吓得趴到冶炼炉下面哀求。过了一会儿，一只朱雀飞来停留在炉子上说道："安公安公，冶与天通。七月七日，迎汝以赤龙。"到了七月七日，果然一条赤龙前来接引。当时天下起了大雨，陶安公骑上赤龙飞向东南方，飞到一座城邑上。几万人一起涌出来观看，为他送行。陶安公向他们告别，然后升仙而去。

陶安公故事几乎是甯封子+赤松子+黄帝+啸父+师门+王子乔故事的要素综合。与甯封子一样，陶安公的工作也与炉窑相关，比普通人更常接近火。但陶安公既没有修炼之事，更没有虔诚之心，为什么竟成了天选之人呢？可能因为在古人心中，炉火以其能促成物体性质的转变

火烧登仙：啸父的排场

而被视为具有神性（甚至造出了专门的炉神来司掌）；司炉者天天与神火打交道，"冶与天通"，不知不觉就被带入修炼状态，所以比普通人更容易得道成仙，也说得通。但陶安公的成仙方式却不是自烧，而是神龙接引，他得此殊遇的原因不明。风雨交加情节与赤松子、师门等故事形成交集，万人送别情节与黄帝、王子乔等故事形成交集。只有朱雀报信是本故事的新贡献。朱雀属于阳鸟系列，符合司炉近火的特性。朱雀所唱的歌谣，也符合汉代谶纬术的预言方式。

火烧法在后来的仙话中不怎么有实例了，毕竟不好操作。尸解仙反正死后再追认就是，火烧可是真的要烧啊，编也得编出证人证言吧。介子推在《列仙传》中被列为神仙，但所载结局却是入山出海云游，不知所踪。可能那时候民间还没有将介子推与寒食节传说挂钩，人们也不认为他是因晋文公烧山而死的。不然，就凭焚山遗履这个情节，介子推也该算做火烧成仙的典型。

主要出处

《列仙传》《云笈七签》《神仙传》

尸解：皮囊的魔术

尸解是成仙的另一种途径，通俗地说，就是修炼者的肉体通过某种方式从尘世消失去往仙界，成为神仙。本节我们来看看其方法、过程与类型，并探讨其背后的逻辑和"原理"。

汉代东海人王远（字方平）非常博学，通晓天文地理，能知未来吉凶。他官至中散大夫，后来辞官入山修道。汉桓帝听说后，多次征召他出山，他都不肯。最后郡守威逼很久，王方平才勉强去了京师。见到汉桓帝之后，他远远地低着头，闭嘴不回答问话，后来又在宫门的扇板上题写了四百多字，讲述自己怎么来到这里的事。汉桓帝很厌恶，命人将题字削去。可是外面一层墨迹刚刚去掉，文字便在内层重新显现出来，汉桓帝也无可奈何。

王方平没有子孙，乡里人世世代代供奉他，同郡的退休太尉陈耽甚至专门为他设立道室，朝夕拜望，祈福消灾。王方平在陈耽家四十年，陈氏全家健康，六畜蕃息，田蚕万倍，官运亨通。

有一天，王方平忽然对陈耽说："我在尘世的运数将尽，就要离开，不能再停留了，明日日中就是我离去的时刻。"次日日中，王方平果然死去。陈耽知道他是脱化了，哭着为他穿衣，将他收敛入棺，并烧香祭拜。三天三夜之后，陈家觉得棺材的重量有所变化，忙启盖查看。只见棺材中已经没有了王方平的尸体，只剩下他入殓时所穿的衣服，连衣带都整整齐齐没有解开，就像蝉蜕一般。

百余日后，陈耽也死去了，人们说他得到王方平的指点，也成了仙。

王方平成仙之后，经常各处云游，碰到合适的人，还会度化他们。

掰书君曰

  尸解也叫形解，按照《无上秘要》的说法，"夫尸解者，形之化也，本真之练蜕也，躯质之遁变也"。通俗地说，就是在成仙时化掉旧的凡人皮囊，只留下衣物等，而真神脱壳飞升而去，仿佛蝉蜕一般，过些日子此人又在某处出现，宣告成仙归来。与接引飞升、火烧升仙的仪式感相比，尸解成仙显得比较低调，好像是魔术里的大变活人，时间一到说死就死，尸体消失。《抱朴子》说"上士举形升虚，谓之天仙；中士游于名山，谓之地仙；下士先死后蜕，谓之尸解仙"，将成仙途径与成仙后的等级挂钩，意思是死得太低调了会被人瞧不起，最好敲锣打鼓在万众景仰中离去。嘿，葛小仙翁也未能免俗。

  尸解有些具体的方法，比如《云笈七签·太极真人遗带散》详细介绍的一种：用水金、丹砂、水汞、庚铅等按量研细混成药散，取九阴神水调匀，涂到衣带上，将衣带系紧，人立刻就脱化了，"但见其尸卧于床篑尔"。这大概不是吹牛。那么多水银等剧毒物混合着不明液体抹到身上，其挥发量足以短时间内撂倒一群马，实践者若不立刻玩儿完，也实在对不起太极真人这番苦心啊（至于其留下的肉体何时"解"，好像也不那么重要了）。

  当然，尸解过程也有不那么痛快的，我们不妨继续看看王方平成仙之后度人的故事。

  王方平在吴地碰到一个小民蔡经，发现其骨相可以成仙。王方平对蔡经说："你命里该度世，所以我要度你去补仙官。但是你没有从小修道，如今气少肉多，身体太重不能飞升，还是走尸解这条路吧。"蔡经对于尸解这事心里打鼓，王方平安慰他说："尸解就是一下子的事，好像从狗洞中钻过一样。"（一剧须臾，如从狗窦中过耳）于是传授了方法。王方平走后，蔡经忽然浑身发热如同火烧，家里人赶紧打了凉水来浇他。凉水浇到他身上，就像浇到烧焦的石头上一样（热汽蒸腾）。这样过了三天，蔡经变得只剩骨架子了。于是他回到室内躺下，盖上被子。过了一会儿家人去查看，发现被子里只剩下他的皮连着头和脚（"惟有皮头足具"），其他部分都不见了，如同蝉壳一样。

十几年后，蔡经再次回到家中，容貌比离去时年轻多了。

（出自东晋葛洪《神仙传》）

王方平说要度蔡经去补仙官，这所谓仙官实际上恐怕是他自己的小喽啰，毕竟他成仙后出行是"前后导从，威仪奕奕如大将军"，太费人了。蔡经只能尸解的原因很直白——身体太重浊，飞不起来，而不是道德不佳、资历不够之类的考量，虽然他的确也不算什么君子（可参看后文麻姑专节）。

蔡经为了去补这喽啰仙官真没少受罪，准备阶段浑身发烧用凉水浇，骤热骤冷，搞得形销骨立，最后怕是热胀冷缩而死的吧。王神仙原本说好"气少肉多我认了"，可是你看他指示的这一预备升仙方案，分明还是在暗戳戳表达对蔡小民体重的歧视。

本故事最有意味的部分是王方平谈到了尸解亲历者的体验："如从狗窦中过耳"——有享受速度的酣畅感，有以大挤小的局促感，更有拉骨脱皮的撕裂感。至于为何用狗洞设喻……大概在神仙眼中，人世本就如同狗窝那般浊乱不堪吧。

蔡经尸解后的情形稍显恐怖，"惟有皮头足具"是什么鬼，难不成串场到了《聊斋》。也许，仙界在体重方面同样设有隐形的监察机构，无论经过多少次热胀冷缩，他们仍旧嫌他气少肉多，在最后关头，他们拒收了超标部分。其实通常的尸解升仙情形真没这么吓人，要么像王方平那样无声无息消失，要么一道白光或一股白气就不见了，留下衣服鞋帽之类做脱化凭证。五代时刘海蟾的脱化更雅，他在终南山丹成尸解，一道白气冲出脑顶，化作白鹤一飞冲天。你看，集化白气与化鹤于一身，脱壳也那么讲究美感，这就是高级得道之仙的艺术修养。

你可能要问，既然没有火烧这种程序，那么尸解者们原来的肉体到哪里去了呢？答案是："解"了呀。术语叫做销化——销了，化了，散成原子混入万物，一丝肉眼可辨的痕迹也不留。用科幻的方式讲，就是被宏原子袭击了呗。至于后来他们为何又带着旧时样貌重新出现，大概就是经过升华的新原子们又照着老配方重新组合起来了吧。

或者，也可以这么理解：在成仙仪式中，修炼者连肉体带灵魂在一瞬间突破尘世的壁垒去到了异世界（仙境）。对白日飞升及火烧者而言，飞、骑或烧是成仙仪式的中高配版本，好比老天爷给修炼者开欢迎会，或者给每人发个入会纪念徽章，宣告他们从此有了仙籍。对尸解者而言，这个破壁行为本身就是仪式（低配版），经此一破，从壁垒那边再回到尘世的人就不是凡人而是仙人，皮囊也不是旧皮囊，而是与那些龙驮过、火烧过的一样，都是全新皮囊了。

像王方平、刘海蟾这类高人，可能是主动选择了尸解这种低调的升仙方式，而对蔡经这样的小喽啰而言，能被接纳入会已经很好了，"还要啥自行车"呢？

以上所举例子，"解"的过程都比较清爽干脆，但尸解的情形其实是多种多样的。《云笈七签·太一守尸》号称尸解"有万途"，"或坐死空谷，或立化幽岩，或髻发但存，或衣结不解，乃至水火荡炼，经千载而复生，兵杖伤残，断四肢而犹活"。《洞真藏景灵形神经》说"有死而更生者；有头断已死，乃从旁出者；有死毕未殓而失骸者；有人形犹存而无复骨者；有衣在形去者；有发既脱而失形者……"甚至，还有类似韦小宝大撒化尸粉那种满地污浊的情形，如《酉阳杂俎·卷二·玉格》说"鹿皮公吞玉华而流虫出尸""仇季子咽金液而臭彻百里""柏成纳气而胃肠三腐"，等等。不过该书认为这些不算神仙学说上的尸解，而是学仙没学好，尸体朽坏了。看来，乱修仙的风险也挺大的。

文解升仙的刘海蟾（明 刘俊《刘海[蟾]戏蟾图》）

关于尸解类型这个话题经历了长期讨论，从两汉历魏晋而唐宋而元明（哪怕元代崛起的全真教放弃了肉身成仙论），这个过程中新的说法不时添加进来，一面是补充完善，一面也将原来的水越搅越浑，搞得异说纷呈、莫衷一是。宋人辑录的《元始无量度人上品妙经四注》将尸解分为四种：兵解、文解、水火鍊、大阴鍊质，明代的《随机应化录》则拆分为五种：兵解、文解、水解、火解、太阴解，算是进行了比较合理的理论提炼。本书讨论仙话，就不拘泥于道书的说法差异，还是按照情节大类，分成文/武/水/火来聊好了。

文解就是"安静地走"，与武解相对，像王方平、刘海蟾那样。有人不采用兵器，而用竹杖、鞋履等比较"文雅"之物置换掉自己原来的肉身，也被人归为文解。

武解就是被兵器杀死，也称兵解。像刘安、嵇康、郭璞等都是被当权者砍了脑袋（或自刎）的，仙话说他们靠这一刀成全升了仙。修道者被箭射死、被剑刺死等，也都算兵解。唐末诗人周朴不肯替黄巢做官，被黄巢锯杀，据说死时无血，反而"涌起白膏数尺"（明谢肇淛《五杂俎·卷五》）。周朴有隐士风，他的死也被认为是兵解，那么，想必过些日子他又会出现在街头苦吟新诗了。

尸解仙原本当是一种事后归类或追认，后来又发展成主动追求：利用置换法，拿一件物品替换肉身让自己的真神得以脱壳。其中以刀剑、弓箭等兵器做置换物的方法，在仙经中也被归为兵解之法。《云笈七签》引《太极真人遗带散》说："凡尸解者，皆寄一物而后去，或刀，或剑，或竹，或杖，及水火兵刃之解。"这种方式轻松便捷，显然与嵇康、周朴等人兵解时的惨状大相径庭。《云笈七签》甚至留下了"阴君传鲍靓尸解法"：用神丹染笔，在刀刃的左右书写《太上太玄阴生符》，须臾，书者就会消失而以刀替代，真身遁去成仙，家人还以为刀就是其本人的遗体呢。

水解就是溺水而死、死而成仙。前文提到"水火鍊"，"鍊"就是炼化之义。按照"水火錬"的说法，水解相当于"水炼"——所以水跟火一样，也是能炼化凡体的神奇物质。李太白醉酒捞月沉于江底，这就是水解，人家原本是谪仙人，借助水的能量又回去重新做神仙了。河伯冯夷（又作冰夷，上古冯冰二字音近）原本是黄河古神，跟洛伯、大羿都打过架[1]，到仙话里冯夷却变成水解仙，"渡河溺死"后被天帝任命为河神（一说"服八石得水仙"）。"服八石"和"被任命"与水解并不冲突，按照仙话思路，两者只不过是水解的前后环节而已。

火解就是被火烧而死，严格地说，前文的自烧应该归到这里来，作为尸解的下位概念。不过仙经对于火解也有别解，要加上某些特殊的仙药才能"炼"成功，比如《无上秘要》说"以药涂火炭，则他人见形而烧死，谓之火解"，《太极真人飞仙宝剑上经叙》甚至给出了仙药的名目：录形灵丸。

"大阴錬质"和"太阴解"是一个意思，即修炼者死后色不变、足不青、皮不皱、目光不毁，屈伸柔软，像没死一样，而且不会腐烂，经过百年就会活过来，这与后文的谬民很相似。仙经关于此法语焉不详，只是描述了状态或结果，没说途径，很难与前面的文武水火并举，倒是适合当还魂故事讲，这里咱们就不多聊了。

主要出处

《神仙传》《元始无量度人上品妙经四注》《随机应化录》《无上秘要》《真诰》《云笈七签》《五杂俎》

---

[1] 拙作《诸神纪》有大羿、嫦娥、河伯、洛神、洛伯的"五角恋"专节，此不赘言。

另辟蹊径：脉望坠星之法

前文讨论了许多常规的成仙方式，那么，有没有不走寻常路的方式呢？有，本节咱们聊聊。

唐代建中末期，有个叫做何讽的书生买到了一卷纸张已经发黄的古书。他展开来读，在书卷中发现了一个头发卷儿，周长大约四寸，像一个封闭的圆环，没有端头。

何讽不认识这是什么，就将它截断了看。没想到，从发卷儿断开的两端都滴出水来，足足滴了一升多。何讽愈发感到怪异，又用火去烧它，发卷儿烧出一阵气就没有了。

何讽百思不得其解，将此事告诉了一个方士。方士闻言，顿足叹息道："唉，你就是俗骨，遇到这样的仙物都不能羽化，这是你的命啊。"何讽忙问到底是怎么回事。方士说："仙经上讲，书里的蠹鱼（蛀虫）如果三次吃掉'神仙'字样，就能变化成这个仙物（头发卷儿），名叫脉望。夜里拿着脉望圈准天空中的某颗星星，那位星使（星神）会立刻降临到你身边。到时候你就可以向星使求取长生仙丹，再用从脉望中滴出的水和着仙丹吞下，立刻就能换骨升仙了。"

听了修道者的话，何讽立刻将古书再次展开细查，果然在书中有好几处被蠹鱼蛀出的漏洞。根据蛀洞附近上下文推测，漏掉的正好是"神仙"字样。何讽确认自己亲手毁掉了百年不遇的成仙机会，懊丧得跌坐在地大哭起来。

掰书君曰

上文故事改写自《酉阳杂俎》。

蠹鱼又叫衣鱼、蟫鱼、壁鱼等，是一种蛀虫，从生物学上讲，属节肢动物昆虫纲。通常瓜子大小，外形略像鱼，有银灰色细鳞，尾部分岔，故名之以"鱼"。蠹鱼常生长于久不翻动的衣帛或书纸里，靠吃其中的糨糊和胶质物为生，也就是我们常说的"书虫"。

何讽的痛心疾首，后世读者隔着书本都能感同身受。可是，谁叫他那么手欠呢？方士的解说似乎也带点幸灾乐祸，毕竟他才是真正的仙道中人，他求之不得的好事偏让一个二愣子遇到并且糟蹋了，搁谁谁会开心。

脉望坠星求丹成仙之法，虽然我在古文献中暂没找到旁证，但还是姑且相信方士不是逗何讽玩，而是果真有据可依吧。毕竟闭环的发卷儿、截断后滴水一升之类都是神奇情节，所以方士的解说也不显得突兀。从根上说，脉望坠星法仍旧属于服药飞升，只不过得药的手段比较出乎意料罢了。

细究脉望这个名号，脉大概指星脉，脉望就是望脉，就是夜里拿着发卷儿套星星看。星使可以理解为星神（星官），因为在仙话里基本上星官都算是天帝的使臣。

关于脉望神效也有另外的说法。《证类本草》说："俗传壁鱼入道经函中，因蠹食神仙字，则身有五色。人能得而吞之，可致神仙。"这个版本就没有发卷儿套星星之类的弯弯绕了，直接让蠹鱼生长在道经这种满篇神仙字样的沃土里。蠹鱼就像马里奥，吃到蘑菇后变成五色，浑身光彩熠熠；然后人再吃掉蠹鱼，神仙物质彻底转移，于是升仙。很显然，吃掉脉望比用脉望坠星求丹要容易操作一些。这法子同样仍属于服食系列，考虑到脉望是虫子，又是吃了道书变成的，所以吃脉望应该算是吃九尾龟和吃仙丹的中间态。

然而脉望是很难得的。蠹鱼变成脉望原本属于极偶然事件：毕竟蠹鱼没有意识，吃是冲着书中纤维或胶质（物质），不是冲着文字（精神）；

而且，它躲在书卷里，自然是靠近哪页吃哪页，就算没有人类打扰可以一直吃下去，以它的食量和速度，吃光一本书也不知要等到猴年马月，吃到神仙字样的概率，基本等于今天黑客破译银行数据资料时的"撞库"吧；退一步说，哪怕你碰到只蠹鱼界的速食大胃王，不长时间果真将整本书吃得渣渣都不剩了，但万一这书里并没有神仙字样呢，或者神仙两字没有出现三次呢……所以，看着容易，越想越难得。

可是，这种困难吓得倒求仙心切、聪明顽强的吾国古人吗？显然不能。《本草纲目》集解说，晚唐大臣张裼的第四子听说了脉望的事，很想通过此法成仙。于是他亲笔写下许多神仙字样，剪碎了放进一个瓶子里，然后又从别处捉来蠹鱼扔进去，期望在可控时空内造出脉望来。然而，张小四的实验没有成功，还因此落下了心病（可能就是精神病）。为何不成功呢？据我分析，大概又是仙界的隐形监察机制起作用了。仙道之事讲究机缘巧合，张小四只挑神仙字样写，又将蠹鱼扔进神仙字样的汪洋大海里定向喂食、定向培养，这属于作弊，既没有机缘，也不是巧合。监察委员会若是让他通过，以后谁还肯苦心求道替师父当牛做马，谁还肯抛家舍财赞助方士搞化学试验，谁还肯咬牙忍受热胀冷缩钻狗洞呢。仙话虽然是编的，也不给尔等凡人编出这种好事来意淫。

脉望在古代文学作品中是热门素材，引用的人多了，脉望就逐渐从助人成仙的低等昆虫变成了自成仙的仙虫。元人郏经诗云"干将破壁龙俱化，脉望飞空蠹亦仙"，直接称脉望为蠹仙。清代沈起凤《谐铎》记载，表叔蒋氏宦游归乡，发现藏书半数为蠹鱼损坏，便命童子将蠹鱼尽数清理捕杀。没想到当夜，藏书楼"万声齐哭"。于是作者只好写了篇《祭蠹文》，中有"吾闻尔祖脉望，羽化登仙"之句，将脉望拉来做这些蠹虫的神仙祖宗，一番拍马加祭祀下来，终于"楼中之响寂矣"。看来蠹鱼们都是些书呆子，一篇美好小作文就打发了。蒲留仙在《聊斋志异·素秋》里写了个文采斐然的少年俞士忱，其真身是条尺余长的蠹鱼，专业啃书的。不料他去参加科考竟然名落孙山，一下子气死了。俞士忱

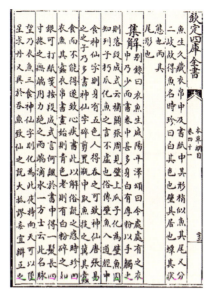

衣鱼（蠹鱼）（《证类·本草卷第二十二下品》）　　《本草纲目》集解对衣鱼（蠹鱼）药性和张褐之子作弊造脉望的记载

的书呆子程度比蒋家万虫深多了，很可能早已吃过三份神仙字样套餐，成了深藏不露的脉望仙。只不知，他的人类好兄弟俞慎舍不舍得吃掉他让自己也成仙呢？

当然也有挤兑书虫的故事。《续西游记》第六回里，唐僧师徒取到真经的消息被灵山脚下一个老蠹妖（脉望）知道了，老蠹妖跟手下小蠹妖算计如何钻进真经里去狂吃，以便早日成仙。在此书中脉望被降格成了妖怪，还差那么一哆嗦才能够成仙。该续本延续了原著崇佛抑道的倾向，脉望虽然已经三食过神仙字，还是不够高级，非得再嚼嚼天竺贝叶才能升登极乐。这种设定肯定是不招仙话待见的，咱们提提也就罢了。

顺便说一句，蠹鱼在仙话中之所以有资格成仙，是因为它原本就是"神农药"，有灵性，古方经常用到。北宋药学家苏颂说，将蠹鱼与鹰屎、僵蚕混在一起涂抹,可以除掉人身上的疮瘢(《本草图经》)。吾国古方中常有些屎尿类原生有机材料,效果待验,如果哪位瘢痕体质的读者打算照此方办理,我建议还是再谨慎些。

除了借脉望成仙,仙话里还记载了别的奇异成仙法子。比如陶弘景《真诰》提到,念诵《大洞真经》万遍,就能够得仙。但他并没给我们讲一个念经万遍后飞升的故事,而是说,保存此经的人不相信这个说法,居然把经书给烧毁了。这……这让我们怎么将故事继续下去呢?

主要出处

《酉阳杂俎·续集卷二·支诺皋中》《夜航船·卷一·天文部》《证类本草》《本草图经》《太平广记》《谐铎》《聊斋志异》《续西游记》

上单元讨论的是如何成仙的法子，本单元我们来看看已然得道的神仙可能拥有哪些神秘技术。仙术与法门是仙道界除了内外丹之外引发世人憧憬的另一大类本领，本章主要讨论预言、定身法、符篆术、隐身术、幻术、缩地脉、穿墙术、变形术等，写法是以术为主，术大于人。后文人物章节不可避免对此还会有所涉及，因此将气禁术（驭气）、分身术、遁甲术等挪至后文，写法上的区别是以人物为主，人大于术。

第四单元　仙术与法门

预言：城陷为湖

能够发出预言是神仙的基本修养。城陷为湖是一个关于公共事务、公共安全的预言，也是一个流布广泛的故事类型。

古时候，巢湖这一带并没有湖，而是陆地，叫做巢州，或者巢邑。

有一次，城外江水暴涨，几乎将城市淹没了。水退之后，人们发现一条大鱼搁浅在了城壕沟的浅水里。它有数十丈长，双目如电，血红的鱼鳍，金色的鳞片，赭色的尾巴，惹得全郡的人都来观看。大鱼在沟里挣扎了三天后死去，郡人切下它的肉拿到市场上去卖，全城的人都来分食。

城里有位老姆，素来心地善良，乐意拯济贫苦。同里巷的渔夫分给她几斤大鱼肉，她不愿吃，只是挂在门口。

有一天，一个发须若雪、言行怪异的老叟来到老姆家，问她："别人都在吃鱼肉，你为什么不吃，反而挂起来呢？"老姆回答："我听说一条鱼如果有几百斤重就一定是异物，现在这条鱼重达万斤，恐怕是条龙吧，肯定不应该吃掉它。"

老叟长叹一声，点点头："他是我的儿子，不幸罹此大祸，反而满足了人类的口腹之欲。我听闻此讯，痛沧骨髓。我绝不会放过那些吃我儿子肉的人！一城之中，只有你不肯食肉，我将会重重地报答你。何况，我知道你素日就是个善人，值得我的报答。我告诉你，你要随时留心东寺门口的石龟，如果哪天你发现石龟的眼睛红了，那就意味着这座城市马上就会陷落。那个时候，你要立刻出城找个高处躲起来，千万不要停

老姆示警 城陷为湖（雷玥溪绘）
老姆急急登山，回视全城已陷落为湖。至今秋高水静时，人们还能隐约看见湖下的屋宇

留！"老叟说完这些话，就离去了。

从此，老姆天天都去东寺观看那只石龟。有个小孩子对此感到惊讶，就问老姆到底怎么回事，老姆据实以告。小孩子恶作剧心起，悄悄用红颜料将龟目涂红了。次日，老姆去寺门见此情景，立刻通知邑人避险。但没人相信她的话，她只好独自匆忙出城而去。

这时有个青衣童子忽然出现在她面前，说道："我是老龙的幼子，前来引导您逃离。"小童带老姆爬上城外高山，老姆放眼回望，只见原来城市所在的地方已经骤然塌陷成为一片大湖，惊波巨浪中，无数的鱼龙交相出没。

这片大湖就是今天的巢湖。天气晴朗的时候，从岸边能听到水下的歌声和说话声。到秋高水落的时候，还能隐约看见湖底龙族所居住的屋宇。

后来移居到这一带的人们在巢湖边盖了座大姆庙以纪念老姆。大姆庙十分灵验，如果忠信仁义的人驾舟过湖，则清风相助，一天之内就渡过去了；如果奸诈歹毒的人过湖，便会被湖上的乱风吹得晕头转向，好几天都无法靠岸。

掰书君曰

上文故事主要来自宋代刘斧的《青琐高议》，情节有部分改动。

提前知道甚至掌控未来，一直是人类的梦想。普通人实现不了，那就让神仙或其代言人来实现。其实，所有预言故事都内含一个命运天定、后事前定的牢不可破的逻辑，人类无论怎么挣扎，都逃不过这个结局。然而，人类就是抵挡不了抢先占有信息的诱惑。

预言等于是将未来的时间点沿时间线拉到当下观看后再放回去，或者如同预言者在做了一次时间旅行后向外人交流心得。科幻小说中，时间旅行的规则是可以看到、可以告诉，但不能干预，也无法改变，这与预言故事的规则是一样的。本质上说，二者都采用单一宇宙模式。

另有一类从法术角度切入的故事，出于称赞高人的目的，会安排对未来灾祸的破解之法。这样的故事就是多重时空线的了，有点像开放结局的小说，故事在某个情节点上进入平行宇宙，原样发展是一种结局（命定的厄运），进行干预（破解）是另一种结局（转危为安）。我们可以这样理解：故事在拐点已经切换到另外的宇宙去了，因此倒也不算违反原来宇宙的命运天定说。

预言方式有多种。本故事中是神仙（龙王可以算神仙）直接告知，此外，梦兆也很常见。再往大了说，天象预兆、事象预兆、图画预兆、谶言（常以诗歌、谜语等文学形式出现）等等也都算。后文八仙节，韩湘子向韩愈说出"云横秦岭家何在，雪拥蓝关马不前"，就是典型的诗歌预言。至于秦末"大楚兴，陈胜王"的鱼腹丹书及伪狐狸叫，西汉末王莽为篡位造势而出现的白石丹书等种种"符命"类传说，则把图谶谣谶玩到了"革天命"的地步，将预言的现世功效实现到了极致。

回到故事。"城陷为湖"是个著名的故事类型，流布时间长、范围广，有多种异文。它大概与人类积淀下来的洪水记忆有关，古人可能亲眼看见或听说有城邑被洪水淹没，凭空从视野中消失，因此产生城市陷落的联想。从故事逻辑上来说，陷落是必须的。因为洪水终究有退去的时候，如果原来的地方不凹陷到地平面以下，水无法贮留，湖就无从诞生，城邑还会重现，故事就讲不圆了。

该类故事的雏形最晚在战国已出现，比如《吕氏春秋》记载的伊尹生于空桑的故事。但伊尹作为历史人物有唯一性，而后来的城陷为湖故事在时间、地点、人物等元素上可以自由拼拆，因此显得更加灵活。

本节开头的故事是该类型一个细节比较丰满的版本，有原因（地理因素和人为因素），有报恩，有警示/预言，有恶作剧，有应验，有遗存。

故事开篇交代已经有过一次洪水，暗示了城邑与河流的位置关系，以及当地地势特点、河流的水文特点等地理因素，使得后面的涨水不那么突兀。这次洪水还有个功能，就是引出龙子被困城沟的情节，这是人们得以分食它的前提。龙子被困浅水以至死亡并不是人类的错，但如果

(明)陶佾《墨龙图》(大英博物馆藏)

人类对神物怀有尊重,其实可以主动导水帮助它回归,现在见死不救,于道德上有"不作为"的亏欠。然而,哪怕只到见死不救这一步,龙王也不好"碰瓷",毕竟龙子是自己到城沟里去的。但是人类竟将大鱼肉分食了,这就彻底伤害了老龙的感情("痛沦骨髓"),找到了复仇的方向("誓不舍食吾子之肉者")。故事讲到这里,下一次洪水的到来就不是莫名其妙,而是水到渠成了。

巢州人得罪的是龙王,这个设计也很合理,因为龙王是司水的。当然我们可以质疑:龙王能发大水报复人类,怎么就不能发大水到城沟将儿子救回去呢——这么着,咱们就当那几天他出差了,没顾上家庭才出的事,好不好。

城陷为湖故事的主角以老妇居多,另有书生、老翁等。关于老妇幸免于难的原因,故事常解释为她具有道德上的善。有些版本说老妇独自逃难,但多数版本中,老妇发现石龟(或石狮、县衙门槛、城门等物）出血后着急地告知邑人赶紧逃命，但没有人听她的，反而嘲笑她大惊小怪、杞人忧天。这个情节的设计非常合理。一个"善能拯救贫苦"的人，怎么可能在大难来临时独自逃命、罔顾邑人死活呢？她必须转达这个致命的警告。而邑人不听导致全城覆没，呼应了他们先前吃鱼的"不敬神"，属于咎由自取，这样，无论从道德逻辑还是现实逻辑上都把故事讲圆了。

城陷为湖型故事一般都会有恶作剧环节，这是为了强调预言不容置疑的真实性和严肃性。老妇对待神仙预言的态度与他人（顽童、看门的或者邑人等）截然相反，老妇十分认真，他人则完全不信。本来，如果没有恶作剧，全城的结局也是覆亡，但"透露预言—恶作剧"环节的设计为故事走向增加了变数。老妇透露预言，可以理解为神仙给众人的最后一次自救机会，众人不信也就罢了，居然还针对预言进行恶作剧，这就有点挑衅神仙权威的意思了。是恶作剧让众人的悲惨结局提前到来，所谓"不作不死"，作死，当然就一定要死给你看。故事通过这个环节的设计，让听众经历一次道德洗礼，在遗憾中感受到对天意的敬畏。

当然，也不是所有的邑人都"不听劝"。有的异文里，老妇成功率众出逃登山，邑人感激她，世代追奉她。比如光绪年间的《庐江县志》说："相传巢湖将陷时，有姥谓众曰：'此处某日当陷，登此山可免。'众从之，后果然，故人呼为姥山。"这是从正面彰显上天之德，也有"听人劝，吃饱饭"的喻世之意。

主要出处

《青琐高议》《吕氏春秋》《独异志》《太平广记》《列仙传》《庐江县志》

禁咒术：徐仙姑的惩罚

本节咱们探讨如何用法术限制别人的人身自由，并顺便聊一聊女神仙会怎么对付那些不尊重自己的凡人。

徐仙姑是北齐仆射徐之才的女儿，已经好几百岁了，模样还像二十四五岁一般。她修道得法，尤擅禁咒之术，也不知师从何人。

徐仙姑喜欢独自在海内云游，她去遍了三江、五岳、天台、四明以及罗浮山、括苍山等名山大川，经常在山麓、深林或洞窟之中栖息，偶尔也去找人家借宿。

有一次，徐仙姑云游到某处，见没有合适的栖身地，便来到一家僧舍借宿。这家僧舍里有几个蛮横无理的僧人，见她一个单身姑娘出行，就用各种花言巧语挑逗，意图不轨。徐仙姑正色将他们责骂一通。僧人们被激怒了，打算以强力制服她，说话的语气和神色也愈发无礼了。

徐仙姑冷笑道："我一个女子，能够弃家云游，不躲避蛟龙虎狼，难道我还怕了你们这些鼠辈吗？"说完之后，她脱去外衣躺下休息，吹灭了蜡烛。群僧大喜，以为马上就可以得手了。

次日清晨，徐仙姑拄着登山拐，安然无恙地离开。而僧舍里的群僧呢，整宿或者僵立，或者呆坐，全都像被绑起来般，一点动弹不得，也无法发出声音。原来，在他们准备动手之际，徐仙姑对他们使用了禁咒术。

直到徐仙姑离开僧舍数里远之后，那些恶僧才恢复行动能力，悻悻地揉搓着僵硬的手脚，对发生在自己身上的奇事感到惊愕不已。

徐仙姑在江表往来四十余年，吴人见到她的模样始终如一。她行走如飞，所到之处，人们都十分敬畏，奉若神明，再没人敢以歹意戏侮她。后来她得道升仙，世人不知她去了哪里。

掰书君曰

上文故事改写自五代杜光庭《墉城集仙录》。

"定身"是个现象，或者结果。孙大圣去蟠桃园偷桃时，就曾将包括董双成在内的仙女们冻结成了照片。关于其"工作原理"，值得进行一番趣味探讨。

当然，定身术的"科学"原理可以很高级，比如时空控制，或者说局部时空冻结，但这肯定需要消耗我等凡人无法估算的巨大能量。而且，如何让被冻结的时空与正常时空之间不发生相互干扰从而破坏平衡，也是一个非常高精尖的技术问题。但是，如果施术者的能量暂且达不到实施时空冻结的话，我以为还有个虽然无赖却最为快捷的实现路径：以禁咒术召来若干小鬼，抓牢对方身体四肢，捂紧嘴，保准管用。我觉着，孙大圣偷桃时还有可能进行了时空冻结，而徐仙姑则几乎肯定就是用了小鬼缠身。诶，说穿了就不神秘了。

禁咒之术，就是用符咒来禁制邪祟、禳除灾害的方术。其中，符是图文，咒是语言，方士可以通过符咒和自身的真炁（气），有时还要加上法器，来役使鬼神。

仙道界讲修为，主要有三个层次，上者是"冲虚清净，出有入无，超尘俗而上升，同天地而不老"，中者是"修真炼性，吐故纳新，筑坎离以延年，煮铅汞以济物"，下者是"行持符箓，役使鬼神，设章醮以通上界，建考召以达冥途"（借《初刻拍案惊奇》语）。最高层次一般人达不到，后两个层次的差异约等于道教"丹鼎派"和"符箓派"各自侧重点的区别。对修仙者来说，从下到上打通这三个层次是其奋斗目标，那么符箓禁咒、役使鬼神就是初阶神仙的基本修养。

当然徐仙姑并没有停留在仅会禁咒的初级阶段。她一直活了好几百

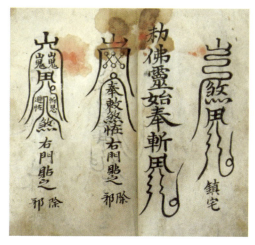

清乾隆年间手写道符

岁，说明炼丹延年的中级认证也通过了；最后得道飞升，说明人家终于迈进了更高层次的门槛。

豪僧们对徐仙姑的性骚扰，大底是所有模样姣好的青少型女仙都可能遇到的问题。之所以会有这种遭遇，当然是比照人间情形而来。一旦缺乏环境制约与道德羁绊，凡人中的不良男子对于陌生美女，依仗其体力、社会地位等优势耍流氓就是大概率事件。豪僧之所以没有得逞，是因为徐仙姑能够跳出体力比拼的桎梏祭出法术，所谓"学术强才是真的强"。后文麻姑对动了歪念头的蔡经挥鞭施罚，则算是"学术"与法器的结合。

确实，女仙行走于世间，稍有几样法术法器护身，对付凡人就足够了。我们再来看个例子。

秦始皇在骊山驻跸的时候，有神女从天而降，与他一同玩耍。秦始皇玩着玩着忘了分寸，开始轻薄调戏神女。神女大怒，一口啐到他脸上。秦始皇面部被啐的地方生出了烂疮，无论如何医治不好。秦始皇非常害怕，只得向神女谢罪。神女见他态度诚恳，逐渐消了气。她用手一指，山间冒出一个泉眼。秦始皇用泉水洗脸，烂疮就好了。这道泉，就是后来名满天下的骊山温泉。

（出自东汉《辛氏三秦记》）

类似的故事在《幽明录》里将男主角换成了汉武帝：汉武帝在甘泉宫避暑，玉女来跟他下围棋。汉武帝见她"风姿端正"，就耍流氓强迫人家。玉女怒唾其面而去，汉武帝于是"病疮经年"。

仙话里常将秦皇汉武并举，他们都好仙求长生，所以能吸引仙女下凡也合理。他们又都属于凡人中的最有权势者，见了美色就想收入囊中大概也是惯性思维。那么，仙女们如何对秦皇汉武"不以礼""欲逼之"的劣行进行惩罚呢？禁咒术召小鬼？太啰唆；分身法逗他玩？没心情；挥起隐形神鞭？何必费那力气；时空冻结？不想消耗能量。她们的方式非常有意思：对面吐口水！举重若轻，一个简单技术动作搞定。这……难道仙女们是属羊驼的吗？或者，素来温柔美丽的仙女如此豁得出形象，是因为当时心里正跑着一万匹羊驼？

前文海神的惩罚故事中，海神一怒就会毁桥溺杀众人，非常暴烈。相比之下，无论徐仙姑、麻姑，还是骊山神女、甘泉宫玉女，她们对亵渎者的报复都称得上极度温和。故事编排的这种差异，当然与人们对男女"社会性别"的固化认识有关，比如男刚女柔、男性纵情女性隐忍等等。中华文明的女神仙原则上都是慈悲包容温良恭俭让的，一发怒就掀起腥风血雨的那是妖怪女魔头，不能以常规女性看待，比如《封神演义》里的石矶娘娘。如果对比希腊女神的暴力事迹，你会更明显地看出吾国文明的这一特点。

主要出处

《墉城集仙录》《云笈七签》《辛氏三秦记》《初刻拍案惊奇》《幽明录》

符箓术：急急如律令

上节提到了禁咒之术，本节咱们就继续探讨道教法术常用的符咒吧，顺便说说"急急如律令"这个常见法术结语中包含的奥妙。

唐代的河东人薛义是秘书省校书，曾经和叔母韦氏母女一起到妹夫桐庐尉崔秘家做客。薛义在客居中得了疟疾，缠绵数月，几乎快死掉了。韦氏七岁的小女儿也染上了此疾。韦氏非常忧虑。

有天夜里，韦氏做了个梦，梦见一个身着白衣戴着帽子的神人到来。她忙合掌致敬，请求他治疗薛义和女儿的疾病。神人说："这个病如果迁延不愈，就会变成勃疟，那就再也治不了了。"神人说完，向韦氏传授了两道符咒。

符咒的内容是："勃疟勃疟，四山之神，使我来缚。六丁使者，五道将军，收汝精气，摄汝神鬼。速去速去，免逢此人。急急如律令。"神人叮嘱韦氏：以后每到疟疾发作时，就持符并念诵此咒，则病可立时痊愈。

在梦中，韦氏的女儿告诉母亲，自己看到旁边有个东西，状如黑狗但毛很细。神人对韦氏说："这就是让你女儿生病的东西。快抓了来杀掉，她的病立刻就会好了。不然的话，你家的两个小婢也会被感染的。"韦氏就在梦中将黑狗杀掉了。

醒来之后，韦氏急忙将神人的咒语传授给薛义。薛义用心学习，及时念诵，很快病就痊愈了。韦氏的小女儿也痊愈了，情况都跟梦中神人所说的一样。

掰书君曰

上文故事改写自唐代戴孚《广异记》。

薛义和小堂妹所遭遇的勃疟，显然是疟鬼所致。"勃疟"之"勃"，当是"悖"的通假字，"勃疟"指悖逆怪异的疟疾。韦氏梦中见到的细毛黑狗状物，就是疟鬼的化身。据说，古帝颛顼的一个儿子死后变成了叫做"魍魉"的疟鬼。故事将其描绘成黑犬形貌，大概是表达一种鄙视和轻贱之义，毕竟在古文语境中，黑犬可不是什么萌萌哒宠物。当然，有时疟鬼也会被描绘成其他模样，比如小儿状等，但看起来还是跟颛顼之子脱不了干系。

日本出版的《今昔画凶続百鬼》中的魍魉食人的形象（约1779）

古人常将难治的病归结为鬼怪作祟，因此对付它们会采用道教的法术。神人治好薛义和韦氏小女的疟疾，用的主要就是符咒法（梦中斩黑狗则可视为一种虚拟的巫术）。符是文字和图案，咒是语言。神人梦中传授了符咒，符是无法突破虚实之壁来到现实生活中的，但咒成功破壁传递了过来。神授咒语的内容是：召唤四山之神、六丁使者、五道将军来将疟鬼捆绑住，收走其精气，摄走其神魄。

这里涉及两层原始的巫术观念：其一是人/神的姓名与其本体具有同一性，掌握其姓名就可能辖制其本体。道教中的"呼名法术"就是这个原理，所以孙猴子才会问金角大王"我叫你一声你敢答应吗"，所以相声《口吐莲花》里才有"三请茅老道，四请姜太公……"总而言之，要支使鬼神，首先得知道其姓名。咒语点了四山之神等神灵的名号，就获得了差遣他们的可能性。其二是相信语言的魔力，即相信以

符箓术：急急如律令

正确方式反复说出祈使句可以令其内容成真——其中，正面内容即为祈祷，负面内容即为诅咒。故事中，神授咒语的最后部分是催促疫鬼"速去速去"，免得遇到自己请来的神将。所以整个咒语的主体部分其实是双管齐下：以呼名法召来神助，以诅咒法驱赶疟鬼，一来一去同时进行，自然更易成功。

咒语最后用了个结语"急急如律令"，好比今天为官方动员令盖上大红章，宣告此令正式生效。综观道教的各种符咒，基本上末尾都会来这么一句以示郑重。比如前述"呼名法术"的最后，道士就常说"吾已知汝名，汝速去千里，急急如律令"。

那么，这句"急急如律令"到底有何奥妙呢？

先说仙话的解释。在仙话中，"律令"是雷部的一个鬼。《搜神记》说："律令，周穆王时人，善走，死为雷部之鬼。"而明人张岱在《夜航船》里引《资暇录》说："律令是雷边捷鬼，善走，与雷相疾连。"明人程登吉的《幼学琼林》也说他是"雷部至捷之鬼"。综合起来我们可以这么看：律令在生前是天赋异禀的"神行太保"，恐怕长跑短跑全都是冠军，死后便因这个特长被吸纳到雷部，其跑腿速度可与雷电速度匹配。吾国神话/仙话中常常鬼神不分，尤其此处，雷鬼律令其实是雷部小神，而不是那类凶恶狰狞的怪物。

按照张载等的说法，"急急如律令"的意思就是从律令这个"雷部至捷之鬼"的特性而来。道教施法役使鬼神，咒语要求神鬼行动要快，有多快呢，"像雷鬼律令那么快"——呃，在音速和光速之间。

另有一种现实版解释。南宋赵彦卫《云麓漫钞·卷七》说，"急急如律令"五字，本来是汉代往来公文的常用语；五斗米道创始人张道陵是汉代人，在创制道教驱遣鬼神的符咒时，就借用了当时的公文格式，加上"急急如律令"几字，后来相沿成习。关于汉代公文的这一习惯是有旁证的。《云麓漫钞》记载，北宋宣和年间，陕西人从地里挖出一个瓮，瓮中有朽败的木简，木简文字记载了讨伐叛逆羌人的军令及物资调拨命

道士召唤律令(雷玥溪绘)

律令是雷部至捷之鬼,奔速可与雷电相匹,故符咒召唤鬼神速来常云:急急如律令

令,有东汉安帝刘祜的永初年号,末尾确有"急急如律令"之语[1]。

按照这个说法,"急急如律令"的意思是"这事必须迅速去办,如同法律命令般(严肃苛刻)"。律令就是律令,为什么要加个"如"字呢?我是这么理解的:这里的"律令"当是偏义复词,偏于"律",即法律条款,话语地位坚实;而军令属于"令",有偶发性、临时性,虽然也严厉,但理论上没有"律"那么强大而持久的效力;汉人说"如律令",其实是让接收者视"令"如"律"。汉代重大公事多用符印(至今有虎符存世),"急急如律令"一句押在公文后面,就相当于重申"符到奉行",生怕被下面的人怠慢了。

作为雷鬼的律令在汉代是否已经出现,目前的资料不足以说明问题;"法令说"与"雷鬼说"孰先孰后,一时也不易辨别。我个人以为,两者对于"急急如律令"成为法咒通用结语的作用可能是相辅相成的。雷部之鬼以律令为名,是在呼应法令必须严厉快速得到执行这一特征;同时,法令得到雷厉风行的执行,也需要以雷电的迅捷(自然现象)来比拟和形容。两相糅合之下,"急急如律令"便成为役使鬼神的共识。

其实,不仅专业道士用此语,许多"业余选手"在事涉鬼神之时,也常常缀上这么一句。韩愈《曲江祭龙文》最后要求龙神"时降甘雨,以惠兹人,急急如律令!"柳宗元《逐毕方文》(驱逐引起火灾的毕方鸟)最后说"皇不怒兮永汝世,日之良兮今速逝,急急如律令!"《全后汉文》中收录的《祝曲文》(祝祷制酒顺利)文末说"神之听之,福应自冥,人愿无为,希从毕永,急急如律令!"不管事情是否真的那么紧急,最后都来上这么一句,以示严正而重要。可见这句咒语的传播面非常广,影响力也很大,如果没有它,似乎前面说的一大篇话就没有力量,不足以驱使鬼神卖死力。

---

[1] 木简文字略为:"永初二年六月丁未朔,廿日丙寅,得车骑将军幕府文书,上郡属国都尉、二千石守丞、廷义县令三水,十月丁未到府受印绶,发夫讨叛羌,急急如律令。马四十匹、驴二百头,日给."

有时候这句话还会加上前缀，以加重对受令者的威慑。通常加的是太上老君，全句为"吾奉太上老君，急急如律令，敕"，或者简单点："太上老君，急急如律令"，表示这命令不是我向你们下达的，而是你们的最高领袖（之一）太上老君下达的，你们必须立即执行。这体现了人世间拿领导压人的小伎俩小智慧。"敕"就是敕诫或者皇命，加在末尾表示权威和等级。后来某些文艺作品（如元曲）中又写作"吾奉太上老君，急急如律令，摄！"我以为，这里"摄"是"敕"的讹变——比如有可能民间将"敕"看成"赦"，再将"赦"转写成"摄"，等等。当然，如果非要将"摄"解释为"摄行"，加上这个字就表示要马上摄取／勾捕人家神灵的魂魄来给你办事，也行吧。

除了太上老君，经常被拉来为道士们撑腰的还有九天玄女、雷声普化天尊等，所以相应的咒语结尾就变成"吾奉九天玄女，急急如律令，摄！"或者"吾奉九天应元雷声普化天尊，急急如律令，敕！"之类了。

最后聊几个将咒语在"医学"上或生活中进行妙用的有趣例子吧。

《夜航船·方术部·符咒》说，如果人的脚发麻，就"口称木瓜"，然后连念七遍"还我木瓜钱，急急如律令！"脚就不麻了。也不知这木瓜是何方神圣，难不成人们是将脚的神经麻"木"现象具象化为了"木瓜精"？若这么说，叫"麻瓜"岂不更贴切？或者人们假设，负责脚麻的鬼神（姑且叫他"脚麻精"吧）曾经向太上老君等借钱买木瓜，却一直赖账不还，所以被人捏住痛脚，一提此事他就不敢作祟，赶紧臊眉耷眼远遁了？嗯，想必是这样的。难怪他是脚麻精，因为老被人捏痛脚啊，捏啊捏的捏麻了，就成了精。呵。

热爱木瓜的还不止脚麻精。同书介绍去壁虱的方法，是将一张写有"欠我青州木瓜钱"的纸条贴到床脚，据说壁虱就会立刻跑掉。纸条在这里相当于符，符与咒等效。你说这壁虱精是有多喜欢吃青州木瓜啊，居然以一己之力将"债多了不愁"真正与"虱子"捏合到了一起——就像脚麻精将"脚麻"和"痛脚"捏合起来一样。

符箓术：急急如律令

同书又记载了驱蚊子的咒语："天地太清，日月太明，阴阳太和，急急如律令！敕。"这个咒语就比较令人费解了，为什么蚊子会跟日月阴阳那些宏大的元素扯上关系呢？想来是因为蚊子太小，难以实现精准打击吧；而且可能蚊子精没那么爱吃木瓜（人家是荤食动物），脚太细也不好捏。所以人们只能进行宏观管控：只要天地清了，日月明了，阴阳和了，蚊子蠛蠓这类暗黑小飞虫自然也就化掉了。好比搂草打兔子，或者批量处理删除敏感词，顺便的事。

读者诸君如果同样受到脚麻、壁虱或蚊子的困扰，不妨以木瓜咒、木瓜符和清明咒试试，反正也不花钱，不必担心被仙界大佬逼债。如果你遭遇了其他麻烦，我这里还有更多符咒妙方备索。所以，要不要试试？急急如律令，摄！

主要出处

《广异记》《云麓漫钞》《夜航船·方术部·符咒》《韩昌黎集》《全后汉文》《柳宗元集》《备急千金要方》《摄生总要》

隐身法：看不见的李仲甫

能够在众人间隐身是许多普通人的梦想，其目的不在于避开喧嚣，而在于身处喧嚣但是我看得见你你看不见我。这种物理和心理上的双重优越，神仙们最懂得了。

家住丰邑中益里的李仲甫是个神奇的人。他小时候跟着王君学道，会奇门遁甲，又会步诀隐形。他服食水丹颇有功效，活到一百多岁的时候反而越来越年轻，真是稀罕。

李仲甫最开始行隐身术的时候隐形了一百天，一年之后才完全现形。渐渐的，他隐形的时间越来越长，周围的人们只能听到他的声音，却看不到他的形体。在隐形期间，他可以与人们对话，还可以正常饮食——当然，人们只能见到给他准备的饭菜在逐渐减少，却看不到他在吃饭。

有个姓张的书生听闻了李仲甫的事迹，便来请求跟随他学习隐身术。李仲甫说："你的性子比较急，我恐怕教不了你啊。"书生不听，非缠着要他教，也不管李仲甫答应不答应，天天守在他家，前后花费了数十万钱供奉李仲甫的饮食。可是时间过去了很久，他还是什么都没有学到。

书生怀恨在心，悄悄揣上匕首再次前往李家。李仲甫待在床上，仍然没有显形，只是出声与书生说话。书生不动声色与他周旋，辨清了他所在的位置，便腾身跃近，拔出匕首猛刺不已。

这时李仲甫的笑声哈哈响起来："天底下竟有你这样的蠢人，学道还没学成就要杀老师！我是你能够杀得了的吗？但是我肯定可以让你死。

算了，你这么顽愚，我也懒得跟你废话。"说罢，他叫人将一条狗牵到书生面前，说道："你看看我能不能把这条狗杀了。"话音刚落，狗头就落地了，狗肚子也破开了。李仲甫的声音变得严厉起来，呵斥道："我可以让你跟这条狗一样下场！"

书生吓得跪在地上，连连叩头求饶。李仲甫教训够了，就饶恕了他。

李仲甫有个相识的人，以张网捕猎为生，住地距离李家五百余里。有一天他网到一只鸟，仔细一看却是李仲甫。捕鸟人赶紧将李仲甫放出来，跟他说了会儿话。李仲甫告别捕鸟人后，当天就回到了家中。

李仲甫在人间生活了三百余年，后来进了西岳山，再也没有出来。

掰书君曰

上文故事改写自《太平广记》。

隐身法又称为隐形法、隐沦之术。要点是：第一，让自己的身体隐没在环境中，不被在场的他人看到；第二，自己并不离开当下时空，可以通过声音与外人交流；第三，自己的身体可以自由活动，不受任何限制。

科幻地看，我们可以将隐身者理解为暂时进入了一个高维时空，比如躲进了"膜"上的"泡"里，通过操作低维时空上的投影对事态进行控制。因此，他看得见别人，别人看不见他，他们之间的信息（话语）能够在高、低维时空的交界面进行互通。不过这么一强行解释，隐身术就没那么神秘好玩了。

在仙道界，大致而言，隐形的方法分两种，一种依靠技术，一种依靠道具。

葛洪在《抱朴子》里总结的隐身之法就既有技术，也有道具。像"造河龙石室""乘天一马以游紫房""入玉女之金匮"等其实都是技术，而服"大隐符"、涂"玉粢丸"等就是使用道具。不过葛洪并不主张频繁使用隐身法，认为对寿命无益，而且闲着没事使法会出现怪声，偶尔用来避险免难还是可以的。

李仲甫属于技术流,依靠步诀隐形。所谓步诀隐形,就是使用步伐与道教口诀结合来达到隐形的目的。步伐当指"禹步",据说由大禹传下[1]。李仲甫通过隐形,拥有了神一般俯视众生的优势地位。恐怕他在面见书生的第一眼就预见到了日后的匕首相向,他试过拒绝,但不成功,既然甩不掉,那就索性让书生尽情表演。直到最后杀狗儆人,李仲甫都没有现身,完美诠释了隐身术的高妙。当然,最无辜的是那条狗。

除了步诀隐形,还有些别的修习法门。《琅嬛记》引《玄观手抄》说,有个叫主父的人,得到神人传授玄女隐身之术后,跑到秦宫去刺杀秦昭王,可惜因为"秦之世数未绝",所以昭王"中之而不伤"。跟李仲甫相比,主父隐身术的来历更厉害了——玄女天授![2]从玄女天书的内容我们不妨合理化推测:玄女隐身术应当与行气、吐纳相关,也不排除配合服药、步诀乃至房中术等手段。

能够熟练掌握隐身这门技术的,都是仙道界的高人。一个人如果可以自由处理自己身体与时空的关系,那么基本上对别的变化之术就都融会贯通了。像《神仙传》里记载的刘政、介象等等,莫不如此。刘政的分身术出神入化(可以一分百、百分千、千分万),隐形术不仅能隐自己,还能"隐三军之众",甚至把他们变成树木鸟兽。介象被吴王奉为上宾,吴王跟他学会隐身术后,"试还后宫及出入殿门,莫有见者"——照他这玩法,宫斗剧都该没有市场了。唐代的罗公远也是玩隐身术的高手,故事详见后文幻术专节。

说到用道具进行隐形,类似于科幻作品里的"隐身衣"之类,那就比较简单了。使用者不需要掌握专门技术,只需要取得道具即可,算不

---

[1] 据说禹因为治水过劳得了"偏枯"的后遗症,"步不相过",原本病态的步伐却因此获得一种神圣性,更被后世道教发展为"步罡踏斗"的专用罡步。
[2] 拙作《诸神纪》有玄女专节,提及她对黄帝、越王、刘伯温等人授书授术,此不赘言。

上有什么门槛。《酉阳杂俎》提到一种翳形草，即隐形草，但语焉不详，袁珂认为可与《笑林》中所谓的"隐形叶"互参。后者原本是个笑话，讲一个楚人读《淮南方》(一说《淮南》)，读到"螳螂伺蝉，自障叶可以隐形"，便找到这么片树叶挡在眼前，问妻子能否看见自己。妻子原本一直说看得见，后来被问烦了，就回答"看不见了"。于是楚人一叶障目，跑到集市上行窃，被人抓住送了官。

笑话归笑话，你能想到么，现实中竟真有相信隐形叶的人。东晋大画家顾恺之(就是画出了《洛神赋图》和《女史箴图》的那位大师)是个"画绝、文绝、痴绝"三绝合一的铁憨憨，尤其最后这个"痴绝"，意思是有着艺术家的呆气，往好听了说是不疯魔不成活，往难听了说就是在社交和人情上比较缺心眼，常常被人捉弄。有次桓玄送给他一片柳叶，说道："这是蝉在树上隐蔽自己的叶子，你拿去用它自蔽，别人就见不到你了。"顾恺之很高兴，赶紧接过来，挡在自己面前。桓玄立刻就装作看不见他的样子，连小解时也旁若无人地施行。这下，顾恺之真的相信桓玄看不见自己了，从此对这"隐形叶"珍爱之至。

隐身术作为展示法力的方便手段，不仅受到仙道界强推，于佛家也是见证奇迹的常规项目。比如《贤愚经》描写佛说法时景象，"佛……于高座上，自隐身，寂灭不现，但放光明，出柔软音，分别演畅诸法之要"，只闻其声不见其形，与仙道界的做法如出一辙。《佛说身毛喜竖经》里，佛自言在说最上法时"隐身不现"，众人便起疑念，不知隐身的到底是沙门还是婆罗门还是天人魔梵等，于是佛又"时现自身相"，但众人也仍旧见不到他。可见，在此处，身体的显隐其实隐喻了哲学本体或者大道真理的显隐。

儒家也喜欢使用"隐身"这种说法，不过指的是隐逸，是远离庙堂，避居江湖。儒家采取入世态度，一再重申"穷则独善其身，达则兼济天下"的士人理想，所以隐身草泽是他们仕途不利的退路，是无奈，不是炫技。加上中国的文人往往进儒退道(或退佛)，所以当他们退下来隐身草泽时，往往又顺便求道修仙，补充关于自我的精神追求。这么看来，他们与道释两家神乎其技的隐身法要旨似乎也相距不远。

主要出处

《神仙传》《太平广记》《神仙感遇传》《仙传拾遗》《逸史》《琅嬛记》《酉阳杂俎》《笑林》《抱朴子》《晋书·列传·文苑》

时空扭曲：费长房缩地脉

本节先从壶公与费长房的师徒关系探讨修道中的"试心"是怎么回事，再探讨"地脉说"的"原理"和环保意义，以及"缩地脉"这个神奇法术背后所表达的人类愿望。

东汉汝南人费长房，原本是个管理市场的小吏。

有一阵子，市场上来了个谁也不知来历的老翁，在摊前悬挂一只空壶卖药。他卖药不二价，可是百病皆愈，一天下来能得数万钱，然后又将钱多半分给穷困的人。每天日落之后，老翁就不见了，谁也不知道他的去向。费长房心知此人不简单，便躲在楼上留心偷偷观察，发现原来日落之后，老翁跳入了壶中。

费长房便天天去打扫老翁摊位前的地面，又供给他饮食，但并不开口要求什么。日子长了，老翁相信了他的笃诚，便让他日暮时再来，见自己跳入壶口时就跟着跳。

费长房如言，果然进入了壶中仙境。原来这老翁叫做壶公，是犯错谪罚下界的仙人。壶公说费长房可教，给他吃了仙酒仙食。费长房想修道又怕家人阻挠，壶公便给他一根青竹杖幻化成身体假装死去。费长房的家人只好将他埋葬了。

费长房在山里经受了壶公的种种考验，包括面对幻化出的老虎、巨石、毒蛇来袭等都表现得很淡定，只是在最后，壶公让他吃恶臭无比且带蛆的屎时，费长房实在犯难。壶公叹气说："你得不到仙道了，就给你在地上生活数百年的寿命吧。"

壶公将一卷卦符传授给费长房,其中就包括壶公最著名的"召军符""召鬼神治病玉府符"等。费长房学会使用这些卦符后,变得十分强大,能够役使鬼神、治病消灾。

他曾经替人翻译亡魂写给家人的鬼书,还认得出"方相脑"(可能是负责逐疫的方相氏的脑子)这类怪异的药材。他经常叱骂、鞭笞行为不端的鬼魂,比如曾替汝南太守惩治了冒充官府中人捣乱的鬼怪。他还曾将淫乱的东海神君拘系三年,结果忙得忘了放出来,导致东海大旱三年。

有一次费长房与朋友走在路上,见到一个书生骑马过来,系着黄头巾,披着裘衣,可是马背上没有鞍子。那书生见到费长房,立刻下来叩头。费长房说:"赶紧把马还给人家,我就饶了你。"原来这书生是狸所化,偷的马是土地公的。

壶公招呼费长房进入壶中(明王世贞辑次《有象列仙全传》)

汝南的桓景常年跟随费长房游学。有一天费长房对他说:"九月九日你家中会有灾。你赶紧回去,让家人缝制绛囊,内装茱萸系在臂上,同时那天还要登高饮菊花酒,就可消除此祸。"桓景如言,到那天全家都登山去了。傍晚回来,发现家中鸡犬牛羊全都暴死。费长房听了说道:"它们做了你家人的替代。"从此后,重阳登高饮酒、佩戴茱萸囊的习俗就流传了下来。

费长房会缩地脉,人坐在家里,千里之外的景物被拉到眼前,放开之后地脉又舒展如常。有一次他招待客人,自己坐在家里不出门,却到市场上买回了鲊鱼。他也曾经用这神奇的法术,一日之内数次出现在千里之外。

可惜后来,费长房不小心弄丢了壶公所给的卦符,结果以前曾经被他鞭笞过的众鬼纷纷起来造反,联手将他杀死了。

时空扭曲:费长房缩地脉

掰书君曰

上文故事综合改写自《神仙传》、三国曹丕《列异传》、南朝梁吴均《续齐谐记》、南朝宋范晔《后汉书》等资料。

费长房算仙道界大流量，是掌握了诸多法术的全能型选手，放到男仙专章讲完全没问题。之所以放到本章来，就是想把议论重点放在法术及其背后的观念上。但费长房的事迹的确有趣，所以正文故事中呈现较多。

壶公的壶，应当视为等同或脱胎于葫芦，你可别将它想象成阿拉丁神灯那种款式。壶、葫（芦）在古文语境中经常通假，含义也相通。医者悬壶济世，悬的是药葫芦，俗语说"葫芦里卖的什么药"，没人问"汤水壶里卖的什么药"。那么，壶公行医、坐上悬壶，理解成悬的是葫芦就更合适。如果你非要理解成壶公在地摊上吊了个水壶，也只好由得你。又，葫芦的文化内涵起源于母体崇拜，葫芦可以象征整个宇宙[1]。这样我们才能理解，为什么壶公带费长房跳进壶里就是进入了仙境，因为那就是一个凡人无法到达的小宇宙。

壶公对费长房的考验，在修仙故事中的术语叫做"试心"，试探求法者有没有慧根，虔诚不虔诚，或者道德水平如何。"试心"也分步骤，先试诚心，再试道心。

衣食免费供给无数，骂不还口打不还手，被忽视被欺负被霸凌等情节，都是试诚心的标配。著名的例子又如黄石公让张良给他穿鞋，李八百让唐公昉全家给他舔吮恶疮，等等。对求仙者而言，神仙折磨你越狠，你越该感到高兴才是——倘若无意栽培，谁乐意跟你这儿逗闷子呀。求教李仲甫的书生没有这种觉悟，急功近利，结果直接被给予了杀狗警告。相比之下，费长房算是很有根器了。

诚心测试通过，再试道心。如汉钟离十试吕洞宾，就是想方设法考

---

[1] 关于葫芦的文化含义，拙作《诸神纪》女娲章节另有涉及，此不赘言。

验他的道心。所有道心考验环节中，最"高端"的是吃屎。庄子说"道在屎溺"，原本当然是个哲学譬喻，不见得鼓励大家天天扒粪求升华，可是到了仙话的修炼环节，譬喻就活化成实物了。修道就要吃屎，这重口味的考验一般人扛不住。费长房虽然明知眼前的一切是幻境，是譬喻，却过不了心理关，也就无法全然"忘我"，所以被壶公判定为道心不足，"不得仙道也"。照此推来，壶公之前想必也是吃过屎的。修仙者吃屎好比鲤鱼跳龙门，低端生命跃上高端台阶前都得挣命来这么一遭。淮南王升天后还摆王爷的谱，明显是屎溺关没过，不能"齐万物、等生死"，所以仙界大佬补罚他打扫都厕，这叫龌龊其口鼻，净化其心灵。当然，鉴于我们尚未真正弄清楚神仙是否保留了人类包括生殖和屎尿屁在内的全部生理功能，我们可以将打扫都厕这件事也理解为譬喻。嗯，一个重口味的譬喻。

关于费长房如何使用缩地脉之术的记述不多，也没有别的材料补充个中详情，但是因为这个问题实在挺有趣的，所以还是专门来聊一聊吧。

要聊"缩地脉"，首先得聊聊什么叫"地脉"。

地脉其实是风水堪舆之术的说法。古人将自然比拟于人体，"脉者，真阳生意流行之迹也"（宋郑思肖）。人体有筋脉，大地也有筋脉，人体的脉动强弱象征生命活力高低，大地的脉动也与此类似，活的，会呼吸，有律动。

地脉有主脉，有支脉。其中，气势磅礴、蜿蜒活健、厚德载物的称龙脉，可比之为人体的主动脉、大动脉。龙脉处又有龙穴，也就是地气山势、来龙去脉、真阳生意汇聚之地，可比之为人体的重穴、要穴。古代帝王陵寝选址必须是龙脉上的龙穴，因为事关江山社稷的久暂。

张良为黄石公拾履，得"黄石公书"
（明王世贞辑次《有象列仙全传》）

地脉有山脉，有水脉。脉本身是连续的，山脉和水脉互相关联，固态或液态只是其表象。脉露出地面就呈现为山，潜入地下就呈现为水，所谓"外则路之所通，内则脉之所贯也"。郭璞注《山海经·海内东经》时提到"今吴县南太湖中有包山，下有洞庭，穴道潜行水底，云无所不通，号为地脉"，郝懿行注《山海经·大荒北经》则提到"海水所洇处，必有归虚尾闾为之孔穴，地脉潜通"，都是地脉山水相连的好例子。明代皇宫三大殿的位置据传是刘伯温所选，"得地脉尽处，前挹九河，后拱万山，正中表宅"，将风水堪舆术在现实中运用到了极致。

人体生命有强有弱，地脉同样有厚有薄。地脉的厚薄壮羸，上关国朝兴替，中关家族盛衰，下关个人安危，决不可等闲视之。古人反复强调地脉膏腴的重要性，其实也有进行环境保护教育，提醒人们顺应自然、与万物和谐相处的深意。

遁甲术是"推六甲之阴而隐遁也"，其隐遁的途径经常会用到地脉。道行修炼到一定程度，法眼打开，能看清地脉，就可以借助地脉逃跑，像土行孙的土遁就是如此。你别以为土行孙像个土拨鼠似的在地底下随便乱窜，人家走的是地脉，毫无阻碍，一通百通。唐代李筌的《神机制敌太白阴经》讲"玉女闭局法"，专门提到逃跑时开天门闭地户，还要以刀画地，让地脉隐去"不复得见"。李大师思虑精细，倘若地脉不隐断，敌人沿着它追过来，你还是小命不保。

清人梁恭辰《北东园笔录初编》记载，福建浦城东边的祝家冈是个地脉攸关之处，但人们不知道，在山顶凿石头去修城，坏了地脉，于是连年乡试没人得中。后来有缙绅周氏挺身而出，花费千余白金找人修补好，结果第二年乡试就中了五人。不过唐代开元名相张说家族就没这么幸运了。张说让和尚泓师帮着挑选了一处新宅，泓师看出其宅西北隅是王地（瞧，和尚抢了道士的生意），告诫他不要让人在这里取土。一个多月后泓师再来，发现宅内的气候"忽然索漠甚"，忙拉着张说去宅子西北隅察看，果然那里已被人挖了三个丈余深大坑，坑内原土全给取走了。

泓师由此断言张说家的富贵只在他一世，他的儿子们都"不得天年"。张说大惊，忙问能否填土回去补救。泓师说："客土无气，与地脉不相连，今总（通'纵'）填之，亦犹人有疮痍，纵以他肉补之，终无益。"后来，他的两个儿子果然受安禄山叛乱之事牵连被诛杀。你看，同样是地脉受损，祝家冈那个可能是原石补回，再做了些祭祀和法术，求得神仙（至少是土地神）谅解，所以全城人侥幸续上了文脉；张说家的地脉被人挖得太深太多，等于完全挖断了，而且原土无从找回，所以家族的命势也就断了——呃，说到这儿我有点怀疑，那几个大坑怕是张说的老对头姚崇找人挖的吧。

地脉既然如此重要，那么通过破坏对手的地脉来击垮对手也就顺理成章了。自古以来这样的故事真是层出不穷。《山海经》记录过的剡山金玉矿藏丰富，相传秦始皇东游时，望见山中有王气，就命人将山凿断，毁坏了它的地脉。又如古晋阳城（在今太原附近）据说位于龙脉龙穴之上，自春秋兴建便成为著名都会，宋初，宋太宗攻灭北汉后下令将其焚毁，因为再也不愿让城中王气导致军阀割据。金庸的武侠小说《鹿鼎记》里，汉人想去关外挖断大清龙脉以便光复江山，满人则想方设法要保住这个秘密。而汉满两方龙脉攻防战的拉锯面，就落在了那位精忠报国不让关云之长、文采风流不输诸葛之亮的韦爵爷身上。

为了断地脉，人们开发出了专门法术。南宋岳珂的《桯史》提到的方法是：用煮熟的狗骨填进坑里（"烹群犬而實骨焉"），打上铜桩（"釘以銅"），再以丹书符箓镇住（"為書符篆"），更狠毒的还要将童男童女杀了埋进去（"殺童男女瘗其下"）。这些都属于厌胜[1]之法：钉铜是以刀兵克制；书符箓是以鬼神克制；用狗是借其凶悍之气克制，又有守护、监视之意；用童男女则是以其纯净的阴阳之气克制，并且因其枉死，有怨气郁结于此，于是吉地变成凶地，某些人所担心的威胁就解除了。

---

[1] 厌（yā）胜，即压胜，古代的一种巫术，认为能够以诅咒及法术压制和战胜对方（人或物）。

现在聊回费长房的缩地脉之术吧。

坐在家里却买回了市场的鱼，可以理解为他将市场所在的地脉点拉到了眼前（虽然有点杀鸡用牛刀）；而一日多次出现在千里之外，则可以理解为他将千里外的地脉点拉过来后自己跃迁到上面再放回去，类似于借助弹簧进行运动。

有了前文的铺垫，你会发现缩地脉是一件多么不可思议的事。因为，地脉不是一条线，而是由一条线串起来的整体地理环境。将地脉拉到眼前再放开让其弹回去，那这脉络上牵扯的山峦河流怎么办，都折叠了一块儿拉过来？阡陌里巷中营营汲汲的人类怎么办，也变成照片一块儿拉过来？而且人都被降维了，至少整个社会得休眠待机一阵子吧？可是很显然，这一切并没有发生，山依然耸峙，水依然奔腾，人依然蹦跶。所以，缩地脉并不像将远处的风筝收线回来那么简单，而是要用"二向箔"[1]打包并往返投送整个"潍坊风筝作坊一条街"，还要让它在瞬间三维还原——这绝对是个上帝工程啊。

其实，费长房的法术听着更像一种空间弯曲技术，而不是空间压缩技术或空间折叠技术。也许，他通过壶公符发现了许多细小的虫洞，就利用它们来实现了瞬移？为了混淆视听、气死对手，又故弄玄虚地搞出"缩地脉"概念，将"自己过去"说成"人家过来"？不管哪种解释，费长房的缩地脉术有个最大的善处就是很环保，再怎么折腾，都没有弄断或损毁地脉，完全不影响地脉本来的质量。所以古往今来那些龙脉该旺谁还旺谁，不旺了就要找自己原因，怪不到人家费先生身上。

缩地脉之术掌握者很少，但在民间名声很大。后世往往用它来表现对速达某地的渴求，属于当时的"科幻"热门。唐代诗人岑参从南蜀罢官归京，路途因匪徒聚集被阻，惆怅地写诗说"何当遇长房，缩地到京

---

[1] 二向箔，刘慈欣科幻小说《三体》中虚构的事物，能将三维物体降维为二维物体。该降维过程不可逆，会导致其原先第三个维度的信息永久丢失。

关"，希望费老师亲自带自己玩耍，赶紧摆脱困窘。比他晚半个世纪的王建在军中听闻故人从征戍回家，心情复杂地写下"安得缩地经，忽使在我傍"——他用了"地经"这个词，有经纬线的意思，但涵义不出"地脉""地理经络"范畴。比王建再晚十年的贾岛做小官时怀想异地友人，说"愿缩地脉还，岂待天恩临"，只要有神术能让他迅速回去，连皇命都可以不顾，看来晚唐的官场果然不值得留恋了。再过三百多年后的南宋，老年陆游有次喝醉了酒，对众人吟道"远适安能缩地脉？高眠聊足养天和"，这个心态……似乎已经有了"放弃治疗"的意思了。士人的精神底色不同，对缩地脉这个奇术就会有不同的感受。放到今天这个"沸腾的时代"，坐地日行八万里都是小意思，最好能缩星脉，缩出银河系去，毕竟，"我们的征途是星之大海"啊。

故事最后，费长房的壶公符丢了，这很可惜。不然，以他那种大包大揽、好管闲事的性格，还不知会给我们留下多少故事。丢符的原因，我想不是他太大意，而是敌人太狡猾，毕竟他恃符役神笞鬼，树敌太多，一个心眼怎么对付得了人家一万个心眼呢？百密一疏，符就被偷走了。

符丢了，命也就丢了。瓦罐不离井台破，人往往死在自己最擅长的事情上。

主要出处

《后汉书》《山海经校注》《太平广记》《神仙传》《古小说钩沉》《续齐谐记》《搜神记》《列异传》《桯史》《郑思肖集》《北东园笔录》《神机制敌太白阴经》《常侍言旨》

无碍之路：崂山道士穿墙过

本节咱们聊聊穿墙术，看看这个貌似可用来干很多"大事"的江湖奇技，背后藏着人类怎样的小心思。

崂山位于东海边，终年常绿，山顶云雾缭绕，据说有神仙居住。某城有个官宦人家的子弟王七从小慕道，有一天，他背着包袱上了崂山。

在山顶道观中，王七见到一个白胡子老道正在蒲团上打坐，模样爽迈。他与老道叙谈，发现老道说的话很玄妙，就想拜师。老道怕他吃不了苦，王七说我可以的，老道便收下了他。此后每天，王七都跟着老道的徒弟们一起去砍柴，早出晚归。砍了月余，王七的手磨出了厚厚的茧子，可是老道什么都没教。

王七想回去了。正犹豫着，有天黄昏砍柴归来，见老道正与两个客人坐在一起喝酒。天色昏暗，室内尚未点烛，老道用白纸剪个圆形贴在墙壁上，顿时月光满室。老道将一壶酒递给徒弟，让大家分享。所有人喝了一杯又一杯，壶中的酒仍是满的。老道又拿起一支筷子扔进月亮，筷子变成嫦娥飞出来，为众人歌舞。舞毕，又变回了筷子。后来，老道甚至和客人连同酒席一起飞入壁上的圆月中继续畅饮。过了很久，月光渐暗，一切才恢复了原样。老道问众徒喝够了没有，众徒答够了，老道说："那就早点睡吧，别误了明天砍柴。"

见识到老道的法术之后，王七不想走了。又坚持了一个月，老道还是什么都没教。王七再也吃不了苦，只好去告辞。他求恳道："弟子几百里前来拜师，就算学不到长生术，师父好歹教个小法术，也算没白来啊。"老道问他想学什么。王七说:"弟子平时看师父行走十分自由,连墙壁也不能阻挡,如果师父能教穿墙术,弟子就满足了。"老道笑着答应了。

老道向王七传授了口诀,把他带到墙壁前,对他说:"进去吧!"王七看着眼前的坚壁很害怕,不敢往里闯。师父说:"没事,照我教你的,试着进去。"王七将心一横,念着穿墙口诀,从容地走到墙壁前,又止步了。老道说:"遇到墙壁,低着头一下子走进去,千万不要犹豫!"王七便后退几步,小跑着往前去,过墙时感觉空若无物,一回头,自己果然已经在墙外了。

王七大喜,连声向师父道谢。老道说:"回去后要记得保持心地洁净,否则法术就会不灵。"王七连声答应。老道给了他一些路费,打发他回去了。

王七回家后向妻子炫耀自己学到了穿墙术,妻子不信。王七便走到离墙数尺的地方,念着咒语跑过去。没想到,他的头砰的一声撞在坚硬的墙壁上,蓦然摔倒,头上肿起一个大包。妻子揶揄道:"哟,这就是你学会的穿墙术啊?"王七又羞又恨,大骂老道是个骗子。

掰书君曰

上文故事改写自清代蒲松龄《聊斋志异》。

作为神仙或者得道者,穿墙越户是基本能力,因为他们已经进入逍遥自由之境,忘我,无我,万物都该无碍,这才符合教义。清人王韬《淞隐漫录》卷十二写一个叫燕剑秋的年轻人,机缘巧合服下了女冠芸仙修仙的丹砂,便"骨节通灵,能两手高举蹑空而行,能穿墙壁了无窒碍",就是这个意思。

王生向妻子展示穿墙术(《聊斋志异图咏》清刻本)

严格地说，穿墙不宜单列为一种术，它只是穿行术的一种具体表现而已。如果穿墙算一种术，那要不要再专门列出穿门术、穿窗术、穿竹帘术、穿篱笆术、穿栅栏术呢？所以穿墙术在得道者的技能储备中只能算末技，好比一个健康人会走路，这是起码要求。早中期的仙话中关于穿墙术的专篇很少，大概就因为穿墙其实只是神仙（当然鬼魂也行）具有无障碍行动能力的一个表现而已，不值得单拿出来说。

正文故事来自《聊斋志异》。蒲翁大部分篇幅并没围绕穿墙写，反而取得很妙的阅读效果。整个故事又铺又埋，三翻四抖，跌宕有致：王七"少慕道"，"负笈"崂山求学，这是铺，打下全篇情节基础；王七初拜师，老道打预防针（"恐娇惰不能作苦"），这是埋；王七砍柴月余后第一次动摇，这是小翻；老道作法炫技，这是再铺；王七见识法术后"归念遂息"，这是小抖；王七第二次动摇，求归求术，这是再翻；老道授术后再次打预防针（"归宜洁持，否则不验"），这是再埋；最后王七碰壁，大翻大抖，将王七心志的不坚和不洁展现得淋漓尽致，余味无穷。要不然怎么说蒲留仙的小说技巧高呢，历朝历代的仙话笔记排开看，没几个作者在讲故事的技巧方面下过他这样的工夫。

故事中的老道是修仙成功人士，本事与左慈、壶公等没什么分别，七十二般武艺样样精通。剪纸为月、壶酒不减、箸变嫦娥、移席入月等，都是比较高级的法术，但都讲得云淡风轻，故事的落脚点在穿墙术上。那么，蒲留仙为何如此编排呢？

首先，穿墙不成就会"碰壁""摔跤"，这很直观地照应了文末"异史氏曰"的点题："……逞暴之术……初试未尝不小效……（以此横行天下则）触硬壁而颠蹶不止也。"以一种轻松揶揄的方式，对上位者提出了深刻严肃的警告。

其次，这也算"试心"主题的一种变体。老道问王七想学什么法术，含有试探和考验之意，王七毫不犹豫回答想学穿墙术，如果我是老道，这个答案我只能给负分。穿墙掘穴、穿墙破壁的行为经常与盗贼行径相连,比如《水浒传》里鼓上蚤时迁就是"形容如怪族,行步似飞仙。夜静穿墙过,更深绕屋悬"。放着那么多实用而且足够嘚瑟的法术不挑,偏偏挑了穿墙,你心里到底有什么龌龌龊龊的小打算?你自己家是有钥匙有门房的,根本不必穿墙而入,那你是想跑到别人家去啰?不声不响进入别人家里,是想偷东西还是偷人还是偷窥呢?哪怕你就是想恶作剧吓人一跳,那也属于动机不纯啊——而且,万一吓得人心脏病发作呢?老道对王七的试心属于道德方面的间接试探,应该说,王七的选择不出老道所料,毕竟他第一眼就看出王七吃不了苦。王七交出负分答卷,老道笃定了心里的评判,但仍旧不动声色授了术,为什么呢?往好了说,这是相信徒弟的定力,往坏了说——诶,这老道可真调皮啊。所以老道临别的洁持警告,算是师徒间最后的温情了。

故事结局的写法挺内敛。王七没来得及祸害外人,在家内试术就铩羽折戟了。这样首先显得此术对道德要求高,连存了丝毫炫耀之心都不行;再者也为读者留下了想象空间(比如,倘若首次就去穿邻居的墙会怎样);此外,以妻子的嗤笑来打压男性自尊也是吾国传统,意思是连屋里的女人都看不起你。这一招,早在孟子的《齐人有一妻一妾》里就用过了。

现在说说崂山。崂山又作劳山、牢山、劳盛山等,人文历史悠久,《诗经》里就有"山川悠远,维其劳矣"之句。自秦始皇至后世,道释两路、迁客骚人,为它留下了大量的文物古迹。说到崂山道士,我们可以再通过一个小故事,了解其在仙道界拥有的神秘口碑。

据说,崂山中有很多一两百岁的人隐居。高密张生曾在山上道观中读书,观中有个负责割草砍柴的老道士,形貌丑怪,张生一向不以为意。有天张生买了两头牛,想给家里送回去,可是家离崂山路远,又找不到旁人可以代送。正在发愁的时候,丑老道忽然问他:"你是不是在为送牛的事发愁啊?我可以帮你送回去。"张生深感惊讶,转头一看,牛已经没了。后来他回到家,家人告诉他:"某天某时,有道人送来两头牛。"张生一算,正是他与丑老道站着说话的时候。张生于是知道丑老道不是常人,从此礼遇有加。

有一天,张生在道观中为自己的学生讲说《周易》,丑老道从窗外经过,听了听道:"你说的都是世俗的看法。"张生便向他请教,发现他对此书的阐述出人意表。张生学会了丑老道的主张,从此在东方以解说《易经》而闻名。

后来的一天黄昏,天空忽然雷电交加。张生关门躲进屋内,从窗缝里看见几百个天神围绕着丑老道的房间致礼。张生惊愕得连气都不敢喘一口。天明雨歇,张生发现丑老道房屋反锁,屋内已经寂然无人了。听人说,雷雨当晚,山中道观里上百处地方都同时出现了丑老道的身影。

(出自清王士禛《池北偶谈·卷二十三》)

丑老道不见了,当然是升天了。考虑到他在道观"执樵苏之役"(相当于武林传说中的"扫地僧"),再考虑到几百个天神前来拜迎他的排场,更合理的解释是:他可能是谪仙,现在期满重返天界了。"山中道观数十百处皆见道士"大概是他在升天之前的最后一次炫技表演,类似于左慈的分身术。

最扣本节题目的是,他人从屋里不见了,门却是"反鐍"(反锁)的,这说明什么呢?当然说明他是穿墙而去的啊。所以,穿墙术是崂山道士的标签,凡崂山道士必懂穿墙。论证闭合,完美。

主要出处

《聊斋志异》《淞隐漫录》《水浒传》《孟子》《亭林文集·崂山图志序》《池北偶谈》

变你之形：板桥三娘子

本节聊聊变形术的事，讨论的侧重点不是自己变形（化身术），而是将别的人或物变形（化物术）。

唐时，汴州城西板桥有家旅店，店主叫三娘子。人们不清楚她的来历，只知道她是寡妇，无儿无女，在此地也没有亲戚。不过她很有钱，用几座房子开旅店，还养了很多驴之类的牲口。三娘子人很热情，价钱也公道。如果遇到身上钱不够的，还会降价收留。人们都说她是有道行的人，远近行旅之人都爱去她的店投宿。

元和年间，许州人赵季和到东都办事路过汴州，经人推荐入住了板桥店，三娘子果然热情接待。因为之前已经有六七个客人住下，赵季和被安排在最靠里一张床榻，隔壁就是店主房间。晚上，三娘子拿出好酒好菜，亲自款待客人。赵季和素不饮酒，只与他们说说笑笑。二更后，客人们都醉了累了，各自归榻睡觉。三娘子也回到自己房间，关门吹灭了蜡烛。

四下寂静，赵季和偏偏总也睡不着。他听到隔壁传来窸窸窣窣的声音，像在搬动东西，就从壁板缝隙往那边偷看。只见三娘子点亮了蜡烛，从巾箱里取出些六七寸大小的木牛、木人和耕地的耒耜放在灶台上，含口水向它们一喷，小木人和小木牛便都活了。木人牵着牛，驾着耒耜，在三娘子床前一席之地来回劳作起来。地犁好后，三娘子又取出些荞麦种子交给木人种下。很快，种子发芽，开花，麦穗熟了。木人将荞麦收割下来，总共得了七八升。三娘子安好一个小磨子，木人便将荞麦磨成

板桥三娘子施法术（雷玥溪绘）
三娘子取出小人小牛在床前耕作，用收获的荞麦面做出烧饼，准备"招待"住店的客人

了粉。活干完后，三娘子把木人、木牛等收回巾箱，然后拿出擀面杖，用这些荞麦面做了许多烧饼。

鸡鸣之后，客人们纷纷起床准备赶路。三娘子点了灯，将新做的烧饼拿出来给客人们吃。赵季和心里疑惑，就委婉地谢绝了，自己告辞出了门，找个地方躲起来往屋里看。

别的客人们见到新鲜烧饼很高兴，围着桌子吃起来。没想到，一只烧饼还没吃完，他们竟全都倒在地上发出驴叫，并变成了驴。三娘子把这些驴赶到店后去，将他们的货物和财产都据为己有了。

赵季和私心很羡慕这个法术，也不对别人说，继续出发去办事了。月余，他从东都返回。快到板桥店前，他预先做了些荞麦烧饼，跟三娘子做的一样。那天没有别的客人，三娘子对他照样十分热情，问他有什么需要。他说："我明早出发，吃些点心就行了。"三娘子说："放心睡你的，这事交给我。"半夜里，三娘子果然又拿出木人木牛来干活。

天亮，三娘子用盘子端出荞麦烧饼来。赵季和趁她去取别的东西的机会，拿自己的一个烧饼换了她的一个。等三娘子回来，赵季和说："我自己带烧饼了，请留给别的客人吧。"又从自己包袱里拿出换过来的那个荞麦烧饼给她："请主人尝尝我这个烧饼味道如何。"三娘子不知是计，接过来刚咬了一口，就倒在地下发出驴叫，变成了一头特别健壮的大驴。赵季和到里屋把她藏起的那些木人木牛都找了出来，骑上大驴走了。

他准备换个地方照样办理，可是光有工具不懂法术，折腾半天也不成。赵季和只好拿大驴充当自己的脚力，骑着它周游各地，日行百里，山水不阻，也不会迷路。

四年后某天，赵季和骑驴来到了华山。在华岳庙以东五六里的小路旁，遇到一个老人。老人见了他们，拍手大笑起来："板桥三娘子，你怎么变成这个模样啦？"赵季和正惊讶间，老人已经拉住了驴缰绳，对他说道："三娘子虽然犯了错，但遇到你也算受够了惩罚。怪可怜的，你就从此放了她吧！"说完，老人用两只手掰着驴的嘴往旁边一撑，三娘子就从驴皮之中跳了出来。

三娘子向老人拜了几拜,快速走向远处不见了。赵季和来不及说话,只能目瞪口呆地看着这一切。

掰书君曰

上文故事改写自唐代薛渔思《河东记》。

变形是中国神话、仙话里的常见母题,是神话世界(加上仙话世界)中占据统治支配地位的律则。我认为,广义的变形大致包括这么几种类别——演化、化身、化物:

第一类是从物到物的"演化",与人物(含人和神仙,下同)的关系不大,而似乎受制于某种奇异的神话规律/法则。这类变形通常不是"术",而是一种"理",或者"律"。比如蠹鱼变脉望,接引黄帝的龙之须变成龙须草,姜太公的钓针化成鱼,越王勾践抛弃的算筹变成水菜,麻姑遗留的衣服变成彩蝶,藏于匣中的宝剑化成龙,等等。这些神话片段是远古观念(包括万物有灵,万物间普遍联系,近似物间可以因其在性状方面的共同特征而进行转化等)的活化石。

第二类是"化身",人物自身发生变化,即人物与自然物或别的人物之间进行互化。人可以变为植物,比如炎帝之女死后变成蓍草,伊尹之母变为空桑,何仙姑化身荷花;人可以变为动物,比如颛顼变鱼妇,大禹化熊,古拙仙化为鸟兽,与越女试剑的袁公化为白猿,楚怀王的灵魂化为楚魂鸟,仙女变田螺,左慈变成羊;人可以变为自然物,比如涂山氏变成石头,高辛氏之女化为辛女岩,瑶姬化为朝云暮雨,帝喾的儿子化为参商二星,王子乔变成白霓,五丁壮士化为山峰;人还可以变成另外的人,比如女娲之肠化为十神,武都的男山精化为美女(后嫁给蜀王),淮南八公变成孩童,等等。

这其中,基于人物自身意愿和能力而进行的变化,就可称之为狭义的"变形术",或者"化身术"。化身术是可逆的,体现着施术者所达

炎帝之女变成的精卫鸟（《山海经》明蒋应镐绘图本）

到的道法高度和技术自由。如果不可逆，就不能称作"术"，比如伊母变空桑，涂山氏变石头这类情节，从本质上其实与第一类"演化"更为接近。而仙话中的高阶神仙都掌握化身术，不然，左慈怎么逗曹孟德和孙伯符玩呢（详情见后文）。

第三类是"化物"，人物让别人或别的物体发生变化，其术可称为"化物术"，或者"变物术"。比如王子乔将鞋变成大鸟，张果老将拐棍变成青牛，麻姑将米变成珍珠，韩湘子将水变成酒，崂山道士将筷子变成嫦娥，刘政将军队变成树木鸟兽等等。板桥三娘子将住店客变成驴的法术，就属于此类。

化物术是高段位的法术。从道理上讲，修道者总得先学会掌控自身，才能进一步掌控外物。让自己变化已经很难，但毕竟法术作用范围还局限在七尺皮囊内；让外物随自己心意发生变化就更不可思议了，那可是隔空瞬间完成基因改造和分子拼图啊。

三娘子的活人大变驴法术虽然高妙，但其本人的道行显然并不够深，没有达到高阶玩家的程度。第一，她必须借助法器，包括木人、木牛、小麦秸、荞麦种子、小磨子等；第二，她必须借助固定的技法，可以理解为咒语或者某些隐藏的手诀——从赵季和得到法器却无法成功可以推知其存在；第二，她的技能似乎比较呆板，只局限在人变驴敛财这个狭窄领域，不能灵活变通；第四，她无法识破一个"素人"的欺骗；第五，她的法物不具备自动回避主人的功能，竟然会反噬自身；第六，她被人反制后无力自救；第七，她的道德很糟糕，施术是为了图财，而且，虽然她像龙门客栈老板娘金镶玉那样直接用客人包了十香馅饺子，但她的买家买驴不见得只用来拉磨，也很可能做成驴肉火烧或者阿胶，所以她也间接害了命。

三娘子是那种"一招鲜吃遍天"的仙道界中低级从业人员，学艺不太精，心术也不正，唯一的长处是情商高，与人相处界面友好，温温柔柔、殷殷勤勤就把人卖了，受害者一点都不痛苦。搁今天，三娘子如果开设线上课堂肯定特别受小朋友欢迎——小人小锅小盆过家家，简直是木偶戏与人工智能的完美结合，哪个小孩抵挡得了，这不比活人大变驴安全合法而且赚钱多多了么？

很显然，三娘子不会对每个旅客都下手，毕竟火烧和阿胶是无法替她打五星好评的。那么，谁会成为她的下手对象呢？我以为，是谁并不重要，保持操作频率很重要。她的操作可以是周期性的或随机性的，好比掷骰子——轮到今天了，今天你在，所以不好意思，轮到你了。当然，如果过路的是个携带巨资的土豪，想必她也不排除临时起意，加演一场。

所有炫技型的仙话都会设置一个旁观者，代你猜疑，代你偷窥，代你惊愕，并且对情节进行串联，比如崂山丑老道故事中的张生。赵季和在这个故事中的本质也是旁观者、见证者，不过他并不甘于旁观，如果不是因为"不得其术，试之不成"，他就会成为三娘子第二。而且虽然窃技不成，他也没少占便宜，毕竟三娘子亲自变的驴"甚壮健"，几年间自驾游世界的一应车船路费都省下了。最后在华岳庙道旁遇到老人，他才又重拾见证职责。

相比赵季和，道旁老人是仙术的俯视者。首先，他能看透三娘子的本相——从那略带幸灾乐祸的语气中可知他们是旧识，很可能切磋过技艺；其次，他能破了三娘子人变驴的法术，说明他的仙术造诣比三娘子深；再者，他主张罪与罚相适应的原则，说明他的"法理水平"比较高。

另如王子乔之于崔文子，壶公之于费长房，崂山老道之于王七，也都是俯视者。俯视者是仙话故事的升级配置，俯视者的存在，营造出仙道世界"一山更比一山高"的纵深效果。同时，从情节结构看，道旁老人又是解扣者，故事在他这里形成了闭环。有趣的是，俯视者、解扣者这类角色常以老头儿形象出现，这大概是传统父权社会在仙话中送给自己的最好福利吧。

至于道旁老人的道德水平，其实较难判断，因为他对三娘子开黑店的评论只是避重就轻，对赵季和占便宜的心思和行为也毫不排斥。但我们应当相信，仙话整体上是讲究道德的，高人一定会有更高明的玩法。法术可以搬来财富，高阶法术则创造财富，而最高的道行，应是创建游戏规则。在这方面，道旁老人和三娘子，包括仙话的编写者，都还有很长的路要走。

主要出处

《河东记》《太平广记》

幻术：你对月亮都做了些什么

仙话对于月亮的喜爱远胜太阳，月亮的阴晴圆缺比日食和太阳黑子更适合阐释宇宙的各种玄理。在仙话中有许多关于月亮的奇幻情节，大家开开心心地折腾月亮，完全没有心理障碍。

唐玄宗时代，鄂州有个叫罗公远的人，一副孩童模样，法术却很高妙。唐玄宗好仙术，刺史上表举荐了罗公远，将他送到宫里。

当时张果老、叶法善正与玄宗下棋，见了罗公远大笑道："村童能懂些什么！"于是各自握住十数枚棋子，问道："我手里有什么？"罗公远说："空手"。两人张开手，果然空空如也，原来棋子竟跑到了罗公远手里。两人心下大骇。玄宗便让罗公远与他们平起平坐。

当时剑南有种果子叫日熟子，张、叶二人每天都用法术取来进贡，过午必至。有一天，果子到夜里还没送来。张、叶、罗三人围炉而坐，张、叶相顾问道："是不是罗君使了手段？"罗公远笑笑，将炉火里插着的一根筷子拔掉。不一会儿，日熟子就送来了。叶法善诘问使者是怎么回事，使者说："我快到京城时，遇到大火连天，无路可过。刚才火歇了，我才过来的。"从此以后，大家都服气了，对罗公远很是敬佩。

开元年间的中秋之夜，众人陪玄宗在宫中赏月。罗公远见玄宗仰望月亮，露出很神往的样子，便问道："陛下莫非是想到月宫里看看吗？"唐玄宗点头。罗公远将一根拐杖望空中一扔，化成了一座银桥，直通月亮的方向。

罗公远请玄宗一同登桥。两人往前走了数十里，眼前出现了一座精光夺目、寒气袭人的大城阙。罗公远说:"这就是月宫。"

两人走进去。只见数百位身着宽袖衣裳、手持白练的仙女正在庭中翩翩起舞。玄宗对于音律十分在行,也见识过无数动听高妙的名曲,可是这些仙女舞蹈所依凭的曲子,却是他闻所未闻的。玄宗忙问罗公远她们跳的是什么曲子,罗公远说:"是《霓裳羽衣曲》。"玄宗用心倾听,悄悄记下了曲调的旋律、节拍、乐器等一应细节。观赏够了,罗公远又带着他往回走。玄宗走在桥上一回头,刚刚走过的桥面已经随步而灭。

回到宫中,唐玄宗立刻召来伶官,将自己心里记下的曲调尽数回忆出来,《霓裳羽衣曲》于是为人间所知。

唐玄宗自己崇道,但他的宠妃武惠妃信佛。罗公远、叶法善与武惠妃信任的金刚三藏斗法,能压后者一筹,唐玄宗十分高兴。

后来唐玄宗向罗公远学隐身术,学得不好,总有行迹藏不尽,一怒之下就把罗公远的脑袋砍了。几年后,唐玄宗的使臣在四川又见到了罗公远。罗公远表示自己是得道之人,岂能被世俗兵刃加害。他写了封书信叫使臣带回,随信还附上药材"当归"。信的落款是"维厶遝",就是"羅公遠"三个字被去了头。

几年之后,安史之乱爆发,玄宗幸蜀又达京,正合了"当归"的预言。

王师古《唐玄宗游广寒宫》(1926)

掰书君曰

上文故事改写自《太平广记》。

人们喜欢对月亮大做文章，因为在肉眼所得见的"大"天体里，月亮比太阳更"安全"。对于太阳，人们做过的最极致的事是将其九个冗余副本射落或压埋，最大程度降低自己被烤死的风险。而月亮，可亲、可爱、可捞、可邀、可奔、可游，里面还住着个孤单寂寞的大美女，怎怪人们千方百计编造月亮的故事，并且想与它发生更加紧密的联系呢？

在讨论正文故事前，我们先来看个关于月亮本质的小片段吧。

唐代大和年间，郑仁本的表弟与一位王秀才游嵩山，拉着藤蔓穿越山涧，来到极幽深的地方，迷路了。天色将晚，他俩正在发愁，忽然听到草丛中传来鼾声。急忙拨开荆棘找过去，发现一个身穿洁白布衣的男子，正枕着一个包袱睡觉。

两人忙叫醒白衣人，向他请教出山的路。那人看他们一眼，又接着睡去。他们再三呼唤，那人才坐起身，说道："你们到这儿来吧。"两人走到他身边，问他从哪里来。那人笑道："你们知道月亮是由七种宝物合成的一个大丸子吗？上面的阴影，就是太阳照耀它的凸起处而形成的。为了维持月亮的光洁，常年有八万两千户人家在维修它，我就是其中之一。"说完，他打开包裹，里面有斧子、凿子等工具，还有两包玉屑饭。白衣人将玉屑饭递给他俩："你们分吃了吧，虽然不能让你们长生不死，但一生都不会得病了。"

白衣人让他俩站起身，指着一条小路说："沿着它走下去，自然能走到大路。"说完，白衣人就不见了。

（出自唐段成式《酉阳杂俎》）

这个故事，将科学与幻想无缝糅合在了一起。月亮上的阴影是太阳照在月球凸起处所形成，这与今天的认识基本一致。不同的是故事认为月球的凸起处是动态的，因为不停有人在修整。不仅如此，八万两千户人家一起维修——经过不知多少年也没修完——还会永远修下去，又暗示月球的地表面貌本身是在变化中的（类似间歇性火山运动的动态塑造），这个认识也很惊人。

当然，唐人口中的月亮不是由岩石构成，而是由"七宝"构成。"七宝"应当是来自佛经的说法，在《无量寿经》中为金、银、琉璃、水晶、砗磲、珊瑚和琥珀，不同时代有所差异。将这些亮晶晶的硬质宝贝团搓成丸子，表面难免不平，所以要用斧子砍削。

白衣人算是有仙籍的匠人，论"户"，显然与当时的匠籍制度有关。玉屑饭原本是仙家常食，《本草纲目》说它"久服轻身长年"。在这个细节上，故事又回归了仙话的特质。

将月亮打磨成光洁的七喜丸子，只能算是基础保养。接下来这几个故事，让我们看到古人对月亮的更多开脑洞操作。

桂林有个嗜酒的韩生，说自己有道术，人们一开始不大相信他。有一天他与两个人一同出门旅行，借宿在桂林郊外的僧寺。夜里韩生不睡，抱着一只篮子来到庭院中。同行者好奇地跟去看。只见韩生用一柄勺子在空中舀着月光，然后倾倒入篮子里。大家问他做什么。韩生说："今晚月色难得，我怕以后夜里遇到风雨天色太黑，预先存上以备急用。"大家都笑了。次日，见他的破篮破勺还是老样子，大家笑得更厉害了。

船到邵平，大家共坐江亭上，命仆从买来酒肉聚饮。席间刮起了大风，到日暮时，风愈发大了，灯烛都无法点上，座中黑漆漆眉眼都看不清。众人很郁闷，忽然有人想起之前的事，调侃韩生说："你存贮的月光在哪儿，现在可以拿出来用了吗？"韩生听了一拍手："我差点忘了！"他回到船上取了东西来，用勺子从篮中一舀，再向空中一挥，梁栋间霎时闪起一团白光。韩生连挥数十次，四下里月色潋滟，就像晴夜一般纤毫毕见了。

（出自清潘永因《宋稗类钞》卷七）

这个故事可以当成宋代的科幻小说来看。韩生利用法器（空篮、弊杓）加上法术（隐性的口诀或手诀等），将月光捕捉并存储起来，自制了一盏月能灯应急。这可能是我国文学中最早对光能进行想象性贮存和利用的记录。在古人心中月亮原本就是夜间的一盏灯，在黑暗里提供光亮。它的美学和哲学意义一半来自其阴晴圆缺的变化，另一半就来自这种坚固的实用性基础。

关于取月照明的仙话还有不少。比如《类说》引《宣室志》说，唐代大和年间有个周生，曾经以数百筋绳架起绳梯爬到天上，将月亮"挈入怀袖"，然后在人前从衣服中"出月寸许"，于是"一室尽明，寒入肌骨"。又如《酉阳杂俎·壶史》讲山人杨隐之在郴州造访一位百岁的唐居士，晚上，唐居士让女儿将一张下弦月模样的纸片贴到墙壁上，然后自己祷祝说："今夕有客，可赐光明"，于是"一室朗若张烛"。

周生和唐女的操作，都是典型的仙话法术。尤其唐女剪纸为月，与崂山道士的法术非常接近。而崂山道士移席入月的情节，则与罗公远带唐明皇游月宫的故事搭上了。所以崂山道士弄月的故事，是拼合了"剪纸为月"和"幻游月宫"两个亚型的。

现在说回罗公远吧。罗公远显然是段位非常高的全能型修道者。他跟张果老、叶法善的斗法，属于仙道界内部切磋功夫论资历；跟金刚三藏的斗法，则属于道释两家在统治者那里争地位争利益（更多相关讨论详见太上老君专节）。斗法故事是仙话中的常见类型，下启了明清轰轰烈烈的神魔小说，比如《西游记》里就有孙猴子智斗虎力鹿力羊力三大仙的故事。

罗公远"色如童子"但本领惊人，大约是"返老还童"，这很好地呼应了那些几百岁却"色如婴儿"的神仙传说。同时，作为一个童颜神仙，他似乎也难免带些儿童脾性，比如有点哪吒的调皮劲儿，又如非常记仇——你看，他一面说着"得道之人，与道气混合，岂可以世俗兵刃水火害于我哉"，好像非常云淡风轻，一面却告诉唐玄宗自己叫做"维厶逞"，把自己的姓名砍了头回赠。所以，其实他对皇帝的背弃是非常耿耿于怀的，终南捷径踏空了嘛。唐皇跟吴王一样缠着学隐身术这情节也很有意思，大概这些孤家寡人们苦信息不对称久矣，只能自己给自己当特务了。

关于罗公远的月亮幻术。由于故事缺乏交代，表面上看，罗公远似乎真的搭起了一座桥，真的带领唐明皇进入了月宫，并且还让他偷回了《霓裳羽衣曲》，那么，他这法术是不是该叫"登月术"呢？如果此事发生在狭义神话中和狭义神话人物（如女娲、伏羲、嫦娥[1]等）身上，我们可以将之看做故事里真实发生的情节。但这是仙话，鉴于罗公远小调皮能用筷子阻挡张果老的使者给皇帝送新鲜水果，鉴于他去往月宫的银桥是一根拐杖变的，我们最好还是将他和唐明皇的月宫半日游理解为法术。

罗公远（明王世贞辑次《有象列仙全传》）

何况，我们还有崂山道士的故事做参考。崂山道士移席入月肯定是幻术，因为他那个月亮是在我们眼皮子底下用纸剪出来的，他和朋友进入的其实是纸月亮，只不过其亮度很高，堪比真月亮。同理类推，罗公远用拐杖化出的银桥所指向的，想必也是人造月亮。虽然故事里没有明言，但在桥上走几十里路还是很费时间的，这段时间足够罗公远使出分身法之类去做做剪纸手工了。至于月宫里那些"素练宽衣舞于广庭"的美人怎么来的，很简单，以"撒豆成兵之术"就可以解决——当然最好用白芸豆来撒，因为唐明皇时代会跳舞的女孩子

---

[1] 嫦娥奔月的情节虽然类似仙话中的修炼飞升，但月神嫦娥这个人物的原型却很古老，而且围绕她的故事性质也与后世修仙故事迥异，因此嫦娥更宜被视为先天神。关于嫦娥拙作《诸神纪》有专节述及，此不赘言。

恰好时兴又白又胖嘛。而霓裳羽衣曲，大概率是罗公远将自己以前听过的仙乐原样搬运了过来。所以这里的隐藏情节是：罗公远很可能拥有某种能作为声音存储介质的法器，需要时可随用随放，就跟前文用空篮弊杓存贮光能的道理一样。

总之，幻术通过让人的感官发生虚拟的幻觉（幻视、幻听、幻嗅、幻触等），营造出一个个不可思议却似乎真实可感的世界，技术上有今天VR感应装置的效果，却没有后者的累赘和局限，这应该算是古代科幻小说（仙话）中相当高级的黑科技了。

主要出处

《神仙感遇传》《仙传拾遗》《逸史》《类说》《宣室志》《遵生八笺》《太平广记》《酉阳杂俎》《宋稗类钞》《类说》

打破维度之锁：画中人

本节，让我们来聊一个非常奇妙的法术或者现象——人物出入图画。

唐代的进士赵颜从某画工处得到了一幅软画轴。画的是一位女子，容颜十分美丽。

赵颜对画工说："世上哪有这样美的人啊。如果能够让她变成活人，我愿意娶她为妻。"画工说："我这是一幅神画，画中的美女是有名字的，叫做真真。如果你连续一百天呼唤她的名字，昼夜不歇，她一定会答应你。到那时你用百家彩灰酒灌她喝，她就会变成活人。"

赵颜依言照办，连着对画轴呼唤了一百天"真真"，昼夜不止。到了一百天后，真真忽然答应道："喏。"赵颜来不及惊讶，急忙用事先准备好的百家彩灰酒灌到画中真真嘴巴处。真真果然活了，从画中走了下来。赵颜留神观察，她的步态、言语、笑容、饮食等，与普通人没有两样，不由惊喜万分。真真对赵颜说："谢谢您相召，我愿意做您的妻子。"

从此，两人高兴地生活在一起。一年之后，真真生下了一个儿子。

儿子两岁那年，赵颜的一个友人听说了真真的事，立刻断言："这是妖怪，一定会给你带来祸患的！"赵颜心慌了，问该怎么办。友人说："我有一把神剑，可以借给你斩妖。"

当天晚上，友人将神剑送了过来。神剑刚刚进赵颜的家门，真真就察觉到了。她哭着说道："我本是南岳地仙，不是什么妖怪。没来由被画工画了形貌到图上，又被你昼夜连呼一百天，我实在不忍心辜负你的心意，这才从画中下来与你成亲。现在你既然怀疑我，我就不能再停留此间了。"

话音刚落，她就携带着儿子登上了软画轴，并吐出了之前所饮下的百家彩灰酒。赵颜急忙仔细查看画轴，发现一切都变回了原来的普通画面，只是画中多了一个孩子。

掰书君曰

上文故事改写自唐代于逖《闻奇录》。

仙话中有许多人、物在不同维度间穿梭的故事，比如费文祎所画黄鹤就能一会儿在墙壁上，一会儿飞下来。仙话并没有人物只能出画一次的潜规则（但张僧繇画龙点睛这类故事中的出画似乎确实是一次性的），真真能出入画像，说明她可以在"升维"和"降维"之间自由切换，她最后主动"降维"，不知道算不算对赵颜进行了精准打击，虽然不见得有效果。

"科学"地看，仙女通过被画，与人世建立起了信息上的链接，画像就是两个宇宙的交界面；一旦她们的信息被人类反复读取，她们就会在人世被激活。从仙话的角度看，这正体现了语言的巫术力量。真真那一声"喏"，听上去是相当的无可奈何。

真真并非自愿被画像，而是她在某处显形被画工看到，偷偷描摹下来的，这让我们想起了秦始皇偷画海神像的往事。很有可能，这是历来画界的秘传——只要将神仙画像，再死缠烂打一定日子，神仙就能附魂。其中，仙女画像想必尤其抢手，很可能在当时已形成了产业链。那画工应是将真真画像卖了个高价，所以才会向赵颜提供详细的"使用说明"。

欺软怕硬的社交原则，在神仙界是同样适用的。偷偷画像卖钱、百日呼名死缠烂打、抽冷子灌酒定形这些略显猥琐的动作，人类都只敢用在得罪得起的小

在蒲松龄的《聊斋志异·画壁》中，朱孝廉被寺庙内"天女散花"壁画上的垂髫少女深深吸引，竟然进入了壁画中的世界，与画中少女发生了一段"人仙之恋"（《聊斋志异图咏》清刻本）

神仙身上，真真正好是目标范围内的小地仙。不然，有本事你悄眯眯照着雷神画个像试试，你连续百天呼唤阎王爷试试，你给王母娘娘灌口百家彩灰酒试试……

百家彩灰酒这个道具，大概是取多种彩符或异种花木等有色仙道物体烧成灰，再泡酒制成。功能上是一种显形剂、定形剂或凝固剂。地仙作为神仙，暂临凡世可以有神无形，百家彩灰酒的作用，就是在其灵魂的框架内暂时赋予皮囊。这酒当然是仙药巫药，但看成化学凝胶会更形象。不妨这么想象：真真活过来的魂儿本来像纯净水一样随意流动着，调入百家彩灰酒后，她就凝结成了晶晶亮的果冻，好歹有个形状，可以被人把握住了。如果你自制过四川小吃冰粉，想必对这个比方会有更真切的体会——嗯，真真可以是果冻，真真也可以是冰粉，真真真好吃。

与画中美女一起玩耍过的汉子不止赵颜一人。我们来看另一个小故事。

唐玄宗赐给杨贵妃一架虹霓屏风，以水晶、玳瑁、珍珠等各种宝物精心装饰而成，上面雕刻着历代美人，每个有三寸高。杨贵妃将它带回了族兄杨国忠家，放在高楼上。

有一天杨国忠到楼上午睡，屏风就在一旁。他刚就枕，屏风上的美人们全都下来了，围在他的床前，每个人自报名号。原来当中有裂缯人、当垆人、亡吴人、步莲人、桃源人、金屋人、董双成、许飞琼、赵飞燕等名女人，大约四五十个。杨国忠只能看着她们，身体不能动，口中不能发声。众女又是唱歌，又是跳舞，将自己擅长的技艺全部表演一番，然后一一回到屏风上去了。

杨国忠如梦方醒，心里十分惶惧，连忙下楼去，让人将屏风收藏了锁起来。杨贵妃听说此事以后，也不愿再见到这架屏风了。

（出自宋乐史《杨太真外传》）

刻在屏风上和画在画轴上没区别，都是画中人。可是几十个屏风美

陈季卿乘竹叶舟畅游山水（元杂剧《陈季卿误上竹叶舟》刊行本插图）

女出现在面前，杨国忠并没感到艳福齐天，反而十分惶恐，为什么呢？因为从画上下来的要么是资深"祸水"（比如裂缯人妹喜、亡吴人西施），要么是后宫之主（比如汉武帝之后金屋人陈阿娇、汉成帝之后赵飞燕），要么是世外仙姬（比如董双成、许飞琼）等等，凡夫俗子跟她们发生关联，太不安全。仙话中，如果维度穿梭不能给主角带来好处，那还穿来做甚？

还有一类神画故事，画面不是实体的降维化，而是两个不同世界相交的界面，是异世界的入口。《慕异记》记载，有个叫陈季卿的人旅途中在青龙寺看到一幅《寰瀛图》，叹息道："如果我能从渭水泛黄河、经长江再回到家，也不算白出门一趟了。"旁边的一位终南山翁听了，便折来片竹叶作舟，放到图中的渭水上。陈季卿不知不觉进入画中上了船，果然如自己所愿泛河济江，花了十来天到了家。这种观念在当代余绪未绝，比如电影《哪吒之魔童降世》也是这么理解神画的：太乙真人将哪吒带入一幅画中尽情游玩，以此避免他在人世惹是生非。

这两类神画故事，一类是"她/他下来"，一类是"我进去"，不管哪一类，都体现了人类对于不同维度空间关系的思考与想象。诶，说真的，谁还没有过想做会儿纸片人的时候呢？

主要出处

《太平广记》《闻奇录》《杨太真外传》《慕异记》

下编

关于神仙的远近往事

上编的成仙技术章节解决了人仙之间的物质鸿沟问题，进入下编，在正式讲述神仙"往事"之前，我们还需要一个"小步骤"——跨越人仙之间的思想和理念鸿沟。本单元，让我们沿着人类愿望的阶梯，一步步从凡间走到仙界，并一窥人类构想出的神仙世界的美好景象。

第五单元

从人界到仙界

人类愿望的阶梯

万古艰难唯一死。

生死问题,更准确地说死亡问题,是一切哲学思考的起点,所有的哲学乃至宗教都是向死而生。如果自然的个体生命可以永远存在,人类的终极问题就不再存在,那么作为回答和解决手段之一的神话(包括仙话)也就不必存在了。然而,哪怕仅仅是从经验出发,我们也能感知到世间万物是运动变化而普遍联系的,于是在笔者看来,中国古人对于生死这件事就逐渐形成了这样的愿望阶梯:

从金字塔尖往下倒着说。最顶级的:能不能作为神或者像神那样永远存在,并且生活在天上的妙境中?如果不行,那么退一步:能不能作为神或者像神那样永远生活在(看起来不那么完美的)人间?如果不行,那么再退一步:能不能"死去活来",就是说死了又复活,再死再复活(哪怕这个过程伴随着痛苦)?如果还是不行,那么再退一步:能不能"一灵不灭",死了投胎,一切推翻从头来过?如果仍然不行,那么接着退:能不能晚一点死,也就是长寿呢?最后,如果这都不行,那么:能不能好死,比如自然老死或者活得好好的突然瞬间死去,免去死亡过程的痛苦?

我们将上述愿望再从低到高进阶地捋一下:

好死 → 晚点死(长寿)→ 投胎再来 → 死而复活 → 永生在人间 → 永生在天界

让我们逐条讨论。

"好死"这件事不易控制，除非主动选择，但那就违背了生命延续的初衷。

"投胎再来"这件事既不归自己管，也无法证实——你很难定制下一世我要投胎成什么人（连投胎主义的变体穿越小说也自觉将这一不可控性设置成了铁律），而且因为你的前世记忆被技术手段（喝孟婆汤等）清零了，你其实根本不知道自己到底有没有三生三世、百生百世，所以这事对你更大的意义在于心理安慰。当然，能投胎再来，总比灰飞烟灭的好。

（没完没了地）"死而复活"这件事需要特异功能或者神恩，否则就只是暂缓死亡的高明医术，不解决终极问题。而且，活得好好的偏要中断，死那么一下子，也太麻烦了。当然，能死而还阳，总比永居在阴冷黯淡的幽都世界要好。

"永生在人间""永生在天界"就是成仙，意味着人与神之间的界限被打破，人通过自身努力可以将自己变成神或者半神，前文说过，这是中国仙话以及宗教（道教）赋予中华文明区别于他者文明最大的差异之一。如果真能做到，当然再好也没有了。不过，对凡人开放的"永生席位"通常极为稀缺，获得的条件通常也极为苛刻。诚实地说，这两档高端愿望在大多数情况下都是水月镜花、遥不可及。

于是，对于凡人而言，与其树立这些空中楼阁般的生命目标，不如脚踏实地，先树立一个也许努把力还能实现的"小目标"。那么，什么是比较实际的"小目标"呢？就是我们上述愿望阶梯的第二级：晚点死，长寿。更难能可贵的是，长寿如果做得好，可以直接跳过投胎与复活，接近或抵达永生。因为，只要你一直活着，在你漫长的生命过程中，总会发生点什么事，可以给你的寿命加点养料，让其一次又一次地延续下去。如此你就像个能充几万次电的充电电池，跟永久性能源的差别也不甚明显了。所以，如欲一窥神仙世界，长寿是根本。

下面，让我们从长寿开始，一级一级进阶地探索人类在仙话的想象中是如何实现这些贪婪而可爱的大小目标的吧。

长寿：彭祖及"数字化"生存

数千年来，国人为了长寿，可说是绞尽了脑汁。这些绞下来的"脑汁"，有一部分通过文字、口耳、物质、习俗等方式，幸运地传承到了今天。本节先聊聊长寿界的代表人物彭祖及其长寿方法，并顺便聊聊仙话中的"数字"。

有人说，如果不考虑仙话里那些夸张的寿数的话，彭祖是最长寿的人类，享有"彭寿""彭祖之年"是人类对长者最好的祝福。其实彭祖在仙话中也是修仙者，让我们从他的世系说起。

上古有东西南北中五大天帝[1]，其中北方天帝是颛顼。颛顼与滕坟氏的女禄结合，生下了称[2]；称生了老童（一说叫卷章）；老童与根水氏的骄福结合，生了重黎和吴回（这两位都是祝融，即火官、司火官，或延展为火神[3]）；吴回生了陆终；陆终与鬼方氏的女嬇（kuì）结合，生了六个儿子——昆吾、参胡、籛铿、邻人、曹姓、季连。这大致是到了帝尧时期。

其中的老三籛铿（jiān kēng）被帝尧封在了彭城（今江苏徐州）这个

---

[1] 关于五大天帝，拙作《诸神纪》中有比较详细的解释和辨析，此不赘言。
[2] "称"是古文献中颛顼的儿子之一（《大戴礼记》："颛顼生穷蝉又生称，称生卷章，按卷章即老童之讹"），也有的记载直接省掉"称"这一代，说"颛顼生老童"的（《世本》等），属于异文，本书不细究。颛顼的多个儿女在神话/仙话中都挺有名，可参看后文穷鬼、疫鬼、灶神等章节。
[3] 在这个阶段，"祝融"已由巫祝专名，发展成了职位名（火官）。火官是世袭的，重黎与吴回都做过火官，因此都是祝融。在古楚神话里，"祝融"又被神化，并发展为族群的氏号。拙作《诸神纪》楚人章节有述，此不赘言。

地方，立大彭国，后世子孙就以国号为氏，称彭氏，这是后世彭姓的由来。篯铿作为彭氏的第一代，就被称为彭祖，意即彭氏之祖。

彭祖生性恬淡谦虚，非常善于养生。他喜欢独自出门云游，不带粮食钱财，不乘车马，一去数十日甚至数百日，回来衣食如常，没有长途奔波后的疲劳迹象。彭祖从尧舜时代开始，活过了漫长的夏、商，一直活到西周初年，活了八百岁。

彭祖在商朝的时候，某代商王听说了他的名气，就拜他为大夫。可是彭祖经常称病闲居家中，对政事没有一丁点兴趣。商王也想长寿，亲自上门请教，彭祖还是不告诉他。商王前前后后送给彭祖数万珍宝，都被彭祖拿来分给了贫民，自己一点也不留。商王没辙了，搬出采女去套彭祖的话。

采女也是一位得道的修仙者，当时已经两百七十岁了，看上去还像十五六岁那么年轻，商王一直将她供奉在王宫中。

也许是同行容易惺惺相惜，彭祖终于对采女敞开了话匣子。只是没想到，他的长篇大论是从吐苦水开始的："我是个遗腹子，三岁的时候母亲又死了。少年时代遇到犬戎之乱，我因此流离西域百余年。到目前为止，我一共死了四十九个妻子，五十四个孩子，屡经忧患，体内的醇和之气因此受到损伤，皮肤和头发都开始枯焦失去光泽，恐怕也活不了多久了。我在长寿方面的见识很浅薄，根本不值得向别人宣扬啊。"接下来，他推荐采女去向一位住在大宛山中、活了上千岁的青精先生请教。

采女不甘心一无所获而归，又继续追问，彭祖便讲了一大通养生的原理和饮食、导引的方法，采女用心记下来，回报给了商王，这就是后世《彭祖书》《彭祖经》的本原。

商王获得了彭祖之术，赶紧亲身测试，果然灵验。商王想，这种长寿的学问只能我自己知道，决不可外传。于是立刻下令追捕彭祖，准备杀之以绝学。彭祖显然预计到了这一点，不动声色地提前离去了。那时候他大概七百八十岁。七十多年后，有人在流沙之地的西边见过他，看上去跟以往也没什么两样。

据说最终，经过不懈的修炼，彭祖终于得道，成了不死的神仙。那么关于他的八百寿数，应该就是指他未成仙前在人间流连的时间。他所成仙的地方被人们奉为彭祖仙室，据说仙室旁经常有两只老虎守护，人们去那里求风求雨，无不灵验。后来，老虎也升仙而去。

至于那个费尽心机讨得长寿术的商王，他也活了三百岁，要不是到最后耽于淫乐失道而亡，还不知要再荼毒人间多久呢。

彭祖子女众多。其中有个女儿，民间管她叫彭女，她跟随父亲修行最为勤谨，最终也活了数百岁。彭祖带着这个女儿云游时在四川留下许多遗迹，包括彭门、彭女山等等。又传说彭祖也曾云游到今天的福建一带，在深山里炼丹。那时有两个儿子跟着他修炼，一个叫彭武，一个叫彭夷，后来人们就管这座山叫做武夷山。而在大彭故地（徐州），当然就有更多相关遗迹如彭祖井、彭祖墓等留存至今了。

掰书君曰

上文故事主要改写自《神仙传》。

彭祖的故事，有史实的影子，但基本是仙话。

历史化地说，彭祖的寿数，可以理解为大彭国的延续时间。据说大彭从尧舜时代立国，到商王武丁时灭国，粗粗一算差不多正好八百年。所以世人说彭祖八百年，相当于说大彭国存在了八百年。这与神话传说中女娲氏几百岁、伏羲氏几百岁的思路是一样的。

"遗腹子"这个说法，表面上看似乎与彭祖的世系记载相冲突：他是老三，没出生爹就死了，三岁妈又亡故，然而他后面还有三个兄弟。怎么回事呢？原来，这六兄弟是六胞胎，而且他们还是"胁出"，剖开母亲的左肋骨出来三个，剖开右肋骨又出来三个[1]。神奇出生也是彭祖神奇

---

[1] 关于神话中的胁出或者胸坼，拙作《诸神纪》楚人章节有讨论，此不赘言。

特质的来源。

除了是长寿界的代表,彭祖还是房中术修炼家的代表,后世常将房中术称作"彭祖之术"。在彭祖对采女的那番讲述中,提到了导引之术的原理和具体方法,又着重提到了交接之术,其实就是阴阳相合之术。本节侧重聊长寿,不讨论这个话题,可参看房中术专节。

彭祖在七百八十岁那年累计有过四十九位妻子,刨去人生开头的二十年,他与每位妻子的相处时间平均十五六年,看起来并不是很长。作为一个会养生的老头儿,理论上他应该有能力挑选具备长寿潜力的伴侣,理论上他可以也应该向伴侣传授一点长寿技术(毕竟"大家好才是真的好"),除非他对伴侣的寿数根本不在乎。考虑到仙话中常有为了自己求仙长年满世界转悠、对家人完全不管不顾的男士,考虑到后来还有放弃了"阴阳和谐"论调、转而"采阴补阳"的歪理邪说,我们好像也有理由怀着不善的揣测逼问他:老实说,你是不是原本就打算每十五年换一个更年轻的老婆的?

彭祖有过五十四个孩子(或者这里只单纯统计了儿子),假设他在采女事件之后没再结婚生子的话,那么这就是他的全部后代(或儿子)的数目。合算下来,平均每个妻子生了1.1个,真不多,难怪十五年后可以撒手换人。鉴于彭祖向彭女、彭武、彭夷传授过修炼术,我们可以合理化地推知他还有更多子女从中受益。不过,其中最有名的彭女也不过活了三百岁,可见彭祖漫长的人生,其实是在一拨又一拨的妻子、孩子的接力陪伴中延续的。迎来送往惯了,也就麻木了,所谓"太上忘情",对这些事是不能往心里去的。本文故事主体来自

彭祖(明王世贞辑次《有象列仙全传》)

东晋葛洪的《神仙传》，故事拟彭祖之口诉说委屈时，似藏着两分老境凄凉的自嗟，也算是这类修仙故事里难得保留的几分"人"味儿吧。

其实，关于彭祖为什么长寿，民间有些解释比上述仙道技术流要有趣多了，他们将其归结为一些偶然因素。比如战国时流传：彭祖向天帝奉献了十分美味的雉羹（野鸡羹），哄得天颜大悦，因此奖励寿命八百年。屈原在《天问》里的提法是"彭铿斟雉，帝何飨？受寿永多，夫何长？"可没有修仙什么事儿。我们再来看民间小故事里提供的另一种说法。

彭祖在人世间活了八百年，这引起了阎罗王的注意。阎罗王认为彭祖超长的寿命影响了人类的生死规律，想要尽快将其召到阴司来。可是他命小鬼翻遍生死簿，也找不到彭祖的名字。生死簿体现的是天命，如果天命不收他，阎罗王也没有办法。

彭祖跟最后一任妻子的感情很好，妻子对于彭祖长寿的秘密十分好奇，百般问询，彭祖只是不肯透露。有一天两人在一起喝醉了酒，妻子担心地问道："你已经这么老了，会不会哪天阎罗王就派小鬼来把你勾走了？"彭祖哈哈大笑："放心吧，他们在生死簿上根本找不到我的名字！"妻子问："怎么可能呢？世上所有人的姓名，不是都在阎罗王的生死簿上吗？"彭祖醉眼惺忪地说："本来我的也在。可是他们写完我所在的那册生死簿要装订的时候，纸捻子用完了。小鬼就把有我名字的那页撕下来做成纸捻子，装订了簿子。所以，他们根本就不可能找到我！"

后来妻子死了，魂魄到阴司报到。阎罗王逼问她彭祖的秘密，她不敢撒谎，只好说了出来。阎罗王立刻命令小鬼查找，终于找出了写有彭祖名字的纸捻子，立刻用红笔在他名字上画了一个勾。

于是，活了八百岁的彭祖，终于不情不愿地死了。

彭祖时代其实还没有阎罗王，阎罗王是后世从佛教中吸收的人物。不过这个故事非常接地气，没有纸捻子装订书本这类生活实践的现代人，还真就想不出这个奇妙的理由。在这里，长寿无须经历艰苦卓绝的修炼历程，彭祖被还原为一个占了天命便宜的普通人——你们人类的小狡猾啊。关于彭祖与阎王等斗智斗勇争寿的故事有许多异文，统称"彭祖型"[1]。

顺便说一下生死簿。其实，生死簿不仅归地府管，天界也管，后文禄星专节、遇仙（南斗）故事等会进一步提及。美国学者康儒博注意到，将自己姓名从生死簿中划去，是凡人不死的方式之一："……修道者们……通过两种平行的方式摆脱死亡：一种是纯化、圣化他们的灵性部分，去除那些凡俗的东西（即修炼——笔者注）；一种是将他们的社会身份从记载罪过、掌管寿命的上界系统（即生死簿之类——笔者注）中解脱出来。"[2]有关彭祖的传说中这两种方式并存，体现了讲述者不同的价值取向。后来的孙猴子闹天宫闹地府，也是双管齐下赖着不死。不过，仙话中摆脱死亡并不止康氏所言这两种方式，凡人还可以通过与神仙的婚姻或者神仙馈赠等途径得到仙寿。很显然，篡改系统、婚姻改命、接受馈赠等都比刻苦修炼要简单高效多了，难怪大家都想走这样的捷径。只是一般人并没有彭祖的侥幸和孙猴子的神通，要想不死，还得老实修炼。

关于八百。"彭祖寿八百年"是个约数，有说不到的，也有说超过的，这不重要。

在我看来，仙道界有个铁规律，就是喜欢玩数字游戏。我国原本的数字哲学观不妨阐述为"一二三解释一切"："无生有、一生二、二生三、三生万物"这套体系运转下，从二（有无、阴阳）的平方变幻出四（四方、四季等），四加一（中央、总领）变幻出五（五方、五行等），五（平面五方）加二（三维的上下）变幻出七；从二的三次方变幻出八（八卦）；从三的平方变幻出九。所以三、五、七、八、九这些都是大数，都表示

---

[1] 可参见刘守华《道教信仰与中国民间故事类型》，《黄淮学刊（哲学社会科学版）》1996年第6期。
[2] ［美］康儒博：《修仙：古代中国的修行与社会记忆》前言，江苏人民出版社，2019年。

孙悟空逼迫阎罗王从生死簿上除其名（绘本《孙悟空》，宇野浩二译、本田庄太郎绘，日本讲谈社1949年版）

完备，数字变幻到九也就到头了，阳之极了，再往上的变幻不过是对这些关键数值进行加减乘除乃至指数变化，比如八八六十四、九九八十一，那就是形容极多极多。然而后来的仙话中，越来越多、越来越大的数值在突破原有的这套简明扼要的数字哲学体系。我觉得这很大程度上是被佛教给刺激的。佛教的世界能气死数学盲，动不动就来一些诸如"无量""不思议""不可说不可说转"之类宇宙尺度的计量单位，恢弘深远，搞得本土仙道界很不淡定，学着在数值上吹牛皮，好像数值越大越高级。

此外，仙道界的数学大师们还有个特点，喜欢采用"曲折计数法"（姑且这么称呼）。什么意思呢？就是要表现一个数值并不直说，而是绕着说，让你自己算。比如提到黄眉翁的岁数，"三千年一返骨洗髓、二千年一剥皮伐毛"，然后他已经三洗髓五伐毛了，你乘吧（参见本书"也不必非得吃"节）；又如麻姑跟王方平聊天说好久没聚了，"已见东海三为桑田"，天知道东海变桑田的一个周期是多久，还要乘以三，凡人即便算不清也觉得好厉害（参见本书麻姑专节）；还有玉帝的资历，"苦历过一千七百五十劫，每劫该十二万九千六百年"，这就直接是从佛教的夸张"拿来"的了，而且还有整有零，你们慢慢算去吧（参见本书玉帝专节）。也许，对于在音韵、文字方面都具有极高水准的中国古文学而言，这才是一种真正有意味的表达方式。

放到今天，哪怕不再主打曲折计数法，我们也没必要以不断堆加大数的方式来表现宏大。简单的哲学才是最牛的，一二三五七八九就能搞定的事，何必在后面加上十万八千个零呢。今天有些玄幻文学喜欢把岁数、长度、面积等的数值写得极大，似乎不如此不足以体现其旷远古老、道高资深，这属于陷在别人给你挖的数字大坑里玩泥巴。

回到长寿话题。数字复杂化趋势出现后，人们便不满足于"数百岁""数千岁""不死""永生"之类的含糊表达，开始竞相往人寿上面加实数。彭祖亮相时有整有零的"七百八十"只是个起步；西荒轩辕国人最短命的才是八百岁；白民国的人动不动上千岁；又有日林国的人，起步三千岁；东海员峤仙山上池移国的人，平均一万岁；而著名的北方荒野里的龙伯国巨人呢，则要活一万八千岁才死……

朋友，都活到将近两万岁了，还死什么死呢，努努力，加把劲，直接修炼成仙不好吗。

主要出处

《神仙传》《列仙传》《墉城集仙录》《国语》《楚辞》《天中记》

转世：金童玉女七世姻缘

上节聊的是一直活一直活的人，本节咱们讲个一遍遍投胎重来的串串烧爱情故事，并由此探讨吾国古人的转世观/生世观。

天界的普通劳役由许多年少的男女神仙承担，男孩叫金童，女孩叫玉女。他们模样端正，看上去都只有十几岁，而且永远不会变。至于他们实际的年龄，就不是普通凡人所能够知道的了。

有一次，在天界举行的宴会中，玉皇大帝和王母娘娘高高坐在宝座上，金童和玉女往来递送各种仙肴美酒。一个金童和一个玉女的手不小心相触，俩人抬眼看着对方，心中一动，眉眼间忽然有了情意。他们的小心思没能逃脱王母娘娘的广大法眼。神仙岂可有欲念？神仙岂可动私情？王母娘娘决定执行天规，命太白金星将他们打入凡尘，"七世姻缘不成双"，从而让他们明白神仙的守则，坚定道心。

金童和玉女从九霄云外往下坠落，所有的天界记忆迅速归零，他们的灵魂将在漫长的岁月中穿梭辗转于不同的人世，去体验凡人的喜怒哀乐，了解人生的残酷真相。

第一世，战国，尾生与兰玉莲。

尾生的父亲死得早，与母亲相依为命，家里未免贫困，年二十而未娶。

清明之际，尾生去郊外为父亲上坟归来，路过一个村子，口渴不已。他寻到村口的井台，看见一个姑娘正在那里汲井。尾生心中一动，便走

金童玉女坠凡尘（雷玥溪绘）
王母命太白金星将触犯天条的金童玉女打入凡尘去经历磨难，七世姻缘不成双

过去施礼，向她讨口水喝。姑娘拿葫芦瓢盛了水给他，又只管盯着他看。尾生忍不住发问。姑娘说："我好像在哪里见过你。"尾生高兴地说："我也觉得在哪里见过你！"

两人亲热地攀谈起来。原来这姑娘叫做兰玉莲，就住在本村，尚未出嫁。一来二去的，两人彼此有了情意。那时的社会风气比较开放，既然动了心，索性便交换信物定情。两人握手相约，次日黄昏在村头的蓝桥边见面，商议如何与家人开口，筹备终身大事。

次日太阳还没落山，尾生便来到蓝桥等待。蓝桥比较偏僻，平时来往的人就少，正适合谈情说爱。没想到，刚刚还是薄云晴好，转瞬竟天色骤变，乌云滚滚，雷雨大作。距离约会的时间还有一会儿，尾生怕衣裳湿透，急忙躲到桥下。

随着暴雨倾盆，小河之水快速上涨。尾生站不稳，跳到旁边一块石头上，抱紧了桥柱子继续躲雨。正巧有人从桥上往家跑，看到尾生，忙喊道："你在那里做什么，快回家去吧，河水涨起来啦！"尾生回答说："我不能走啊，我跟人家约好了在这里见面，她来了找不到我，一定会责备我不守信用的！"

河水涨得很快，转瞬淹到了尾生的腰际。尾生没有地方可逃了，紧紧抱住桥柱子，苦苦等待玉莲到来。

狂风暴雨之中，兰玉莲跑到了蓝桥边。家里人都劝她不要出门，这么大的风雨，没有人会傻等着的。可是她说，她必须要亲自来看看才能放心。

兰玉莲在蓝桥附近找了几圈，终于看到了桥下尾生的身影。尾生泡在暴涨的河水中，双臂仍旧僵硬地抱着桥柱子，早已没有了呼吸。兰玉莲大哭道："尾生，你为什么不跑呀？是我害了你，让我追随你去，我们来世再做夫妻吧！"说完，她纵身跳入河中。

这一世的人生太过仓促，如果能够从头再来，该会有个不一样的结果吧？

第二世，秦代，万杞梁与孟姜女。

姜家的大闺女长大成人了，聪明灵巧，美丽善良，人们管她叫"孟姜女"。不远处万家的儿子杞梁也长大成人了，端正勤恳，吃苦耐劳。大家都说他们是天生的一对，两个人就这么成了亲。

新婚的甜蜜日子没多久，始皇帝来了一道命令：为了防御北胡南侵，朝廷要从全国抽调民夫去修筑一道长城，万杞梁被抽中了。没有办法，小两口只能挥泪惜别。

杞梁走后，孟姜女扛起了持家的重任，白天下地耕作，夜里戴月纺织。日子寡淡如同流水，一年年倏忽而过。正月的红灯，二月的燕子，三月的桃花，四月的桑叶，五月的细雨，六月的酷暑，七月的七夕，八月的中秋，九月的重阳，十月的北风……所有的一切都让她想起他。眼看着又一个冬季到来，她担心丈夫受冻，亲手为他做了厚厚的寒衣，一路背着往北去寻夫。

历经曲折，孟姜女来到了万杞梁干活的工地上。长城已经快修好了，无数民夫仍旧在辛苦地工作。孟姜女找来找去，见不到丈夫的身影，只得向民夫们发问："有谁知道我的丈夫万杞梁在哪里吗？"没有人给她确切的答案。

监工发现了她，大声呵斥，让她走开。孟姜女说："我是来给万杞梁送寒衣的，你知道他在哪里吗？"监工皱着眉头，冷淡地说："别找了，他已经死啦！"孟姜女不敢相信自己的耳朵："什么，他死了？他埋在哪里，我要亲眼见到他！"监工不耐烦地说："死的人都埋在这长城底下，我怎么会记得他到底在哪里？"

孟姜女大哭起来。她为他苦苦等待，她为他跋涉千里，脸晒花了，手冻裂了，鞋磨穿了，她本以为立刻就能见到他，可是，他竟然已经不在了！她竟连他的最后一面都见不到！

孟姜女的泪水如同河流泛滥，将长城的城基浸泡其中。终于，轰隆隆一阵巨响，半截长城垮塌下来，露出了万杞梁的遗体。孟姜女扑上去，紧紧抱住丈夫冰冷的身躯，号啕大哭，肝肠寸断。他依旧面目如生，他们说好要白头偕老的啊。

这一世的人生撕心裂肺，如果能够从头再来，该会有个不一样的结果吧？

第三世，晋代，梁山伯与祝英台。

会稽有个年轻人叫做梁山伯，家境贫寒，却酷爱读书。十七八岁时，他辞亲外出游学，希望增长见识。有一天走累了，山伯到路边的草桥亭歇脚。亭中原有个眉清目秀的年轻人也在休息。两人交谈起来，原来他叫祝英台，上虞人，也是出来求学的。

两人一见如故，便结拜为兄弟，梁山伯为兄，祝英台为弟，一起投到一位学问深厚的先生门下读书。在先生的悉心教导下，两人学问长进很快。平常，两个人朝夕相处，成了亲密的知己。

转眼三年过去了。有天英台收到一封家信，看后闷闷不乐。山伯问他缘故，英台说："我离家太久，家里让我立刻回去。"山伯听罢沉默了。

虽然不情不愿，英台还是收拾了行囊返程。山伯送英台下山去，送了一程又一程，直送了十八里路，两人仍然舍不得告别。一路上，英台说了不少奇怪的话。比如看见鸳鸯成双成对在水里嬉游，英台就问山伯："如果我是女子，你愿不愿意跟我像鸳鸯一样配成双？"两人走过一座桥，英台就说："我俩真像是牛郎织女过鹊桥。"两人到井口照影子，英台又说："你看，这不是一男一女两个影子笑呵呵么！"

山伯有点不高兴了："我并不是女子。英台，你今天到底怎么了？"英台这才笑道："我有个双胞胎妹妹，家里叫她小九妹，脾气、长相都跟我一模一样，我撮合你们俩成亲，怎么样？"山伯感到又突然，又惊喜，也没多想，忙点头答应了。分手前，英台反复叮嘱："梁兄，你要快点来提亲啊。"

英台走后，山伯有些犯愁。同学三年，他早发现英台家境殷实，可自己出身寒门，如果去提亲，总得准备像样的礼物吧？

过了好几个月，山伯才凑出微薄的礼物到上虞去拜访祝英台。没想到门房对他说："我们这里没有公子英台，英台是我家小姐。"山伯大吃一惊，忙请求见小姐。门房说小姐已经定了亲，很快就要出嫁，是不会出来见人的。山伯颓然坐到一旁，仔细回忆与英台的同学往事，忆起送别那天英台奇怪的言行，这才明白：根本没有什么孪生兄妹，英台口中的小九妹，就是她自己。

山伯再三请求，祝家终于答应让英台出来见他一面，以令他死心。不一会儿，身着女装的英台款款而出。原来英台从小慕学，当年苦求了父母，才女扮男装出去游学。三个月前那封信，是家里催她回来定亲。山伯懊悔不已，捶胸叹息："英台，我怎么那么笨，一点没有领会你的苦心！"英台黯然道："梁兄，我一直在等你。可是家里已经将我许配给了马氏，父母之命难违，我不久就要出嫁。你我今生怕是无缘了。"

离开祝家后，山伯一病不起，没多久就死去了。临死前，他让家人将他埋葬在清道山下。有人将这个消息告诉了英台。

不久后，英台出嫁了。马家用了一艘大船来迎娶她，船上堆满了马家的礼物和她华丽的嫁妆。英台让大船绕道清道山，她要上岸祭奠山伯。

英台终于再次见到了山伯，只不过这一次，他在坟墓里，自己在坟墓外。英台失声痛哭。忽然一声巨响，山伯的坟墓裂开了一条大口子。趁人不备，英台纵身跳进了那条裂缝。裂缝转瞬就合上了，好像什么都没发生过一样。

两只蝴蝶从英台消失的地方飞了起来，互相追逐着，嬉戏着，越飞越高，越飞越远。

这一世的人生终究错过，如果能够从头再来，该会有个不一样的结果吧？

第四世，北宋，郭华与王月英。

开封相国寺西边的胭脂铺，是王家妈妈所开。王家爹爹早亡，只有个女儿王月英,正当十八妙龄,日常帮着妈妈卖胭脂。寺中有个寄宿的书生郭华,科考不第,原本垂头丧气打算回乡,却因打从胭脂铺前过看见了王月英,便改了主意。

郭华借着买胭脂的缘由,多次试图与王月英搭讪,两人偷偷眉来眼去几个回合,奈何王母在旁,毕竟不敢造次。这日趁着王母出门办事,郭华又来买胭脂,与王月英你一言我一语,渐渐有意。打这之后,王月英便添了心事,整日怏怏。在与丫鬟梅香商议之后,王月英学崔莺莺写诗一首,悄悄给郭华送了去,约好元宵夜在相国寺的观音殿幽会。郭华接到柬帖,欣喜若狂。

到了元宵当夜,一众朋友请郭华赏灯,喝酒过了头。欢聚后郭华独自来到观音殿等待,因不胜酒力,便在殿脚睡去。未几,王月英乘香车偷偷前来赴约,在观音殿发现醉倒的郭华,怎么推也推不醒。王月英好生失望,苦等到四更天,怕母亲发现,只得伤心离去。临去之前,她脱下自己的一只绣鞋并一张罗帕放入郭华怀中,以为表记。

不久郭华醒来,摸到怀中绣鞋与罗帕,发现王月英已经来而复去。他捶胸顿足,懊丧不已:都因自己贪杯误事,把期盼已久的佳期错过,若要月英能再次自由出门赴约,须得等到下一年的元宵节了。郭华越想越郁愤,不由吐出一口血来。

此后郭华病情逐日加重,终于不治。王月英闻听消息,悲不自禁,也抑郁成病,怏怏而亡。

这一世的人生一触即溃,如果能够从头再来,该会有个不一样的结果吧?

第五世,南宋,王士朋与钱玉莲。

温城书生王士朋年已弱冠,父亲早亡,与母亲相守着

元杂剧《王月英元夜留鞋记》刊行本插图

清贫度日，一心读书赶考。同城钱翁，妻亡续弦，年老无子，膝下只有一女钱玉莲。闻听王士朋才名，钱翁便托人为媒，愿将王士朋招赘为婿。王母以家贫推脱，但见钱氏心诚，又素知玉莲贞婉美名，便以荆钗为聘礼，许了亲事。钱翁很高兴，但他的继室却十分不满，因为同城的一个大富翁孙氏看上了玉莲，托人走继室关系，想以重金娶了回去。继母的反对没起作用，钱玉莲接受了王士朋的荆钗，亲事就这么定了下来。

王士朋与钱玉莲定亲不久，便离家进京赶考。这一考就中了状元。当朝宰相看上了他，准备招赘为婿。王士朋以已有妻室之故坚决拒绝了。宰相恼羞成怒，给他授了个边远任所的小官，命他即刻赴任，不得中途回家。

赴任前，王士朋给玉莲写了信，却被一直觊觎玉莲美色的富翁孙氏设法调包。假信中谎称王士朋已入赘相府，要玉莲另嫁。此时钱翁已经故去，继母为了钱财，以假信逼迫玉莲改嫁孙氏。玉莲誓死不从，投江自尽。

王士朋辗转听闻消息，悲恸不已。感念玉莲的慨然相许与痴情坚守，他上下奔走，终于将害死玉莲的凶手抓住，尽数惩罚。仇报之日，也许伤怀过度，也许操劳成疾，他也终于倒下了。

这一世的人生有缘无分，如果能够从头再来，该会有个不一样的结果吧？

第六世，明代，商林与秦雪梅。

秦太师的女儿雪梅，少时被父亲许配给了户部商侍郎之子商林。两家原是世交，论家世、才貌都旗鼓相当，亲友对这门娃娃亲也是赞不绝口。

岁月匆匆，说话间两人长大成人，男儿俊雅，女子贞淑。两个年轻人心下欢喜，只待商林参加科考后便完婚。不料此时商侍郎突然宦海生波，遭贬谪丢官，一病不起。商林失去倚仗，只得求告到未来岳父家，希望在秦府的学馆继续攻书，以图科试大中，重振门楣。秦太师勉强答应，留下了商林。

秦雪梅知道商林借读之事后，一日悄悄到书馆探访。恰巧商林外出访友，雪梅看到他的诗文，十分欣赏爱慕。不多时商林回来，两人相见。商林为秦雪梅的才貌倾倒，却又自知家道中落，心中底气不足。加上日常秦太师脸色难看，商林言语间难免泛酸。秦雪梅表明自己不变的心意，鼓励商林发愤图强，成就功名，才好商办终身大事。两人正在互诉衷肠，秦太师撞门而入。秦太师原本对没落的商家已生厌弃，想要悔亲别许，见此情形，正好以商林引诱自己女儿为由，将商林逐出相府。

商林回到家中，又羞又怒，一病不起。商母眼见儿子病情逐日加重，向秦太师请求立刻冲喜完婚。秦太师被磨不过，便将府中丫头乔装打扮送到商家。新婚夜，商林满心欢喜揭开盖头才发现真相，怨愤交加，吐血而亡。

秦雪梅听闻讣讯，又得知事情真相，不顾父亲阻挠，亲自到商家吊孝。在商林灵柩前，秦雪梅哭诵祭文，泣血断肠。她倾吐了自己的痴情，谴责世风凉薄，也责备商林没有担当，因为一点委屈就怨愤自弃。随着她的哭诉，漫天飘起了鹅毛大雪。吊孝已毕，秦雪梅一头撞死在祭案上，追随商林而去。

这一世的人生祸福难测，如果能够从头再来，该会有个不一样的结果吧？

第七世，明末清初，李奎元与刘瑞莲。

江苏青年李奎元身世可怜，襁褓中便因兵乱被遗弃山间，幸得养父母收养，悉心抚育成人。李奎元人品端方，事亲孝顺。

父母年纪渐老，养母杨氏记挂着自己早年在战乱中失散的兄弟，打发李奎元去洛阳寻找。李奎元欣然领命，离家来到繁华的洛阳。

洛阳城中有个年老致仕回乡的刘宰相，膝下只有一个爱女名叫瑞莲。瑞莲正当二八妙龄，才貌双全，求亲的人挤破了门槛。刘宰相与女儿商议择婿之事，瑞莲表示，媒人的口头介绍并不可靠，她要搭起彩楼，亲眼见到那些候选人的模样，亲自抛绣球择定佳婿。刘宰相拗不过女儿，只得答应了。那些自以为十拿九稳的求亲者，难免悻悻。

到了彩楼招亲这一日，刘瑞莲登上彩楼，手持绣球，将楼下引颈期盼的人们细细打量。恰在此时，李奎元从街面走过。人潮拥挤，他来不及问清事由，就被人浪推到了彩楼下。李奎元抬眼往上看，看到瑞莲的脸，一下子呆住了。而此时瑞莲也恰巧看到了李奎元的脸，同样呆住了。两个人都在心里说：咦，我好像在哪里见过他/她。

没有丝毫犹豫，刘瑞莲向李奎元抛出了绣球，李奎元也立刻伸出了自己的手。底下人的蜂拥而上，都去争夺这个爱情的信物，没想到争来挤去，绣球还是落到了这个来历不明的外乡人手里。李奎元还没找到舅舅，倒先给自己找到了媳妇。

新婚之日，两人行过婚礼进入洞房。正要开启甜蜜的新生活时，家中却意外失火了。熊熊大火吞噬了刘府，势头不可阻挡。待到阖府燃尽，大火扑灭，人们才发现，李奎元与刘瑞莲这对新婚夫妻，已经双双葬身火海。坊间传说，是那些没接到绣球的求婚者怀恨在心，故意纵的这把火，可是，又如何求证呢？

这一世的人生如此惨烈，为了得到个不一样的结果，真的还要从头再来吗？

一双游魂荡荡悠悠，向九霄云上飘去。金童玉女经历七生七世的劫难，终于明白造化的伟力不可违抗。在未来的生命中究竟要坚持道心，还是暗怀情意，在他们的心中，想必也有了自己的答案。

掰书君曰

正文所列的"七世姻缘"，较为人知的故事名目分别是《尾生抱柱》《孟姜女哭长城》《梁祝》《郭华与王月英》《王士朋与钱玉莲》《秦雪梅吊孝》《李奎元与刘瑞莲》。其实关于七世夫妻的人选，民间是有很多版本的，本节是依据民国嵩山居士校阅的通俗读物《七世夫妻》选定，但对原书做了一些调整，比如调整了人物姓名，又如将其书的第六世"韦燕春/贾玉珍"调整为第一世"尾生与兰玉莲"，等等。原因后述。

准确地说，笔者在此节想探讨的不是转世观，而是生命观，或者精准些——生世观，即人们对于有没有以及有怎样的前世和来生的看法。"世"这个概念，道家也作"尘"，俗语即"一辈子"。比如《夜航船》载韦子威学仙于丁约，分别前丁约对韦子威说："郎君得道尚隔两尘"，意思是说还得两辈子才能成仙。因此"尘世"既可理解为偏义词（庸碌凡俗的世间），也可理解为并列词组（一尘一世）。为了简便起见，后文主要使用"世"这个概念。

有学人将已有的生世观总结为三种主要模式，即一世说、两世说和三世说[1]。一世说认为人死了不再来，灵魂随肉体永久消亡，是彻底的唯物主义。两世说认为人死了还可以再来一次——中国本土最初的灵魂观可以归入这一类，他们认为人死了就是从阳间去到阴间（幽都），换个身份重新生活。基督教的生命观也是两世说，所有的人在末日审判之后得到第二次生命，要么去天堂永享幸福，要么去地狱遭受惩罚。三世说也可以称为多世说，三世即前世、今世、来世，佛教的轮回观是其典型。

佛教自汉代传入东土，佛教的一些观念逐渐渗透到中国人的思想中。比如东晋《神仙传》说有个得道者叫做伯山甫，能够知道别人"先世已来善恶功过……又知未来吉凶，言无不效"，可知当时在道书中提及前世后世已经很自然了。至宋明理学兴起，三教合流，佛教思想经过大力的本土化改造与扬弃，某些观念逐渐内化为中国人的潜意识，却仍然保留了某种含糊性。比如中国人普遍相信阴阳相隔，也就是人死后去到了阴间，一个专属于鬼魂的世界；与此同时，又隐约觉得能轮回再活一遍也不错，所以"三生石上旧因缘"这种故事也很有市场。又比如，中国人不喜欢佛教所倡的六道轮回，不愿意转世变畜生，所以大多数故事会

---

[1] 可参见于晓非《〈金刚经〉导读》，音频讲义。

三世图（唐袁天纲［传］《三世相》）

改造为仅在人道轮回，在"人转人转人转人"里找戏剧冲突——于是，死刑犯临刑前的豪言是"二十年后又是一条好汉"，没人说"二十年后又做犬马"。除非是那些阐释因果报应的故事，会有人变动物之类混得很惨的情节。我们来看个小故事：

> 笃信佛教的梁武帝召见自己很崇拜的榼头师。不想内宦报告榼头师到来时，他正在下棋，打算吃人家一段棋子，就喊了声"杀"。于是内宦就把榼头师推出去斩了。榼头师临死之前说："我没有罪。但我前生是沙弥，曾经不小心锄杀一条蚯蚓，皇帝当时就是那条蚯蚓，今天被他杀，是我的报应。"
>
> （出自唐段成式《酉阳杂俎》）

你看，梁武帝好歹是个皇帝，上辈子居然连猪狗都没有混到，仅仅是条软塌塌的无脊椎肉虫，这让普通中国人情何以堪？所以干脆拉倒吧，我们非虔诚老百姓就跟人界死磕好了。

对于生命苦短的人类而言，如果能够一灵不灭、死了再来、再死再来，一直死一直来，也是一种深刻的安慰和心理补偿。既然无法在天上

转世：金童玉女七世姻缘

获得永生,那么哪怕人间每世都不能让自己满意,总好过死后灰飞烟灭,或者被囚禁在幽都承受无尽而不可知的黑暗。

多世姻缘这一套故事是对上述观念和心理的具现。为了叙事的流畅,它加上了犯错的前因,解释为什么需要折腾这么多次(天定,有的版本施罚者是玉皇大帝);加上了爱情元素,解释他们在每一世互相寻找的动力,当然也是与读者取得悲情的共鸣。所以这个爱情串串烧故事可以简述为:一对男女,仓促相遇,仓促相爱,却被命运所捉弄,无奈而仓促地死去;但是他们不甘心,双双再去投胎,格式化一切重头来过;然而重来还是不行,于是就再格式化了再来一遍;历经两千年,一轮又一轮,直到最后尘埃落定,结束轮回。

爱情串串烧故事有多种形式,包括三世姻缘、五世姻缘、七世姻缘乃至九世姻缘,而以七世的说法为多,本书为了叙述紧凑对过程进行了简化。前文说过,三五七九都是大数,都表示多,为什么"七世说"更有市场呢?我以为,首先是因为"七"的容量适度,就好比舞台剧,三幕太少,九幕太多,五幕七幕既足够腾挪,又能满足受众心理期待,转场负担还不重。那么,为何在中庸的五和七之间又偏向七呢?这可能涉及第二重原因——与传统的溯祖观念有关。古者天子七庙[1],就是说连皇帝家的宗庙祭祀也只论七世,再远的,除非有殊功伟德,就不再特别设祭,毕竟"恩之所不能及也"。因此,七个世代在历史追溯中就基本算是极致了。观念所及,杂剧小戏里经常见到"七世冤家""七世亲娘""七世魔君"之类的揶揄。至于一对痴男怨女的恋爱长跑,跑七世就算了,也别搞得太累。

略叙一下故事来源和异文情况。《尾生抱柱》见录于《庄子·盗跖》,但在民间传承中通常会将尾生姓氏改为音近而更通俗的魏、韦等,女子

---

[1] 周代宗庙制度:天子七庙,诸侯五庙,大夫三庙,士一庙。一般平民没有资格建宗庙,可在灶堂旁设祖宗神位拜祭。天子七庙实际是从当朝天子往上倒六世,再加一个开国之君,"三昭三穆,与太祖而七"。

则加以戏剧中常见的女子姓名，像黄梅戏《蓝桥会》中两人分别叫魏魁元、蓝玉莲，淮剧中叫韦郎保、贾玉珍，等等，时代也常从战国往后推，本书对此做了调整。《孟姜女哭长城》所本为《礼记》《孟子》《列女传》等所载的春秋时杞梁妻哭夫故事，后经民间演绎为孟姜女与万杞梁（或音近的万喜良、范喜良）故事。《梁祝》也来自民间传说，至今浙江上虞等地还有托名遗迹留存。《郭华与王月英》所本为元代无名氏所作杂剧《王月英元夜留鞋记》。《王士朋与钱玉莲》所本为元代柯丹丘所作南戏《荆钗记》，王士朋原戏作王十朋，民间小戏中又有王士友等别称。《秦雪梅吊孝》所本为清代杂剧《三元报》和各种地方戏，商林一作商琳。《李奎元与刘瑞莲》没有很古的版本，应当是民间传说。至于金童玉女，他们作为一个在仙界等级不高的阶层在故事中经常是不具名的配角，但专讲玉女的故事除外（专讲金童的故事很少），可参考玉女专节。

很显然，上述七个故事的质量高低不齐，有些甚至编得非常离谱。其实，民间流传的另外一些七世姻缘版本的男女主角还是很可作为备选的，比如薛丁山与樊梨花、高君保与刘金定、杨宗保与穆桂英、王景隆与苏三等等，篇幅所限，就不岔开多说了。

由于吾国人民普遍喜聚不喜散、好乐不好悲的心理特点，这些婚配故事原本多为大团圆结局（历尽波折苦尽甘来）。但就题旨而言，"七世姻缘"又必须是系列悲剧，"七世姻缘不成双"嘛。因此，我们常会发现上述故事在不同体裁中有悲喜两种结局。本节自然只能取其悲剧版，且尽量将其中突兀的情节合理化，并搭建起前后呼应的架构。

主要出处

《庄子》《列女传》《夜航船》《酉阳杂俎》《礼记》《搜神记》《独异志》《全元杂剧·王月英元夜留鞋记》《全元南戏·荆钗记》《三元报》《通俗说部丛书》《蓝桥会》

复活：镣民们的秘密

在人类的生命愿望阶梯上，如果死了总能够活转来，那就等于将自己提升到了一个死与不死的中间状态，也是相当不错的选项。

在玉门关以西一万一千里的地方，有个族群叫做录民。他们生活在洞穴中，没有男女之分，以吃土为生。死了之后，族人会把他们埋起来，然后就不再理会了。这些死去的录民的遗骸在土里随着大自然的衰朽规律演化，唯有肺不会腐烂。经过一百二十年之后，死者的肺重新工作，于是呼吸再启，死而复生，于是他们就从被埋的地方钻出来，继续新的人生。

在距离玉门关四万六千里的地方，有个族群叫做无咸民，他们也是吃土为生的。他们在死了之后也被族人埋入土里参与大自然的循环，唯有心脏不会腐烂。过了一百年，他们的心脏重新跳动，于是死而复生，从被埋的地方爬出来，继续新的人生。

遥远的海外北方有一个无启国，国中人也是吃土为生，不分男女。死了埋入土里，心脏不朽，一百二十年后复活，爬出来重新开始。

又有不知生活在何处的一个族群叫做细民——从名称可以推测大概他们的身材尺寸比较小。他们也是死了埋在土里肝脏不朽，经过一百年，再次出来做人。

还有一个族群叫做镣民，他们的特点是死了埋在土里肺不朽。不过与同样肺不朽的录民不同的是，他们只需要经过一百年就可以再次呼吸，从土里钻出来重启人生了。

掰书君曰

上面这几个族群死而复活的故事，综合改写自《太平御览》和《山海经》，很显然，它们是同一类型的分化，或者说是类型化的派生。其中的差异，不外乎是所居地点、不朽的脏器，以及复活所需要的时间间隔而已。其中录民跟镠民更是相像，除了不朽的都是肺，名字也类似。虽然今天"镠"的发音是留（liú），但在上古，"录""镠"两字应该是同音或音近的。这一点甚至无须过多论证，只看与其同一声旁的"戮""蓼""僇"等字今天还念录（lù），就知道"录民"和"镠民"根本就是一回事，用字的差异属于流传中的讹变。

无启民是录民和镠民的另一种说法。无启就是无继，就是没有后代。他们不分男女，每个个体死了又都能复活，自然没有繁衍后代的必要。这么看来，他们族群内的个体数目是打从一开始就固定下来了的，永远也不可能增加或减少。想想吧，假如你是录民，你面对的始终都会是同样一群人，甩都甩不掉，也怪无趣的。唯一可能的变化，大概就是看谁不顺眼就早点打死埋土里算了，让那厮先消停一百二十年再说。

科学地看，像录民这样死了就埋、保留关键脏器到期复活的延命方式，很像某种系统的休眠与重启，或者至少是芯片的再次读取。其复活的驱动力来自机体内部，复活的密码写在基因里，到时间细胞内的发动机就接受指令点火，驱动生命体重新开始运转。考虑到他们是吃土为生的，我们可以认为是泥土给了他们重组生命的必要外部资源与能量。从神话/仙话的角度，我们还可以把这种复活理解为来自地母的神力，地生万物，大地是孕育一切生灵的神圣子宫。很显

《山海经》中的无启民

复活：镠民们的秘密

北方天帝颛顼死后化为鱼妇（《山海经》）

然，从这些较早的关于复活的想象里，已经可以看到后来仙话中"肉体不死"的影子。

死而复活当然还有其他方式。比如《山海经》说，古帝颛顼死后灵魂依附到蛇化的鱼上，于是复活，拥有了半人半鱼的新生命。又如天神猰貐（yà yǔ，或作窫窳、猰㺄）被贰负和危杀害，天帝又让巫彭、巫抵、巫阳等群巫用不死药给救活了。

猰貐吃的不死药，跟长生果/不死果本质上是一样的，但在这类复活故事的情境中，其药之功效更偏向于救亡而不是延寿。与此类似的有祖洲的不死草，一株草能救活一千个死人，堪称批量起死回生神器。又有惊精香，由反魂树的汁炼成，死人闻香可活，手续极其简便。又有种鹿活草，说是倘若把一头鹿抓来杀了，取了五脏，然后用此草填进去，鹿都能活过来。不过到了这时候，我们的关注重点大概就不在其神效，而是要问问他们为什么非要杀了鹿再复活它——是一种神仙界的动物试验吗，还是他们十分热爱烤腰子呢？

再举几个典型的与神仙相关的复活故事。《列仙传》记载谷城乡有个叫平常生的人（单听这名字就知道人家有颗恰到好处的平常心），曾经几次死而复生，但人们都不相信此事。有一次平常生成功预言了大水退却的时间，应验后，当人们找他时，却发现他留下衣服不知所踪了——瞧，他又死了一次。遗憾的是，故事并未详述其死而复生的细节。又如大茅君学成回家，应父母要求帮乡邻"起死人"。其复活原理也很说得通：既然是枉死，那就打通阴曹关节，照章办事走程序，从地府把人的魂灵弄回来，再投入原来的躯壳中就行了。

还有个很著名的复活例子是哪吒。哪吒原型来自佛教，但已高度本土化并且道教化了，其复活靠的是道教的借形重生术。哪吒舍弃了父母给的肉身，一灵不灭跑回去找师父太乙真人，太乙真人以莲花藕节等布出躯壳形状让灵魂依附，再作法使之重生。这种复活技术虽然略显高端复杂，"可信度"却很高，或者说与人们的认知毫不违和，毕竟道教就是靠这门技术三分江湖有其一的啊。哪吒事详见后文专节。

主要出处

《太平御览》《山海经》《神仙传》《列仙传》

永生：长毛有翅的古拙仙

人类愿望的高级阶段是成仙、永生。本节咱们聊聊早期不死的仙人，并讨论他们经常具有的特殊的形貌特征。

有根器的人经过艰难而虔心的修炼之后能够得道。得的"道"足够火候了，就可以成仙，谓之仙人。仙人是摆脱了死亡烦恼的人，能在这人世间或仙界永生。

永生的仙人都有什么惊人之处呢？他们可以驾龙乘云，或者竦身飞上天空；他们可以化为鸟兽，在江海与名山间遨游；他们可以随意出入人间而不被人察觉；他们也可以隐身于草野之间，骨骼变得奇异，身上长出长毛，或生出羽翼……

帝尧时的偓佺就是这么一位仙人。他原本在槐山采药，以松子为食物。由于修炼得法，他的身上长出了长达数寸的毛发，眼睛也变成了方形。他还能飞翔，速度追得上奔跑的马匹。偓佺曾经将自己服食的那种松子送给帝尧，可是尧太忙了，没有时间按照他的要求服食，所以最后没有得道成仙。偓佺也将松子送给别人服食，凡是吃过他松子的人都活了两三百岁。

秦代的毛女也具有这种怪异的模样。据说她原本是秦始皇宫人，字玉姜。秦灭后她流亡入山避难，遇到了道士谷春。谷春教她修炼，服食松叶。她照着做了，身上逐渐生出了长毛，身子轻盈可以起飞，而且再也感觉不到饥寒。

除了遍体生毛这种情况，还有些神仙长出了翅膀，这都是永生的仙人能够改变形体的表现。长出翅膀的仙人叫做羽人,又叫飞仙。

有人说仙人的翅膀是双臂变的,也有人说仙人的双臂仍旧保留着,又从胁下另外生出羽翼来。在西方昆仑或者东海蓬莱等神山上有很多这样的羽人,他们像鸟儿一样飞来飞去,享受着不死的生命的快乐。

掰书君曰

上文故事综合改写自《列仙传》《神仙传》等资料。

"古拙仙"是本书的提法,因为如果直接说"古仙",概念上会比较含混。理论上仙人都是"古"的,除非你按时代细分为上古仙、中古仙、近古仙(最后这一档几乎没有,元以后凡人基本上就不成仙了,呼道士为神仙只是尊称)。本书在"古仙"中加个"拙"字,一是因为这类神仙的形象非常朴拙,二来也便于与别的概念区分。

仙话里,凡人肉体在修仙之后会发生一些变化,毕竟"五浊未除"的凡胎即便得到了仙丹也是无法飞升的。变化的目标是清和轻,体内要清,体重要轻,最好躯壳轻灵得像空气,或者像个塑料袋,好被一阵风吹上天去。当然,关于升仙的体重指标在不同时代是有变化的,在古拙仙流行的时代,肉体只要轻到一定程度、能够借助空气浮力飞起来/悠起来/滑翔起来就可以,不一定非得成塑料袋。

除了体重变化,古拙仙的体貌特征也会发生异于人类的改变。

许多古拙仙都具有"方眼"特征。比如偓佺,他

偓佺(明王世贞辑次《有象列仙全传》)

毛女(左)(明王世贞辑次《有象列仙全传》)

的形象有点像只长毛松鼠，吃松实，在树上飞，速度快，并且"两目更方"。所谓"方"，是指瞳孔为方形。据《神仙传》引《柱下史》说"八百岁人，目瞳正方；千岁人，目理从"。看来，偓佺的年龄在八百到一千岁之间。

生毛与长翅也是古拙仙肉体发生的变化之一，这种变化是他们得以飞升的工具或手段。

毛女是少有的被明确提及生毛的女仙。生毛除了表明神仙具有将皮囊异化的能力，也是长寿/永生的结果。咱们得这么想：平时见到的绝大多数国人不可能有几寸长的体毛，那是因为咱们活得还不够长，而且新陈代谢作用下，旧毛还没长到充分长，就被新毛顶替掉了；可是仙人不一样啊，人家只进不出，能量在毛发尖层层叠加（你从没听说过哪位神仙有脱发烦恼，对吧），加上又不死，长年累月的，自然越积越多，越长越长了。后文麻姑的超长指甲，也是同理。

《列仙传》说龙眉山巅住着一位宁先生，也是全身长毛，耳朵很大，成天披散着头发。《神仙传》里的刘根就更奇特了，他的毛居然有一两尺长！一眼望去，这就是个行走的墩布了吧，猛犸象和麝牛的相对毛量都比不过他。这位刘先生是汉代人，住在高达五千丈的嵩山石洞里，无论冬夏都不穿衣（还有什么必要穿呢）。他的眼窝很深，胡子很多，就连鬓发也有三四寸长，还是黄色的。

传为东晋陶潜所写的《搜神后记》里说，有个人叫丁令威，不仅长出了翅膀，甚至直接把自己修炼成了仙鹤，一去人间千年后飞回来，栖在城门口华表柱上嘚瑟。

生毛近乎于兽，长翅则近乎于鸟。像偓佺、毛女、刘根和丁令威等，就是彭祖口中突破了物种界限、将自己修炼成鸟兽的仙人。不过，彭祖自己更喜欢人体，并不欣赏这种"失其本真，更守异器"的异化。后来的仙话中古拙仙就比较少了，可能大部分"正常的"修仙者跟彭祖想法差不多。

最后，多说两句长翅膀这事儿。

仙人生翼的说法早在商代就有，我们今天仍能见到精雕的商代羽人玉佩。战国时屈原《远游》说"仍羽人于丹丘兮，留不死之旧乡"，其中的羽人、丹丘（有可能指炼丹之丘）、不死乡等都是当时神仙家经常提及的概念。到了汉代，有翼仙人更是广泛出现在神仙文字或画面中。王充《论衡》里提到仙人的形象是"体生毛，臂变为翼，行于云"，手和翅膀二合一，虽然结构上很精炼，但移动时手不能干活还是挺让人郁闷的。而王逸在为《远游》作注时则说"人得道身生毛羽"，翅膀被认为是人体额外的附件，手解放出来，还可以边飞边剥个松子、捧个盘子什么的，更得世人青睐。所以汉砖、汉帛等老物件上，西王母身边经常飞翔着的那些小号仙人，都是既有翅膀又有手的。从同时期的泥塑、玉雕等作品中更能清晰地看到，羽人的翅膀从后肩垂下，在后背微张，而羽人身体前侧的双手，一定还持举着别的什么东西。

东汉兴起的道教全盘接收了神仙家和普通民众关于神仙达成的共识。仙道界习惯将得道飞升叫做羽化，看来共识里成为神仙的默认值是变鸟（或模拟鸟），可能因为变成松鼠或者墩布没那么优雅吧。道士们在做法时喜欢身披羽毛大氅，魏晋时酷爱谈玄说道的王恭们也喜欢身披鹤氅，这一身身看上去奢侈炫目的华服，其实就是从不死的古拙仙们那两尺长毛加飞鸟翅膀的怪异形象里提炼而来的。

主要出处

《列仙传》《神仙传》《楚辞》《太平御览》

丁令威化鹤（明王世贞辑次《有象列仙全传》）

商代活环曲蹲羽人玉佩饰

仙乡到底在何方

人类经过不断的努力,终于爬过漫长的愿望阶梯,登上了不死为仙的巅峰。那么,传说中的仙境究竟什么模样,又藏在什么地方呢?

据说,神仙所居住的地方除了天界,主要有三岛、十洲、十大洞天、三十六小洞天和七十二福地等等。

按照东方朔《海内十洲三岛记》的记载,三岛和十洲都在八方巨海之中、人迹稀绝之处。三岛指的是方丈、蓬丘和昆仑,十洲指的是祖洲、瀛洲、玄洲、炎洲、长洲、元洲、流洲、生洲、凤麟洲和聚窟洲。

除了这些位居偏远四海的仙乡,陆地的高山绝壁、深林幽谷、洞窟地穴等处,也是神仙们栖身的好地方。

司马承祯《天地宫府图经》说,十大洞天在大地名山之间,是上天派遣群仙进行统治之所。它们是:王屋山洞、委羽山洞、西城山洞、西玄山洞、青城山洞、赤城山洞、罗浮山洞、句曲山洞、林屋山洞和括苍山洞,分别由西城王君、青童君、上宰王君、青城丈人等统治。

三十六小洞天也位于诸名山之中,由上仙统治,从霍桐山洞、东岳太山(泰山)洞、南岳衡山洞、西岳华山洞、北岳常山(恒山)洞、中岳嵩山洞、峨眉山洞直到天目山洞等,都在此列。统治它们的是著名的仙人或者真人。

七十二福地同样位于大地名山之间,上帝命真人进行统治,这里面有很多都是仙人们得道升仙的场所。包括著名的丹霞洞、洞庭君山、天姥岑、若耶溪、烂柯山等,都属此列。

不管叫什么名目，这些仙乡都是美好的，能带给人无限的想象。现在，我们就以十洲中的凤麟洲为例，看看仙乡可能是什么模样。

凤麟洲位于西海的中央，方圆一千五百里。"洲"意味着水中的陆地，与岛相比，可能面积更大、地形种类更丰富。凤麟洲的四周围绕着弱水，弱水是一种浮力极小、连鹅毛都浮不起来的水，这就意味着没有任何凡间舟楫可以从水面接近它。洲上有山川池泽，有百种神药，还生活着几万只凤凰和几万只麒麟。

仙人们在凤麟洲上生活，出行可以乘凤骑麟，日常服用神药延寿。最特别的是，他们会制作一种续弦胶。这种胶呈膏状，由凤喙（凤凰的嘴壳）和麟角（麒麟的犄角）混合在一起熬制而成，颜色青如碧玉，又叫做连金泥。无论是已经崩断的弓弩弦，还是砍断了的刀剑，用续弦胶将断口扎连起来就会十分牢实，哪怕让大力士使劲拉扯，将其他地方都扯断了，胶粘的地方也不会断绝。

汉武帝时，西方的国王遣使来访，献上的礼物中包括续弦胶四两。汉武帝一开始不知道此胶的妙用，心想这些远国的贡品能有什么稀罕的，只命收到内库里去。不日，汉武帝带领众人到华林园游玩，射虎时用力过猛，弩弦崩断了。西方使者便拿出自己随身带着的一分续弦胶，用口水濡湿，沾上了断弦。汉武帝很惊讶，听了使者的解释，索性让几个武士对着牵拉补好的断弦。可是无论他们使出多大力气都拉不脱，弩弦完全像没有断的时候一样。汉武帝叹道："真是奇异之物呀！"

像续弦胶这样的物品，不过是仙界美好事物的一个缩影。说起来，三岛十洲的出产和地理环境都各不相同。比如聚窟洲就没有凤麟，它的特色动物是狮子、辟邪、凿齿、天鹿，以及长牙铜头铁额之兽。洲上有人鸟山，山上有大树叫做反魂树，从其树汁可提炼出能起死回生的惊精香。再如东海的生洲，它的天气永远安和，没有寒暑之别，于是盛产各种仙草仙芝。而西海的流洲，没有神奇的动植物，可是出产神石昆吾，以之炼成剑，光亮如水晶，割玉如切泥。居住在不同仙乡的数以亿万计的神

凤麟洲（雷玥溪绘）

凤麟洲在西海之中央，地方一千五百里。洲上多凤麟，数万各为群

仙们，当然也因地制宜，充分利用着当地的出产来完善自己的神仙生涯。

至于内陆的大小洞天福地，它们都是天地精华凝聚之所，又因隐匿于人间，更添几分工巧与韵致。神仙们住在其间，哪里还会有什么烦恼呢？端的是：金乌迟飞，玉兔缓劳，烟谷云岫，飞泉萦绕，瑶台阆苑，翠旌羽葆，纵有万吨世尘，管教你，颗颗洗净了。

掰书君曰

仙话中的三岛十洲与洞天福地的位置有海陆之分，前者在海中，后者在陆上。

《海内十洲三岛记》托名东方朔所作，真正写作时代可能在汉末魏晋这一段。当时礼崩乐坏，谈玄说道是士大夫流行的消遣，人的思想以懒散叛逆为时尚，不喜欢呆板的秩序（虽然实际上仍旧等级森严）。所以我们看书中三岛与十洲之间似乎只有地理位置的差异，没有等级区别，传说中的仙乡各有所长，仙人们也各取所需，一派百花齐放的景象。

远海上有仙岛这一理念，与海市蜃楼有很大关系。人类是热爱幻想的物种，一丁点自然奇景就可以激发无穷的想象力。三岛的名目是方丈岛、蓬丘岛和昆仑岛，这显然是从更早的昆仑神话和五神山／三神山神话演化而来。

事实上，昆仑是神仙之山，位于西边，很难到达，山中有很多神仙及奇珍异宝……这些基本上是人们的共识[1]。《海内十洲三岛记》不过是将昆仑的属性从山变成了岛，昆仑的其他属性没变。其实，海里的山就是岛，只不过是地势高拔险峻的岛，在此处，神山和神岛是一个意思。我们仍然可以认为：昆仑是包括崟山、青要之山等在内的一系列仙山的代表。

---

[1] 昆仑山具有天枢、天居、天柱与天梯"四合一"的功能，拙作《诸神纪》有专节论述此山，此不赘言。

方丈和蓬丘，名目来自于《列子·汤问》中渤海之东的五神山（岱舆、员峤、方丈、瀛洲、蓬莱）之二。方丈又叫方壶。蓬丘即为蓬山，也就是蓬莱山，又称蓬壶。原本蓬莱在五神山中名居第五，恐怕不能成为同侪代表，但事情总会起变化：龙伯国巨人将负责驮起岱舆和员峤二岛的六只巨鳌（大致是一种龙头大海龟）钓起来吃了，岱舆和员峤因此漂流到北极沉没，搞得住在两山上的上亿神仙急急忙忙搬家，心里充满了怨气（神仙的房产证也不可靠）。于是剩下方丈、瀛洲、蓬莱，成了我们熟知的海上三山[1]。

也许因为秦始皇曾经特别青睐蓬莱山，修筑过两百里长池，在池中筑土为蓬莱、刻石为鲸鱼（《三秦记》），渐渐的，蓬莱的名气突出于同侪，成为海上仙山的代表。我们来看看蓬莱是怎样的一个仙岛——

蓬莱山在东海东北方的虚无缥缈间，碧空之下烟云缭绕，隐约露出嵯峨的叠峦翠峰。岛上洁净无尘，如同水晶世界。仙人们有时乘坐桂叶舟往来，漂浮在明月光波之中。岛上有各种珍奇异兽、仙芝灵药，甚至连山上的冰水都具有奇效，喝一口能够活一千岁。

岛周回五千里，四面被圆海所环绕。圆海又被称作冥海，水色深黑，无风也有洪波百丈，连飞鸟都不能飞过，凡人更不可能到达。曾经有许多凡人驾船想去一探究竟，但总是明明看着仙岛已在眼前，却永远也不可能再靠近一些了。

《海内十洲三岛记》将瀛洲归入十洲范畴，搞得三神山只剩方丈、蓬莱两个，又拉来昆仑补足三山之数，其实有点吃力不讨好，因为普通民众并不买账。在民众观念里，西有昆仑，东有蓬莱，昆仑是西方诸仙山

---

[1] 龙伯国巨人钓鳌故事大致如文中所述，拙作《我们的神》里对此有较详细讲述，此不赘言。另，据考"三神山"之说在前，"五神山"之说在后，5 是 3+2 的结果，但钓鳌故事反过来讲，变成了 3=5-2。不过多出来这两座山也没什么特别功能，它们的存在好像就是为了成全龙伯国巨人的神话似的。

(清)仇英《蓬莱仙境图》

的代表,蓬莱是东方仙岛(神山)的代表,山与岛各守其土,各显其神,挺好。因此昆仑神话和蓬莱仙话发展成两套要素不同却又互有关联的体系。

再说说十洲。十洲里的好些洲名都有神话来历,除了上述瀛洲直接来自三神山,又如玄洲、炎洲其实是极北和极南之地的变异,长洲是青丘国的变异,等等。

还有些洲名一眼看去就很有趣,比如正文中提及的凤麟洲。此洲盛产凤凰和麒麟,这两种奇兽放到人间都是难得一见的头等祥瑞,可是在这里因为数量太多(动辄几万起),结果直接由祥瑞堕落成经济动物,真是暴殄天物。仙人们将人家凤麟的嘴壳子、犄角都卸下来做成续弦胶后,剩下的羽毛鳞片、筋肉骨皮等等肯定也舍不得抛弃,想来,要么吃了补身子,要么加工成工艺品出售——既然仙人们能熬胶创收,那再多几样副业赚钱,也该不会有什么心理障碍,对吧。

关于续弦胶,还有个神奇的功能值得一说:

元和年间,饶州刺史齐推之女为暴鬼所杀,其夫李生去求九华洞仙官田先生帮忙申冤。田先生召来地界神官,处置了暴鬼。又查知李妻本来的寿命应是三十二年,生四男三女。按理,该将她放归阳世,可现在她肉身入土半年,魂魄已散,怎么办呢?有老吏说,葛真君曾用续弦胶处理过类似案情。田先生与李妻都同意这个方案。不多时,冥吏从别处领来七八个女子(三魂七魄),都与李妻长得一样。冥吏将她们推合到一起,用一种稀糊状的药涂满李妻全身,于是李妻就此复活。复活后,她的一切与常人无异,只是举止更加轻便而已。

(出自唐牛僧孺《玄怪录·齐推女》)

你看,续弦胶的作用可不仅限于接续弓弦,它还能将四散的魂魄重新粘合起来，让人起死回生，这正是仙物该有的神效。东汉郭宪《洞冥记》提到该胶为鸾血炼成，算是异文。其实凤和鸾是一类，只是喙、角与血不同，如果要熬出胶质，也许采用前者更靠谱些。

总而言之，三岛十洲是远离人寰的高冷所在，虽然无限美好，但一般人是不可能进入那样的神仙世界的。赚大钱的续弦胶生意，凡人自然也无法染指。

与三岛十洲的遥远、偏僻、高冷不同，所谓洞天福地其实藏在人间，人们是有机会涉足其间的。仙又写作仚，《说文》解释："仚，人在山上貌。"又《释名》说："老而不死曰仙。仙，迁也，迁入山也。"所以，升仙者不占据一座山，都不好意思说自己得了道。

对于在人间的仙乡，世人自认拥有评议权。其实单就景色而言，在名山大川间进行比美排位是很难服众的，抛开"大众评委们"各自审美偏好不谈，还有感情因素呢，"谁不说俺家乡好"呢？因此，所谓的洞天福地排行榜只能是人为的强行排序。

唐人司马承祯的《天地宫府图经》[1]，首次在总结前人观念的基础上，梳理出了故事正文中所述的十大洞天、三十六小洞天及七十二福地。"洞天""福地"原本是互文，统指异于凡人世界的、深藏不露的（可经由洞穴到达的）美好新天地。但为了铺排的需要，就只好将它们掰开了揉碎了去罗列。不过，前文已述，这些"洞"并不是阴湿狭窄的小窟穴，而是一个个通往异世界的窗口。

仔细分析司马承祯《图经》会发现，其所列之地，至少三处都与他自己有关：第十四福地灵墟，是他隐居之处；第四十四福地桐柏山/桐柏宫，《履园丛话》引桐柏县志说是唐景云二年为他本人所建（一说梁代就存在）；第六十福地司马悔山，据说是他被唐睿宗征召入宫、走到半路后

---

[1] 司马承祯，字子微，亦写作紫微，号白云子。《天地宫府图经》，亦称《上清天地宫府图经》，或《天地宫府图并叙》。

悔的地方。以上三处都在浙江台州，肯定是司马先生经常履迹之处，不过他还算谦虚，只悄眯眯将它们纳入了福地范畴。但如果用这个地理坐标去扫描，我们会发现十大洞天的第六名赤城山洞，其实也在台州/天台山范畴内——你看，白云子可真没客气，给自己熟悉和喜爱的地方在第一档里安排了个低调又靠谱的名次，这才叫神仙心机吧。

司马紫微是道教上清派茅山宗的宗师，江湖地位显赫，话语权很大。他开出的单子，时人和后人基本都得给面子。五代杜光庭的《洞天福地记》、北宋张君房的《云笈七签》，便都直接继承了他的说法。

不过，也有稍微不同的版本。比如五代王仁裕的《玉堂闲话》提到南中的合皂山是七十二福地之一，但白云子《图经》里并没有此山。再加上，"洞天福地"这说法一旦推广开来，无论官方还是民间赞美一处山景时，往往都不吝奉上一顶"洞天福地"的高帽子，所以就显得这样的神仙所在愈发多了。别的不说，就连孙猴子在瀑布后面发现的山洞，不也号称"花果山福地，水帘洞洞天"么。还有什么上八洞神仙（即铁拐李等八仙）、中八洞神仙、下八洞神仙云云，也纷纷以居住地为自己打名号，可见神仙们对于洞府生活还是相当满意的，并没因为房子远离"中央仙务区"而自卑。

洞天福地的美妙风光仅存在于想象中是不

道教宗师司马承祯。他与陈子昂、卢藏用、宋之问、王适、毕构、李白、孟浩然、王维、贺知章被后人合称为"仙宗十友"（明王世贞辑次《有象列仙全传》）

仙乡到底在何方

行的，毕竟还需要人眼的鉴别与人口的传颂。不得不说，赤城洞、灵墟、桐柏宫、司马悔山这几处地方，它们在后世的名气很沾白云子的光。放到今天，有权威人士帮你站台，门票可以卖多多，GDP自然高涨了。

神仙们的本心肯定不喜欢外人打扰，毕竟人多浊气重，而且如果谁都能来，仙境的档次何在？但是，自己独占了美景世人却不知道，那不就等于衣锦夜行吗？仙生若失去对比，快乐又将从何而来呢？所以，咱们凡人也适当理解一下神仙们既嘚瑟又设槛的心情，那就跟炫富小能手们将限量款口红、包包、手表、跑车等发朋友圈邀赞是一样的啊。

以上是仙话中呈现的仙乡、仙境的大略情况。当然，仙境还包括天宫，就是我们头顶上玉帝所在的九霄云外那一大片地方。不过鉴于神话中有昆仑山之巅再往上就是天宫的说法，本节对天宫就不单说了。此外，道教典籍中还有"三十六天"等提法，比如说元始天尊居住在大罗天，太上老君等居住在三清天，等等，涉及道教的宇宙架构和世界观，也融合了佛教的说法，与一般老百姓的思想关联很少，这里也不赘言。

主要出处

《海内十洲三岛记》《天地官府图经》《云笈七签》《洞天福地记》《列子·汤问》《三秦记》《玄怪录·齐推女》《洞冥记》《玉堂闲话》《履园丛话》

仙道界虽然不仅限于道教界,但不可否认,道教界是仙话的主要贡献者之一。道教神仙体系在中国神仙中占据特别大的比重,因为,但凡在民间有点影响力的各路神灵,都被道士们给编排进了这个体系中。本单元将讨论对象收窄,专门聊一些在道教神仙体系中占据显赫地位的神灵。

第六单元

道教神仙体系的大『流量』

玉皇大帝与话语权

最高天帝（天、上帝）其实是个概念神。玉皇大帝可以认为是天帝的最新近版本。玉皇大帝不算有故事的神，关于祂的片段大多镶嵌在别人的故事中。所以，本节还是采用边述边议的方式，从最高神名号（天、上帝和中央神）、玉帝称呼由来、玉帝地位与话语权、玉帝作为俗神四个方面来说说笔者关于祂的思考。

第一个问题，关于天、上帝和中央神。

宇宙有个最高统治者，这个统治者在天上，不仅统管万物，也是诸神之王……这样的观念大概在原始社会末期随着生产力的发展和阶级的分化而产生，中外皆然。

这个最高统治者是个概念神，如果将其抽象化便是"天""天道"，是宇宙普遍规律；如果将其具象化，便是"上帝"，或称"天帝"。上帝意即"天上的帝"，是地道的中国古称。对于"天""天道"的信仰，源远流长，至今潜隐在每个中国人的心中。

在中国，"最高"往往还与"中央"相连，因为中国古人认为自己处于世界的中央，中央优先，四方从之。当然，中央神这种概念与最高神之间一开始并不完全重合。比如早期与倏、忽齐名的中央神混沌可能只是方位神，我们看不出祂的地位更高。到了后来"五方上帝/天帝"系统中，中央黄帝却成了最高神，地位高于南方赤帝、东方青帝、西方白帝和北方黑帝，这是个"四加一"[1]的统治结构。

与"五帝系统"并行的还有个"六帝/六天系统"，是"五加一"结构。在五帝之上有太一神（太帝、昊天上帝），黄帝与四帝地位相同，而太帝一神独大。《五经通义》说"天神之大者曰昊天上帝，其佐曰五帝"，这是以五配一。之所以出现"四加一"和"五加一"这种分歧的原因在于：太一神是先天神，黄帝（多被认为）是后天神，当先天神与后天神同时出现时，先天神天然地高于后天神。

昊天上帝、天皇大帝、皇天上帝、太一（泰一）神都是最高神"上帝"概念的不同表述。"天"是神的实质，也指神所在的位置，"昊"形容天的广邈，"皇""帝"表明地位尊崇，"太/泰"和"一"表明其绝对性、独一性。在不同的历史阶段，人们可能偏向于选择不同的称呼。如果非要捋一条线索的话，我们可以大致认为：

"天/帝/上帝"是最高神名号的1.0版本，比较质朴、直接。例如《尚书·洪范》"帝乃震怒，不畀洪范九畴"，《诗经·柏舟》"母也天只，不谅人只"。

"太一/泰一/太帝"是最高神名号的2.0版本，在其中着重加入了尊崇和绝对之义。例如《史记·封禅书》"天神贵者太一"，《礼记·礼运》

五方上帝

---

[1] 拙作《诸神纪》中有关于"四加一"及下文"五加一"神灵结构的讨论，此不赘言。

"是故夫礼必本于太一，分而为天地"。

"昊天上帝／天皇大帝／皇天上帝"是最高神名号的3.0版本，为了表达敬意，其名号已经扩充到四字。例如《周礼·大宗伯》"大宗伯……以禋祀祀昊天上帝"，郑玄《〈周礼〉注疏》"冬至于圜丘所祀天皇大帝"，《法言义疏》"称天神曰皇天上帝"。

而玉皇大帝及其扩展的诸多美称，则是最高神名号的4.0版本。

值得一提的是，在新版本出现后，旧的版本并未消亡，于是各种新旧版本长期混用。

第二个问题，关于玉皇大帝称呼的由来。

"玉皇大帝／玉皇上帝"这个名号中，皇、帝、大、上都不新鲜，就"玉"是新的，而它也成了唯一识别元素，是我们今天简称"玉帝"的根据。那么，"玉"是怎样添加到最高神的称呼中的呢？

据考证，"玉帝""玉皇"称呼最早见于文字，是在南朝道士陶弘景的《真灵位业图》里[1]。陶道长排的神仙表中有两位神仙界高层干部的名号值得注意，一位叫做"玉皇道君"，一位叫做"高上玉帝"，位置在三清之下。当然，这个层级的干部名号带"玉"的还不止这两位，还有"玉玄太皇君""玉天太一君""太上玉真保皇道君""太一玉君"等，只是前二者更接近后来的文字组合方式。可以看出：第一，此时玉皇、玉帝的称呼还没跟最高神绑定；第二，他们属于道教自创神；第三，他们是后天神。

到了唐代，道教大得其势，高上玉帝（皇）等神仙进一步成熟，出现了《高上玉皇本行集经》（即《玉皇经》之校释本）等道书，为这些自创的高级神仙编造了出身（比如：高上玉皇原是"光严妙乐国"的太子，历三千劫始证金仙，历亿劫始证玉帝云云）。藉由李氏皇家对太上老君李

---

[1] 可参考陈建宪《论玉皇文化的起源、结构与功能》，《湖北民族学院学报》2001年第2期。

玉皇大帝像（河北石家庄毗卢寺明代壁画）

耳的推崇，道教的自创神仙在老百姓中有了更大市场。加上我国自古崇玉，人们发现，玉皇/帝这种名号特别适合用来指称最高神，以彰显尊贵。于是唐代民间逐渐形成了玉皇/帝是天界老大的观念，而将道教排出的谱系放到一旁（在那里玉皇不是老大）。如韩愈诗句"玉皇颔首许归去，乘龙驾鹤来青冥"、柳宗元诗句"忽如朝玉皇，天冕垂前旒"即为例证。与此同时，在官方祭祀中，天的名号仍为"昊天上帝"。

到了宋代，玉皇/帝为最高神的民间观念得到官方认可，正式进入皇家祭祀系统。宋初内忧外患，宋真宗即位后犹感艰难。他生于深宫，没有战勋，年纪轻轻，也谈不上德操。为了稳定自己的地位和全国上下的情绪，就大搞迷信，说天帝给自己降下天书，表示赵家的皇权是天授。然后他给这位天帝上尊号为"太上开天执符御历含真体道玉皇大天帝"，通过官方力量认证了玉帝的最高神地位。到宋徽宗，又在原有基础上添加"昊天"二字，成为"太上开天执符御历含真体道昊天玉皇上帝"，正式将"昊天"与"玉帝"融合，官方祭祀的最高神名号也随之改变。值得注意的是，昊天上帝和玉皇大帝的融合不仅是名号的融合，还是先天神和后天神的融合，道教神与上古神的融合。

这样一来，玉皇大帝/上帝在民间的号召力自然风生水起。各地兴建了许多玉皇宫、玉皇庙，围绕玉皇的信仰逐渐丰满，一发不可收拾。

经宋历元至明清，关于玉皇大帝的信仰绵延不绝，至今信徒众多。我们在《五杂俎》《四游记》《官场现形记》《今古奇观》等大量的前人笔记、世情小说中都能一窥当年盛况。

第三个问题，玉皇大帝的地位与话语权。

你可能会问，前文已经说了玉皇大帝被奉为最高神，为何还要探讨袖的地位与话语权问题呢？

其实，这是一个实际存在的尴尬局面：因为在民间信仰之外，在道教经典与斋醮实践中，在以儒学为根基的文人士大夫的思想探讨里，人们的观念却远未统一，这就使得玉皇大帝有时候是最高神，有时候不是；有时候掌握最高权力，有时候却受到各种制约。

造成道教尊神重叠、地位不明这一局面的首要原因是：天/天帝是先天神，但玉帝是后天神。天的权利和地位不证自明。但玉帝（按照道教的说法）是"历劫修炼"而成的，属于竞争上岗。既然你可以诞生、成长，你就可能死亡；既然你可以上岗，那就可能下岗；既然你曾经从基层攀爬上来，那就意味着（以前）在你之上肯定还有更高的存在……这种情况下，一个后天神要如何克服逻辑上的矛盾与先天神融合呢？

造成此局面的第二大原因，是道教神灵体系的累赘与繁复。道教神灵体系吸纳了相当多的上古神祇，除此之外，历代道教知识分子又根据教义法理、当时当地的俗神信仰状况、道士修真情况等，对其神灵体系进行了不厌其烦的编排、扩充、阐释和重释,这种叠床架屋、层累渐变、与时俱进的结果,就使得道教内部的说法难以圆融,充满矛盾。比如,汉末的五斗米道/天师道奉太上老君为最高神,而南北朝的上清派、灵宝派则分别奉元始天尊、灵宝天尊为最高神。为了调和教派冲突,有人参照佛教"三身说",提出道教最高神为三位一体的"三清",将上面三个尊神并奉。中国一直是多神教的,信仰往宽了放可以,往窄里收,很难。对信众而言,三尊并列总比自己的尊神被挤出前排要好。至唐代,"三清说"得到广泛认可。"一气化三清","一气"不赋形,三清(玉清元始天尊、上清灵宝天尊、太清道德天尊[即太上老君][1])的地位并列最尊。于是,玉皇大帝就只能安排为"四御"之一了(另外三御是紫微大帝、勾陈大帝和后土皇地祇)。此外,他们还需要安排资深望重的古神西王母、东王公的位置,要整合四极大帝(东极青华大帝、南极长生大帝、西极天皇大帝、北极紫微大帝),又要把天皇大帝、皇天上帝等名号与昊天上帝剥离,对应到其他位置的神灵身上,等等等等。道士们为了法理的通顺,为了斋醮的科仪,不得不一代代努力弥合理论裂隙,努力自圆其说。即便如此,也经常破绽百出,于是,他们又不得不再次提出新的理论[2]。

除此之外,我以为造成此局面还有第三个原因,虽然它一直不为人注意,那就是恒星数千年来在星空中的位移。将星宿对应神灵古已有之,道教也继承了这一传统。具体到最高神,北极星被认为是天帝的化身,"四御"中的前三御(玉皇大帝、紫微大帝、勾陈大帝)其实都跟北极星

---

[1] 正文所举为关于"三清"的最流行说法。其实还有别的说法。比如《云笈七签》说三清又名三天,"天宝君治在玉清境,即清微天也……灵宝君治在上清境,即禹余天也……神宝君治在太清境,即大赤天也","三清之上即是大罗天。元始天尊居其中,施化敷教"。关于三清与元始天尊的关系可参看于春松《仙与道:神仙信仰与道家修身》,海南出版社,2016年。
[2] 其实许多民间好事者也参与到了这个不断将水搅浑的过程中。最典型的是明代许仲琳的《封神演义》,无端在"三清"之上加了个鸿钧老祖作师傅,还让太上老君自述"曾拜鸿钧修道德,方知一气化三清"。这类书籍的性质相当于现在的玄幻小说,属于个人创作,里面的神仙谱你可千万别当真。

有关。随着地球自转轨道的变化，几千年来，代表北极的那颗恒星（正对地球自转轴北端）实际上是在变化的。紫微星、纽星等都曾经做过北极星，是最高天帝化身。轨道位置变化之后，北极星有了新的代表，但老代表还挂在天上，也得想办法安置啊。"四御"就是人们调整认识、对星空现状进行合理化重置的方式之一，既承认了老领导的尊贵地位，又让新老干部各得其位、和平共处，还是很聪明的。一千年过去了，宋代的北极星纽星也已偏离北极方向，今天的北极星其实是勾陈一。看来，古人早就推演出勾陈大帝最终会坐到那个位置上，不然为何早早将其放入"四御"中做后备呢，呵。

对于玉皇大帝地位问题上存在的不可调和的矛盾，早在宋代就有人指出了。《朱子语类》记录大儒朱熹评论道教仿释氏三身而为三清，"昊天上帝反坐其下，悖戾僭逆，莫此为甚"，"况庄子明言老聃之死，则聃亦人鬼尔，岂可僭居昊天上帝之上哉？"他埋怨"朝廷更不正其位次"，这么重大的名实问题居然搅浑水。他也不赞同当时郊祀（祭天）的对象太多，"而今煞添差了天帝，共成十个帝了"，"一国三公尚不可，况天而有十帝乎？"他认为周代和汉代都没有这种乱象，"《周礼》中说上帝是总说帝……说昊天上帝只是说天之象"，"汉时祀太乙（太一）便即是帝"。总之，宋代朝廷将玉皇大帝与昊天上帝混一，为了顺应道教教义又只能置天帝于三清之下，这不仅激起儒家知识分子的义愤，也大乖民众常识，引起不少反弹。到了元明清三代，皇帝郊祀便逐渐与宗教脱离，老老实实回归"致牲玉，燔柴泰坛，昭告昊天上帝"的传统了。先天神仍旧是先天神、概念神，有共性，无个性，抽象是其本质，具象为其虚拟。

与昊天上帝解绑之后，玉皇大帝何去何从呢，是安心回到道教神仙体系去做个二级神了么？在道教人士那里，是的，教义如此嘛。但在民众那里，对不起，我们可不管什么三清四御，我们就想简单直白要个最高神来拜拜不行吗？要知道，祭天自古是天子特权，老百姓没资格直接跟上天进行交流[1]。可是有了玉皇大帝，庶民与天的精神交流路径一下子就打通了。玉皇大帝像是昊天上帝的亲民版，是祂的一个外号，一件马甲，一幅镜像。而且，玉皇大帝的最高神地位得到过官方认可，以祂为老大，不再是民众的一厢情愿。通过正统—世俗名号的分化操作，信仰活动实现了路径分流，民众拜玉皇，无碍皇帝拜昊天，因此也不算僭越了。

于是，玉皇大帝一面带着道教后天神的特点（祂的生日和修炼经历仍旧算数），一面带上了民间俗神的特点（祂会操心人间的小日子，甚至下凡到每家每户巡视），一面又拥有先天神的地位和话语权，成为民众心目中最高天帝的不二之选。这下子，祂倒成了"三位一体"的神了。

第四个问题，作为民间俗神的天帝。

在各种神仙宝卷、民间小戏以及《西游记》《东游记》等文学作品中的玉帝形象，其性质更接近于民间俗神[2]。祂甚至还有了凡人姓氏，姓张。

人们给玉帝配上了对偶神王母娘娘，说他们是天上的两口子，好比人间的皇帝跟皇后，要在一起过日子。

我们知道，在道教里，西王母是一众女仙之首，简称西母，因为西方属金，别称金母，说她是先天西华至妙之气化生。其对偶神是东王公，一众男仙之首，先天东华至真之气所化生，又叫东华帝君，因为东方属木，别称木公。金母配木公，对偶整齐得很。但对偶不一定是配偶。

现在，民众需要为玉帝捆绑个配偶。纵览吾国诸位大女神，源远流长、深孚众望的女娲早配定伏羲，不可能拆得开，而别的大女神在知名

---

[1] 西汉刘向《说苑》概括《礼记·王制》的内容说："天子祭天地、五岳、四渎，诸侯祭社稷，大夫祭五祀，士祭门户，庶人祭其先祖。"
[2] 关于道教与民间叙事的关系的论述，可参考刘守华《道教信仰与民间叙事的交融》，《文化遗产》2012年第4期。

王母娘娘像（北京法海寺明代壁画）

度和权势印象上则似乎分量不够。好在还有"东西"这一对，东王公的名气没那么大，事迹少，存在感不强，拆了问题也不大。西母对玉皇是对不上，可是，金母对玉皇就一样整齐得很、妙得很哪。西王母做天上的皇后，完全是实至名归。于是，没什么生动事迹、靠宋朝皇帝强捧成"顶流"的玉皇大帝，就这么有了个历史悠久、资深望重、一呼百应的"媳妇"。

两相比较，王母的风头常常盖过玉帝。不信请看瑶池蟠桃宴，其主办者从来都是王母，不与玉帝相关。王母在瑶池宴上不是女主人，而是主人，不是老板娘，而是老板。各种档次仙桃的分配权只归王母，也就是说，全体神仙的寿命能不能得到定期充值，能充多少值，是王母娘娘说了算的，神仙们拼命巴结讨好她，就再正常不过了。当然像《南游记》等小说也写了玉帝召开赛宝会之类的情节，不过这已经是明代的事了，跟汉代就有记载的蟠桃会还是差着千余年光景的。咱们可以这么理解：这两口子里，王母是实力派，玉帝是流量派。

那么，作为流量派的玉帝，其存在感又体现在哪里呢？体现在人们随口的攀扯中，体现在"宇宙大家长"这个角色身份上，体现在各种神仙故事的背景里。

即便在昊天与玉帝二合一的宋代，玉

帝这名号也比昊天显得世俗，人们甚至可以拿玉皇大帝来开玩笑。有一次下雪，宋哲宗赵煦让近臣写诗，有个叫滔大使的吟道："谁把鹅毛空处掸，玉皇大帝卖私盐。"当时卖私盐是重罪，把下雪比喻成玉皇大帝大撒私盐，何其嬉皮笑脸，宋哲宗竟也不责怪，可见他也觉得玉帝不过是昊天的"小号"罢了，随口攀扯攀扯，并无大碍。

玉帝非常亲民，老百姓的大小事祂都管。每年农历腊月二十三，各家灶神都要上天向玉帝汇报，然后玉帝会根据这家子一年来的表现施罚或赐福。到了腊月二十五，祂还要下凡巡视，家家户户都要摆香案"接玉皇"。你看，管得这么无微不至，是不是尽显宇宙大家长风采？作为先天神的昊天上帝管的都是乾坤大道，不会管这种针头线脑、鸡毛蒜皮吧？作为道教神的玉皇忙着在各种斋醮中接受香火、斩妖除魔，也没工夫听居委会汇报吧？还是玉皇大帝来得接地气。民间俗神受民众拥戴，就是因为他们跟民众不是外人哪。

玉帝在神仙故事里作为男八号出现充当背景的例子就更多了。"二郎神劈桃山救母""董永与七仙女"等故事里，玉帝就是反对天人婚姻、冥顽不化的强硬势力总代表（故事详见二郎神专节）。当然，王母娘娘在充当黑恶势力方面的积极性也不遑多让，牛郎织女故事里，就是她划出银河分开有情人的。

多有意思，又是媳妇（王母），又是妹子（云华仙女，二郎神之母），又是闺女（七仙女），又是外甥（二郎神），又是孙女（织女别称天孙），玉皇大帝这个最高神当得忙忙叨叨，一家子内部就鸡犬不宁，真是充满了人间烟火气。

不知读者诸君是否想过这个问题：玉帝有妹子，那就得有爹妈，那么他俩的爹妈是谁呀——可别告诉我是"光严妙乐国国王净德和王后宝月光"，这写法明显是从佛经扒来的，跟俺们村的云华不挨着。此外，玉帝有闺女，跟谁生的呢，王母娘娘么？按照教义，他们作为神仙早就断绝情欲了，繁衍下一代肯定不能跟人类一样。那么，是靠"气"来交

玉皇大帝与话语权

流么？还有，仙话中经常提到谁是王母的第几十个女儿，根本不提其爹是谁，难道王母是抛开了"前夫"木公和"现任"玉帝进行了孤雌繁殖，以"气"生"气"的么？

民间故事里玉帝唯一没有的是儿子。想想也好理解，玉帝如果有儿子，那就是天子，可天子都派到人间当皇上了呀。你可能会说，要不就留下嫡长子在天上当天太子，准备将来接老爹的班吧？不，你错了，你大大地错了。别忘了玉皇大帝是后天神，是凭实力竞争上岗的。"谁行谁当老大"是神仙界共识，儿子能否接班，祂说了也不算数。顺便说一句，这么一推理，织女其实不该是"天孙"，而应当是"天外孙"。

《西游记》里孙大圣有句名言："皇帝轮流做，明年到我家。"此书崇佛抑道，不给玉帝面子，一只小石猴都敢大闹天宫，要求玉帝赶紧"搬出去"。其实同书借如来佛之口交代过玉帝简历："他自幼修持，苦历过一千七百五十劫，每劫该十二万九千六百年"，算下来，玉帝他老人家约合两亿三千万岁，一竿子插到三叠纪去了！这么大岁数，什么魑魅魍魉没见过，可是居然差点在二氧化硅石猴精这小阴沟里翻了船，是不是有点奇怪？其实吧，也不奇怪。毕竟，"舍得一身剐，敢把皇帝拉下马"还是早有先例的。

说到这里，咱们可以讲述另一个有关天帝的民间小故事了。

渔阳有个人叫张坚，生性大大咧咧，不拘小节。有次他用网子抓到了一只白雀，很喜欢，就养了起来。当时的天帝姓刘，称作"刘天翁"。张坚做了一个梦，梦到刘天翁责备他那些任性狂妄的行为，想要杀掉他。张坚很紧张。可是后来，每当天翁打算对张坚有什么动作，白雀都会知道，然后提前告诉他，于是张坚总能躲过去。天翁试了几次不成功，很奇怪，就亲自下凡来看。

张坚准备了盛宴来款待天翁。趁着天翁吃喝得高兴没注意，张坚偷了天翁的白龙车飞上天去。天翁发觉之后，急忙骑上剩下的龙去追，却没有追上。张坚到了天庭玄宫之后，立刻宣布自己做了天翁，把所有的神官都换掉，又将北天门堵上，还封白雀为神鸟，上卿侯。

刘天翁失去了自己的地盘，再也做不成天翁，便在五岳间徘徊作灾，给张天翁捣乱。张天翁没办法，只好让刘天翁去做了泰山的太守，专门主管人间的生死簿，也就是冥神。

（出自唐段成式《酉阳杂俎》）

唐代人俗称天帝为天翁，比如韩愈《嗟哉董生行》有诗句"人不识，惟有天翁知"。张天翁就是张天公，或者张天帝，也就是后来民间俗神玉帝的前身——这下子，你知道玉皇大帝姓张是怎么来的了。你看，这位张天翁抽冷子夺大位的法子，是不是比孙大圣正面硬抢来得机智多了。

主要出处

《真灵位业图》《玉皇经》《国朝文类卷》《欧阳修集》《朱子语类》《万历野获编》《七修类稿》《酉阳杂俎》《四游记》

太上老君沉浮记

准确地说，本节题目该叫"老子沉浮记"，讲的是老子在抵达"太清太上老君"这个"职业巅峰"前后的"沉浮史"，读者诸君姑且将题目视为"太上老君在成为其名号所指代的尊神前后的沉浮记"的省略说法吧。

道教原本与道家学派的宗师老子无关，老子属于被后世强拉"入伙"的。这个"入伙"时间，可能在西汉，或至少是两汉。在早期仙话如《列仙传》中，老子的故事还是比较低调的。

老子姓李名耳，字伯阳，是陈国人。他生于商末，后来做了西周的柱下史。老子喜欢保养精气，注重吸收而不外泄。他后来又转做了守藏史，前后供职八十余年。孔子去拜见他，见面之后知道他是圣人，便以他为师。老子活到二百多岁，被人们称为隐君子。那时他发现周朝的德行衰颓，便骑着青牛西去大秦。经过西关（函谷关）时，关令尹喜知道他是得道真人，便恭敬地迎候他，求他留下著作。于是老子作《道德经》上下二卷而去。老子的谥号曰聃，所以人们又叫他老聃。

单从这个记叙看，老子在《列仙传》里并不算特殊，毕竟赤松子、马师皇、黄帝、啸父、彭祖等的事迹都比他骑牛出关要炫得多。而且当时老子的籍贯和身份也是存疑的，《史记》就提供了或为楚人或为"周太史儋"等别的说法。在这个阶段，老子作为一个被仙话吸收的历史人物，最大的贡献是留下了可供后世神仙家们自由发挥的《道德经》（当然，关于《道德经》的实际作者在学界略有争议)。该经约五千字,又称《老子五千言》。老子的第一个追随者关令尹喜[1]也被仙化,说是跟着老子出了关,还写了《关令子》九篇。

东汉中晚期,张道陵在四川创立五斗米道,拉大旗作虎皮,奉老子为教主,《老子想尔注》成为教育信众的教材。《老子想尔注》是这么说的:"一者,道也……一散形为气,聚形为太上老君,常治昆仑。或言虚无,或言自然,或言无名,皆同一耳。"我们由此可以归纳出,在早期道教那里:老子等同于一、道,或者虚无、自然、无名这样的概念;道散开时就是气,聚合时就是太上老君(已经出现这个名号了);太上老君的治所在昆仑山(混融了古神话)。

还有比《老子想尔注》更玄乎的,如汉代王阜《老子圣母碑》说:"老子者,道也。乃生于无形之先,

(明)张路《老子骑牛图》

---

[1]"喜"为人名,这个没问题,但"关令尹喜"这个称呼到底怎么切分,略有争议。笔者个人倾向于"关令尹"是"关令"和"关尹"的合称(西周有关尹,春秋时关令、关吏,都是守关的主官),表示职务,"关令尹喜"意为"一个叫喜的守西关的官员"。这里的"令尹"不同于楚国的高级官员职位。

起于太初之前,行于太素之元,浮游六虚,出入幽冥,观混合之未别,窥清浊之未分。"以道解释老子,老子的地位固然被推到了最高处,但形象就变得很虚,多数人会将它理解为一个譬喻,或者一个悟道的方便法门,由此无法解释老子作为有血有肉的周代人的历史是怎么回事。

到了魏晋,随着道教的兴盛,老子作为神仙的形象得到丰满和补充,他的出生来历也被另作交代。《初学记》引《玄妙内篇》[1]讲述老子的神奇出生,大意为:

(太初形成的)三气在八十一万亿年后化生出了玄妙玉女。又八十一万亿年后,三气再次发生变化,凝结成五色玄黄、弹丸大小的一个小丸。玄妙玉女吞下了这个小丸,于是得孕。又八十一万亿年后,胎儿从玄妙玉女的左腋诞生。他生下来就是白头发,所以称为老子。

以上只是玄妙玉女(少数版本称净妙玉女)生老子故事的其中一个版本。另有南朝宋的《三天内解经》点明了"三气"是"玄气、元气、始气",后来唐代的《酉阳杂俎》收录了"岁在甲子,诞于扶刀",宋代的《云笈七签》收录了"指树为氏,因姓李焉"等细节,就不一一说明了。通过更改老子的母亲,并将入孕方式、胎龄、生产方式、姓氏等环节与人类常规剥离且置换为神奇元素[2],老子作为一个活生生的神仙角色就彻底脱离了凡俗性,巩固了神圣性,并且拥有了具象性。

南北朝时期,道教已经发展得非常壮大,教派众多,但不同教派所奉的教主有异。比如天师道、楼观道尊崇老子,上清派、灵宝派尊奉元始天王、太上大道君等等。为了协调各派纠纷,避免内耗,以陶弘景为

---

[1]《玄妙内篇》据考成书于魏晋时期,内文散佚,零星见于其他著述中,版本各异。可参考刘屹《〈玄妙内篇〉考——六朝至唐初道典文本变化之一例》,原刊于郝春文主编《敦煌文献论集》,辽宁人民出版社,2001年。
[2] 例如,玄妙玉女吞气与"天命玄鸟,降而生商"古神话如出一辙,而且胁出也是古神话中的神奇出生方式,等等。拙作《诸神纪》有专节论述及此类神奇孕育故事,此不赘言。

代表的道士们想出了将这些教主基本并列的方式，他的《真灵位业图》能明显看出这一倾向。后来者进一步整理归纳，筛并既有偶像，又借鉴佛教法身、报身、应身合一的"三身说"，将各教派的主要尊神合称"三清"，认为太初之炁（气）化成了玉清元始天尊、上清灵宝天尊、太清道德天尊三位最高神，这就是"一气化三清"之说。写了《道德经》的老子就是道德天尊。

理论上讲"三清"平等，实践中，一来体制派仙话喜欢排座次，二来语言是线性的，"三清"并举也有个先提谁后提谁的问题，故而在"三清"模式里，老子的地位其实比鼎盛时期（"老子者道也"）下降了，毕竟他被放在了三清的最后一位。但也不算很委屈，因为元始天尊是从先天神盘古化来的，盘古作为创世神，天然地就应该放在前面，给宇宙一个开端；而灵宝天尊没有历史人物原型，据《云笈七签》引《太洞真经》说，灵宝天尊是"盖二晨之精气，九庆之紫烟……寄胎母氏，育形为人"，跟前述老子的新编身世类似，还不需要洗掉凡胎的印迹。不过，老子虽然最后出场，在"三清"中知名度却最高，仙话里也经常给他安排各种情节露面（虽然老百姓习惯把他看成玉皇大帝的手下），符箓派做法时还拿"太上老君急急如律令"吓唬鬼神，这充分说明了太上老君在民众心目中优于前二者的地位。也是，一个有血有肉有故事的白胡子老头，肯定比道观里那些正襟危坐的扑克脸要接地气多了。

关于老子的肉身凡胎在仙话中是如何"洗白"的，除了上述拉出玄妙玉女的"生母置换法"之外，还有一种方法也很机智，姑且称之为"循环下世法"。清代严可均《全后汉文·卷六十二》收录东汉边韶的《老子铭》，说老子"道成身化，蝉蜕渡世，自羲、农已（以）来，（世）为圣者作师"，也就是说老子得道之后一直不停下世为师启蒙人类，《庄子·天地篇》释文引《通变经》给出了具体数据："（天地开辟以来）一千二百变。"综合《太平广记》《云笈七签》等书辑录的各种说法，情况大致是这样的：

自从开天辟地以来,老君一次次变名易号投身世间,扶世立教,将道法传授给天下人。他前后有一千两百个化身。比如,他在上二皇时为元中法师(玄中法师);在下三皇时为金阙帝君;在伏羲时是无化子,又名郁华子;在神农时是大成子,或者九灵老子;在祝融时是广寿子;在黄帝时为力牧子,或者广成子,或者叫天老;在少昊时为随应子;在颛顼时为元阳子,或者赤精子;在帝喾时为禄图子;在帝尧时为务成子,或名务光子;在帝舜时为尹寿子;在夏禹时为直宁子,或者真行子;在商时为彭祖,或者锡则子;在周文王时为文邑先生,或者守藏史/主藏史,在周武王时为柱下史,或说在周初时为郭叔子;到了东周时期,在越为范蠡,在齐为鸱夷子,在吴为陶朱公……

太上老君下世为李耳(《金阙玄元太上老君八十一化图说》经折装,清刻本)

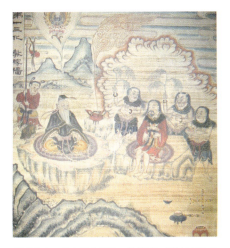

老子八十一化之第十三化：教稼穑。"老君与神农为师，号大成子，说《元精经》，教以生化之道。播百谷以代禽兽，合百药以救百病。"（甘肃崆峒山老君楼明清时期壁画）

老子八十一化之第十四化：始器用。"老君……以《人皇内经》《灵宝五千文》授于祝融……乃造刀斧钻凿等，以利益众生。"（甘肃崆峒山老君楼明清时期壁画）

通过这种不断下世刷新身份的故事，老子就由后天神升格成了先天神，他曾经是周初柱下史的普通人经历就不是问题了，因为，那不过是太上老君千余次凡尘历险记中的一次而已。老君是道的化身，郁华子大成子广寿子等等包括老聃李耳在内又是老君的化身，是道的化身的化身，是道在不同时间线段上的映射；而最后说"在越为范蠡在齐为鸱夷子"云云，又将这一映射原则运用到了空间上。于是，太上老君同时实现了在时间和空间上的无数映射。

循环下世说可能受到了佛教"应身佛"[1]之说的启发，不过《抱朴子校补》认为这是道家旧有的（"务成郁华诸仙皆老子化身，盖本道家旧说"），与他者无关，而且葛小仙翁本人还反对循环下世说，认为"夫有天地则有道术，道术之士，何时暂乏？是以伏羲以来，至于三代，显名

---

[1] 佛经中说，佛为了救度一切众生，随应三界六道不同状况和需要而变化显现，这些随缘教化所现之身，称为应身。

道术,世世有之,何必常是一老子也?"意思是开天辟地以来修道的人多了,何必都捆绑到老君身上?其实,下世说对于去除重要宗教人物的后天性是个很好的解决方案,别的宗教(尤其一神教宗教)也喜欢这么干。而道教是多神教,神灵本来不稀缺,还允许凡人修炼成仙,所以后天性对于神灵不算多大的短板。葛小仙翁不采纳循环下世说的原因,大概是因为动辄将神仙说成老君化身,影响了神仙来源的多样性,恰与神仙学说"凡人皆可修仙得道"的本意相悖吧。

总之,不管循环下世说的来历如何,映射/投射这种思路还是很具启迪价值的。后来朱夫子说"月映万川""理一分殊",不妨认为是同时继承了道释两家的精神遗产。

老子在唐代之后的地位还小有沉浮。唐代皇室姓李,因此崇奉道教,老子被奉上了"玄元皇帝""圣祖大道玄元皇帝""大圣祖高上大道金阙玄元天皇大帝"等尊号,"三清说"也在这一时期最终定型。宋代皇帝也信奉道教,不过宋真宗抬出了玉皇大帝放在"三清"之上,与"一气化三清"之说龃龉,老子的地位就显得尴尬了。明以后将官方祭祀与道教祭祀剥离,官走官道,教走教路,太上老君算是又回到了"三分之一最高神"的位置。

道教发展过程中伴随着与佛教的互相借鉴和争斗,这里聊聊最有代表性的"老子化胡说"。老子化胡,"化"是"教化""度化"之义;或者理解为使动用法,"使胡人受到教化/度化";当然,要理解成"化为胡人"也行,因为他所化的那个"胡人",是西土的佛陀。故事有不少异文,咱们归纳个简单点的版本。

老子西出函谷关之后,进入了天竺的维卫国。国王夫人名叫净妙(或直接说摩耶夫人)。有一次净妙白日睡觉,老子便随着太阳之精进入她的口中,净妙因而有孕。后年四月八日半夜,净妙剖开左腋(一说右腋),生下来一个儿子。儿子刚一落地就走了七步,目顾四方,一手指天,一手指地，说道："天上天下，唯我为尊。三界皆苦，何可乐者？"这就是乔达摩·悉达多，即后来的释迦牟尼。佛教因为老君的再次化身下世而诞生，佛所事奉的，就是无上道。

（据《玄妙内篇》《文始传》《老子化胡经》等）

"老子化胡说"中，佛教教主是道教教主择定和培养的，佛陀成了老君的无数化身之一，佛教成了道教的下游和支流。你说佛教徒看了这样的信口开河，能不当场气晕么？

中华文明自居世界中央，历来讲究教化远被，这是"老子化胡说"产生的思想基础。"化胡说"的雏形，几乎在佛教传入后不久就产生了。《列仙传》提到"（关令尹喜）后与老子俱游流沙，化胡"，但如何"化胡"，语焉不详[1]。三国时鱼豢《魏略·西戎传》则进一步说："临儿国，《浮屠经》云其国王生浮屠……昔汉哀帝元寿元年，博士弟子景卢受大月氏王使伊存口受《浮屠经》……《浮屠》所载与中国《老子经》相出入，盖以为老子西出关，过西域之天竺，教胡。浮屠属弟子别号，合有二十九，不能详载，故略之如此。"浮屠就是佛陀，指释迦牟尼。裴松之在《三国志注》里也引用了鱼豢的说法。综合起来看，当时的说法大致是：老子出关到了西域的天竺，教化了当地胡人；浮屠（佛）是其中一个胡人弟子的称号；老子计有二十九个（胡人）弟子。这个早期版本重点在老子曾经教过佛陀（"教胡"），没有日精入胎之类的神奇情节，也没有将佛陀解释为老子的转世化身。

两晋时期，中土佛教势力发展越来越大，招致道教徒的巨大不安和强烈反感，这是"老子化胡说"产生的社会背景。作为宗教，佛教与道教争民心，争信徒，争官方地位，争物资供奉……在宗教、民生、政治

---

[1] 如果简单地将此处的"化胡"理解为"教化胡人"，那么未必与佛教有关。佛教初入东土一般认为是在东汉明帝永平年间，而《列仙传》传为西汉刘向所著。但《列仙传》时代和作者一直有争议，愚见，此处内容也有可能为东汉之后增改的。

等领域，凡是能争的都争了个遍。而吾国老百姓的文化心态向来比较开放包容，甚至"外来的和尚好念经"，对新异的言、物都容易趋之若鹜，于是一来二去的，道教居然不占主场优势了。"市场"就那么大，两大"品牌"如果都向对方地盘伸手，势必会迅速呈现针锋相对、你死我活的态势。

在这样的背景下，西晋道士王浮写了《老子化胡经》来踩踏对方，一般认为这是"老子化胡说"的正式亮相。王浮是天师道的祭酒，属于教中骨干，有文采，有人脉，背靠强大的组织资源。我相信此经并非王浮一人的灵机一动，他大概是将古今同道的主意用诗文公开表达出来，替大家"出一口恶气"罢了。《老子化胡经》面世后经历了众人增益的过程，有点"众人拾柴火焰高"之意。与经文配套的还有《老子化胡玄歌》，包括化胡歌、尹喜哀叹、太上皇老君哀歌、老君十六变词等，据考其中某些是作于北魏武帝灭佛后，可见添砖加瓦的后人真是不少。

"化胡说"引发了中土世界从官方到知识界、宗教界声势浩大、持续长久的口水战，从两晋一直打到了元后。

比如，北周武帝崇道，北周大夫甄鸾信佛，君臣信仰相异。北周武帝偏让甄鸾"详佛道二教，定其先后浅深同异"。甄鸾就写了《笑道论》，很书呆子气地一点点驳斥道士们的篡改。他评论道："老喜为佛，虚妄可笑……然老能作佛……道士不知奉佛，惑之甚矣。"意思是老子、关令尹喜去到天竺化为佛的说法很可笑，如果老子化成了佛，道士们就该奉佛才对……气得武帝一把火将他的雄文给烧了。后来北周武帝搞灭佛运动，就是当时两教争端接近极限的结果。

持文化本位立场的儒家知识分子也对佛教侵夺人心的趋势感到忧虑，毕竟孟子老早就在《孟子·滕文公上》里说过："吾闻用夏变夷者，未闻变于夷者。"南齐大臣顾欢眼见趋势挡不住，索性和稀泥，说两教教义基本上是一样的（"二经所说，如合符契，道则佛也，佛则道也"），既然一样，那信奉道教就够了，"舍华效夷，义将安取？"可见，当时士大

老子八十一化之第三十四化：说浮屠。"太上令尹喜化佛，说四十二章经，遣飞天神王剃须发、擎赭衣、作浮屠桑门之教。"（《金阙玄元太上老君八十一化图说》经折装，清刻本）

老子八十一化之第六十六化：毗摩城。"太上于于阗国毗摩城伽蓝乃化胡成佛，东方圣人号是老君，化我国作佛，其铭尚在。"（《金阙玄元太上老君八十一化图说》经折装，清刻本）

夫们还是很警惕异族宗教所产生的文化离心力的。

作为论战的另一方，佛教徒当然不愿闷声吃大亏。他们不仅大力反驳"老子化胡说"，游说统治者组织公开辩论赛，而且以彼之道还施彼身，在己方的经卷中发挥想象力，奋力进行了还击。南朝僧祐编撰的《出三藏记集》讲了个小故事。

西晋高僧帛远（字法祖）儒雅博学，敏朗绝伦，在陇上拥有很高的声望。秦州刺史张辅想让他还俗为辅佐，他坚决不肯，张辅怀恨在心。后来张辅找借口将法祖鞭挞致死。关陇地区的汉人和羌胡知道了，都非常悲痛。

当时有个叫李通的人，有天突然死了，然后又死而复生。他告诉大家："我在地府见到了法祖法师。"众人忙让他说详细些。李通说："法祖法师正在阎罗王那里,为其讲解《首楞严经》。他说讲完经之后,自己就要升往忉利天去。此外,我还见到了道教的祭酒王浮,还有道士基公,他们都披枷带锁,挨个儿来向法祖法师忏悔,请求他大发慈悲呢。"

法祖平时经常与王浮辩论,争议释道两者的正邪,每次王浮都争不过法祖。王浮不服,回去就写了《老子化胡经》来诬谤佛法。现在王浮死后到了地府,后悔也来不及了。

僧祐讲故事挺厉害,利用老百姓喜闻乐见的"地府游见闻录"模式,借普通人之口编造出了论战双方的不同结局:象征正义的法祖做了阎王之师,而且人家授完课就要上天堂;象征邪僻的王浮等死后则下了地狱,披枷带锁求忏悔。这下子王浮们总算被彻底打倒在地,落得个"可耻"的下场,佛教徒们也"出了一口恶气"——哼,叫你们抬着老子搞跨界通吃!

道释两家的口水仗、代理人仗还有很多,以上围绕"老子化胡"的争端只是露出水面的冰山。

佛教传入后,我国本土的道教乃至儒家都对其思想内容有所借鉴,这是事实。不过,佛教为了实现本土化,对道教和儒教也多有借鉴,比如借用儒道词汇来翻译佛教概念(甚至刻意地偷换概念),承认孝养父母的义务(佛教原本是"六亲不认"的),等等;而且,佛教思想也在中土得到深度改造,最终产生了代表中国学派的"禅宗"……此处就不详聊了。

最后聊聊作为神仙的老子之形貌吧。

老子既然是道的化身,形貌自然可以随意变化,理论上变成万物都是可能的。不过,作为一个有形的神仙太上老君,他也得有相对固定的形貌。

《神仙传》说沈羲曾经去到天上见过太上老君,"形体略高一丈,披发垂衣,顶项有光",除了脑袋发光,其余基本就是普通高个子神模样。

《酉阳杂俎》则抓住"李耳"的"耳"进行了发挥:"耳三门,又耳附连环,又耳无轮廓",是明显的异相。《金篇内经》等书更具体:"老子黄色,美眉广颡,长耳大目,疏齿方口,厚唇;额有三五达理,日角月悬;鼻纯骨双柱,耳有三漏门;足蹈二五,手把十文",头脸手脚都说到了。

描写得最炫的,当属《抱朴子·内篇》:"老君真形者……身长九尺,黄色,鸟喙,隆鼻,秀眉长五寸,耳长七寸,额有三理上下彻,足有八卦,以神龟为床,金楼玉堂,白银为阶,五色云为衣,重叠之冠,锋铤之剑,从黄童百二十人,左有十二青龙,右有二十六白虎,前有二十四朱雀,后有七十二玄武,前道十二穷奇,后从三十六辟邪,雷电在下,晃晃昱昱……"不仅细述形貌服饰,还交代了住所环境和导从规格。如果画出来,四面墙都不够老君这排场。

然而最有意思的,还是南宋画僧法常所绘的"鼻毛老子"。法常师法梁楷,以枯瘦简笔勾勒老子神韵,大耳凹眼,指如鸟爪,尤其鼻毛直接垂到了上嘴唇,真是好一副奇形怪貌。有鼻毛接地气显人性,鼻毛三千丈则走向了地气和人性的反面。法常所绘制的老子形貌,就这样非常奇异地既消减又增强了老子的神圣性。只不过,法常作为僧人如此描画老子,世人该算他跨界崇拜呢,还是跨界抹黑呢。

(南宋)法常《老子图》(局部)

主要出处

《列仙传》《史记》《老子想尔注》《老子圣母碑》《玄妙内篇》《酉阳杂俎》《真灵位业图》《云笈七签》《太平广记》《神仙传》《抱朴子》《老子化胡经》《出三藏记集》

二郎神听调不听宣

二郎神既是个天神,又很像个散仙。这种特殊性,与仙话中他和玉帝的独特关系密不可分,也与他的原型来历相关。

玉皇大帝有个妹子叫做云华仙女,她不堪忍受天规天条的严苛,私自下凡去玩,碰到人间青年杨天佑,就与他成了亲,过起了幸福的小日子。不久,云华生下一个儿子杨戬,人们管他叫杨二郎。

玉皇大帝知道后大怒,将云华抓回来压在桃山下。云华的儿子杨二郎长大后,一心要救出母亲,到处拜神仙学武艺,习得了七十二般变化,还跟梅山上的七个豪杰("梅山七圣")结为了兄弟。学成之后,二郎借到一柄神斧,劈开桃山,救出了母亲。

二郎对舅舅玉皇大帝的蛮横耿耿于怀,不愿意在天上过,就带着梅山七圣返回下界,在灌口二郎庙那里接受香火,保佑百姓,造福当地。玉皇大帝奈何他不得,只能随他去。二郎神原本是半人半神之体,劈开桃山后神力大增,脑门上还长出了一只法眼,能识魔祛邪,威力无比,于是他又多了一变,能七十三变了。加上长期接受民间香火,他就彻底成了神。玉帝让他做天庭的护法,人们管他叫"二郎神"。二郎神对玉帝一直很冷淡,虽然在神职上必须听命于他,却是"听调不听宣",帮天庭干活可以,若强迫他可不答应。

没想到,后来二郎神的妹子三娘子也走了母亲云华仙女的老路。

三娘子住在华山,人称华岳三娘子,或者华岳三圣母。她有一盏宝莲灯,能够驱除邪魔,带来光明,保佑一方平安,因此深受远近乡亲爱

二郎神（雷玥溪绘）
仪容清俊貌堂堂
手执三尖两刃枪
斧劈桃山曾救母
性傲归神住灌江
（摘自明吴承恩《西游记》）

戴。可是独自生活,她难免感到孤独。有一天,一个赴京赶考的书生刘锡路过神庙,看见三娘子的塑像心生爱慕。三娘子便化身成人与他相爱并结合了。不久三娘子有了身孕,刘锡却必须去赶考。分别前夕两人互赠信物,刘锡送给三娘子一块沉香,三娘子送给刘锡一颗夜明珠。

不久王母娘娘过生日,在瑶池宴请群仙。三娘子托病,不敢赴会。二郎神感到奇怪,驾起云头到华山一探究竟。他法眼一闪,发现了事情的真相,不由勃然大怒。他是天界的护法神,没想到自己的妹妹竟然带头违反天条。二郎神立刻要捉拿三娘子回天庭受审,三娘子拿出宝莲灯与哥哥斗法,二郎神一时不敌,暂且撤退。

夜里,趁三娘子困倦休息,二郎神派遣哮天犬偷出了宝莲灯。这下三娘子打不过他了。二郎神施展神力,一把抓起华山,将三娘子压在了地下的洞穴中。不久,三娘子在地洞里生下儿子沉香,托夜叉带上信物夜明珠将沉香送到父亲刘锡身边抚养。

沉香八九岁时得知了母亲被压的真相,十分震惊,直冲到华山下,想用工具将母亲刨出来。可刨出的泥土总是很快回到原处,他一个凡人孩子,怎么可能对抗得了二郎神的神力?沉香大哭起来。恰在此时,霹雳大仙路过,听了他们母子的讲述,大仙答应收沉香为徒,教他本事。沉香跟着霹雳大仙学了八年,学得了十八般武艺、七十二般变化。何仙姑又送给他一把萱花神斧,助他救母。

十六岁的沉香再次来到华山,二郎神早已严阵以待。沉香求情无果,舅甥二人大打出手。沉香举起萱花神斧,二郎神亮出三尖两刃枪,两人在天上、水里、地面之间追赶打斗,你变鱼,我就变龙;你变马,我就变虎……直斗得天昏地暗,地动山摇。

这事儿惊动了玉皇大帝,忙命太白金星下去劝架。太白金星对二郎神说:"哎呀二郎,当初你能劈山救母,怎么现在反倒拦着外甥、不让他跟母亲见面呢?"二郎神固执不听,拿出宝莲灯准备放大招。此时,从旁观战的霹雳大仙暗暗使出法术,一个霹雳打在二郎神手上,宝莲灯从空中跌落。沉香冲过去捡起宝莲灯，一只手高高举起抵御二郎神的法力，另一只手握紧萱花神斧猛地向华山砍去。只听惊天动地一阵巨响，华山裂成了两半，三娘子从地洞里飞了出来。母子相见，放声大哭。

太白金星向二郎神传达了玉帝的意思，二郎神只得放下旧怨，与三娘子母子言归于好。

二郎神也算个冷面郎君，对自己的亲妹子都狠得下心，对付后来造反的孙猴子、作妖的狐狸精什么的，就更是穷追到底、不依不饶了。而且因为他比孙猴子多一变，孙猴子变来变去总是不敌他，也是恼火到了家。

不过，二郎神的职责除了护法，也有护民。

有一阵子，不知为何，天上同时出现了十三个太阳，世界都变得焦枯了。人们纷纷来到二郎庙向他求告，希望他出手拯救。

二郎神皱眉琢磨一番，看见身旁的大石山，有了主意。他立刻拔起一株巨树，几斧子削成了一根两头尖的硕大扁担。然后他操起扁担，往左右石山上一戳，一副挑着两座石山的担子就做好了。

二郎神挑起两座大山向天上奔去。来到太阳旁，他抡起左边的大石山，"呼"地压到一个太阳身上，又抡起右边的大石山，"呼"地压到另一个太阳身上。他双手使劲往下沉，两个太阳就都被他压到地底下了。二郎神马不停蹄，用巨树扁担戳起更多石山，一趟趟跑到天上去追赶太阳，不多一会儿，就将十二个太阳都压到山下，埋进了土里。

大地终于清凉下来，只剩最后一个太阳了。二郎神将巨树戳进又一座大石山，坐下来脱了鞋子，把刚才长途奔跑时裹进鞋里的泥土和野草倒掉。当他歇息够了扛着扁担再起身的时候，没想到，"咔吧"一声，扁担折断了。二郎神无可奈何叹口气，转念一想：太阳对人类也有好处，剩一个就剩一个吧。于是，天上又恢复了只有一个太阳的状态。

今天，在我国各地都有二郎神担山赶太阳的遗迹，那些"扁担峰""扁担桥"，是他担山的扁担化成的；那些"窟窿山""二郎石"，是他戳起的石山化成的；一些长满青草的土山，是从他鞋里倒出的泥土化成的。而广布各地的"二郎庙"，更证明了他如何受到普通民众的爱戴。

掰书君曰

这个故事综合改写自《二郎宝卷》《西游记》、太平歌词《杨二郎劈山救母》等资料。

二郎劈山救母和沉香劈山救母是同一故事的两个变形，说它们同属一个"类型"都嫌太宽泛，其实它们根本就是一样的：女神下界—与凡男成亲—生子—大神山压女神作为惩罚—儿子得知真相—儿子学艺，得到神斧和各种帮助—儿子与大神开战—儿子劈山救母—母子团聚。曾发生在舅舅身上的事，在外甥身上再来一遍，连惩罚的方式（山压）、救母的工具（神斧）都不变，可见这个故事在传承中走样也走得不远，还在他们家族内部转。故事结局的母子团聚很重要，这是英雄行动的最终意义，是吾国传统价值观中孝道的体现。至于夫妻是否团聚倒可以忽略，本来那丈夫存在感就弱，好像他在故事里的作用就是为了生出这半人半神的英雄儿子似的。

顺便说一句，云华仙女的身世有异文，在这里她是玉帝的妹子，在别的故事中她又可能是王母的女儿，比玉帝晚一辈。

二郎神是青年英雄神，本领高强，三观端正，坚守信念，形象不止貌端体健，还酷、帅、炫。《西游记》描写他"仪容清俊貌堂堂，两耳垂肩目有光……缕金靴衬盘龙袜，玉带团花八宝妆。腰挎弹弓新月样，手执三尖两刃枪……心高不认天家眷，性傲归神住灌江"。搁今天小女生眼里，兀的不迷煞人也么哥！中国神话中能与他类比的男神不多，东夷的大羿可算一个。使用斧子是力量的体现，因为几乎不讲技巧，全靠劈砍，属于硬实力。盘古大神开天辟地用的是斧，混世魔王程咬金上阵使的也是斧。以前江湖上若哪个青壮好汉勇武有力，不畏威权，扶危济困，

《二郎搜山图》(明代，波士顿美术馆藏)

并且生得顺眼，人家就捧他是二郎神下凡，或送外号二郎神、赛二郎。这其中"生得顺眼"很重要，因为孔武有力的江湖男儿多了去了，如果丑些糙些，甚至长成歪瓜裂枣，那外号就只能是赛钟馗、赛张飞、赛夜叉之类了。此外，"青年"这个指标也很重要，因为我们还有长得俊俏的少年英雄神，其代表为哪吒；还有长得周正的中年英雄神，其代表为关云长。

可能有读者君会问：故事里二郎神行二，还有妹子行三，那么他家的老大是谁，为什么不见诸经传呢？从故事的角度，你可以理解为大郎或者大姐早夭，所以没有留下事迹；从人物来历的角度，二郎神根本不需要解释兄长的去向，他的原型就是行二的。

二郎神是被道教吸纳到自己体系中的民间俗神。一般认为兴起于南宋，其来历有三[1]：

第一，战国李二郎，即治理四川都江堰的蜀守李冰的儿子，有"二郎锁孽龙""二郎斩蛟"等故事。都江堰又称灌县，"灌"得名于治水，与"灌口"在语义上有联系。《八仙得道》发挥说："当那太古之时，南赡部洲西方一带，都是很大的泽国。其地称为灌口，是玉帝外甥二郎神所封之地，所以称为灌口二郎。如今四川地方，还有一个县分，名叫灌县，就是这个出典了。"元文宗孛儿只斤·图帖睦尔封李冰为圣德广裕英惠王，其子二郎神为英烈昭惠灵显仁祐王，将李二郎与二郎神做了绑定。

第二，隋代赵二郎赵昱。据说其为隋末嘉州太守，曾入水斩蛟。《龙城录》说"（唐）太宗文皇帝赐封（其）神勇大将军，庙食灌江口"（一说宋太宗赐）。《三教源流搜神大全》则说赵昱被宋真宗追奉为清源妙道真君。这大约因为他姓赵，宋真宗又大搞配命运动，所以得到皇家青睐吧。有意思的是，这位"清源妙道真君"还是蹴鞠神和戏神。《万历野获编》说"蹴鞠家祀清源妙道真君，初入鞠场子弟必祭之，云即古二郎神"，《汤显祖集》说"奇哉清源师，演古先神圣八能千唱之节……西川灌口神也"，《比目鱼》也提及"二郎神是做戏的祖宗"。联系到蹴鞠、勾栏杂剧在宋代很兴盛，人们以被敕封过的赵二郎为行业祖师神，也顺理成章。

第三，宋代杨二郎杨戬。杨戬是宋徽宗近侍，与蔡京、高俅、童贯并称"四大奸臣"，南宋陆游《老学庵

明清水陆画中的清源妙道真君形象

---

[1] 可参考袁珂《中国神话史》"二郎"专节。北京联合出版公司，2015年。

笔记》里说他是蛤蟆精，总之最初的形象很负面。可是后世传来传去，负面内涵都不见了，就留下一个名字。到了明清，在小说《西游记》《封神演义》、民间鼓词《董永沉香合集》、太平歌词《杨二郎劈山救母》等文艺作品中，杨姓—灌口—二郎真君—杨戬这几个元素又一步步融合，最终成为"临江灌口二郎神杨戬"这个统一体。

《大宋宣和遗事》记载徽宗时"天神降坤宁殿"，于是"修神保观。神保观者，乃二郎神也，都人素畏之"。"素畏之"，可见已经敬奉了很久，积威积德。既然杨戬当时还是宋徽宗臣下，那么宋徽宗所奉祀的二郎神一定不姓杨，而曾经锁孽龙的李二郎和曾经斩蛟还兼管蹴鞠唱戏的赵二郎都是有可能的。考虑到徽宗的个人气质和爱好，赵二郎的可能性要更大一些。

宋代太常寺的典乐徐伸自创了一个词牌《二郎神》，开篇一句"闷来弹鹊"，听着正是二郎拥猎风采，挺对路的，没想到接下来却开启男女相思模式，什么"别时泪渍，罗襟犹凝"。"二郎神"这个词牌后来流传开，成为长调名曲，还一直延伸到了元曲里，《长生殿》就多次使用，只不过格律腔调与宋词已是迥异。不知这词曲牌子算不算戏神二郎给人民留下的文化遗产。

明代刘元卿的《贤弈编》提到一则逸闻，说当时盛行的二郎神形象（身着黄衣，挟弓弹，由众人簇拥着出猎）其实并非二郎神，而是五代后蜀主孟昶的形象。宋太祖将孟昶的花蕊夫人收入宫中，花蕊夫人便在住所偷偷挂上孟昶小像。宋太祖发现后感到奇怪，问这是谁。花蕊夫人回答："此灌口二郎神也，乞灵者辄应。"于是宋太祖下令全京师都去供奉，二郎信仰就此扩散。如果故事属实，从中我们可以推知：第一，当时（五代宋初）四川一定流行供奉二郎神；第二，四川供奉的二郎神，一定是李二郎；最后，古时四川人喜欢拿弹弓打鸟，弹弓甚至是老大出猎的正式装备——其实直到现在，四川小男生也喜欢随身带弹弓坑。

总之，今天的二郎神其实是融合了杨戬的姓名、李二郎赵二郎的性格事迹,以及(可能)孟昶的部分衣貌形象,并加以创造发挥的一个综合体。太平歌词唱道:"二郎爷爷本姓杨,身穿道袍鹅蛋黄,手使金弓银弹子,梧桐树上打凤凰……有心打它三五个,怕误担山赶太阳……下界救母称贤孝,敕封(你)妙道真君万古扬",言简意赅地将他身上汇集的各种元素生动呈现出来。

二郎神是个一脚在体制内一脚在体制外的神仙,民间色彩很浓,各地的庙宇也曾经很多。民间跳大神特别喜欢请他,动不动就"法做列真君,卦起二郎神"。民众口中经常与他相提并论的神有关羽、马天君、赵公明、温琼、哪吒、巨灵神、祠山神等。他的好朋友"梅山七圣"又称"梅山七怪",在近人罗骏声所著《灌志文徵》里是七个人,在《封神演义》里就是猿、猪、牛、羊、狗、蛇、蜈蚣七个动物精,颇有野趣。

主要出处

《二郎宝卷》《万历野获编》《贤弈编》《西游记》《封神演义》、民间鼓词《董永沉香合集》、太平歌词《杨二郎劈山救母》、《陔余丛考》《本事词》

你与雷神的距离

雷神在仙话中是一个奇妙的存在,既可以高高在上睥睨万众,又可与老百姓亲密互动。让我们从一个接地气的小故事入手,走近这一威风八面的神灵。

唐代有个人叫做叶迁韶,小时候上山去砍柴,赶上下雨,就躲到一棵大树底下。

没想到一个霹雳打下来,正好劈到了树上。不过树劈开之后又合拢了,一阵奇怪的动静。叶迁韶定睛仔细一瞧,原来雷公被夹在了树缝里,无论怎么奋力都无法飞出去。叶迁韶忙找来石头将树缝楔开,雷公这才得以脱身。离去之前,雷公对叶迁韶说:"你明天还到这里来吧。"

次日叶迁韶如约去到那棵树下。雷公也来了,交给他一个写有墨篆的纸卷,说道:"你照着行使这上面的法术,可以召来雷雨,祛除民间疾苦,立功救人。我们弟兄一共五人,你想要听雷声,只唤雷大雷二就行。雷五性情刚烈急躁,没有危急之事不要唤他。"

叶迁韶长大后运用雷公传授的法符在干旱时兴云致雨,取得了非常好的效果。

有一次,叶迁韶在吉州的集市上大醉,言行有失体统。太守将他抓起来责备,还准备用棍棒打他。危急时刻,叶迁韶想起雷公的话,忙在庭下大喊:"雷五!雷五!"那时正值郡中干旱,日光猛炽,叶迁韶喊过之后,只听空中猛地一声霹雳,人们都吓倒在地。太守见状,急忙下台阶恭恭敬敬向半空施礼,请求雷公下雨。雷五答应了。于是两天两夜大雨倾盆，田地里的用水完全充足了。当然，叶迁韶的过错也得到了赦免。

又有一次，叶迁韶游历到滑州去。当时久雨不息，黄河泛滥，官吏们废寝忘食地对付涝灾。叶迁韶见状，用一根两尺长的铁棍在河岸上竖起一道符。从此，洪水涌到这里就沿河而下，不敢超出符文之外，附近的百姓因此免于淹溺，都争相传颂这一奇迹。

掰书君曰

上文故事改写自五代杜光庭《神仙感遇传》。

叶迁韶与雷神的故事，非常富有喜剧感地将雷神的威风与狼狈糅合在了一起，体现出普通老百姓对雷神又敬又怕又想调侃的心态，以及若即若离的关系。不过，最初的雷神可是个惹不起的主。作为天神，雷神的神格有一个从至高或极高等级下降为专职气象神的过程。让我们来看看，雷神是怎样一步步"混"到现在的。

早期雷神地位应该是相当崇高的。"神"的本字是"申"，"申"是闪电之形，"礻"表示祭祀（后来与神灵有关的事物常加上这个偏旁）。在原始人那里雷电是不分的，闪电与雷声不过是同一主体在视觉和听觉上的不同呈现而已。综合起来，雷电就代表了神，或者说，雷神是所有神的代表。

可能最初雷神与最高神的神格是合一的，雷电作为一种惊天地泣鬼神的声光电现象，作为一种常见的、容许人们敬而远之的自然伟力，必然要掌握在最高神手中，因为这是祂统治的武器，权力的象征。海啸、地震、火山喷发之类更猛烈的自然现象之所以在神话中无法取得雷电这样的地位，是因为它们偶发而且恶果泛滥，做不到像雷电这样精准打击，所以只能视为灾难。我国上古神话中就有将主神与雷电相联系的例子。比如伏羲是华胥氏与雷神之子，后来被视为大母神女娲的对偶神；黄帝的母亲附宝夜里望见闪电绕着北极星旋转，感应有孕，经过24个月生下黄帝[1]，等等。不仅中国，他族神话中也有类似观念，比如希腊神话里宙斯以闪电为权杖，古印度教高级神帝释天司职雷电，北欧的雷神托尔是神王奥丁之子，力量最为刚猛，等等。

随着神话的发展与成熟，雷神从最高神的神格中分离出来，作为专门的气象神存在，与风神雨神等一起承担降雨功能，同时替最高神进行战斗或执行惩罚。这个阶段比较典型的例子是雷泽里的雷兽，他原本是个吃饱了就拍打肚子制造雷声的快活神，后来黄帝跟蚩尤打仗需要撒手锏，就把他抓来杀了，抽出大腿骨做了鼓槌。前面说了黄帝是母亲感电而孕（出生版本之一），黄帝的形象里带着最高权力的印迹，而专门的雷神此时却显得很可怜。他的动物形貌原是神性的体现，此时却因之被贬称为神兽，正好被人拿去做战争的牺牲，杀了也不显过分了。

古籍中雷神也叫雷师，有时也称霹雳。霹雳原指又急又响的雷（带闪电，雷电不分），后民间泛指雷神。雷神亦名丰隆，可能因与"轰隆"上古发音相近而得名，如北魏郦道元《水经注》："丰隆，雷公也。"[2]闪电古称列缺，即裂缺，意指天空（云层）裂开一道缺口，可同时指自然现象及其司职神。屈原《远游》中"上至列缺兮，降望大壑"，李白《梦游天姥吟留别》中"列缺霹雳，丘峦崩摧"等句属于前者；而柳宗元乐府杂曲《泾水黄》中"列缺掉帜，招摇耀铓"、《法书要录·卷七》中"列缺施鞭，飞廉纵

甲骨文中的"申"字形之一

人头龙身的雷神（清汪绂释《山海经存》）

---

[1] 拙作《诸神纪》中有专节辨析伏羲、黄帝的神奇出生，包括下文的雷兽故事，此不赘言。
[2] 也有以丰隆为云神的，可能因为从字义上看，"丰隆"比较适宜用作描摹云的形态，如汉王逸注《离骚》："丰隆，云师也。"

明代绘画中的雷神形象

辔"等句,描绘列缺摇晃起旗帜,挥动起长鞭(电鞭/霹雳鞭),就已经人格化/神格化了。另,古文中还有欻火、谢仙等,也都是掌管雷火的神灵。欻火从造名法看应该比较古老,谢仙则当与神仙说有关。

道教兴起之后,渐次将上古自然神灵吸纳进道教神灵体系并安排位置,雷神可以说是这些操作最大的"受益者"。经过复杂的层层分化,雷神从一神或两神(雷电分开)膨胀成了一个庞大的部门,称为"雷部"或"雷府",其办事机构、人员设置,非常接近人间的行政系统,叠床架屋,数量众多。

出现这一现象,与道教繁复的斋醮科仪需求相关,"上自天皇,下自地帝,非雷霆无以行其令;大而生死,小而枯荣,非雷霆无以主其政"(《九天应元雷声普化天尊玉枢宝经集注》)。驭使鬼神是道教符箓派的常规操作,雷部以其强大的威慑力和雷厉风行的执行力成为道教人员最爱驭使的对象,从而也成为道教神仙体系中最为臃肿的一个部门。这个部门的"员工",有许多甚至是直接从"鬼"中招聘的。毕竟古人神鬼不分明,人死而为神也是神的来源之一。

白玉蟾在《九天应元雷声普化天尊玉枢宝经集注》中较充分地解释了道教的雷神体系,比如:雷部的最高首领是九天应元雷声普化天尊,他是元始天尊九子之一玉清真王历劫应化;普化天尊手下有九天雷公将军、五方雷公将军、八方云雷将军、五方蛮雷使者、雷部总兵使者等各级官员及下属吏众,所辖九天应元府、五雷院、仙都火雷院、天部霆司、太一雷霆司、北帝雷霆司、玉府雷霆九司等诸司院府,以雷霆"兼判三司将兵三界鬼神功过,匡济黎民""庆赏刑威,有条不紊"……当然白氏的注释与《无上九霄玉清大梵紫微玄都雷霆玉经》《宝诰大全》《道法会元》等其他典籍的说法并不完全一致,不过这不重要,毕竟道教流派很多,各持各说很正常,同派别说法也有走样或发展的可

九天应元雷声普化天尊(中心人物)和他统领的雷部诸神将(明代重彩绢本,北京白云观藏)

唐宋时期遗留的大足石刻中，雷神造像有着猪首，持桶，击连鼓；身左是持双镜的电母（闪电娘娘/电光娘娘/金光娘娘）；身右是持风囊的风伯；更远处还有云师、雨师。

能。一般民众只需要知道雷部在道教体系里像吹泡泡一样被吹得很大很大很大，就可以了。大家熟悉的雷部推车之鬼阿香、雷部至捷之鬼律令等等，就都是镶嵌在这个体系中的。

　　雷神的形象变迁也很有趣。上面说了，在《山海经》中，雷神是呆萌的兽形，"龙身而人头"，发出雷声靠"鼓其腹"。到了汉代王充《论衡》中，则变成孔武有力的大力士形象，以连鼓相扣发出滚滚雷声，以击椎产生"敞裂"（"若力士之容……左手引连鼓，右手推［椎］之，若击之状"）。到了晋代，干宝《搜神记·杨道和》里的雷神基本没有人形，是一个长了猴子脑袋的毛角动物（"唇如丹，目如镜，毛角长三寸余，状似六畜，头似猕猴"）。到了唐代，雷神形象中加入了猪的元素，如段成式《酉阳杂俎》说其"猪首，手足各两指，执一赤蛇啮之"，房千里《投荒杂录》说是"豕首麟（或鳞）身"，李肇《唐国史补》说"雷公秋冬则伏地中……其状类彘"。南宋洪迈《夷坚丙志·扬州雷鬼》里的雷神又成了"奇鬼"，皮肤是青色的，额头上的肉耷拉下来像帽子（"长仅三尺许，面及肉色皆青，首上加帻，如世间幞头，乃肉为之，与额相连"）。元代继承和发挥了这一说法，《元史·舆服志》记录，当时雷公旗上画的雷神把狗脑袋和鬼身子做了拼接（"犬首，鬼形，白拥项，朱犊鼻，黄带，右手持斧，左手持凿，运连鼓于火中"）。而元明间的《三教源流搜神大全》里，雷神又有了鸡形，说是"夏秋，雷藏于地中作鸡状"。关于这鸡形还有个来历：孝子辛兴烹雷鸡奉母，母亲被雷殛杀，辛兴欲报仇，雷神"悯其为孝子"，便给他食丹，妖其头，喙其嘴，翼其两肩，让他升天成了雷门的苟元帅。

我们看雷神的形貌演化史，除了最初的人兽混合体，后面由人而兽，基本是越变越怪。嘴不断变尖，从猴子式的突嘴，到猪式狗式的嘴筒子，再到鸡式的尖嘴壳；身上长毛，或者有鳞片，最后索性皮肤变青成鬼样；背后生翅膀，人脚变鸡爪……雷神成了狰厉的凶神，有时称雷鬼，威慑力十足，更符合其天谴执行者的形象。今天民间年画、戏曲、道观里常见的雷公形象，大多是发展后期的鸡鬼混合版。不过，我们仍能在现存文物中看到其早中期的不同形象。

民间故事中，民众与雷神的关系很有意思。一方面，上古雷神威势犹存，道教构建的雷府也会影响民间认知，民众知道大雷神惹不得，便习惯性地敬而远之，谁也不想因为不敬召来代表天帝意志的"天打五雷轰"；另一方面，雷电毕竟经常落到地面，对人们的生产生活产生真切影响。因此，民众将大小雷神剥离

手持连鼓的大力士雷神雕塑（日本，13世纪）

开之后，必然会与各种小雷神发生频繁的互动。

比起对雷神的敬畏，民众更愿意讲述雷神的狼狈、人对雷神的利用，甚至人与雷神的斗争[1]。

霹雳落地（被人发现）可以算做一个故事类型。故事的结局主要有两个走向：要么是如叶迁韶故事那样，人与雷神互利互惠，各自安好；要么是人与雷神发生争斗，其中一方败北。

第一个亚型（人雷互惠），叶迁韶故事是其代表。故事在雷神被树夹住这种十分尴尬的场景中开始，双方由此形成了一种互相帮助或利用的关系。雷公报答叶迁韶的方式是下雨和警戒（控制洪水），这很贴合雷神的本职。雷电风雨云像一个乐队，雷神就是鼓手兼队长，负责控制节奏，雷声一起，就得下雨。至于以雷符吓阻泛滥的河水，这是雷神作为秩序维持者和天罚执行者的功能。立符召雷，哪里不服贴哪里，否则，雷符里要那么些五雷、十雷、三十六雷来做什么用呢？雷对人也有别的报答方式。比如《太平广记》说，雷公奉命击中藏在代西槐树里的乖龙（悖逆之龙）后被夹住，只能向大胆上前的狄仁杰求助。从此后，凡遇到关乎吉凶的事，雷公都会事先向狄仁杰通报。这里雷公报答的方式是"预警未来"，理论上这是所有神仙的通用技能，可参看前文预言专节。

第二个亚型（人雷争斗）以《太平广记》中所收录欧阳忽雷、陈鸾凤故事为代表。现举陈鸾凤故事为例。

唐代海康人陈鸾凤很讲义气，且不怕鬼神。邑中有雷公庙，邑人祭祀虔诚，可是有次碰到海康大旱，雷公却久祷不应。陈鸾凤大怒，烧了雷公庙，还故意犯雷公的忌讳（同时吃猪和鱼），果然引得雷公出现了。陈鸾凤瞅准机会一刀砍断雷公左腿。雷公血流如注，落到地下，云雨瞬

---

[1] 神仙与人类斗智斗勇是仙话（尤其后期）比较喜欢的主题，另如八仙故事群也有这类人仙比试而人类获胜的例子。它们多为普通民众创作，从结构和语言上更接近民间故事（如机智人物故事），可视为仙话的一部分具有某种"人民性"的体现。

间消散。仔细一看，其模样像熊猪，角上有毛，长了青色肉翅，手执短柄的刚石斧。陈鸾凤叫来家人看视，并且想割断雷公的脖颈，吃他的肉。家人拼命拉着他，说雷霆是神物，不能加害，否则一乡受祸。不一会儿，天上云雷下来，裹着受伤的雷公及其伤腿去了。之后下了半天的雨，地里庄稼得救了。家人怕得祸，不许陈鸾凤回家。陈鸾凤跑到舅兄家，夜里雷火下来，将舅兄屋子焚毁了；又跑到僧庙，僧庙又被雷火袭击；最后跑到石洞里，雷才打不到了。在这个过程中，陈鸾凤始终手持利刃，雷公也始终无法真正劈到他。三天之后，他回到家中。此后二十余年，邑中凡遇大旱，邑人就集资请陈鸾凤照此办理，每次都能招致大雨，而陈鸾凤也始终平安。邑人都管他叫雨师。

雷神（Donald A. Mackenzie. *Myths of China and Japan*.Published by Gresham Publishing Co. in London .1923）

　　陈鸾凤是个孤胆英雄，最初不被理解，为乡里做了好事却四处被驱逐。他对于雷公的态度，迥异于邑人的畏惧，而代之以威慑，并最终成功。他的勇气建立在个人气质和道德逻辑上："少壮之时，心如铁石，鬼神雷电，视之若无当者。愿杀一身，请苏万姓，即上玄焉能使雷鬼敢骋其凶臆也！"这大概也说出了民众对"牲牢飨尽"却"为神不福"的神灵的心声。

　　欧阳忽雷的故事与此类似，但他最后从大池中抓获的"雷师"是一条状如蚕的蛇。蛇形在雷公形貌演化史上只能算例外，没有更多依据——

或者,勉强算是早期"龙形"的变异?

本亚型更为著名的例子,是伏羲女娲兄妹洪水婚故事,故事是从雷公落地被兄妹俩的父亲关进笼子开始的[1]。这个故事其实有隐藏的前情,即人与雷神的矛盾是如何产生的——可能是人不敬神,也可能是雷公久不下雨。故事的结局是雷神对人类施以惩罚,降下了灭世大洪水。这是人雷斗最极致的例子,人输得最惨,但是却换来了一个新世界。本故事产生的源头比较早,所以雷公虽然带着后世的狰狞鬼样,但职能并没有分散,雷公就是唯一的雷神,且具备最高神风采。

敢与雷公叫板,不仅需要勇气,也需要陈鸾凤那样的能力。唐代张读的《宣室志》记录了一个小故事:

唐代御史杨询美家的子侄年幼时,有一次遇到雷雨交加的天气。诸子出门去看,边笑边骂:"听说雷中有鬼,不知鬼在哪儿,我们去抓到他将他杀死,怎么样?"这时雷声更大了,树木都已倾折。忽然一声巨雷,似乎落在了屋檐下。小孩子们吓得赶紧跑回屋内,靠墙站着,一动不敢动。雷声继续炸响,仿佛在呵斥,在嘶吼,庐舍也摇动起来。小孩子们愈发惊惧。就这么过了很久,终于雷息天晴。小孩子们这时才感到大腿处痛得忍不了,都去告诉杨询美。杨询美逐一看视,发现他们的大腿上都横着十几道红色的纹路,像杖打的痕迹,这应该就是雷鬼干的了。

这个故事告诉我们:二愣子没实力还逞能充勇士,就要被打屁股。雷公可不是那么好欺负的,否则原始古神的老脸该往哪里放呢。

除了治涝解旱、预警灾祸等,雷神与人类发生关联的领域还十分广泛。

比如"雷师取妇",南唐徐铉的《稽神录》说:某女送饭到田头,

---

[1] 拙作《诸神纪》中有专节论述该故事,此不赘言。

忽然雷雨大作，女孩不见了。月余后，她返家探亲，告诉母亲自己被雷师娶走了——看来，雷神像河伯一样好色，仗势欺人，强娶民女。又如"霹雳车收麦"，《酉阳杂俎》说：介休王（可能是当地城隍之类）借霹雳车收介休的麦子，搞得当地雷雨肆虐，乡里麦田损失高达千余顷——你看，雷神之手伸到了人类口粮上。

最有趣的是，雷神居然能成为人类盘中餐。《唐国史补》说雷州的雷公"秋冬则伏地中，人取而食之"。人类对雷公都能动了食性，可能是因为后者长得像猪吧（"其状类彘"）。在人类的概念里，长得像猪就等于猪，而猪的唯一属性就是食物。当然，也可能单纯因为故事发生在雷州——雷州属于广东，广东人嘛，你懂的（请注意，这只是一个玩笑，嘿嘿）。同书提到当地习俗——猪肉和鱼肉不能同时吃，否则会被雷劈死，与陈鸾凤故事的情节恰相印证。关于此禁忌的来由，我个人是这么理解的：因为雷公作为猪肉（红肉），不喜欢被拿来跟在肉类鄙视链中处于自己上端的鱼肉（白肉）比较。既吃我，何吃鱼？对我不专一我就劈死你，食物也是有尊严的。

唐代刘恂的《岭表录异》等书还补充了雷州百姓在雷雨后的其他收获。比如雷公墨（一种黑石），能观赏，能做建材；又如霹雳楔，给小儿佩戴能辟惊邪，研磨了给孕妇服食可以催生云云，就不细说了。总之雷州多雷，百姓早已学会了如何愉快地与雷相处，不占便宜誓不罢休。

主要出处

《神仙感遇传》《太平广记》《山海经》《九天应元雷声普化天尊玉枢宝经集注》《论衡》《搜神记》《酉阳杂俎》《三教源流搜神大全》《夷坚丙志》《宣室志》《岭表录异》《稽神录》

逆子哪吒，少儿不宜

哪吒是佛教神被吸收为道教神和民间俗神，并进行了深度本土化的典型。本节，咱们仔细捋捋他的"变形史"。

哪吒原本是玉皇大帝驾下的大罗仙，身长六丈，头带金轮，有三头九眼八臂，能行云布雨，降妖伏魔，震慑乾坤。当时，玉帝见人世间妖魔丛生，黎民苦难，便命大罗仙下凡，托生于陈塘关守将李靖家。李靖与夫人原本有两个儿子金吒和木吒，大罗仙降生后便为第三子。

哪吒生下来是个肉球，李靖认为是妖怪，以宝剑劈开，哪吒从中跳出来。太乙真人怕李靖嫌弃，特意赶来收他为徒，为他起名哪吒，送他混天绫和乾坤圈。

出生五天，哪吒跑到东海去洗澡。他拿着混天绫和乾坤圈在海里扑腾，双脚踏上水晶宫顶，惹恼了龙王。龙王派出龙子，带领虾兵蟹将向他索战。哪吒毫不畏惧，轻轻松松就杀掉了九条龙，其他水族更是死伤惨重。老龙王气得上天向玉帝告状。哪吒知道了，赶在龙王进入天门之前截住他，一通暴打，差点将龙王打死。这下子，四海龙王都不干了，一起来寻仇。

不久，哪吒到祭祀玉帝的祭坛前玩，看到上面放置的神弓神箭，便拿起来随手一射。这一箭，射死了诸魔领袖石矶娘娘的儿子。石矶娘娘大怒兴兵。哪吒取了父亲的降魔杵来，与石矶大战。一众妖魔全都出来为石矶助阵，人间百姓受到连累，生灵遭殃。

李靖见哪吒与龙族结怨，又惹起了诸魔之兵，十分恼火，痛斥并责

哪吒大战孙悟空。在日本画家的笔下,哪吒成了一个容貌狰狞的大汉,风火轮拿在手里,混天绫似乎变成了一段麻绳(绘本《孙悟空》,宇野浩二译、本田庄太郎绘,日本讲谈社1949年版)

罚哪吒。哪吒一气之下,割肉还母,剔骨还父,将肉身毁弃。然后,他托梦请母亲帮他建行宫受三年香火,以便拥有金身。母亲悄悄照做。三年将满,哪吒行宫被李靖发现并愤然砸毁。

哪吒一灵不灭,跑回师父太乙真人处求告。太乙真人便折荷菱为骨,以藕为肉,以丝为筋,以叶为衣,再将他的灵魂灌注进去。哪吒于是重生。

太乙真人又教给哪吒许多法术,送他火尖枪、豹皮囊等各种法器。哪吒学会后立刻追着李靖报仇,李靖躲无可躲,幸亏燃灯道人送他七宝塔才得以收复哪吒,父子重归于好。

逆子哪吒,少儿不宜

后来哪吒在释道两界斩妖伏魔，包括牛魔王、狮子魔王、大象魔王、马头魔王、吞世界魔王、鬼子母魔王、九头魔王、多利魔王、番天魔王、五百夜叉、七十二火鸦等，尽为所降，还战孙猴、降孽龙，事迹显赫。于是在灵山会上，如来佛以他为通天太师、威灵显赫大将军。而凌霄宝殿里，玉帝则将他封为三十六员第一总领使、天帅元领袖，永镇天门。

李靖后来也修成了神仙，称"托塔李天王"，与哪吒同为道教护法神。

掰书君曰

上文故事主要是根据《三教源流搜神大全》和《封神演义》糅合的，其实关于哪吒的故事有许多异文，就不一一列出了。哪吒是个热门神，不仅活跃在文艺作品中，在今天的河南、四川、台湾等地还有哪吒庙（太子庙）遗迹，尤以台湾的活态信仰活动为盛。研究哪吒的文献众多，本书不着意重复，在扼要简述已有研究成果之外，尽量说些新鲜的。

哪吒身上有外来文明的成分。他的名字非常怪，据说来自梵语 Nalakubala / Nalakuvara，意为"俱毗罗之子"（俱毗罗即毗沙门天王），最初音译为那咤/那吒/那吒俱伐罗等；也有说来自波斯语 Nuzad 的，意为"小孩子"。他的出身渊源，有说为佛教四大天王中北方多闻天王毗沙门的第三子或孙辈，佛教护法神之一；也有说为伊朗国王玛努切赫尔的儿子、神话英雄努扎尔（Nuzar / Nowzar）的。综合起来看，我觉得印度因素要更明显一些，但不否认波斯因素的杂糅。本书一般不讨论从佛教吸收过来的外来神，例如观音、韦陀、弥勒（含布袋和尚）等，但哪吒的情况还不能简单以外来神而论，这里咱们就以哪吒做外来神本土化的代表来聊聊吧。

哪吒是一个本土化得比较彻底的神。这就像西王母的情况，她可能有一些印度神的影子和渊源（比如来自西方、司药、发音与湿婆[siva]接近，等等），但那只是创造的由头，一个诱因，一个小火星。真正烧成

巴中南龛石窟第93窟中的哪吒——毗沙门天王之子那吒俱伐罗（左）

哪吒太子（《三教源流搜神大全》明刻本）

燎原大火的，还是漫长本土化过程中不断添加的本土燃料。

那么，烧了千余年烧就的"中华哪吒"，又具有哪些中华文明特质呢？

第一，名号上。虽然发音拗口、洋味十足的"哪吒"（né zhā）最终并没有变成顺口的"哪托"（nǎ tuō）或者顺眼的"罗查""罗叉"之类，但民众还是给这洋名儿加上了姓氏，唤做"李哪吒"。《绿牡丹》里夸人枪法好，说"七十二路花枪妙……甫胜天上李哪吒"，是不是一下子感觉他是俺们村里的人了？

第二，家世上。哪吒在唐代释不空翻译的佛典《北方毗沙门天王随军护法仪轨》中，为"北方大王……第三王子其第二之孙"，也称"那吒太子"；到了晚唐郑棨的《开天传信记》，却作"毗沙王之子那吒太

李靖（《封神真形图》清刻本）　　金吒（《封神真形图》清刻本）　　木吒（《封神真形图》清刻本）

子"；到了明代《三教源流搜神大全》里，民间借来唐初李卫公李靖的大名，给他找了个中国爹。为了配合佛教原典"第三子"的说法，人们又给他配了两个哥哥——从五行中取金、木，保留"吒"字权当行辈，听起来有了中国元素，比梵语音译的哪吒接地气多了。其实真按这字辈排，哪吒得叫"水吒"才妥当，就算他命格肥壮，一字格盛不下，那跳两三格，叫火吒、土吒也行，是吧。"吒"字老百姓不理解，有时候又干脆直接改成"叉"。金吒/叉、木吒/叉、哪吒为三兄弟可能是当时流行的说法，不仅《封神演义》里有，《西游记》《济公全传》《彭公案》等都如此。可以说，这两个哥哥其实是哪吒给"配生"出来的。

"三太子"的说法颇有意思。首先在中国哪吒是将领之子不是皇子，再者就算是皇子，也只有唯一皇储才能称为太子。唐译佛经里提到毗沙门王共有"五太子"，这大概是译者犯糊涂，或者不熟悉中国皇家礼制，其想表达的不过是"五个王子",但后人就跟随了"三太子"这个说法。此外,金、元时皇帝之庶子亦称太子,比如金兀术称"四太子",这大概是他族对汉人礼仪的误解式借用。当时的士大夫对此就有所记录,比如宋曾敏行《独醒杂志·卷八》:"建炎三年,伪四太子入金陵,府官相率迎降。"元耶律楚材《湛然居士文集·附录》引元朝史料:"至斡脱罗儿城,上留二太子、三太子攻守,寻克之。"至于民间文艺里,"几太子"这种称呼就更多了,跟"御儿干殿下"之类有的一拼。明人的《开辟演义》里甚至有"九太子"呢,毕竟老百姓也不懂皇帝家的规矩嘛。总之,"几太子"的称呼是误用,出于异域、他族或者民间对汉人皇家礼制的曲解。

第三,出生上。《封神演义》说哪吒在母腹内待了三年半才降生,这是典型的大人物胎历,比如黄帝就在母腹待了两年,彭祖待了三年,而老子在母腹里待了八十一年(先不管突破宇宙极限的八十一万亿年版本)。哪吒出生时"一团红气,满屋异香",表示是"下凡"来的,不是野鬼投胎。而生下来是个大肉丸,又让人联想到伏羲女娲兄妹婚所生的那坨圆球。肉丸/球其实是中国人文瓜果葫芦的变形。

第四,形貌上。哪吒在佛教里是护法神。所谓护法神,一般从长相到性情都很凶恶,术语叫做"身现恶相,心作大悲"。对于信众而言,观音慈眉加金刚怒目是一套恩威并施的普度组合拳。《北方毗沙门天王随军护法仪轨》说"尔时那吒太子手捧戟,以恶眼见四方","以金刚杖刺其(恶人)眼及其心","以金刚棒打其头"。你看,没有东来之前,北方天王家的老三,就是这么个"再瞅一眼老子就弄死你"的直肠子凶神恶煞。

然而来到俺们大中华村后,哪吒的形貌发生了神奇的改变:

首先,低龄化。《陀罗尼集经》里可没说哪吒是幼童,便是《开天传信记》,也只说他是"少年"。而"少年"的外延弹性就比较大了,大致十二三岁到二十岁前都是可以的。到了《西游记》和《封神演义》,

清刻本《封神真形图》中的哪吒像

因为他打小闯祸死得早,所以外貌固化,"年方七岁","总角才遮囟,披毛未盖肩",成了一个肩挎呼啦圈的轮滑小豆包。不过,民众对他这幼儿形象并不总是那么满意,有时在别处又将他形貌往上抬,抬到少年与青年之间微妙地游移,不仅可爱,更兼风流,方便一众痴人爱慕追捧。

其次,颜值变化。原本的高大凶神,有了"少年""三太子"这些标签,逐渐便往小帅哥方向演变。在很长时间内,其凶神与美少年的形象可能是并存的。即使到了明代罗懋登《三宝太监西洋记》里,还写他"身高三丈六尺……面如蓝靛,发似朱砂",看一眼都得被吓死。不过同时期余象斗的《南游记》则描写哪吒"头戴红花紫金圈,身披八宝绣盔甲,脚穿绿线皂皮尖底靴,左带花花绣球,右挂九节铜鞭,手持长枪,身骑红鬃战马",又成了典型的少年英豪,什么罗成、岳云出场,都是这类写法。清代《红楼梦》里凤姐想见秦钟,说"他是哪吒我也要见见",可见哪吒已经成为美少年代言人。到了民国"鸳鸯蝴蝶派"李涵秋的《广陵潮》里,哪吒已经坐稳了美少年界的头把交椅:"这个少爷,怕是天上掉下来的罢,便哪吒三太子,也没有他长得这样俊。"

哪吒在民间的知名度如此之高,粉丝如此之多,许多江湖人的外号,便纷纷蹭哪吒的流量。什么玉面哪吒、粉面哪吒、小哪吒、俏哪吒、八臂哪吒[1]等等，无不是在强调"好看""少年""本领高强"这三个要素，好教别人未见其面便先高看一眼。

再次，装备变化。哪吒原来在印度不过拿着金刚棒、三戟槊等简单兵器，"捧塔常随天王"。到了我中土，除了著名的定制轮滑鞋"风火轮"还保留着"火焰三昧"的异域风情，其余装备整体上国产化了，什么乾坤圈、混天绫、乾坤弓、震天箭、火尖枪、灵符秘诀、豹皮囊等等，在中华传统武库和法器库中都能找到依据——比如乾坤圈就能对应于"环"，而混天绫，则类似于"练"。

此外，师承和神职上。哪吒从原来的佛教护法神转变成了姜子牙先锋官、道教护法神，从原来的佛祖徒弟转变成为太乙真人弟子。尤其《封神演义》通篇都在"拿来"佛家概念，比如将金吒的师父写成文殊广法天尊，将木吒的师父写成普贤真人，借佛教两大菩萨名号来给道教站台，所以哪吒会有这种跨界发展、"道体释用"的轨迹也就不奇怪了。其实，何止哪吒，连他爹李靖也是跨界的。跟着度厄真人学了道，手里捧的法器玲珑"塔"却来自佛教概念。那么，这玲珑塔又是谁给的呢？燃灯道人。你没看错，又一个从佛教拉来为道教站台的，燃灯古佛也跨界发展了。

最后，性格上。这是最有趣的部分。1979年的国产经典动画片《哪吒闹海》中的哪吒是个疾恶如仇、除暴安良的小英雄。但是，不要被这一形象遮挡了视线，其实在早前的传统文艺作品中，哪吒性格乖戾，本身就既"恶"且"暴"，是个少儿不宜的不良逆子。

宋代释觉范的《禅林僧宝传》、释道原的《景德传灯录》等曾提到哪吒"析肉还母""析骨还父"，可见他与父母的关系有问题，可惜语焉

---

[1] 哪吒早期一直是八臂，《三教源流搜神大全》就说他"三头九眼八臂"，"六臂"是后来民间数学达人们为了配合"三头"而进行的"合理化改造"。毕竟哪吒从佛教神变成道教护法神之后，不需要双手合十了（以他的桀骜劲儿，也不大可能遵从道教礼仪见人打稽首），多出来两条手臂无处安放，删了也好。

不详。到了《西游记》《封神演义》等神魔小说中,其叛逆性被灌注进大量鲜活内容,浓墨重彩大书特书,哪吒才终于成为中国文学史上鲜见的、经典的逆子形象。

哪吒有多"逆"?

首先,自我中心、爱惹事。他去东海洗澡,差点把龙宫给拆了;龙王上天告状,他提前埋伏暴打苦主;他拿弓箭当玩具,射死魔族要人,引发魔头报复……我国传统文艺中的著名熊孩子、反武则天的薛刚跟他比,只有相形见绌的份儿。

其次,凶残好杀。当然,这一设定与他原本的凶神天性有关,本土化的解释则是:"此子生于丑时,正犯了一千七百杀戒"。将巡海夜叉打得"脑浆迸流",他却笑说"把我的乾坤圈都污了";杀龙子敖丙,非要打出元神抽其筋;打龙王敖光,"用手……抓下四五十片鳞甲,鲜血淋漓,痛彻骨髓";自杀时,"右手提剑,先去一臂膊,后自剖其腹,剜肠剔骨,散了七魄三魂,一命归泉"。《金瓶梅》评武松杀嫂,"这汉子端的好狠也",可武松再狠毕竟是杀别人,跟少年哪吒自杀时的残忍狠辣一比,立马小巫见大巫。

再次,忤逆不孝。如果说上述的"逆"还可以在"英雄"名义下得到人们某种程度的宽容,那么他詈母弑父的"忤逆不孝",则完全站在了正统价值观的反面。

哪吒自杀后去求母亲帮他建行宫受香火,见母亲犹豫,便大吵大闹,威胁要"吵你个六宅不安";李靖砸了行宫,他借助莲花重生后立马去报仇,宣称"就赶到海岛,也取你首级来,方泄吾恨!"听其言,观其行,这是多大的仇多大的怨。同为本领高强的幼童型混世魔头,圣婴大王红孩儿跟他相比,简直是个敬父爱母的乖宝宝。

吾国文学史上的逆子形象不是没有,尤其民间劝孝故事里有不少反面典型,前面提到的正神二郎神,也有忤逆长辈的一面(但人家反抗舅舅是为了对母尽孝)。不过,描写得像哪吒这么鲜活的,少见;从逆子成为正神并被世人景仰的,哪吒更是独一份。父慈子孝了几千年,哪吒千里追杀老爹、不依不饶的情节,对人们的心理冲击力太强了,以至于都有点看热闹不嫌事大。太乙、普贤、文殊、燃灯几大真人联手阻拦的情节,不过增加了父子交战故事的观赏性,而且他们哪里是阻拦,分明是纵容,还打着"磨真性""保真君"的幌子。也许中国的熊孩子们被儒家那套"父父子子"压制太久,总算出了个哪吒来代言,所以很乐意替他保留下这股子叛逆劲儿,不屑去洗白。在这个意义上,哪吒绝对"少儿不宜",没有哪个家长敢让孩子拿这样的李三娃当榜样。

逆子想成英雄,就得回到体制中。《封神演义》的处理是发个宝塔给老爹,让他以暴制暴,于是父子和好,双双修成正果,这实在太不讲究了。《西游记》里唐僧也有钳制劣徒的道具金箍,但人家还亲手给孙猴子缝制讨真虎皮草裙,师徒之间好歹有真爱,对吧。而比二郎神、薛刚、武松、红孩儿、孙猴子加起来更忤逆作妖的李三太子,怎可能在不蒙感化的情形下就随便放弃自我、顺服于暴力呢?神魔小说成功塑造了一个惊天逆子形象,可是编到最后,又不得不回归父慈子孝的正统价值观,否则民众那里通不过,官府那里也难免列为禁书。至于从逆子到顺臣之间的巨大鸿沟,神魔小说的作者们懒得去填,那就只能靠咱们读者自己动用几千年的"文化积蓄"脑补了。

主要出处

《宋高僧传》《太平广记》《开天传信记》《毗沙门仪轨》《三教源流搜神大全》《封神演义》《南游记》《西游记》《新刻按鉴编纂开辟衍绎通俗志传》

爱之往迎：福禄寿喜财

本节咱们聊几位道教吉神，同时也是概念神，因为其主体事迹不多，故而采用边述边评的方式，尽量说点新鲜有趣的。

福禄寿喜财这些神灵，一般是作为助手出现在别人的故事中，真正以他们为主角，讲述他们互相间或者与其他人神之间的爱恨情仇、藤蔓瓜葛的，很少。这主要是因为他们具有特别明显的功能性，人们在故事里、生活中需要他们出场时，其实并非需要他们的个性特色来制造戏剧冲突，而是需要他们所肩负的召福、送禄、增寿、添喜、发财等功能来丰富平淡的人生。

今天人们习惯将福禄寿喜财合称为"五福"，其神合称"五福神"，但其实"福""喜"是比其他三者更虚一些的概念，其概念内涵对后三者也有个覆盖关系。

什么叫做"有福"呢？按照《尚书·洪范》的说法，"五福，一曰寿，二曰富，三曰康宁，四曰攸好德，五曰考终命"，翻译成大白话就是说：长寿、有钱、健康、好德和善终是五种福气，而且长寿、有钱这两个指标排在前面——可见，对于"人死不了"且"钱花不完"的向往真是自古皆然。

东汉桓谭在《新论》中重新将"五福"定义为"寿、富、贵、安乐、子孙众多"。"长寿"和"有钱"不变，"安乐"基本等于"康宁"，又去掉了"好德"和"善终"，新增一个"贵"（基本上相当于"做大官"，就是"禄"），以及一个"子孙众多"（就是家族繁衍兴旺）。增添的指标没疑问，去掉的则颇耐玩味。听上去，好像只要有命有钱有官有健康有儿孙，人生就完美了，至于有没有德行、能不能善终，也可以不计较。

鉴于人们对"五福"理解的偏颇，宋代大儒陆象山专门在某年上元节搞了个关于《洪范》"皇极敛时五福"章节的公开讲座，以代替斋醮，为民祈福。他说："实论五福，但当论人一心，此心若正，无不是福，此心若邪，无不是祸。世俗不晓，只将目前富贵为福，目前患难为祸。不知富贵之人，若其心邪，其事恶……忝辱父祖，自害其身……患难之人，其心若正，其事若善……虽在贫贱患难中，心自亨通。正人达者观之，即是福德。"可见当时人们的福气观已经向着单纯的富贵荣华一路狂奔，必须加上道德羁勒来纠偏了，所以他强调"福德"。

现在俗称的五福神（福禄寿喜财），在《洪范》五福和《新论》五福的基础上有所增减，但严格来讲逻辑上存在很大的漏洞。"福"既然涵盖"寿"和"财"，就是个上位概念，后世不该将它与后二者并列。"喜"的情况类似，范畴比较广，既专指结婚、生子，也泛指一切"值得庆贺且使人高兴的事"。《四喜诗》总结人生四大喜事为："久旱逢甘雨，他乡遇故知，洞房花烛夜，金榜题名时"，那么，与此同等或者更高量级的升官、发财、祝寿、生娃算不算喜事？喜神管不管？肯定都得算、都得管嘛，所以"喜"又是一个上位概念。

通共五个神的小分队，其中两个都是上位概念神，怎么好并列到一起干活呢？算了，这么着，咱们就姑且当福神和喜神是五福神小分队的正副队长吧。

将古今评估"福""喜"的指标拉通来算，主要的一共是六类：寿命（含长寿、健康、善终）、财力、权势（当大官）、婚姻（夫妻关系）、子孙、人际关系（含道德风评）。只要在这些范围内的好事，就都归五福神司掌。问题是，这么一来，还有多少私事是这六大领域不能囊括的呢？所以，"五福骈臻""五福临门"基本上等于"所有的好事都来吧"。

民俗花纹中常以五只蝙蝠谐音"五福"，或者画上蝙蝠、梅花鹿、寿桃（或仙鹤）、喜鹊、元宝来分别指代福禄寿喜财。一个人行善积德好

绘有蝙蝠图案和寿字的瓷瓶

明代画家商喜这幅《福禄寿图》（台北故宫博物院藏）上，出现了蝙蝠、梅花鹿、寿桃三个元素，分别指代福、禄、寿

事连连，叫做"福神旺、福神重"；遇事可以求请福神，"福至心灵""福神在，凶神去"。

关于福神的姓名，其实不很确定。《三教源流搜神大全》有个并未得到流行的说法：汉武帝时的道州刺史杨成，曾经成功劝谏皇帝不要征召道州矮民（即侏儒）为宫奴，后来郡人画像立祠敬奉他，以他为福神。

福神与禄神常结伴出现，福禄双行。

禄神的情况稍显复杂。理论上说，文昌帝君、禄星、魁星都是司禄之神，我们可以将他们合称为广义的禄神，而将禄星定义为狭义的禄神。这几位神灵在星空中都有对应，咱们分别来说。

文昌星官与禄星有一个包含关系。文昌星官包含司禄、司中、司命、贵相、次将、上将六星，其中司禄就是禄星。文昌星官化作人形就是文昌帝君，又叫文昌梓潼帝君。据说他原本是东晋四川梓潼的张亚子，抗击苻坚战死，被地方尊为雷泽龙神。到了宋元以后，因为保佑学子求功名十分灵验，成为知识分子的命运之神，全国各地都建起了文昌宫、文昌阁或文昌祠。张亚子当文昌帝君是典型的后天神继任神职，就跟后文提到包拯去做阎王一样。文昌帝君有两个侍童天聋和地哑，一个掌管文人禄运簿册，一个手持文昌大印，其名字意味着言者不知，知者不言（因为科举结果在公布前是国家秘密）。

对国家而言，文昌帝君司掌文运，包括文教礼乐等方面；对个人而言，文昌帝君司掌功名利禄，包括文章科举、加官晋爵。其中针对个人的这部分功能，我们可以理解为就是由下属的禄星来执行的。司马贞《史记索隐》引《春秋元命苞》说:"司禄赏功进士。"《神仙传》里提到,中茅君被太上老君任命为"定録君"。穿针引线一下,我们可以认为中茅君就是做了(继任的?)禄星[1],负责赏功进士。

距离文昌星官不远是北斗七星。北斗星也与古代知识分子密切相关,其中的魁星与文曲星同样有个包含关系。北斗第四星天权星是文曲星,主文艺才能,比如文字、琴棋书画之类,虽不必然与"禄"相连,但"才"也算文人命根子。现在说谁文采斐然,还用"文曲星下凡"来形容。而北斗前四颗星天枢、天璇、天玑、天权又总称"魁星",主文运、文章,尤其管科考成绩名次,有"一举夺魁"之说。

魁星的模样几乎是"魁"字的图解:形貌若鬼,蓝面金身,环眼赤发,锦袍皂靴,右手持朱笔表示点选,左手持墨斗呼应"北斗"之"斗"形,右脚踩在一只鳌鱼头顶表示夺第一,左脚外勾,呼应"鬼"字的那笔竖弯勾。此外,也有的魁星造型是手里拿着官帽、官印、文书、金锭等物,而将斗踢在外勾的脚上或悬浮在空中。总之这一整套造型,就叫做"魁星点斗,独占鳌头"。

有时候,魁星也写作奎星,我认为这是因为两字同音,在漫长的流传史中混淆了。奎宿属于西方白虎七宿之一,在黄道带上;魁星属于北斗七曜,在天顶

(唐)阎立本(款)《文昌帝君像》

魁星点斗(清丁善长绘《历代画像传》,清光绪刻本)

---

[1] 同文说太上老君任命大茅君为"太元真人东岳上卿司命真君",小茅君为"保命君",所以三位茅君的职司要合起来看,是连司禄带司命的,都可算在文昌帝君属下。后世常常将"禄命"相连。

区域，二者并不相邻。在星象指代上，《晋书·天文志》总结前人天文观，"西方奎十六星，天之武库也……主以兵禁暴……"与主文运之义恰好相反。不过更早的汉代纬书《孝经援神契》提到，"奎主文昌，虽为武库，实文章之府"，虽然只有论点没有论据，但表明已在留意解决"文昌"与"武库"含义的矛盾。宋太祖乾德五年，五星聚奎（五大行星在奎宿附近连珠出现），"占者谓主文教昌明，真儒辈出"（清方浚师《蕉轩随录》），后来的事实果真如此。宋真宗时孔庙有了"奎文阁"，后来各地也广建"奎宿楼"，"奎宿与文昌，学并祀焉"。南宋洪迈《夷坚戊志》记载，苏东坡被时人目为奎宿下凡，可见那时奎宿还不是鬼脸模样。随着后世逐渐将奎宿与魁星在司文教方面的功能合二为一，"奎星""魁星"在这个领域内便互为对方别称，形貌也趋同了。

在星象上，文昌星—禄星与魁星—文曲星算两个系统，各自都是整体与局部、包含与被包含的关系。但在民众观念里，文昌帝君的地位更高，魁星要听他的。我们来看一个有趣的小故事。

财神正月初一押解天饷去灵霄殿，路上遇到了穷神。穷神缠着问财神借钱三万，财神因为天饷有正额不能外借，就从怀中掏出一枚自己的小金锭给了他。穷神感觉受到侮辱，大怒，跑到文明教主（麒麟精）那里去告状。文明教主听了也大怒，率领文坛健将，排开笔阵围攻财神。财神拔剑应对，然而剑锋始终不敌笔锋。财神害怕了，到奎垣求救于文昌帝君。文昌帝君说："你们恃财傲物，原本该遭此祸。不过以笔尖横行天下，也不是文教之福。"于是召来魁星。

财神一看，魁星是个白面文弱书生。文昌帝君让魁星去对付文明教主的笔阵，魁星说："我长这模样不足以把人吓倒啊，怎么办？"文昌帝君沉思良久。部从建议："请帝君赐给他一张假面。只要面皮一变，则诸事可为。"文昌帝君笑着答应了，又给魁星一柄金斗，让他与财神一同回去。

回到战场,文明教主仍在挥笔如椽地骂架,说凭他的本事,千人之军可以横扫。魁星戴鬼脸上场,扔下金斗,文明教主立刻变弱,不能支撑,弃笔而逃。魁星没收了他的笔,又搜得穷神借到的那个金锭,遂告别财神奏凯而归。文昌帝君于是将笔和金锭都赐给魁星,还命他世掌金斗。所以,今天流传的魁星像都是蓝面狰狞,右手持笔,左手持锭,而旁边还要竖一个金斗。

(出自清沈起凤《谐铎》卷十二)

这故事是读书人杜撰的,颇含讽喻。比如文人自认可以弄笔打天下,可是见到恶人就怕,再见到金斗(隐喻财富),更是直接败下阵来。又如禄星集笔、斗、鬼脸、金锭于一身,似乎说明读书人想要官运亨通,就得会写文章、对人凶,并且还要会使钱。嘿,愈品愈觉大有深意。另外,这个故事说文昌帝君居住在奎垣,更是将文昌星官、魁星与奎宿的位置来了个大搅和。

寿神就是寿星,或南极老人星[1],称南极仙翁,《史记索隐》说"见(之)则天下理安,故祠之以祈福寿也"。寿星形象一般为白须老翁,凸脑门(北方所谓"大背儿头"),头顶没头发,大约是因为寿数全长到了脑子里,将顶发都给挤掉了吧。他拄拐,捧桃,骑鹿,身旁常有龟鹤为伴。《西游记》描写他"手捧灵芝飞蔼绣……长头大耳短身躯,南极之方称老寿"。

一般认为寿星心宽,性情和善。《白蛇传》里面,白娘子为救许仙去盗仙草,被鹿童、鹤童阻拦,就是南极仙翁路过帮她说情,才将仙草取走的。寿星还特别能喝酒,"天上有寿星,饮酒辄一石"(清屈大均《广东新语》)。《稼轩词》形容寿星"朱颜晕酒,方瞳点漆,闲傍松边倚

---

[1] 但《尔雅》以角、亢二星为寿星,"以其长于列宿,数起于此也"(明郎瑛《七修类稿》)。这个说法后世俗说少见引用,故此处不赘言。

(宋)佚名《寿星轴》(台北故宫博物院藏)

杖",正是一副老醉仙模样。因此人间为老人祝寿,一般都会献上寿酒。

寿星的人间崇拜者数量巨大,但如果你以为他真有权力从整体寿命池子中攫一勺流金岁月添到你个人的寿命罐子里,那就想多了。寿星就是个偶像,司命这件事在神话中归司命之神管,在仙话中归地府管,而且他们管的都是天定之命,没点非常手段,想走个后门窜改下数据都不行。

南极老人星在北半球星空的位置低,我国南方人还能在地平线附近看到,北方的中原人对它就非常稀罕了,于是它与高寿(尤其人君高寿)的象征挂了钩。钦天监或者别的官员如果观测到老人星,是要绘图、上表汇报给皇帝的。

宋仁宗景祐年间,老人星现。据说当时柳永已经登第,正希望被进用,有司命柳永做《醉蓬莱》词献上。这本是个好时机,歌颂歌颂祥瑞,祝福祝福国祚,哄得仁宗开心,前途自然无量。没想到,一向"多游狭邪"的柳耆卿此时也难改轻佻,事先没做足功课,词中几处用语不当,尤其"此际宸游,凤辇何处"句,与御制真宗(仁宗之父)挽词暗合,搞得"上惨然","投之于地",只好一辈子做他的"奉旨填词柳三变"去了(据清冯金伯《词苑萃编》)。当然,像柳三变这样愣把"机会"写成"再会"的文艺青年毕竟不多。人家王珪就会写"金行贯叙,颢气肃乎西成;珠纬躔空,祥辉丽乎南极;乾文烨润,宵景澄夷",做到了"一时庆语,无出其右",仕途也光芒万丈（据明蒋一葵《尧山堂偶隽》）。

喜神穿红衣，最常出现的场合是结婚与生子的庆典。结婚尤称"喜事"，必拜喜神，点喜烛，喝喜酒，坐喜床……总之与其相关的都挂个"喜"字。除此之外，逢年过节，民众又有招喜神、兜喜神方、迎喜神等各种活动。尤其年节下，拿黄历看准今日喜神在哪个方位，便约上亲朋好友出门，往那个方向游逛，谓之"兜喜神方"。

俗谚云，"天地不可一日无和气，人心不可一日无喜神"，中国人乐天知命，好喜不爱忧，做什么都图个吉利，讨个好彩头。在这种心理支配下，就会有"冲喜""老喜丧""丧事喜办"等说法和做法，尽量委婉含蓄，减轻不幸带给人们的心理伤痛。古人甚至将亡亲的遗像称为"喜神"。比如元代郑廷玉杂剧《看钱奴买冤家债主》的剧中人说："你孩儿趁父亲在日，画一轴喜神，着子孙后代供养着。"讲的是儿子跟父亲商量，趁父亲活着画幅肖像，以备日后供奉。大抵父母在子女心目中即为能庇佑福运的神灵，亡故后受子女香火祭祀，也如神灵一般，所以婉称"喜神"吧。

财神大家都很熟悉了。中国民众很可爱，将对财富的喜爱放到明面上，大张旗鼓地弄了一套财神班子，有五显财神、五路财神、五圣财神、文财神、武财神等诸多说法。

五显财神、五路财神、五圣财神都是突出"五"这个组合，其具体名号有各种异文。《三教源流搜神大全》记载的五显神是唐代自天而降的五位神人，并未点明与财富关系。民间传说南齐柴姓五兄弟为五显神财神，也有些地方将"五大仙"（老鼠、黄鼠狼、狐狸、刺猬、蛇）称为"五显财神"，认为它们能偷偷为家里搬运来财富。现在比较流行的"五路财神"说法则是指东西南北中五路财神，其中中路为财神赵公明，其余四路为他的义兄弟或者部将，即东路财神（招宝天尊）萧升、西路财神（纳珍天尊）曹宝、南路财神（招财使者）陈九公、北路财神（利市仙官）姚少司。北京戒台寺的五显财神殿就是如此供奉的。拜五路财神，是收

清代五路财神年画

文财神（局部，清周培春绘）

武财神（局部，清周培春绘）

尽五方之财的意思，听着未免显得太过贪婪。五路财神也有简装版，就是赵公明为主，旁边加上招财、利市两个童子。

文武之分又是一种说法。文财神一般指比干、范蠡和财帛星君。比干、范蠡不用多说，都是历史名人。比干耿直公平，适合替天下掌财；范蠡财商高，退休后经商富甲天下，号陶朱公。财帛星君恐怕是一个比较晚起的说法，现在常指为李诡祖，但我推测李诡祖也是被民众"借调"到这个职位的。按《万历续道藏·搜神记》的说法，李诡祖是三国时魏人，白天管阳间不平事，夜里判阴府冤错案，还要管朝廷三品以上官员的禄料，以及平民每年命定的衣食，因此深得人民爱戴，死后立祠纪念。至五代，后唐明宗李嗣源追尊其为"增福相公"（一说"神君增福相公"），这大概因为李嗣源自己的"李"本是冒姓，见到民间崇奉李诡祖便起了攀扯之心。到元代，忽必烈又加封李诡祖为"福善平施公"。可见，李诡祖死后一千年都是司福的。后来老百姓可能觉得财比福更具体，或者有财就有福，便生拉他过来掌财，谓之增福财神。今天民间年画上的文财神据说就是李诡祖形象，一个官冕朝靴、锦衣玉带、白净微胖、笑眯眯的文官。前文故事中被文明教主率众挥笔围攻的，想必就是他了。

武财神则指赵公明、关云长。赵公明又称赵玄坛，黑面浓须，戎装骑黑虎，一手执银鞭，一手持元宝。不过赵公明在较早的《搜神记》里却是瘟神（详见下节），至元明才逐渐坐牢了财神交椅，这与明代社会商业发达、市民竞相追逐财富的背景有关。关羽之所以被选作财神，首先因为历代帝王对他的忠义进行了不吝美词的追封，令他从侯、王一直升到圣人、帝君、天尊、大帝；其次，道教、佛教都将其吸纳为护法神，香火鼎盛，大加追捧；再次，几千年商贸活动总结出的"重然诺、守诚信"的商业道德标准，需要交给关羽这样一位矫矫义烈的神灵来守护。

此外还有一些财神或者类财神。比如五代后周世宗郭荣（就是民间文艺中著名的"柴王爷"，俗称柴荣），他做平民时曾经成功经商，做皇帝后又文治武功，励精图治，使得国富兵强，民间资财也得以增益，因此被中原民众长久爱戴，目为财神。另，在不同的时期或地区，金元总管、利市仙婆、华光神、和合二仙等也曾经被视为财神，此不赘言。

民间广建财神庙、财神观、财神宫，每年正月初五又有"接财神""迎财神"等习俗，人们献三牲，烧头香，举行"财神会"游行，就连叫花子都要借着"跳财神"的名义讨钱。民间商铺几乎没有不供奉财神的，哪怕今天，你推门进到一家店内，迎面碰到的，要么是白胖胖的李诡祖，要么是红通通的关云长，要么是黑赳赳的赵玄坛，要么是集齐大小财神的全家福……

福禄寿喜财这几位神灵经常结伴而行，给人间赐福添喜、增禄加寿。元明以来更是逐渐形成了神灵留驻在人户一段时间以改变命运的观念。比如清代的一副门联说："穷鬼哥快出去，莫要纠缠小弟；财神爷请进来，何妨照看晚生。"当代游戏《大富翁》中有福神、财神、穷神、衰神等驻留与离开的规则，就是这种观念潜隐的余绪。

主要出处

《尚书》《新论》《三教源流搜神大全》《宋史》《谐铎》《西游记》《白蛇传》《古今词话·词辨卜卷》《全元杂剧》《搜神记》《万历续道藏·搜神记》《世说新语》

避之不及：凶煞穷厉瘟

本节聊聊吉神的反面——凶神。

凶煞穷厉瘟这几个概念在语义上不是平等的，与前文福禄寿喜财的情况相似。凶神当然是个泛称，但涵义略有分歧。一方面，一切给人们带来不好结果的神灵，都可称为凶神；另一方面，凶神又可指面貌与行事凶狠，但立心并不坏的神灵，所谓"身现恶相，心作大悲"，或者"霹雳手段，菩萨心肠"。本节聊的是前者。

咱们还是将凶煞穷厉瘟视为一个"作恶小分队"吧。凶、煞的"神职功能"都比较虚，算正副队长。穷神的功能很清晰。厉与瘟基本是近义词，功能也很清晰。下面先总述一下凶神恶煞，再具体说说穷神与瘟神。

《山海经》里有很多神、怪，人碰到就会倒霉，比如"见则其邑有恐"的酸与，"见则其邑大水"的蠃鱼，"见则其国多疫"的絜钩，等等，这是将人世的不良遭遇归结为外部神灵的影响。后世的阴阳风水理论发展了这种思想，在社会生活的各个领域、在众多吉神的对立面，广泛地安排了许多凶神，以起到警示和震慑作用，提醒人们注意趋吉避凶。

与凶神常常并提的是"恶煞"。"煞"又写作"杀"，意即死亡。恶煞就是凶死的鬼魂，因无法在阴间得到安宁，便留在人间为非作祟。我国文化中神鬼间的界限比较含糊（其道德指数有个量变到质变的过程），既然恶煞不可避免，而且数量还很庞大，人们便又将恶煞称为煞神。所以"凶神""恶煞"基本算是互文，我们在阴阳家对"神杀"（即"神煞"）的描写中能清楚地看到这一点。

据说是唐初名臣李靖（哪吒他爹原型）受命编写的《四门经》，列出了需要人们小心镇祭的各种"神杀"。首先是"太岁"，其次是：金神、大将军、奏书、博士、太阴、丧门、吊客、黄幡、豹尾、畜官、岁杀、蚕命、蚕室、蚕官、五鬼、大杀、灾杀、岁破、岁刑、大耗、小耗、力士、飞廉、伏兵、大祸、病符、死符、白虎、破败、劫杀。每位神杀都有一番来历以及职司，咱们说几个比较突出的，比如丧门神：

丧门神原本是商纣王时期的人，叫做伊祁宜。他在太行山落草为寇，劫取不义之财散施给贫民，又专门杀贪官污吏、有势力的财主、不义之人等等。有一次黄河发大水，伊祁宜被困住了。纣王趁机派人抓获了他，将他斩首。当剑锋挥舞到他颈项间后，他的头并不落地，而是腾起千尺高，化为大蟒。这条大蟒还和伊祁宜生前一样，专门吸食无道的官吏、不孝的儿孙、仗势欺人的人。后来，天帝命北极真武君降服了他，分配到太岁跟前做了丧门神。丧门神可是不能惹的，如果人们冲犯了他，家里会死人，丧祸不绝。

丧门神又称丧星、丧门星，是喜神的反面。一沾他就会死人，煞气简直太重了。明清间有俗语"错把丧门神当喜神"，"拿着丧门吊客当喜神"，表明了喜丧之间的强烈对比。

别的神杀对人类的折腾也是五花八门：有负责闹宅的，比如"五鬼……若人犯之，釜鸣井溢，户里作声，暗灯发火忽暗，不祥之兆，祸患临门"；有负责让人生

神煞之一：甲子太岁杨任（《封神真形图》清刻本）

神煞之二：值年太岁殷郊（《封神真形图》清刻本）

病发疯的，比如"病符……若人犯之，全家心痛，发狂，百端不安"；还有让人损失财物的，比如"大耗、小耗……若人犯之，财离失散，六畜损伤"，等等等等。

这还不算完。翻开老黄历，可见到阴阳风水禁忌其实密布在我们人生之河的整个流程中。除了上述姑且视为按年计的神杀禁忌，每月还有诸多禁忌日，包括月忌、龙禁、杨公忌、瘟星、天地凶败、天乙绝气、长短星、四方耗、五不遇、六不成、四虚败、三不返、四不祥、四穷、四逆、八风、九良，等等；而一日之中，又有白虎、黑杀、刀砧、天火、重丧、大败、蚩尤、受死、火星等诸多凶神值守的时辰。里外算下来，剩下的吉日没几天，良辰也没几个。为何古人办大事要请专人选择良辰吉日呢，就是因为非良辰吉日太多，搞不好挑走了眼，就会倒霉。

然而这仍然不算完。上面说的只是时间上的凶煞分布，别忘了，还有空间上的呢。凶神恶煞们在世间游荡，你出门之前，是不是得查一下今日煞神在哪个方向啊？

要是真这么一板一眼地遵循避忌下来，老百姓的日子就没法过了。在生活实践中，有正经营生要忙、无法按照黄历细化言行的民众势必会简化禁忌、强化祭祀，确保跟比较主要的几个凶神搞好关系。甚至，还发明出了桃符、铜镜、"泰山石敢当"之类的物品，以及"姜太公在此，百无禁忌"之类的咒语进行厌胜、禳解。

现在来聊聊穷神。

穷神原本叫穷鬼，是财神的反面，据说他是帝颛顼的儿子，名为瘦约。这位帝二代特别奇怪，明明家境优越，偏偏喜欢穿破衣服，吃腐烂的食物。他在正月末死于街巷，后来人们就在每年的正月晦日祭祀他，叫做送穷鬼。而且大家深感惹他不起，就尊称一声神，马屁功夫集体一流。

至唐宋间，送穷的风俗已经发展到蔚为壮观，所谓"万户千门看，无人不送穷"（唐姚合《晦日送穷》三首之一）。唐宋人以芭蕉叶或柳枝等扎成小船顺水送走,谓之送穷。宋人巴谈在《送穷鬼词》描述道:"正月月尽夕,芭蕉船一只,灯盏两只明辉辉,内里更有筵席",看来送得也是相当精心,连微缩置景都用上了。

送穷的日子在不同时期和地区有所不同,但一般在正月里。最初是正月最后一天(晦日),后来往前提,有正月二十九的(《五杂俎》引池阳风俗),有提前到正月初六的(宋吕希哲《岁时杂记》),有提前到正月初五的(《栾城县志》),甚至还有提前到大年三十的(宋史浩《守岁》:"雪消春浅,听爆竹送穷,椒花待旦")。总之,人们将送穷的日子卯着劲儿往前提,可见真是受够了穷鬼的气,一天都不想与他多待了。

穷与富是一对冤家(金王若虚《滹南诗话》:"夫钱神所以不至者,唯其有穷鬼在耳"),人们为了不让他们碰面,做出了先送穷、后迎富的安排。鉴于接财神的日子普遍定在正月初五(财神生日),渐渐地,初五当天早些时候便成了送穷的最后期限。这么看来,初三甚至年三十就早早将穷鬼打发掉的人真是聪明,不然,倘若再发生财神金锭被穷神截胡的事情,可不一定有魁星及时赶来帮你了。

送穷之风在文艺作品中有丰富体现。年节之下,文人们常会写些送穷的诗文,所谓"客里逢年酒半醺,篝灯课了送穷文"(宋王迈《除夜共蒋力父有秋宿南浦馆》)。其中,唐代韩愈的《送穷文》最为著名,这里节录第一段—

元和六年正月乙丑晦,主人使奴星,结柳作车,缚草为船,载糗舆粻,牛系轭下,引帆上樯,三揖穷鬼而告之曰:"闻子行有日矣,鄙人不敢问所途。窃具船与车,备载糗粻。日吉时良,利行四方。子饭一盂,子啜一觞。携朋挈俦,去故就新。驾尘彍风,与电争先。子无底滞之尤,我有资送之恩。子等有意于行乎?

这一段讲昌黎先生兴致勃勃准备了柳车草船和一系列祭品,准备将

送穷鬼的反面:有钱能使鬼推磨(溥心畬《有钱能使鬼推磨》)

穷鬼送走,从此过上富足的生活。后文说,穷神不肯走,还觉得自己很委屈,"自初及终,未始背汝,心无异谋,口绝行语。于何听闻,云我当去?是必夫子信谗,有间于予也"。昌黎指出穷鬼有"智穷、学穷、命穷、文穷、交穷"五个分身(五鬼),五位一体,蝇营狗苟,正是自己的祸患。穷鬼引经据典进行反驳。没想到,经过一番辩论后,昌黎先生反证明穷鬼才是真知己,始终对他不离不弃。于是只好"垂头丧气,上手称谢,烧车与船,延之上座",踏踏实实一辈子穷下去了。

有了韩退之的雄文打头,历代不得志的文人们纷纷开启了花式自嘲模式。穷既然送不走,干脆留着好了,毕竟子曾经曰过:"君子固穷",

"君子忧道不忧贫"，在穷困中坚守，更能凸显士人的志操。北宋的唐子西说得尤其苦涩："脱使真能去穷鬼，自量无以致钱神"，意思是就算真能将穷鬼送走，我也不知道该拿什么来召请和感谢财神——我就是穷得如此叮当响了啊。

最后聊聊瘟神。

瘟疫，疫疠，是突发的可能大规模致人死亡的传染病，这在医疗不发达的古代是件非常恐怖的事情。著名的西王母原本"司天之厉"，"天之厉"就是上天降下的瘟疫（"疠"），所以早期西王母有疠神的职司。

另外一位司掌瘟疫的大神是古帝颛顼，被称为疫神帝。一方面，北方有着肃杀严酷的文化内涵，与疫病带来的暗黑感契合；另一方面颛顼也算个"背锅侠"，他有三个儿子都是疫鬼：一个居江水为疟鬼，一个居若水为魍魉鬼，一个居人宫室，善惊人小儿，为小儿鬼，他这个当家长的被称为疫神或者疫神帝，也不算冤枉。

不过后世最为流行的还是"五厉""五瘟神"的说法。战国时的《管子·轻重》提到"君请立五厉之祭，祭尧之五吏"，他的主张是借祭祀向民众征收祭品，以此在不增加赋税的情况下丰富国库。这可能是"五厉"最早作为祭祀对象出现。"五厉"司掌的内容肯定跟民生有关，说不定就包含祛除疫病。

到《三教搜神源流大全》，"五瘟神"明确出现。书里记载隋文帝在空中见到五位神人，太史张居仁告诉他这是五方力士，"在天为五鬼，在地为五瘟"。于是隋文帝立祠祭祀，称五瘟神，或五瘟使者，或五厉。他们是：春瘟张元伯，夏瘟刘元达，秋瘟赵公明，冬瘟钟仕贵，总管中瘟史文业，他们手里分别执有的勺子、罐子、皮袋、剑、扇子、锤子、火壶，就是用来散播瘟疫的工具。前文说过赵公明早期是司瘟的，就在这五瘟神之列。

隋唐以后全今，五瘟神信仰流传不辍，各地都建有五瘟宫，五瘟神也被吸收入道教的瘟部。民间还造出了配合瘟神传播伤寒等疾病的

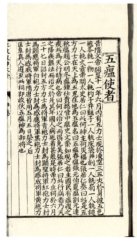  

五瘟使者（《三教源流搜神大全》明刻本）　　　　赵公明（《三教源流搜神大全》明刻本）

三十六殃官等等。《封神演义》里生造了一个"主掌瘟癀昊天大帝"吕岳，"面如蓝靛，发似朱砂"，典型的凶神模样。他率领瘟部六位正神与姜子牙斗法，使用的道具、法术如瘟丹、瘟癀伞、五火七禽扇、瘟癀阵之类，看来也是从赵公明时代的勺子罐子受到启发而加以酷炫化的。

瘟神的职责是施行天罚，就是说瘟疫的发生并非神灵刻意害人，而是人类自己做了不当的事。此功能与雷神的职责之一接近。瘟神还有个有趣的职能是治疗相思病。明清民歌时调集《白雪遗音》里红娘对张生说"我是五瘟神，寻治人间的相思病"，大约因为瘟疫一来，连命都难保，什么情啊爱啊就通通靠边站了。

人们对瘟神疫鬼等的态度，可以归纳为七个字：敬哄怕骂躲求送。平时烧香敬着，上供哄着，心里怕着；真到了瘟疫来临，百般求告都没用，那就不如开骂，来硬的；或者远避他乡，躲瘟疫远些；实在躲不掉的，做法事送走瘟神。这其中，敬哄怕躲求自不待言，咱们略聊聊骂和送。

说到怼天怼地怼鬼神，怎么少得了冲飚激浪、彪悍豪侠的昌黎大师

呢。他不仅骂过穷鬼,骂过鳄鱼,还写了首《谴疟鬼》,痛骂颛顼帝那三个疫鬼儿子:

> 屑屑水帝魂,谢谢无余辉。
> 如何不肖子,尚奋疟鬼威。
> 乘秋作寒热,翁妪所骂讥。
> 求食欧泄间,不知臭秽非。
> 医师加百毒,熏灌无停机。
> 灸师施艾炷,酷若猎火围。
> 诅师毒口牙,舌作霹雳飞。
> 符师弄刀笔,丹墨交横挥。
> 咨汝之冑出,门户何巍巍。
> 祖轩而父顼,未沫于前徽。
> 不修其操行,贱薄似汝稀。
> 岂不忝厥祖,靦然不知归。
> 湛湛江水清,归居安汝妃。
> 清波为裳衣,白石为门畿。
> 呼吸明月光,手掉芙蓉旂。
> 降集随九歌,饮芳而食菲。
> 赠汝以好辞,咄汝去莫违。

在诗里,昌黎先生发动了道德攻势,骂疫鬼们明明是古帝之后,却"不修其操行,贱薄似汝稀"(像你们这么贱的真是少有),"岂不忝厥祖,靦然不知归"(你们还有脸见祖宗吗)。他表示要组建由医师、

山西宝宁寺明代壁画中的五瘟使者

河北重泰寺壁画上的五瘟使者

乘舟送"五瘟"（山西新绛县绛州二天门木版年画社藏）

钟馗镇宅（山西新绛县绛州二天门木版年画社藏）

灸师、诅师、符师组成的多兵种部队发动密集攻势，用熏灌、艾灸、诅咒、法符等方法与他们战斗到底。最后还气对方一句"赠汝以好辞，咄汝去莫违"（这篇好话送给你，得了赶紧滚蛋吧）。整首诗气势磅礴，文攻武斗，前面讲的文明教主排笔阵围攻财神的架势，也不过如此。于是，成了一切骂疫鬼文学作品的标杆。

至于送瘟神，其仪式可以说充满了中国特色：没有激烈冲突，有的是温情脉脉，简直像在过节办喜事。比如江南人是"纸船明烛送瘟神"，福建人是"造木舟，以五彩纸为瘟神像，礼醮演戏毕，舁像舟中，鼓吹仪仗，送船入海"。这就是中国人神关系的缩影：人对神自然要哄着，神对人也得让着，彼此都给点面子，日子就对付着过去了。几千年，都这么过去了。

主要出处

《山海经》《四门经》《五杂俎》《岁时杂记》《韩昌黎集》《三教源流搜神大全》

东岳大帝与碧霞元君

　　山神是典型的地祇，泰山神是山神的代表之一，有男神和女神之分。泰山男神女神的来历都有多种说法，不宜以其中某一种为主，因此本节仍旧采用边叙边议的方式。

　　泰山又写作太山，意为大山——很大的山，《诗经》说"泰山岩岩，鲁邦所詹"，因此孔子"登泰山而小天下"。甚至，有人认为它就是远古东方民族心目中的昆仑山[1]。南梁任昉《述异记》引秦汉民间旧传，说泰山是盘古死后头颅所化，这就显得比盘古四肢所化的其他四岳更厉害一点。作为山，泰山在以中原为主流的吾国传统文化语境中地位崇高。它被视为"群山之祖，五岳之宗，天地之神，神灵之府"（《万历续道藏·搜神记》），"欹岑磅礴，峻极高崇……盖清淑之气至此凝而不散，乾坤阖辟之机由此蕴而无穷"（明·陈琏《登泰山赋》）。道教也以泰山为仙境之一，称"蓬玄洞天"。

　　泰山对于统治者的价值不可替代。凡改朝换代，或帝王做成一件大事，都以去泰山封禅作为最正式的告天手续（西汉刘向《五经通义》："王者受命易姓，报功告成，必于岱宗"）。班固《白虎通义》解释说："因高告高，顺其类也，故升封者，增高也，下禅梁甫之山基，广厚也。"《史记》称传说中的首领无怀、伏羲、神农、炎帝、黄帝、颛顼、帝喾、尧、舜等都曾封泰山。对帝王而言，禅地或许还有别的选择，但封天的

---

[1] 昆仑的本义是多重的高山，即《尔雅·释丘》说"丘……三成为昆仑丘"。拙作《诸神纪》有昆仑山专节述及，此不赘言。学者何幼琦《〈海经〉探新》、学者吕继祥《东岳大帝信仰的演变及文化内涵》等文均认为昆仑山在某些语境中指泰山。

最高级别就是封泰山。尤其秦皇汉武这两位真实人物大张旗鼓去过泰山封禅之后，后世官方自然将泰山捧到了一个睥睨万岳的正统位置。

因此，泰山经人格化而成的泰山之神，在中国神灵体系中是非常特殊的存在。

先说泰山男神。他一般被称为泰山君，是列入官方祀典的正神。历朝历代有"太山元帅""泰山府君""天中王""天齐君""天齐王""仁圣天齐王""天齐仁圣帝""天齐大生仁圣帝"等尊号，可简单尊称为东岳大帝，或者东岳帝君。

泰山君的身世来历有许多异文，比如：是盘古五世孙金虹氏（《神异经》）；是天孙（《孝经·援神契》）；是青帝太暤氏（葛洪《枕中书》）……就本质而言，泰山君原是先天神，以上这些说法都是可以理解为先天神的。但是，道教将五岳神纳入自己的体系之后，东岳大帝就变成了一个后天神的职位，不同时间段可以派遣不同的仙人去担任。比如前文张天翁故事提到，原来的刘天翁被抢了位置后，就去做了泰山之主。再如《太平广记》引《神仙传》说，西王母的小女儿太真夫人有个儿子做了三天太上府司直，负责纠察天曹的错误。但他年少好游逸，委官废事，结果被有司奏劾，贬为"主事东岳"，司鬼神之师，过五百年才会有人接替其职。这样我们就可以理解，为什么道教典籍里东岳泰山君的姓名显得很随意——在《龙鱼河图》里是圆常龙，或元丘目睦，在《五岳真形图序》里是岁崇，在司马承祯口中是上清真人，在《说郛》里是秦颛，在《万历续道藏》里为岁崇，等等。《封神演义》更是让姜子牙封黄飞虎为"东岳泰山天齐仁圣大帝"，直接把宋真宗时代的泰山神封号借到商末周初去用了。

作为一个人格化的地祇，泰山君有妻，有子，有女。《万历续道藏·搜神记》说泰山君（金虹氏版）的妻子是水一天尊之女，号淑明皇后，生有五个儿子和一个女儿。此女可能就是岱岳太平顶玉女的出处，下文碧霞元君部分再来细说。关于泰山君之子也有一些民间故事，此不赘言。

山东泰安岱庙北宋壁画《泰山神启跸回銮图》(局部)

泰山君的职司,是兼司生死。费长房《历代三宝记》九引《提谓经》:"东方泰山,汉言代岳,阴阳交代,故谓代岳。"《云笈七签》说:"泰山君……主治死生……"

主生方面:首先,泰山位于东方,东方属木,青色,主生长——无论是人还是万物,都可在此获得勃勃生机;其次,泰山是仙山,汉《太山镜铭》说:"上太山,见神人,食玉英,饮澧泉……受长命,寿万年",登上此山有可能不死成仙。历代帝王封泰山,绝不是去拜鬼王,除了看重泰山在高度上的象征意义,更是看重泰山在主生方面的内涵。这样我们才能理解,为什么元世祖为东岳神所上的尊号,要在宋代"天齐仁圣帝"基础上添加"大生"二字,成为"天齐大生仁圣帝"。

主死方面:泰山又与死亡、鬼魂相关。司死之神,即为冥神;稽鬼之所,即为冥府。需要注意的是,凡涉冥事所指的泰山,都是广义的泰山,包括其余脉所及的梁父山、蒿里山。

学者栾保群先生在其著述中提到中国古代的三种冥府系统：太山府君系统、阎罗王系统和罗酆山（酆都）系统[1]，这个话题放到本书本节，我以为还可以加上更早的"幽都系统"。虽然"幽都"可以泛指地下幽冥世界，但这里我们取狭义，专指屈原《招魂》和"桃都山—神荼郁垒传说"等上古神话中所呈现的那个系统。它的官僚体系我们不很明晰，不过至少有土伯[2]，有看门神神荼郁垒，有食魂的三目虎头怪，有惩戒恶鬼的神兽猛虎金鸡等等，虽然他们管理的对象也有疫鬼、邪鬼，但包含人鬼是不言而喻的。以上这些神官神兽再加上其他隐藏未明言的鬼官鬼吏，七七八八拼凑一下，这个体系也算颇具规模。

　　早期泰山系统与幽都系统应该有比较密切的关系，这种关系，可能是继承关系，也可能是分支关系（即同一更原始观念在不同地域的分支——比如土伯食魂属于南方楚地分支观念，而亡魂归岱属于东方齐地分支观念等），也可能兼而有之。

　　"泰山治鬼""泰山稽鬼"之说的出现，最早也许可推到西汉以前。《史记·封禅书》讲到齐地自古祀"八神"，其中的"地主"，就设祭于梁父山（"祠泰山梁父"）。我以为，这位"地主"是有可能兼职司死的[3]。至西汉，纬书《遁甲开山图》中有"泰山在左，元父在右，元父知生，梁父知死"的说法，泰山（含梁父）与死的关系逐渐明晰。

　　这个早期的泰山系统，是后来庞大太山府君系统的雏形。汉魏六朝

---

[1] 参见栾保群《扪虱谈鬼录》之《罗酆山的沉没》和《野调荒腔说冥簿》，江苏凤凰文艺出版社，2017年。

[2] 王逸注楚辞，认为土伯即后土之侯伯。据此幽都最大的官是后土（土地神兼司冥神，可参见后文土地神专节），"后土"义为土地之"后"、之君主；"土伯"则是君主下设之"伯"（爵位），是君主的辅佐。

[3] 学者吕继祥先生在《东岳大帝信仰的演变及文化内涵》中认为古齐祀的"地主"即"管理死人之神"，似可探讨。愚见，"地主"是否专职司死存疑，将"地主"理解为"土地之主"更说得通，而兼容生死本是地神的应有之义。齐地八神中另有"阴主"，祠于三山，《册府元龟》解释为三神山（蓬莱、方丈、瀛洲）。考虑到齐地有方术传统，齐威王、齐宣王都曾遣使入海寻三山以求不死，我以为将"阴主"理解为司阴（包括司不死），似乎来得更为贴切。也就是说，在齐八神中，司死与泰山（包括梁父山）尚未专门勾连起来。另，《史记》述秦皇、汉武都是封泰山而禅梁父，在梁父祭祀的是地神，不是专门的冥神。

间留下了许多与"泰山治鬼"有关的文字，可见此观念之流行。《乐府诗集·怨诗行》说"齐度游四方，各系太山录，人间乐未央，忽然归东岳"；东汉建安七子之一刘桢诗云："常恐游岱宗，不复见故人"；曹魏文学家应璩诗云："年命在桑榆，东岳与我期"；西晋陈寿《三国志·管辂传》有"但恐至泰山治鬼，不得治生人"；西晋张华《博物志》说"泰山……天帝孙也，主召人魂魄，东方万物始成，故知人生命之长短"；干宝《搜神记》说胡母班在泰山府君处见到了父亲的亡魂正"著械"服役；南朝宋范晔《后汉书·乌桓传》提到"中国人死者魂归岱山（泰山）"，同书《许曼传》说"曼少尝疾病，乃谒太山请命"，等等等等。这些作品中的冥府泰山，都呈现出一种朦胧含糊的状态。我们来具体地看个小故事。

　　蒋济的儿子死后，蒋济妻梦见儿子哭着托梦说："死生异路！儿子生时为卿相子孙，死后却在地下为泰山伍伯（伍长，当差的役卒），憔悴困辱，无法细说。我知道太庙西边唱赞歌的孙阿会被召来做泰山令。请母亲提前找他叮嘱叮嘱，帮我安排个好差使。"蒋济妻惊醒，告诉了蒋济。蒋济一开始不信，儿子又再次托梦，并且细说了孙阿的容貌。蒋济找人验证，果然如此。蒋济便去面见孙阿，托付一番。孙阿听说自己要死了，并不害怕，反而因为会去做泰山令而高兴。孙阿问蒋济想给儿子安排什么职务，蒋济说："地下有什么比较轻松的差使，随你安排。"月余，蒋济儿子再次托梦来，说自己已经转为录事了。

（出自汉魏曹丕《列异传》）

　　蒋济是三国时人。从故事中可见，当时普遍认为人死了会到位于泰山的阴司中去，而阴司的生活与人间相似，也有官吏，有劳役，但人死后的待遇与生前的社会地位并不必然相关。至于泰山冥府里是怎样的官场，怎样的运作方式，人们还没有设想得那么周详。

太山府君系统跟早期泰山系统相比发展了一大步,是由"泰山治鬼"的观念加上佛教的"太山地狱"观念糅合而来。汉译佛经将原"大铁围山地狱"翻译为"太山地狱",即"大山地狱",我认为可能是故意的[1]。外来宗教经典在汉译过程中经常会借用汉语原有的词汇,又逐渐将其替换为自己的含义,甚至最后变成自己所专有,这种鸠占鹊巢之法,不独佛教为然。一方面,这种借用有助于汉地人迅速建立语词—观念的对应,更易理解、接受其教义,另一方面,译者又未始没有存了混淆概念、偷梁换柱之心。回到这个例子中,中国的泰山原本就是大山之义,又有"梁父知死(泰山治死)"的传说,那么对普通人而言,"亡魂待在太山"这个观念接受起来就没有任何问题,不过是将地点状语在"太山""泰山""东岳"之间进行同义替换罢了。至于亡魂们死后到底是什么状态,大家以前一直不太统一(屈原描述过亡魂会被怪兽追食,桃都山故事说亡魂可以自由活动但天亮前必须返回,吴王小女紫玉死后在墓中生活,蒋济的儿子死后在泰山服苦役,等等),现在,"太山地狱说"给出了一个更加精细而笃定的版本:人死后,太山府君会派属吏将鬼魂当作犯罪嫌疑者勾拿了来,审判之后,有罪的关到太山地狱里服刑,没罪的转世往生。这下子,中国人也需要死后为自己"赎罪"了。不过好在不是原罪,而是所谓"罪业",开动脑筋多想点办法,总是可以冲抵消解的。

"太山/泰山地狱"可以说是佛教和道教联手为中国人打造的专供版本,两大寡头一面竞争结怨,一面心有灵犀地协力推广地狱说,以瓜分赎罪消业拜忏打醮的庞大市场。魏晋南北朝正是佛教进入中土后掀起第一波大浪的阶段,民众新鲜故事听得多了,对其中的内容也就逐渐接受了,或者至少觉得这是一种可能。胡母班的父亲死后在东岳的地下披枷戴锁,就比蒋济之子的待遇更具"牢狱"色彩。所以,正是地狱这个神

---

[1] 栾保群先生认为佛经译者造出"太山地狱"一词指大铁围山,后来被道士拿走,改头换面成了自己的东西,我觉得其过程与动机似可探讨。愚见:佛家没那么"无辜"("误译"操作可能是有意为之),道教也没那么偷摸,这事其实更像是两教暗中心照不宣的"合谋"。

奇的存在，让寺庙经济进入了突飞猛进的快车道（关于地狱的更多讨论可参见下文孟婆专节）。

在进一步借鉴佛教的世界观后，太山府君系统与佛教的阎罗王系统发生融合，成为"东岳—阎罗体系"。阎罗是梵语音译，又作"阎魔罗"，是印度教中地狱的正法神，牛头马面就是他带来的。在中土，泰山神被认为是冥府的最高神，下属有十殿阎罗、七十二司、六曹判官和牛头马面、黑白无常等执行者。这套系统后来的发展你当然可以想象：进入本土化的老路子，阎罗王也成为职位，可以由包拯、海瑞之类铁面无私的清官死后担任；底下的判官则可由魏征、钟馗、崔珏等历史或传说名人担任；阎罗王、判官往下，类比人间的官吏体系建立并运作。鬼吏不够，还可以临时拉生人来凑（参见后文城隍专节）。可以想见，冥府发展得这么声势浩大的结果，就是逼得哪怕不很信这一套的普通人也被裹挟进来，不时到庙观进奉些香火钱，为自己预先买条身后之路了。

泰山为冥府的观念升级之后，泰山神的神格和泰山功能本身都发生了分化。毕竟，东岳是帝王祭天之所，是进入国家祀典的地祇正神代表，鬼气森森的成何体统。于是"东岳大帝"这个神格便被分配到主要凸显泰山神主生发、与天通的光明面，而其司幽冥的暗黑面则分化到"酆都大帝"这个神格上[1]。同时，地狱的地址也与泰山主体分离，明确落在梁父山、蒿里山，其实就是帝王封禅时祭地的所在。尤其蒿里山，曾兴建过大规模神祠，名为森罗大殿。

许多古人没想透泰山神兼司生死的道理，对于将冥府设在泰山十分困惑。比如明人谢肇淛在《五杂俎》中说道："东方主生，西方主杀，各有司存，岂宜并用？"他这个观念，延续的是中原本位的"五帝观"，

---

[1] 栾保群指出，罗酆狱/酆都地狱/酆都大帝这套话语原本为东晋道士所编造，后来并入泰山—阎罗系统，但原来所设的上相、太傅、明公等职位全部废弃，被十殿阎罗、七十二司等班底所取代，因此，酆都大帝只是东岳大帝"换脸"，前者原有的内涵已完全空壳化。换言之，酆都大帝成了东岳大帝的"小号"或"马甲"。

泰山大王与两位冥官一起研判亡魂罪状，前面有狱卒与小鬼对被判有罪的死者施以残酷的刑罚（南宋陆信忠《十王图》之一，日本奈良国立博物馆藏）

认为东帝太皞主春、主生长，西帝少昊主秋、主刑杀，二者职责分明。五帝观是一种混融的、人工痕迹比较重的思路，以五行说为依托，以中原（黄帝）为中心，将别的古氏族首领分配管理东南西北各方。其中东帝太皞，就是前文泰山神的来历假说之一（葛洪《枕中书》："太昊（皞）氏为青帝，治岱宗山"）。而东岳信仰（泰山信仰），我以为并非中原本位的，而应该主要以齐地古观念为基础，显示出了某种东方本位思想，尤其东岳大帝兼司生死，说明他具有主神地位（太皞、少昊在东夷神话里就是主神）。另可参考昆仑神话，它以西王母为主神，西王母也是兼司生死的。

现在来说泰山女神碧霞元君。

碧霞元君这个称号，最初并不是专称，而是泛称——当然是很尊贵的泛称。"元君"是道教对德高道深的女神仙的尊称（对男性则尊称"真人"），比如玄女元君、斗姆元君、麻姑元君等等——当然在"元君"前还要添加各种美词，比如"麻姑真寂冲应仁佑妙济元君"。而"碧霞"，"碧"在这里指天空的青绿色，"霞"是太阳照在云层上所映出的红光，碧霞加在一起，描绘晴空中累累云层所映射的绚丽红光，当然是很美好的景象。道教不仅为女仙准备了美词碧霞，还有青霞、紫霞、丹霞等配套尊号。比如在某些记载中何仙姑就是青霞元君，全称"青霞洞天仙姥宏慈妙法元君"；又，据说涵虚子曾得到青霞元君、丹霞元君的秘本《太上黄庭外景经》并为之作注；又，世传财神赵公明的三个妹子分别叫做紫霞元君、碧霞元君、丹霞元君，等等。后来碧霞元君因泰山女神之故声名大噪，就把别的"霞"的知名度比下去了。

获得"碧霞元君"称号，对于女仙而言是很高的荣誉。民间向有"北元君，南妈祖"之说，其实妈祖林默娘在崇祯年间也曾得封"天仙圣母青灵普化碧霞元君"，后来又加"青贤普化慈应碧霞元君"。从两位女神仙并获"碧霞元君"封号之事，可旁证其影响力相匹。又，临水夫人陈靖姑也曾获封"天仙圣母青灵普化碧霞元君"（与妈祖的其中一个尊号相同,据清人连横著《雅堂文集·卷三》[1]）。可见,即便到了明末,"碧霞元君"也只是可以赠送给女神仙的高级尊号之一。妈祖、陈靖姑事详见后文专节。

碧霞元君在一般大众认识中专指泰山女神是较晚近的事,涉及泰山府君职能的分化,后文再说。

接下来聊聊泰山女神的来历。关于其身世,有泰山神之女说、平民石敢当之女说、观音化身说、黄帝之女说、西王母之徒说等多种说法。

前文提到,泰山神有女儿,这可能是上古神话观念遗留,不是泰山神被仙化之后才强行配套的。比如这个"东海女嫁为西海妇"故事。

> 周文王以太公望姜尚为灌坛令之后,当地一年多都没有大风大雨之类的天灾,人民生活平安。有一天,周文王梦见一个美丽的女人当道而哭。周文王问她为什么哭,女人回答说:"我是东海泰山的神女,嫁到西海。我想东归泰山探亲,灌坛令挡了我的道路。因为我每次经过都会伴随疾风暴雨,可姜太公是有德行的人,我不敢因自己的出行而伤了他的德政。"文王醒来后召来姜太公,让他放行。三天后,果然有疾风暴雨过境,都是从西边来的。文王于是拜太公为大司马。
>
> （出自西晋张华《博物志》）

"东海泰山神女"又作"太山神女""东太山女"等,显然是泰山神之女,否则不会出嫁。在本故事中,泰山之女还保留着古神风貌,出行会引起"暴风雨",让人联想到古湘神"出入必以飘风暴雨"的情形。但这位泰山神女性情比较柔弱,尚不具备后来碧霞元君的大女神风采。前文提到的胡母班故事,起因就是泰山府君要请他给女婿河伯送信,

---

[1] 据该书自述,此说所本是"书坊所刊陈进姑传"。也许民间将陈靖姑与妈祖的尊号搞混了,但这也说明这类称号并非专有,在百姓观念中移封没有问题。

碧霞元君（雷玥溪绘）
膺九炁而垂慈示相，冠百灵而智慧圆融……统岳府之神兵，掌人间之善恶（摘自《碧霞元君宝诰》）

可见泰山神有女在传说中不是孤例。比照泰山作为先天神的身世，泰山神之女就应当是盘古六世孙女，或者天帝的曾孙女，或者青帝太皞之女。以上无论哪个身份，对于她后来"回归"泰山行使神职的正当性都非常有支撑力。前文引《万历续道藏·搜神记》说泰山君（金虹氏）和淑明后生有一女，"玉女大仙，即岱岳太平顶玉女娘娘是也"，等于直接认定她是盘古的六世孙女。

平民石敢当之女说来自当地民间传说，研究文章很多；观音化身说再次体现了道释两家对信众市场的明争暗夺，本书不赘言。

黄帝之女说和西王母之徒说都是明显的仙话。明人谈迁在《枣林杂俎》中引李谔《瑶池记》："黄帝建岱岳观，尝遣女七人，云冠衣羽，修奉香火，以迎西昆仑。繇是考之，则玉女必黄帝遣七女中之修而得仙者，后世因之祠于山。"又引《玉女卷》："汉明帝时，西王孙宁国奉符县善士石某妻金氏……生……玉叶……七岁闻法，礼西王母……入天空山黄花洞修道焉。天空盖泰山，洞即石室处也。三年丹就，元精发而光显，遂依于本山焉。"总之都说她是修仙得道的玉女，算后天神。这些应该是在泰山女神信仰已经相当兴盛之后才编造出来的。

对于泰山玉女或者泰山女神的信仰，在早期可能属于淫祀。"淫"的意思是放纵过度，失其节制，或者不合法度，"淫祀"就是"非其所祭而祭之"（《礼记·曲礼》）。淫祀的对象不在国家祀典里，所以正统派认为"淫祀无福"。妈祖、陈靖姑等信仰的演变与此相似，也有个从淫祀到官方认可的过程。

将泰山女神信仰捧上台面的最大推手，应当是宋真宗。按照高海《玉女考》的说法，泰山顶上原本有泉水（玉女池），泉旁有汉代的玉女神像（一说还有金童）。唐末五代泉水浑浊堵塞，石像也倒地了。宋真宗上台后搞封禅，来到泰山顶时，泉水忽然再次涌出，水质清澈。宋真宗到池中洗手，玉女石像自动浮出水面，宋真宗赶紧命人将玉女像清洗干净（或说替之以玉像），命有司祀之。当时建立的庙名，可能为"玉女祠"或"玉仙祠"。宋真宗喜欢借神仙故事装神弄鬼，所以石像出水这事就跟天书事件一样，很可能是他和王钦若等近臣自己鼓捣的。但经过他的认证，泰山玉女就获得了"官方身份"，可以堂而皇之得到崇拜了。

由宋至明，泰山女神的信仰应该就是处于平稳、正常的发展进程中。这时同山还有东岳大帝信仰，泰山女神的地位并没那么显赫，其身世也不见得与东岳大帝绑定了关系。真正将泰山女神助推到"北元君"的崇高地位的，是明代的祭祀制度。

元明两朝皇帝都不许民间"干越邦典、渫渎神明"，尤其明朝。明鼎始建，朱元璋下令恢复祭祀古制，包括废太泰山君的帝号，只称"东岳泰山之神"，以及强调"天子祭天地，诸侯祭山川"——老百姓没资格直接向祀典中的正神祈祷，僭越者就要"罪之"。可是民间朝拜泰山早已轰轰烈烈，泰山男神不让祭拜，信仰的洪流就导向了泰山女神，正如清人孔贞瑄《泰山纪胜》所言"东岳非小民所得祀，故假借碧霞云尔"。这就像不让老百姓拜昊天上帝，大家就转去拜他的马甲玉皇大帝是一个道理。神是大家的，凭什么你们拜得，我们拜不得？

信仰的更替是社会发展过程中的正常现象，而碧霞元君的赫然崛起，更是官、道、民多方共同作用的结果：明清官方为了将民众的热情从东岳神身上移开，多次重修泰山女神的祠宇，并致祭、赐额、赐钱物、加封号，其号由玉女、玉仙改昭真（其庙先是昭真祠，成化年间升昭真宫），后又加灵应、碧霞等号，逐步累加为今天人们熟知的"天仙玉女碧霞元君"等。而道教也加紧为她编造更炫目的身世和功德，比如《碧霞元君宝诰》说

清代碧霞元君版画

她"行满十方，功周亿劫，位证天仙之号，册显碧霞之封，统岳府之神兵，掌人间之善恶，寻声赴感，护国安民"；同时道教在各地广建碧霞行宫（鼎盛时期逾千所[1]），并积极开展各种法事活动。民间对碧霞元君就更加热情高涨了，原本民间自发组织的泰山进香会／香社以祭祀东岳神为主，明代中期之后，香社所奉祀的主神几乎完全变成碧霞元君，甚至许多香客"只知有娘娘，不知有东岳"[2]。

对于碧霞元君风头盖过东岳神的状况，《五杂俎》抱怨说："古之祠泰山者，为岳也；而今之祠泰山者，为元君也。岳不能自有其尊，而令它姓女主僵然据其上，而奔走四方之人，其倒置亦甚矣！"

其实，民众从东岳男神移情于碧霞元君自有他们过硬的理由。

首先，碧霞元君的神格是东岳神"司生"一面的分化，而"好生"是老百姓最基本的需求。老百姓一好生，二怕死，原本东岳神兼司生死，拜他一个就够了，可现在"司死"归了酆都大帝，"司生"归了碧霞元君，留给东岳神的只有山川正神的架子。皇家祭泰山，是祈求风调雨顺、国泰民安，对于小老百姓而言，这些话题太宏大了，够不着也惹不起，还是个人的长生不死来得实惠接地气。

其次，"司生"不仅意味着司掌性命的长短，更意味着司掌生育。还有什么比子孙繁衍、瓜瓞连绵更让老百姓操心的家事呢？看看各地碧霞行宫中配备的一整套子孙娘娘班子，你就知道送生孩子、养护孩子是元君职责的重中之重（更多讨论可参看子孙娘娘专节）。

再次，碧霞元君的职能并不仅仅停留在送生保育上，在越来越兴盛的信仰中，她已经成了一个神通广大的全能神，可以祛病防疾、弥灾除害、护国庇民，而且还有着女性神天然的亲切慈悲的感召力。这与天后妈祖成为全能神的道理一致（详见妈祖专节）。相应的，碧霞元君的形象，也就从

---

[1]《碧霞元君三百行宫遍九州》，据泰山石敢当研究院官网（http://www.sgdbwg.com/contents/6/361.html），2016。
[2] 可参考吴效群《北京碧霞元君信仰与妙峰山庙会》（《民间文学论坛》1998年第1期）等著述。

最初的少女玉女，转为后来成熟稳重的中年甚至老年女性；人们对她的称呼，变成了充满尊敬的泰山圣母、泰山娘娘、泰山奶奶、泰山老母等等。

最后，让我们通过一个小故事来感受下碧霞元君的灵验吧。

京师崇文门外花市，有对父女以制通草花为业。老父久病不起，女儿废寝忘食照料，暗怀忧虑。当时邻居有老媪招呼众妇女往丫髻山碧霞元君行宫进香，女孩问："进香能否治疗父亲的病？"老媪回答说："诚心祈祷，灵应如响。"女孩又问丫髻山有多远，老媪说百余里，一里相当于二百五十步。此后，每当夜静父亲入睡后，女孩就持香一炷，计算着步数绕院磕头，默默祷祝。如此坚持了半月有余。

当时丫髻山四月进香的惯例是：每天鸡鸣时进殿所拈的香为头香，而头香必须留给大富贵人家，庶民不敢僭越。那天，太监张某受命去进头香，没想到殿门一开，已经有香在炉中。太监怒责庙主，庙主也莫名所以，只得连声保证明天一定更严密地看紧殿门。没想到次日张太监进殿，香又已在炉中。一个女子正伏地礼拜，听到人声，一下子不见了。

张太监认为此事奇怪，坐在山门外跟香客们详述女子容貌服饰，征求线索。一个老媪听了说："这应当是我邻居家那个女孩子。"于是说了她每晚绕院礼拜的事。张太监叹息道："这是孝女啊，有神感应了。"

张太监进完香，骑马到女孩子家，送给她很多财物，并认为义女。女孩父亲的病很快就痊愈了。此后太监经常周济，他家渐至温饱。后来，此女嫁给了大兴富商张氏为妻。

（出自清袁枚《子不语》卷六）

主要出处

《述异记》《枕中书》《史记》《万历续道藏·搜神记》《博物志》《太平广记》《列异传》《枣林杂俎》《搜神记》《五杂俎》《日知录》《云笈七签》《寄园寄所寄》《子不语》

来，干了这碗孟婆汤

本节继续聊冥府的事儿，咱们讨论下中国普通民众的罪业观，捋捋人死后的流程，并顺便参观参观地狱场景。此外，也聊聊孟婆除了冥府神之外的别的神职。

据说，孟婆生于前汉。她幼读经书，通晓儒、道、佛理，一直劝人戒杀吃素。她没有结婚，活到一百八十一岁，鹤发童颜。人们只知道她姓孟，就管她叫孟婆阿奶。孟婆后来入山修真得道。天帝因为她通晓人的前生后世因果，便命她往幽冥为神，司掌人的生死轮回之间最重要的一环。

普通人死了之后，灵魂踏上黄泉路，经过鬼门关来到阴曹地府。阎罗命判官审理清楚这人的一世功过，该下地狱的下地狱，该轮回的去轮回投生。之后，那些可以轮回的人排队来到一条叫做忘川的河流，经过河上的奈何桥抵达对岸，再登上旁边的望乡台，最后望一眼遥远的故乡。然后，他们就会来到孟婆庄。

孟婆庄是一个气派的地方，朱栏石砌，画栋雕梁。室内垂挂着珠帘，陈设着玉案。孟婆招呼往生者进来坐下，又向内喊道："孟姜、孟庸、孟戈，上茶待客！"随着她的召唤，屏风后面出来三个年轻的姑娘，都只十几岁年纪，红裙翠袖金缕衣，手中各捧着一只茶瓯。

茶瓯里装的就是孟婆茶，又叫孟婆汤、泥浑汤、迷魂汤，是孟婆采集世间的各种奇妙物质酿成，似酒非酒，似醋非醋，似茶非茶，似汤非汤，分甘苦辛酸咸五味，闻起来异香扑鼻。往生者闻了这茶汤，不觉目

孟婆施汤（雷玥溪绘）

孟婆汤，孟婆汤，又非酒醴又非浆，好人吃了醺醺醉，恶人吃了乱颠狂

眩神移，口中顿感十分焦渴，忙不迭接过来一饮而尽。

往生者饮罢抬眼，忽然发现孟婆和三个女孩都变成了僵立的骷髅，而适才的华屋雕墙，都化作了荒郊野岭。至于自己是谁，为何在此，将要去哪里，却再也想不起来了。

往生者大惊，跌倒在地，放声哇哇大哭。就在这一瞬间，他已经重新降生人世，变成了一个婴儿。

孟婆汤，是孟婆研制的遗忘之汤，是送给凡人、令他们免于承受无数次轮回叠加记忆重压的最好的安抚剂。焕然一新的婴儿，放下包袱，两手空空，才能无所牵挂地重新开始在凡尘的打拼和旅行。

掰书君曰

上文故事综合改写自清代王有光《吴下谚联》《玉历宝钞》等资料。

关于人死后灵魂怎么办，前文七世姻缘章节提到过一世说、两世说和三世说。喝了孟婆汤，忘掉前尘去投胎轮回属于典型的三世说，是佛教轮回观念渗透的结果。中华文明对外来文明高度的包容性和调适能力，在神话/仙话中体现得非常明显。民间甚至将"六道轮回"进行了具象化，比如"南边立着六个大车轮，上面站着一个赤发红须的恶鬼，将那些脱生转世的人，推上车轮转了下去，就不见了"（出自《补红楼梦》）——看，"轮回"就是顺着大"轮"子"回"到世间，相当通俗易懂。中国神话原本可说是有多世观念的，比如镠民，死了埋段时间就能重生，也算一种轮回，只不知他们是否还有前世记忆。吸纳佛教轮回说之后，人们将转世的地点交给了地狱，还加上一套审判和惩罚手续，本土感就比较弱了。

上节提到了泰山地狱，本节继续说说地狱这个话题。

地狱是个外来概念，既称"狱"，被关的必定有"罪"。佛教教义说人生有"罪业"，基督教教义说人类有"原罪"，所以他们都为死后的惩戒配置了地狱。中国地狱中有东岳—阎罗体系下的冥官冥吏，有隐

日本12世纪画作，表现了人死后灵魂进入幽冥地狱的恐怖场景

形的道德法案（判罪时会显现），有生死簿等命禄规条[1]，有具体到每个人的善恶言行的详细记录，有审判程序，有转世程序，还有对有罪鬼魂进行惩戒的地狱场景。现在中国文化中的地狱场景主要来自佛教世界观，什么刀山寒冰、剑树铁床、磋磨臼碓、水浸石压、拔舌捣肠、血池火海……十八层地狱，为有罪的亡魂提供永无止境、万难逃脱的花式虐待。人间虐待狂所构想的一切在尘世没条件或不敢做的事，都可在十八层地狱里尽情发挥。搞得有时候你不得不想：到底是怎样的背景和土壤，会让一些生命对另一些生命滋生出如此巨大而残忍的恶意？

为了贩卖地狱观念，道教和佛教难得地达成了高度一致。他们对地

---

[1] 其实命禄这件事也属于多头管辖，不仅地府管，天上的禄星系统等也管，可参见本书文昌帝君及茅君相关论述。

狱故事进行了花式宣传，反复推销。其动机，固然有吓阻人做坏事的积极面，但更强烈的驱动恐怕还是物质利益——希望代理老百姓赎罪，替他们拜忏念经做法事，以挣取更多的香火钱，好比欧洲中世纪教会贩卖赎罪券。至于这样做如果奏效的话，就等于用金钱替那些恶贯满盈的大坏蛋绕过了道德审判，反而于世风不利，他们就不管了。

中国人原本的观念里并不认为自己"有罪"，中国人是"知耻"。原因我想主要有这么几点：第一，中国的人伦力量非常强大。这种力量来自周公—儒家体系对社会秩序的构建，并最终得到统治者的力推。在古印度文化中需要地狱报应才能吓阻的行为，在中国可能扣上人伦大帽子就足够了。第二，中国是世俗社会，自周代以后，政教关系就解绑了，老百姓与神灵的关系建立在互惠的基础上，鬼神可以役使，可以买通，连玉皇大帝都可以恶搞，还怕区区几个鬼差么。第三，中国多数地方自然条件还不错（至少平均状态谈不上"恶劣"），导致人文兴盛，老百姓在与各种困苦的斗争中培养出乐天知命的精神，活得兴兴头头，舍不得对自己那么狠。所以，中国本土原来的幽冥黄泉景象并没那么复杂和恐怖：神荼郁垒在桃都山上看守鬼门，发现有作奸犯科的鬼魂后，不过是用苇索捆起来，让金鸡去啄食，让老虎去撕咬；《招魂》里的幽都怪神/怪兽，对亡魂也不过是追赶扑食（"敦脄血拇，逐人駓駓些"）。你说被吃被撕还不够恐怖？关键是，撕咬这些行为源于自然界，自然界的捕食者，捕食目的是果腹，而不是通过虐待获取快感。神荼郁垒没有把鬼魂放到磨子上磨成血泥，再吹阵风让他们活过来，以便再磨一次，对吧；土伯也没有把鬼魂的内脏扯出来捣得稀巴烂，然后再塞回去让它们长好，以便再扯一次，对吧。神荼郁垒和土伯等对恶鬼的惩罚都是一过性的，就是让鬼魂再死一次——要么魂飞魄散，要么"鬼死为聻"[1]。

---

[1] 聻，音 jiàn。金韩道昭《五音集韵》引《搜真玉镜》："人死作鬼，人见惧之。鬼死作聻，鬼见怕之。"所以鬼也是可以死的，鬼死为聻。

地府官曹图

对普通民众（而非虔诚信众）而言，罪业说被灌输得多了难免会受到影响，不过即便如此，本土生死观的基本盘还在。于是，你会发现，无论佛道故事、神魔小说等如何对地狱场景进行大肆渲染，多数中国古人对此始终半信半疑、三信七疑，甚至最多信一分，抱着"万一有哪句说对了呢还是小心点好"的心态。这种心态直观地体现在古人为去世亲人所做的法事上。稍微有点经济实力的人家都是释道两种道场一起办，不管哪家说的是真理，自己有了双保险，都不吃亏：佛教徒的超度，保底是送人往生，以最快速度在冥府走完流程参与人道轮回，不要堕入地狱受苦，也不要轮回到畜生道去，高端的还将人护送到西方极乐世界；道教徒的超度则根本不去地府，直接送人升仙。原本，灵魂离了阳世去到阴间，哪怕没有地狱仍旧正常过日子，至少会感觉阴暗憋闷。现在不用活在地下了，改去天界报到，何其敞亮幸福！道教提供的救赎方案与本土原有的修仙故事互为印证，对民众而言一说就懂，一点就通。假如没有仙话，中国人的灵魂归处该多么让人毛骨悚然啊。现在我们经常说逝去的亲人"在天上"，对绝大多数中国人而言，这个"天"是仙话提供的仙界，而非基督教提供的天堂。仙界对中国人的精神价值，在超脱和逃避之外，又增添了巨大的安慰功能。

现在说回孟婆吧。

孟婆汤的故事应该诞生得非常晚近，比较完整的书面记录几乎都见于清代，我们往前推，认为在明代民间就有类似说法流传，可能是比较合理的。

在东岳—阎罗冥府体系中，冥府位于蒿里山。亡魂被黑白无常等冥吏勾拿后，就要解往蒿里山，经鬼门关，上黄泉路，来到阎罗殿。阎罗审完后，罪业深重的亡魂当然是去享受超值体验的十八层地狱游；而对于没什么大罪业的普通人，冥府则准备了一个基础版游览路线，其中有几个"景点"是必须要"打卡"的，包括忘川、奈何桥、望乡台、孟婆庄等。

忘川是蒿里山下的一条河，原本叫奈河[1]，据说由灵派将军掌管（据元代秦子晋《新编连相搜神广记》）。奈河上的桥，叫作"奈河桥"。"奈河"与"奈何"同音，后者是我国丧葬文牍中常用文辞，辗转流传间，桥名就从"奈河桥"演变成了"奈何桥"。既然桥名与河名解绑了，河名也可以另起，赋予更多内涵。考虑到过了奈何桥就要去到孟婆那里，就意味着忘却前尘转世投胎，于是，这条河流索性改名"忘川"，以更具心理冲击力。至于望乡台，原本是情绪缓冲，不一定非得去，不过后来却变成了投胎流水线上不可缺少的一环，可能是人们对未知的来生充满疑虑的缘故。

孟婆的工作地点，除了孟婆庄，还有孟婆亭、孟婆棚、醧（yù）忘台等说法。正文采用了孟婆庄一说，显得比较气派，而且还有孟氏三姐妹奉汤，亡魂的忧惧情绪可以再次得到安抚。顺便说一句，孟姜是借名或通用名，跟哭倒了长城的孟姜女没关系。孟婆亭、孟婆棚等是孟婆庄的简陋版，发汤仿佛在施粥。编此版的人显然没打算尊重亡魂的"鬼格"：死都死了，哪那么多废话，麻溜的，赶紧喝了滚去投胎。"醧忘台"之

---

[1] 一说河名由来可能与佛教有关，梵语"地狱"（Naraka）的发音与"奈河"相近。

"酺"这里指饮酒,或者酒美,"酺忘台",似乎暗示孟婆汤是一种酒。

其实,孟婆汤到底是酒是茶是汤,说法各异,确切地说,它是一种混合饮料。孟婆汤的配方是不传之秘,《玉历宝钞》甚至说分甘苦辛酸咸五种口味,这很像是对灵魂来生际遇的暗示。如果有亡魂嫌口味不好不肯喝,怎么办呢?那就不好意思了,亡魂脚下会"出钩刀绊住",然后"上以铜管刺喉,受痛灌吞"。你怎能想象,温温柔柔的孟氏三姐妹除了当服务员,竟然会突然变脸兼职做打手?为了少受这份艳罪,还是老实自己咽了罢。

也有些故事会将阴司的审判者直接解释为孟婆。鬼魂先来到孟婆处"过筛子",喝碗口感神奇的主厨推荐汤,一生功过便自动和盘托出,丝毫不爽,正所谓"孟婆汤,孟婆汤,又非酒醴又非浆,好人吃了醺醺醉,恶人吃了乱癫狂"。交代完了,该投胎投胎,该受罚受罚。阎罗王的功能则被简化,安排在了对鬼魂施罚的环节。

记忆与遗忘的矛盾是人类的一大心病,有想忘而忘不掉的,有不想忘却再也记不起的。孟婆所做的记忆清除工作,像是对灵魂进行数字信息的格式化。科幻电影《黑衣人》里有个手柄状工具,强光一闪,可以清除周围人的短期记忆,看上去十分节能。孟婆肩负着清除所有人所有记忆的职责,所耗费的能量大概会达到"不可言说"的级别吧。

熬制孟婆汤的孟婆是明清出现的冥界之神,那么再往前有没有孟婆呢?有。一为船神孟婆,一为风神孟婆。

舟子行船怕翻覆,尊奉女船神,希望她慈眉善目保平安。唐代记录过名为孟婆的船神,南方水乡发船前会祭祀她和男船神"孟公"(或称"孟翁")。有学人认为她后来辗转为冥河摆渡者,又辗转为司转生遗忘的幽冥之神[1]。

而风神则是孟婆更为著名的身份,自宋至清,这种记录不绝于牍。

---

[1] 可参考刘宁波《孟婆为冥河舟子考》,《民间文学论坛》1992年第5期。

"孟婆"这个称呼，就古义而言并不是"姓孟的老太太"。古代行大曰孟[1]，孟婆相当于"大婆婆"，是对年长女性表示尊敬的称呼。北齐陆士秀认为孟婆是《山海经》中说的"帝之二女"，"游于江中，出入必以风雨自随"，兼司风雨，因为身份高（帝女），所以尊称为"孟婆"。清代李光庭的《乡言解颐》说旧时乡民虽不知孟婆典故，却直接将风神称为"风婆婆"。《太公金匮》说"风伯名姨"，以为男神女名，其实这是上古女风神的遗留信息，风姨或者封姨，不过是孟婆的另一种称呼。

中国神话中的司风之神其实不少，有男有女，比较著名的如风伯、箕伯、飞廉、巽二、飓母、孟婆、封姨等。孟婆在其中的独到之处是什么？可以肯定地说，孟婆所司的为大风。

《广东新语》认为孟婆等于飓母，是飓风之神。"飓"就是"具"，将四方之风合为一起；同时它又能生发出四方之风，故而曰"母"。可见孟婆不是一般的风神，而是可怕的大风神，所以其形象为有威势的长者。宋之前就有江南称大风神为孟婆的记录。其时江南七月间常有大风，甚至能将停泊的船吹跑，民间说这就是孟婆发怒了。宋徽宗被金人北掠，惨痛思乡，写词说"孟婆好做些方便，吹个船儿倒转"，希望借助大风之力南归故土。

将大风与女性相联系，可能因为女性常有心思难猜、情绪多变等特点，更符合大风的风向风力变化多端所带给人的感受。

主要出处

《吴下谚联》《浪迹丛谈》《楚辞》《谐铎》《玉历宝钞》《五杂俎》《乡言解颐》《词品》《广东新语》

---

[1] 严格地说，最初庶出的长男长女才称为"孟"，比如孟兄、孟孙之类，嫡出的称为"伯"，比如伯兄、伯姊等。后来词义扩大，"孟"可泛指排行第一的人，比如孟姜女，意为姜家的大闺女；甚至还可指事物，比如孟春，指春季第一个月。

一城当家神城隍

城隍是一个城市的地方神,主要属于司法系统,也是地祇。让我们从一个城隍显灵的故事,进入他们的世界。

福州城隍庙坐落在层层山地上,形势巍峨。因为这里的城隍非常灵验,其香火之鼎盛也冠绝各省。

以前,莆田县有个工监生,为人十分豪横。他看上了邻居张姬(张老太太)的五亩田,就伪造文书贿赂县令,将田产断给了自己。张姬没奈何只好把田给了他,但心中愤怒,就天天在王监生门口大骂。王监生受不了了,花钱让邻居打死了张姬,又找她儿子来看。正当张姬之子前来看视时,邻居一把抓住他,诬陷他杀害了母亲,拉去见官。

酷刑之下,张姬之子只能认罪,加上所谓的证人证言,这件案子就成了铁案。其令报上朝廷,等待批复后凌迟处死。

当时的总督苏昌看了案卷感到可疑。他认为,就算儿子不孝,殴打母亲也会在家里,哪有在山野间打的;而且母亲遍体鳞伤,儿子殴打母亲,一定不至于到这个地步。苏昌便发文约请福州、泉州两个知府一起到省中的城隍庙会审。然而,经过一番审理,两个知府各有成见,不肯听取苏昌的建议,仍决定按照之前的判决拟罪。

张姬之子被绑着推出去。将要出庙门的时候,他绝望地望空大喊道:"城隍爷爷,我家奇冤极枉,您作为神灵对此却毫无反应,您怎么还能安享人间的祭祀呢?!"话音刚落,城隍庙的西厢突然倾倒了。当时人们以为是庙柱朽塌了,也不很在意。而当张姬之子被牵出最下一层庙门的时候，两旁的泥塑皂吏竟忽然齐齐向前移动，以手中的长棍夹住通道，让人无法通过。

这下子，旁观的人们议论声四起，都说这桩案子定有冤屈。两个知府也感到恐惧，只好重新研究案情，再次详细审理。最终，张姬之子洗白了冤屈，王监生伏法。

从此以后，福州城隍庙的香火比以前更盛了，包括头门两边的泥塑皂吏跟前，进香者都络绎不绝。

掰书君曰

上文故事改写自清代梁恭辰《北东园笔录初编·卷四》。

城隍这个词是引申义。"城"原指城墙，"隍"本指无水的城壕[1]。城隍加到一起，可指代一座城池的防护系统，包括一切有水无水的护城壕沟；当作为神灵的称呼时，则指城池的保护神。

城隍有保佑一方平安的职能，略带些军队性质。一城必有一城隍神，因城隍的"御盗捍患之功"，朝廷还会对他们加以封号。宋代《国朝会要》说，皇宫大内有自己的城隍，初封"昭贶侯"，后来晋爵为公；西北诸郡和东京的城隍庙号为"灵护庙"，城隍初封"广祐公"，后来晋封为"佑圣王"；拱州的城隍庙叫昭灵庙，城隍惠烈夫人是位女神，俗传是宋襄公的妹妹。此外，城隍庙还有叫显应庙、灵佑庙、显固庙的，城隍被封为感圣侯、镇宝侯、灵护伯等，不一而足。

城隍更有司法功能。它基本属于神灵界的司法系统，有点公检法三合一的意思，各地城隍庙就是森罗殿的派出所加基层法庭。城隍灵不灵，判断标准在于断案公不公平、施罚准不准确。

城隍如何来行使职责呢？可以间接行使，通过干预人间司法流程（显示神迹）来影响案件审判结果，比如正文中通过塌屋、阻道来促使人间官

---

[1]《说文解字》："隍，城池也，有水曰池，无水曰隍。"

吏辨明张姁母子的冤屈；也可以直接行使，比如清代纪晓岚《阅微草堂笔记·卷四》记载，浙江某士人梦到被都城隍传去为一桩诉朋友负心的案子作证，该案就由都城隍亲自审理判决。

城隍系统的公务员，其实都是"神鬼"，即由鬼魂担任，或者好听些，"死而成神"。

其中，城隍爷一般由忠勇侠义的豪猛壮士担任，尤其那些抱冤屈死的英灵，死后常会依附神庙显灵，从而被人们拥戴为城隍。像宋末不屈于蒙古入侵而被害的文天祥、明代成功组织了北京保卫战最后却被冤斩的于谦，便被人们拥戴为"都城隍"，意即所有城隍的老大。至于地方上的城隍及其重要属吏，则经常由本地已经去世的忠毅果敢有名望者担任。

那么问题来了，哪里那么巧，这地方就能出一个够格担任城隍或者其属吏的逝者呢？万一连着几十年都没有怎么办？万一以前的不合适了怎么办？好办。有两大途径：

其一，让活人假死一段时间，到阴间去办案。清人梁恭辰《北东园笔录三编》记载滕县有个县吏，同时兼任城隍案吏，时不时会"僵卧如死"，时间从一天到五天不等，过后又苏醒如常。他是去"赴阴办公"了，而对于阴司经历，他"箝口不敢一语"。人间上司怀疑他作妖，要加以惩治，他就想法子证明了自己。又如清代褚人获《坚瓠秘集》引《稽山语怪录》说，宣德年间，有个叫尤和的人做了（人间的）酆都县令，可是他不信鬼，不肯拜酆都神殿。有天他手下一个门童忽然"跌仆坐下"，左右人说，"此走无常也"。两日后门童起身，

城隍爷（清周培春绘）

原来他被冥府征召去江西勾人了。尤和一盘问，发现被勾的是自己的弟弟，命人急询家乡，果然弟已暴亡。看来，城隍的报复心还挺强的。

其二，现死一个。对，你没看错，阴司缺干部了，碰到合适的活人，干脆直接抓差去当鬼官，不再放他还阳了。我们来看一个故事。

陇西县有个城隍庙，康熙年间庙里供的城隍老爷黑面而髯，相貌好生威猛。到了乾隆年间，这位黑城隍的像忽然被推倒，改成了一个美少年。民众纷纷打听怎么回事，拐弯抹角的，终于有人得到了内部消息。

原来，雍正七年，有个二十岁的谢生跟着老师借居城隍庙读书。一天晚上，谢生无意间发现一个盗贼用三牲来向城隍许愿，祈求偷盗得手。次日，这桩贿赂居然成功了！盗贼得到了赃物，城隍得到了三牲。谢生十分愤怒，写了一篇文章骂城隍。

城隍毕竟是神明，很快就得知了文章的存在和文章的内容。他很恼火，夜里给谢生的老师托梦，威逼恐吓，说自己要给他们降祸。老师吓坏了，醒来后质问学生怎能如此不敬神。谢生以退为进，咬死不承认有此事。老师便动手翻学生箱子，果然找到批判文章，赶紧一把火烧掉了，并且将这个闯祸精大骂一顿。

当晚，城隍踉踉跄跄、灰头土脸来找老师：你这个傻瓜！我说要降祸，那是装样子吓唬你学生的，谁叫你把文稿烧掉的？这下完蛋了，正巧行路神（监察巡视组）收到文章，报告了东岳神（顶头上司），我已经被革职拿问了！他们还说你学生正义，要奏明上帝，让他来补我的缺……

三天之后，谢生突然死亡。与此同时，庙内人听到空中一迭声叫人备马，说是新城隍驾到了。

这，就是陇西县城隍庙换城隍的经过。

(出自清袁枚《子不语》卷二十二)

这个"人扳倒神"的故事属于明清时期一个广为流布的故事类型——"撵城隍"。此类故事中城隍老爷不称职的体现，要么无才无能、尸位素餐，要么贪污受贿、拿黑钱办黑事。老百姓受不了，只能起来反抗，将原来的城隍撵走，甚至，由带头反抗的人接任城隍。"撵城隍"是民众无法实现的政治愿望的幻想性满足。

袁氏故事的巧妙在于设计了一个阴差阳错、歪打正着却又合情合理的扣子。人神/人鬼沟通，很多时候靠烧化——燃香，焚符，烧纸钱等。什么东西一烧，神就收到了。老师本来想帮城隍隐瞒劣行，照人间做法来个毁尸灭迹，没想到反而替学生直接将犯罪证据送到了"上面"。耿直热血的美少年谢生，被阴司统治者东岳神点名接班，提前结束阳寿，做了鬼官。不知对他而言，这结局到底是喜，是忧，还是多少有点遗憾呢？

其实袁子才这个故事，暗喻了康雍乾三朝的反贪腐斗争，包括黑恶、冤屈、平反、清洗等等要素。在如此短小的篇幅中如此精巧地蕴含如此深厚的内容，实在让人惊叹。不过本书是讲神灵，就不往那方面展开了。

主要出处

《北东园笔录初编·卷四》《阅微草堂笔记》《国朝会要》《坚瓠秘集》《子不语·卷二十二》

《聊斋志异·考城隍》中，宋生以为母尽孝为由婉拒城隍职位，赢得了八年寿命（《聊斋志异图咏》清刻本）

▶ ## 可大可小的土地神

土地神是最古老的神灵之一,原本地位尊崇。在道教体系里,土地神则变成了一个庞大的团队,而且能量忽大忽小。咱们从一个小故事入手来聊聊这位民众极亲近的神仙。此外,也顺带说说稷神。

黄梅县民康思泰买回家一纸土地神像,供奉十分虔谨。家里但凡有新鲜蔬果,乃至宰鸡杀猪等,都要先祭祀了土地神,自己才敢食用。

有一天康思泰到山上砍柴,捡到一个瓦盆,就拿回家养猪。没想到这瓦盆是个宝物,养猪养得又快又壮,不生瘟病,哪怕是之前看着快病死的猪,用瓦盆喂食之后就转好了。三年下来,康思泰家境变得殷实富足。

邻居管志高也养猪,长得慢还老生病,就想问康思泰借瓦盆用。康思泰说:"我家十几头猪都靠它喂,怎能借给你?"管志高表示愿拿自家长石槽换,康思泰不答应。管志高伸手来抢,争夺之下,瓦盆摔成了两半。

两人去找知县孙杰评理,都说瓦盆是自己的。知县问瓦盆有何记号,康思泰粗心,只说没有,管志高却在打破时看见盆底有字,就说了出来。知县判管志高胜诉,将康思泰打了三十大板,还要赔银三钱。

康思泰很郁闷,回家烧香对土地神说:"土地公啊,我那么虔诚地供奉你,你怎么不保佑我?"夜里,土地神托梦来说:"我因为你诚心敬我,所以将我画像中的养猪盆放到山里给你用。不信你去看,我画像里是不是没盆了?你已经致富,盆也应该还我了。被打、赔钱是你运气不好,你如果气不过,管志高的石槽底下有三十两银子,你去取了来,就足可折抵了。可别说我没保佑你!"康思泰醒来去看土地像,果然,画中的猪没有食盆了。

康思泰跑到县令那里，告管志高偷窃了自己卖猪银三十两。县令派人跟着去管家，果然从石槽底下搜出银子。但银色黑乱，显然埋了好几十年，不可能是近三年的卖猪银。县令将银子纳入库房，又打了康思泰二十大板。康思泰大叫："土地公，你为什么害我！"

这时候，土地神直接显灵了。他对县令说："你真糊涂！因为康思泰奉我勤谨，所以我老人家把我画上的猪食盆赐给他用；管志高害人利己，不敬神灵，所以我把他的猪食盆给弄翻了，还安排了三十两银子赔给思泰。不信，你拿两家的土地像来看！"

县令如言派人取来画像对比。果然，两家的土地像是同版印刷的，但康思泰家的神像上猪食盆没了，而管志高家的神像上猪食盆则扣翻在地。

后来呢？后来呀，县令就……吓疯了。

掰书君曰

上文故事改写自明代余象斗《新刊皇明诸司廉明奇判公案·下卷》。

土地（神）与城隍，常常被民众放到一起说，二者有对照和互补的关系。关于土地与城隍信仰的研究不少，本书不过多复述。

土地与城隍，都是模拟人间官僚体系、有着丰富层级的神灵系统，中央有领导，各州郡县乡也有自己的分支。土地神属于民生系统，尤其在古中国这样的农业大国，专门管民众吃饭，让民众"活得下去"，甚至"活得舒服"。城隍属于司法系统，可认为是阴司阎罗王的派出机构，专门以神鬼

明代山西蒲城窑珐华釉土地公造像

之力维持人间秩序，惩恶扬善，让民众"活得正确"。

此外，土地与城隍的管辖范围大致还有个城乡分工：生活在乡野的人靠土地保障出产，因此田间地头常立土地神神主，以便随时敬拜，并发展出迎神赛社等民俗活动；生活在都邑的人靠城隍保佑安全，因此修建了城隍庙，供民众定时定点祭拜，并发展起包括城隍庙会、游行等在内的各种民俗活动。

总而言之，土地和城隍像是神灵界的地方官，人们遇到求雨抗旱、家事乞告、官司诉讼、邻里纠纷等需求而人间官吏又管不了（或乱管）时，便往往找上他们。上节聊了城隍，本节聊土地。

土地神即社神，"社"的造字本义是"祭祀土神"，或者"作为祭祀对象的土神"，"礻"表示祭坛或神主。

社神的由来可以追溯到上古穴居时代。那时，人们挖地成穴，在穴顶中央开孔，以受明、达烟气，雨水从这个孔隙中溜入，谓之"中溜"；该词又指代雨水降落的穴内中央之地，也写作"中霤（liù）"，即"宅中土"。中霤"承天雨露，受日月星辰之照临，来风气之温凉，宣人物吹嘘湿蒸，使之上泻"（清颜元《习斋记余》），于人有恩德，被视为一家之神。进而，对中霤的崇拜推广到一国，土地载育万物，乃人类立身之本，于是"家主中霤，而国主社，示本也"（《礼记》）。"社"总括了国境中的所有土地，祭"社"涵盖了祭"五土"：山林、川泽、丘陵、坟衍、原隰（《周礼》）。

不同的部族有自己的社树，夏人以松，殷人以柏，周人以栗。社树是神主的象征，后来改用石头，称太社石主，或社石。就功能而言，拜社木、社石和拜社神塑像是等效的。

后世根据五行干支说，以中、黄、甘、湿、戊配土，以仁义礼智信为土德，对于土地神的崇拜内涵便愈发丰富起来。在"中霤"与"国社"之间，根据管辖范围的大小有了不同等级的土地神，元代马端临《文献通考》引古人云"旧制二十五家为一社"，是天下处处有祀以报其功德。

后世有州土地神、县土地神、乡土地神、里土地神，乃至田间地头，一亩一垄，都可有土地神主事，可见神界的居委会组织比毛细血管还发达。

国社与底下各层小土地，是总神与分神的关系，仿佛总理—民政部长—民政厅长—民政局长—民政科长……职权层层递减。孙猴子在取经路上经常欺负"土地老儿"，不拿村长当干部，还不是因为人家是土地神系统的基层干部，能量有限。有本事把总社神召来试试？这就跟人类不敢招惹总雷神，却勇于挖了雷猪雷鸡来吃是一样的心态。

说到总社神，也就是唐以后国家祭祀所尊称的、与"昊天上帝"相对的"皇地祇"，祂到底是谁呢，或者说，祂到底是什么名号呢？

较早的女娲，其职司中应该兼有此义。《抱朴子》说"女娲地出"，表明她有地祇的身份（也许还在天神之前）；她"化育万物"的本领，也与社神的功能如出一辙。不过女娲在故事中更多以天神、救世神的形象出现，而民间对她的信仰，早期是以"高禖神"祀之，后来又作为"三皇"之"地皇"祀之。总之，女娲在现代人观念里不是专职社神，但身上残留着远古人们的"地母"观念[1]。

汉代《礼记·月令》中指出年中祭祀的地神是后土（"中央土，其日戊己，其帝黄帝，其神后土"）。其实"后土"并不是名号，而是个职位。"后"即"司"，君也。"后土"义为"司土之君/神"。汉代五行学说大盛，将五行之神定义为木神句芒、火神祝融、金神蓐收、水神玄冥和土神后土。其中句芒、祝融[2]、蓐收、玄冥都是具体神名，也有各自的形貌事迹，偏偏土神名号用"后土"，表示其"位居中，统领四行，故称君也"。这就好比一个班，学习委员叫小丽，体育委员叫小明，生活委员叫小梅，劳动委员叫小亮，而班长呢，叫老大，完全不在一个命名体系里。

---

[1] 关于地祇性别问题，另可参见龚维英《古神话和仙话中地祇的变性探研》，《池州学院学报》1996年第1期。
[2] 祝融的情况与句芒、玄冥稍有不同。前文已述，祝融最初可能从巫师而来，后来成为官职，再成为神名，参见巫师专节注释。古楚人的祖先祝融其实是先后担任过火官的重黎和吴回兄弟俩的综合体，但神话中常将"祝融"视为固定的一人，以为这就是火神的专名，并且有独立的形貌、神格与事迹。

确切地说，后土也是有具体名号的。《左传》说"共工氏有子曰句龙（句通勾），为后土"，可见当时认为后土的名号是句龙。《夜航船》解释说："（句龙）能平水土，故祀以为社神，于仲春祭之。"《左传》又说："有五行之官……木正曰句芒，火正曰祝融，金正曰蓐收，水正曰玄冥，土正曰后土"，唐代丘光庭《兼明书》据此总结道："此五子生为五行之官，死后以之配祭五行之神也。"这句话很重要，提示我们这五位最初并非五行神本尊，而是神的代言者，或者佐助。比如句龙其实是土官，称"后土"，或"土正"，负责治理水土，保障人民的生产生活，死而为神，配飨于社神的祭祀，逐渐被视为社神本神，于是"后土"就从"司土之官"演变成了"司土之君/神"。孔颖达所谓"句龙初为后土，后转为社神"，当做此解。帝颛顼之子黎也曾经兼职"后土"，只不过可能他任职的时间较短，或者句龙更有名气，所以儒家在释典的时候便常以句龙与后土捆绑。值得注意的是，儒家是男权至上的，所以在定义土地神时，没有继承远古的"地母"观念。

道教却讲究阴阳相谐，"皇天"是男性，"后土"就应该是女性，所以永乐宫道教壁画里的后土是雍容华贵的女神。他们还将"后土"与"皇地祇"连在一起，称"后土皇地祇"，列为"四御"之一。"皇地祇"是虚称，约等于"恩慈伟大的土地神"（就像"皇天"也是虚称，约等于"苍茫伟大的最高天神"一样），而"后土"经过与具体神（句龙等）的捆绑已经变成了实称，那么"后土皇地祇"就是一个虚实结合的称号，便于民众理解和掌握。

历朝的国家祭祀采用的是儒家系统，总社神"皇地祇"被视为男性。往下，各级大小土地神也都被视为男性，民众称之为"土地爷爷/公公"，或者"福德正神""社公"，将其生日定在二月初二龙抬头那天。

可是光有爷爷没有奶奶，不是太孤单了么？于是人们又为他们配上

明代绢本水陆画《天妃后土十禅天菩萨》(局部)(山西介休后土庙)

"土地奶奶/婆婆",不仅阴阳调和,更部分延续了"地母"观念[1]。这老两口好比"居委会主任夫妇",专管民生,吃喝拉撒睡,操不完的心。民众在每年立春、立秋后第五个戊日分别设立"春社日"和"秋社日",大搞迎神赛社的活动,"满街珠翠游村女,沸地笙歌赛社神"(唐寅),酬劳老两口一年的恩德。这么一来,土地神就融合了儒家规范、道教崇奉与民间俗神的特点,又有权势,又实用,又亲切。孙猴子为什么动不动将当地土地"拘"来问话呢,就因为他们熟悉情况,对地界内的宝贝或妖精都一清二楚。

现在来看正文黄梅县土地的故事。它充分地说明,在一个从上而下的垂直而完备的土地神系统里,基层土地对于人民生产生活的管理和介入可以细致到什么程度。土地虽小,高低是个神官,掌握一定神力,对于虔诚勤谨的信徒,他可以通过各种方法进行沟通乃至奖励,让人真切体会到"诚则灵信则安"的奇迹。康思泰以为瓦盆是自己捡到的,其实是人家土地公安排的,这叫神物变现,二维物体升维进入三维空间;康思泰有了抱怨,土地公通过托梦进行开导,提醒他认清人神关系;为了不让信徒失望,土地公甚至直接发银子——土生金嘛,这细节完全说得通,银子不必从别处挪借。而对于道德有亏的人,土地公也有的是办法实施惩戒。管志高并非不奉神(也买了土地画像),而是不虔诚,并且损人利己,品德不行。土地公也没做太过分的事,只是挥手扣翻画中猪食盆,让他受尽辛劳却不能享受成果,就达到了通过二维影响三维的效果。康思泰诬告管志高偷窃,大概率出于底层小民的抖机灵,胆小不敢自己上门取银子,想借助官府力量;但他毕竟思路不正,被县太爷"没收非法所得"外加打板子也是活该。至于县太爷为什么会疯掉……可以肯定,他并不是被二维变三维的奇迹吓的。俗话说"不做亏心事,不怕

---

[1] 尤其明清以来,民间延续"后土老母"观念,并创造出至尊的无生老母这个俗神,认为后土老母等十二老母都是无生老母的化身。围绕她们的民俗信仰活动十分兴盛。可参考李志鸿《后土信仰与中国民间信仰》,《世界宗教文化》2018 年第 3 期。

鬼敲门"，想必他私底下干的坏事太多，原以为神不知鬼不觉，没想到鬼神竟真的存在！这下子，什么阴司地狱善恶报应的联想扑面而来，他要么真吓疯了，要么就是拿精神病当做最后的避险站。

顺便再聊几句稷神。

社神与稷神常合称为社稷，又进而指代国家。社、稷是同时受祭的。稷本义是粟或黍属农作物，因为"得阴阳中和之气，而用尤多"被视为"五谷之长"（《白虎通义》）。祀稷代表祀五谷，祀五谷进而代表祀百谷，百谷即一切养育人民的农作物。

负责农业耕作的主官称"稷正"，或"田正"，或"农师"。《风俗通义》转述《左传》说"有烈山氏之子曰柱，能殖百谷疏（蔬）果，故立以为稷正也；周弃亦以为稷，自商以来祀之"[1]，意思是较早的稷正（或类似职位）是烈山氏之子"柱"（有说即神农氏），后来，尧舜时期的弃也做过稷正，而且很著名，自商以来得到祭祀。考之以类似的神灵诞生演变史，大体不错。在传说中，神农氏和周弃都由农官而上升为农神。"后稷"就是"司稷之君/神"的意思，原本也跟"后土"一样是个职位，后来变成专指周弃此人。与社神同享祭祀的稷神，其实也是个虚实结合体，从虚指的角度看是代表所有农作物之精，从实指的角度看是善于繁殖农作物的农师后稷（周弃）。这就跟皇地祇与后土的虚实关系差不多。

主要出处

《皇明诸司廉明奇判公案》《左传》《汉书》《礼记》《白虎通义》

---

[1] 弃是尧舜时期的人，周人以之为始祖，一直用他的官称，尊为"后稷"，后世人也常称之为"周弃"。《诗经·大雅·生民》说他是祖妣姜嫄踩了神的脚印生下的儿子，拙作《诸神纪》中有详论，此不赘言。周弃往下传到大约十四代，是周文王昌，姬姓，俗称姬昌（其实这种称呼并不正确）。

家神灶王爷与灶王奶奶

灶神是典型的家神，本是古神，却又被仙话重构了身世。本节来捋捋灶神的故事，也简要说说中霤神、门神、户神、井神、行神等其他家神。

古时候有个年轻人叫张单，与一个姑娘郭丁香相爱。可是后来不知怎么搞的，张单学坏了，不务正业，游手好闲。郭丁香苦劝他不听，反而发生争吵，两人因此分了手。

再后来，张单败光了家业，穷困潦倒，只能靠在街头乞讨为生。没想到有一天，张单讨饭讨到了郭丁香的门口，也许是因为郭丁香搬了家，或者没搬家但张单太饿了没注意到吧。两人一见之下，都愣住了。郭丁香还是老样子，可是张单破落肮脏，满面尘垢，长期饥一顿饱一顿让他的身体十分消瘦。张单转身想走，郭丁香上前一把拉住了他。郭丁香没有嫌弃张单，反而将他带到厨房里吃饭，给他找来干净衣服穿，又说道，只要他真正改过自新，自己仍然愿意等他。

听了郭丁香的话，张单羞愧难当，彻底意识到了自己以前的行为是多么可耻。他没脸再活下去，趁郭丁香不注意，一头扎进炉火熊熊的灶膛里烧死了。

俗话说"浪子回头金不换"，张单能够幡然悔悟，甚至以死明志，获得了人们的原谅。玉皇大帝知道这件事后，有感于张单自投锅灶，就命他做了灶神，人们又称他为灶王爷。郭丁香呢，就成了灶王奶奶。

人们将张单和郭丁香的模样画成像，贴在自家锅台前。人间有多少户人家，灶王爷和灶王奶奶就有多少个分身。每到农历腊月二十三日，

灶王爷与灶王奶奶（雷玥溪绘）
琼卮漫教醉倒，怕曛曛、夜奏绿章迟……好问和羹心事，炊香到处春回（摘自清杜文澜《木兰花慢·送灶》）

他们都要到天庭去向玉皇大帝汇报这家人一年来的表现。届时人们会用糖瓜抹在他们画像的嘴巴上，这叫"二十三，糖瓜粘"，目的是让他们"上天言好事"（自家那些小过错就帮着隐瞒不要汇报了），然后再从玉帝那里多带些福气回来，"下界保平安"。

掰书君曰

上文故事根据民间口头传说改写。

"家神"是活动场所和势力范围基本限定在家庭内部的神灵，与风神、社神等"公共神"相区分。

灶神是典型的家神，由同一个/组神通过映射法/投射法[1]分身进入亿万个具体的家庭场所。纪晓岚不明白这个映射原理，曾在《阅微草堂笔记·槐西杂志》里连珠炮地提问，大意是：灶神到底是只有一个还是有很多个呢？如果一家一灶神，那灶神就如恒河沙数一般，不会太多了吗？这么多神是谁任命的？人搬家了怎么办？门户衰落了怎么办？失业的灶神到哪儿去？新增的灶神从哪儿来？天天增减移改，不是太麻烦神灵了吗？……我个人觉得，如果真有灶神的话，不见得会被人类家庭的增减移改烦死，倒是会被纪大烟袋这个铁憨憨逼疯——"镜像"啊朋友，"月映万川"嘛。

除了灶神，吾国古代的家神还有中霤神、门神、厕神、户神、井神等。

中霤神在社神专节说过，是社神的雏形。门神和厕神的情况与灶神相似，也是以映射法生成并进入家庭。较古老的门神是神荼、郁垒[2]，唐以后常以尉迟敬德和秦叔宝替代。厕神可参看后文紫姑专节。

---

[1] 本书用映射法/投射法来描述神话仙话中名实的对应方法、主神分神如何构建关系等问题，前文老子专节曾提到过此法。映射与投射词义略有区别，前者侧重交相关系，后者侧重单向运作。我认为在上述问题中民众兼用了两种方法，所以并举，下文为了行文简便仅以映射法兼代两者。有关映射法/投射法的表述是我个人的思考，愿与诸君讨论。

[2] 拙作《我们的神》中有门神专节，此不赘言。

户神和井神则是另一种生成方式。

户和门今天统称为门,但在古代有区别。《说文》说"半门曰户",即门是双扇的,户是单扇的,或如明代魏校《六书精蕴》。所言:"凡室之口曰户,堂之口曰门;内曰户,外曰门。"所以门神和户神是分开的。当门户并列的时候,户是更靠内的门,也就是说户神比门神更"家神"。宋代许洞《虎钤经》说户神名叫孙齐(此书提及的门神叫徐仪直),但没有事迹;明代谢友可所编传奇《国色天香》则说户神是彭质、彭君、彭矫,但这明显与三尸神搞混了(详见下节)。所以总体来说,关于户神我们没有太多信息。

再说井神。基本上各井有各神,我个人没有发现类似"一个总井神投射到世间每个井里"的观念表述。井神有时候是人,比如蜀王杜宇之妻梁利可能是井水神[1];另如《太平御览》引《白泽图》:"井神曰吹箫女子";又《右台仙馆笔记》记载,杭州紫阳山井神是两尺长的"赤体小儿"。井神有时候又被指为龙,称井龙,这大概与井中常出现水蛇的现象以及佛教龙王概念的传入有关。当然,井不一定每家都有,可能多少户人家共用,那么井神就姑且算是家神的扩大化——小区神吧。

上述家神与上古祭祀的确立也有关系,渊源久远。立祀不仅为了"报功"(报答神灵的恩典),也是神道设教,淳化百姓,"使民慎之幽冥也"。《礼记》提到周代的祭祀法是王立七祀,诸侯立五祀,大夫三祀,士二祀,

门神神荼、郁垒(《新刻出像增补搜神记》明万历刻本)

井神(1950年代河北内丘祭祀年画)

---

[1] 拙作《诸神纪》杜宇专节述评了杜宇与梁利的故事,此不赘言。

庶人一祀[1]。从上到下不同等级的祭祀里，都有灶、门、户、行（道路）这些小神的地位。尤其庶人一祀，要么祭户神，要么祭灶神，可见平民家居生活的重点在安全和饱暖（门户神保障地盘、提供屏障和保佑出入平安；灶提供熟食，灶火还提供温暖，祀灶可以兼代敬衣食）。

汉代《月令》将"五祀"归纳为户、灶、中霤、门、行（道路），《白虎通义》则归纳为门、户、灶、井、中霤，两者的差别只在祭井或祭行的选择上，但中霤、灶、门、户是一致的。行，理论上不属于家内领域，但《吕氏春秋》高诱注："行，门内地也，冬守在内，故祀之。行或作井，水给人，冬水王，故祀之也"，《月令》郑玄注又说"冬隆寒于水，祀之于行，从辟除之类也"，将行与水、井扯上了关系，于是冬季无论祭行还是祭井，都具有了合理性。汉代以后，祭井成了俗例。

我个人认为，选择井神纳入五祀是更合适的。因为：第一，就家庭生活而言，中霤代表居住，灶代表食，井代表饮，门户代表安——可包含"行"的部分含义。第二，道路神（祖神、行神）在上古另有专祀，或者祀共工之子修（应劭《风俗通义·祀典》），或者祀黄帝之妻嫘祖（《轩辕黄帝传》），或者祀黄帝之子累祖（唐代颜师古注《汉书·临江闵王刘荣传》，实为前两条混融的结果）。

另，床神（床公床婆）、针神（针婆）、箕神（参见紫姑专节）、寻神、胎神等也当属于家神，就不展开说了。

现在回到灶神话题。

张单与郭丁香的故事，是典型的"浪子回头"故事。"浪子回头"是吾国文化为男性特设的故事类型，一个男子哪怕曾身有万恶，只要最后幡然醒悟，就可以放下屠刀立地成佛，实现道德与身份的双重升华。

这种宽宥，与对女性的苛求恰好相反。浪子回头金不换，还能成神，

---

[1]《礼记·祭法》："王为群姓立七祀，曰司命，曰中霤，曰国门，曰国行，曰泰厉，曰户，曰灶……诸侯为国立五祀，曰司命，曰中霤，曰国门，曰国行，曰公厉……大夫立三祀，曰族厉，曰门，曰行。适士立二祀，曰门，曰行。庶士、庶人立一祀，或立户，或立灶。"

浪女不行,浪女最多允许上岸给富豪做小,运气差的就像鱼玄机掉了脑袋,运气好的话,色衰后可以在念经中忏悔前半生。唯一的例外大概是潘金莲,她被奉为娼妓之神,但娼妓神在万神之殿中可算不得一根葱。更有甚者,连因难产而死的女性,《白话玉历》等道书都要(吸纳佛教的说法)安排她们去鄷都的血池地狱受难。大约因为在某些观念中,生产原本"不洁",一个女人生产不顺,居然还敢污血而死,就更"不洁",有罪。这就很有意思了。关于不洁观的讨论可参看厕神专节。

略述过故事类型,再说故事个案。

民以食为天,饭碗永远是第一重要的。灶神天天盯着我们做饭(同时也闻着饭菜香气解馋),关心我们的饥饱,那是我等凡人必须捧在手心里去爱、但凡有机会就要献上酒肉拜一拜的亲神啊。正如王充《论衡》所说:"思其德,不忘其功也。中心爱之,故饮食之。爱鬼神者祭祀之。"

可是看了本节正文,你有没有觉得,张单和郭丁香被玉帝选中为灶神的故事编得有些过于敷衍了呢?为什么随便套用个浪子回头的模板就把大家打发了?先不说双方的感情纠葛太过粗线条,单说最后,浪子既然悔悟了,又何必跳灶膛呢,重整旗鼓共创明天不好吗?而且,历朝历代的浪子多了去了,肯回头的浪子按比例总会源源不断产生,算不得什

清代祭灶神民俗画

么珍稀品种。所以到底为了什么，对俺们美食帝国国民如此重要的一个神，要随便拉个回头浪子来充任呢？如果故事里的逻辑行得通，那索性给陈世美封个铡刀神好不好？这玉皇大帝可有点太不靠谱了。

出现这个现象，当然有其原因。前文说了，灶神是上古传下来的神，张单郭丁香这种名字显然不具备"上古味"，所以他们不是灶神的原初版。那么，更早以前的灶神是怎样的？

主要有两类说法：一类认为来自炎帝系，一类认为来自颛顼系。

关于炎帝系来源说。《淮南子·氾论训》说"炎帝作火，死而为灶"，这应是对古老说法的记录。炎帝是火帝，死后继续掌灶火，说得通（《太平御览》引古本《淮南子》说"黄帝作灶，死为灶神"，可能是炎帝版的讹变，不必深究）。许慎又曾提到灶神为祝融。如果我们将祝融视为专称（即特指与水神共工打架那位），那么他是炎帝后裔（一说黄帝后裔），做过火正，死而为火神。火神的内涵包括司灶火，所以祝融为灶也说得通。

有趣的是，《大戴礼记》云："灶者，老妇之祭。"郑玄也说："灶神祝融是老妇。"这为我们留下了一些更原始习俗的线索：第一，早前灶神可能是女神；第二，早前灶神可能是独立的女神（而非灶王爷配偶）；第三，早前灶神可能是老年女性。女性掌勺为家人做饭，成为灶神说得通；而老年女性被尊崇，当是母系社会习俗的遗留。

关于颛顼系来源说。《大戴礼记·帝系》说："颛顼产穷蝉"，索隐交代：穷蝉，"《世本》作穷系"。许慎《五经异义》引古《周礼》说："颛顼有子曰黎，为祝融火正，祝融为灶神。"那么，颛顼之子穷系等于穷蝉，当过火官，被祀为灶神。穷蝉在古文献里还是很有名气的，帝舜据说就是穷蝉的直系后裔（《大戴礼记》）。

接下来，据《庄子·达生》说："灶有髻"，司马彪注释道："髻，灶神，著赤衣，状如美女。"这就是说，灶神是个穿红衣的疑似美女。袁珂先生认为髻不是发型，而是蚚的通假字。蚚就是蝉。蝉是什么呢？在这里它可不是知了,而是灶头常见的、长得像蝉的红壳蟑螂。换言之,灶神的原形是"小强",作为神的形象则大致是位红衣美女。又据考,系、犁、鬙(蛣)几字古音相近,可视为一音之转,所以都指向同一个对象。

穷蝉到底是颛顼之子还是之女,只能说都有可能,毕竟神话是流变的。不过红衣美女神之说,倒是可与"灶神祝融为老妇"相印证,于是此处祝融=火官=穷蝉=女祭司(引申为女神)。当然郑玄还强调她"老",那就是红衣美女穷蝉经过漫长的岁月变老了呗。毕竟,那会儿西王母的蟠桃很可能尚未混融到中原神话里来给神仙们美颜呢,是吧。

综上,我们可以推知:在颛顼系来源说里,灶神来自颛顼之子(或女)穷蝉(又名犁、穷系),他/她做过火官,其真身是蟑螂,有时也可化身红衣美女[1]。

归根结底,炎帝系来源说和颛顼系来源说并没有本质差异,炎帝、祝融、犁(穷蝉)的交集是火。所以,灶神来自于远古的火官是比较可靠的结论。

从"蝉"字又衍生出了别的名号。《杂五行书》说"灶神名禅,字子郭,衣黄衣",只说了他的名和字,没说他姓什么,而且红衣变成了黄衣,美女变成了男子。段成式在《酉阳杂俎》里补充了他的姓:"灶神姓张,名单,字子郭"。"张"是普罗大姓,属于随手添加,信息量不大。倒是这几个名的转换关系很清楚:蝉—禅—单。所以,张蝉等于张单。

现在,我们终于知道民间故事为什么生拉活扯地将浪子张单奉为灶神了,因为,这个"什么什么单"就是灶神原来的名字啊!即便原始灶神的形貌事迹丢失殆尽,但民众头脑中还顽强地残留着文化记忆碎片,为了把故事圆回来,他们也真是费了老鼻子劲了。更妙的是,人家还把关于女灶神的记忆也弄了回来,只不过改了名字叫郭丁香,并且与男灶

---

[1] 可参看袁珂《中国神话传说词典》(上海辞书出版社,1985年)"灶神"条。

神"配成双"了。

从"蛣"字也衍生出了别的名号。南朝梁宗懔在《荆楚岁时记》里说灶神叫"苏吉利",《三国志·管辂传》说他叫"宋无忌"。"吉""忌",发音都来自"蛣"。

灶王爷归天的日子,原本说是"晦日",也就是月底,后来有了腊月二十三或二十四之说。宋代的范成大有诗曰:"古传腊月二十四,灶君朝天欲言事。云车风马小留连,家有杯盘丰典祀……男儿酌献女儿避,酹酒烧钱灶君喜……"从中可以看到:第一,当时祭灶是年尾大事,仪式很隆重,家家户户都要祭;第二,当时祭灶是男人的事,女人要回避。所谓"男不拜月,女不祭灶",两性在祭祀习俗上,各有各的忌讳。

为什么女人要回避祭灶呢?这又得回到浪子设定了。有些故事直言灶王爷是色鬼,家里的年轻姑娘在关键时刻要藏好,不能让他看见。又据说在某些地方,女人可以跟在男子后面祭灶,但得戴个帽子之类的物件遮住脸。依我看,这一禁忌产生的真正原因可能是:当垂直的神权体系在我们的文化中建立并完备之后,灶神作为基层神灵就当然地进入了男权主导的"外权利"系统,而这套话语的大门在当时对女性是关闭的,所以,虽然祭灶明明发生在号称"女主内"的家里("内权利"系统),她们仍然难以染指或分享这一话语权。

现在让我们探讨一下灶神的职责问题。

灶神为什么会存在呢?最初人类也许是为了表达对灶火/伙食的感激。那么后来呢,尤其张单郭丁香版出现之后呢?是为了在你没饭吃时变出米麦酒肉吗?是为了在你厨艺太烂时给出贴身指导吗?显然不是。灶神留在你家的灶头,其实是在替老天爷行使监察职能。正如郑玄所说:"五祀……此者小神,居人之间,司察小神也。"我们再来看个小故事。

张公家一个负责厨房工作的婢女,喜欢将垃圾扫进灶膛。有天夜里,她梦见一个黑衣人前来呵斥她,并抽打她的脸颊。醒来之后,她的脸颊红肿,并形成了脓疮。数日之后,脓疮已经长到杯子那么大,脓液从她嘴里流出,稍一呼吸就会进入喉咙,引起呕吐或者干哕,将她折腾得要死不活的。婢女知道自己惹怒了灶神,便去灶神前祭拜,虔诚地祈祷,立下重誓再也不敢弄脏灶膛了。之后,她的脓疮才慢慢痊愈。

(出自清纪昀《阅微草堂笔记》卷十三)

张家婢女并没有大恶意,"干坏事"的出发点是懒,但灶神感觉到的是严重不敬。灶神本来就是监察官,你抠脚挖鼻孔他都拿小本本记着呢,何况你竟敢用秽物玷污其成神之所?若不立刻直接教训你,神的尊严何在?所以,等不到腊月二十三去告状。别忘了,张灶王是敢把自己塞进灶膛的狠角色,给你个脓疮尝尝是小意思,不拆掉你,已经很仁慈了。

当然,民众编造这类故事,主要还是为了警示大家注意厨房卫生,提防病从口入。

我们前面讨论过很多对人类负有监管之责的神灵,如果说城隍神好比县官,(乡)土地神好比居委会主任,那么灶神就好比老天爷给你空降进门的家长,借侯宝林先生的话说:"灶王爷是一家之主,可户口本上没他。"学者栾保群先生则开玩笑说灶神"属于帝王派到各家各户实行监控的间谍"。我们也可以这么看:灶神是老天爷投放到世间的监控摄像头,自带超大硬盘,整年全天候不间断存储你的黑料。呃……如果它化身小强的话,那就是监控器的生化移动版,不仅整年全天候,而且三百六十度无死角,盯着你。

主要出处

《礼记》《左传》《论衡校释·卷第二十五》《阅微草堂笔记·卷十三·槐西杂志三》《太平御览》《淮南子》《荆楚岁时记》

监察神的极致：三尸神

上节说到灶神其实也是监察神，然而，你以为这种入户近身监察就是神权的极致了吗？不，你错了，你大大地错了。仙话里还有著名的"三尸神"，那才是监察界的劳模，间谍界的王牌。因为他们对你的监察不是近身，而是进身——钻进你的身体里去进行内部监控！

"三尸"是三个神的组合，关于其姓名有多种说法。最普及的是"三彭"说。《医心方·卷第廿六》引《大清经》曰："三尸，其形颇似人，长三寸许，上尸名彭倨（一作居、琚），黑色，居头，令人好车、马、衣服；中尸名彭质（一作瓆），青色，居背，令人好食五味；下尸曰彭矫，白色，居腹，令人好色淫泆。"这三彭显然是男神，具体排行有异文。还有"三姑"说。《酉阳杂俎·玉格》云："人有三尸，上尸青姑，伐人眼；中尸白姑，伐人五脏；下尸血姑，伐人胃命。"三姑显然是女神。另有一种杂说。《云笈七签·卷八十二》提到"腹中伏尸"名叫盖东、彭侯和蛤蟆，彭侯自然是从三彭化来的，盖东不知何处出典，蛤蟆即小型蟾蜍，起这个名字不知是不是为了形容其猥琐情状。

综合起来，情况大致是这样的：第一，三尸神又叫三虫，是人体内与生俱来（"与身俱生"）的神或精怪，体长大约三寸多；第二，上尸位于人的头部或眼中，中尸位于人的心后或背部或五脏，下尸位于人的背上或胃里或下丹田或足内，或者三者全都居于脾中，等等；第三，上尸好宝物（车马衣服等），中尸好吃（五味），下尸好色；第四，三尸神希望人速死，喜欢人玩物丧志，厌恶人刻苦修道，所以会在人体内千方百计引人纵欲；第五，三尸神会将人的纵欲罪过全都记下来，每到庚申日，就上天去向天公汇报求赏，希望能绝了此人的生籍，或至少减了此人的禄命。

三尸神的行为让人不寒而栗，也相当匪夷所思。不过，与其质问他们为何跟人类有这么大仇怨，不如想想他们能从中获取什么利益。其实三尸神听上去很像寄生虫（或者细菌、病毒）成了精，不少医书也拿三尸（三虫）与九虫并举，只不过"三尸神"这个说法将寄生虫等拟人化、神秘化了。当然，一般寄生虫是讲究与宿主长期共处的，三尸神的确祸害得猛了些。也不知他们急急忙忙害死一个人赶去下一个有什么好处，难道天界对他们有绩效考核，他们拿的是计件工资？我想，可能是道教出于让修道者勤奋自持的目的，结合医学上的某些现象编造了这种说法。

类似三尸神的概念可能由来已久，《左传》里，有两个小儿躲在晋侯体内"膏肓"处想置其于死地，他们也许就是三尸神的雏形。托名班固所著的《汉武帝内传》说"三尸狡乱，玄白失时"，很明显当时已经有关于三尸作乱的说法，但那会儿三尸神的职能可能还比较单纯，就是害人生病。发展到后来，光捣乱不足以称神，人类便给他们编排上监察职能，让他们成为比灶神更基层更具体，基层得没法再基层、具体得没法再具体的神权螺丝钉。从此以后，三尸神就居住在每个人的身体里，竖起耳朵、睁大眼睛，拿出小本本，将你的一切不当言行记录在案，等日子到了好去检举。

三尸神如此无孔不入，人类是不是就没有活路了呢？当然不是。别忘了咱们是在讲仙话，仙话提供克服一切障碍超越自我的可能性。小小三个告状精，哪里难

《太上除三尸九虫保生经并图》（涵芬楼版）三尸图：上尸彭琚（上）、中尸彭瓆（中）、下尸彭矫（下）

斩三尸符（日本流传）

三尸九虫三符祝文

得倒不懈进击的修仙者们呢？

修仙者认为：三尸神是可以解决的；而且，要想修炼成功，必须先除三尸。《医心方·卷廿六》引《仙经》曰："欲求长生，先去三尸，三尸去则志意定，志意定则嗜欲除……三尸不去，则服药无效焉。"干掉三尸神，身体清空了，丹药才能起效，带你嗨皮带你飞。

于是，他们发明出了多种去除三尸神的方法，什么散剂药丸、服气导引、厌胜使符，等等。最好玩的要数祝咒之法：选在庚申日（三尸神原定上天打小报告的日子），夜半之后人坚决不能睡（睡着了他们就能钻出人体），要面向正南拜了又拜，口中反复呼喊三尸神的名字并且念咒。经过多次操作之后，三尸神就会永远离去。这就叫"守庚申"。如此一来，天界再也无法掌握你的暗黑小秘密了，你的专属命簿上再也不会有差评扣分，成仙前途一片光明璀璨。

至于咒语的内容，咱们举一例吧，想试您就试试，反正也没什么风险，万一成功了呢——

吾受《太上灵符》《五岳神符》，
左手持印，右手持戟，日月入怀，
浊气出，清气入。
三尸彭倨出！彭质出！彭矫出！急急如律令！

主要出处

《医心方·卷第廿六》《大清经》《云笈七签·卷八十二·庚申部二》《医方类聚·养性门》

从本单元开始，我们将跳出道教神仙体系的框架，从更多维度去考察仙话中的人物及其故事。我们不再着眼于神仙与体系的关系，而是着眼于其在我国文化中的范型意义和独特价值。当然我们也会涉及法术，涉及别的仙道话题。所有这些讨论会让我们对仙话的认识变得更加丰满。

本单元主要讨论若干男神仙。他们的"嬉与游"，是对人们理想中的逍遥神仙生涯的具体注脚。

第七单元

男神仙的嬉与游

名流范儿：洪崖先生和他的坐骑

洪崖先生是个非常古老的神仙老头儿。我们聊聊他的传说，探讨下仙话中的"白胡子老神仙"形象，并顺便说说神仙的坐骑。

洪崖先生又叫洪崖子，洪崖也写作洪涯、洪厓，大致可理解为"遥远的边地的先生"。还有叫他洪匿的，匿是隐藏的意思，意思是洪隐士，或者"边远的隐士"。

洪崖先生的时代很早。有人说他是三皇时代的伎人，到帝尧时代已经三千岁了。伎人从事歌舞表演之类的艺术活动，洪崖先生经常身披羽毛做的衣裳，身子非常轻灵，可能也与此有关。有人更笃定地说他就是黄帝时期的乐官伶伦。黄帝让伶伦潜心揣摩凤凰的鸣叫声，从中得到启发，制定了十二音律。黄帝又让伶伦与荣将一起铸出十二钟来协和五音，从而创作出美好的音乐教化人民。这两种说法听起来有一些联系。无论如何，洪崖先生时代早、艺术修养高，这还是可以确定的。

洪崖先生在从事歌舞艺术的同时也修仙。他的坐骑是一头雪白的大骡子，叫做雪精。洪崖先生得道成仙的时候，跨坐着雪精升到一株枫树的树顶，再从枫树顶端一直升到了云上去。据说，雪精腾跃升空时蹄子在那株枫树上留下的痕迹，至今还能看到呢。

洪崖先生的坐骑为什么叫做雪精呢？并不仅仅因为它雪白的毛色，更重要的，它真的是管下雪的精灵！从它身上抖落下一根毛，人间就会下一丈雪。因此洪崖先生比较谨慎，平时都将雪精藏在一只大葫芦里挂在腰间，需要骑的时候才拔开塞子放它出来。

（清）沈振麟《洪崖仙图卷》

有一次，洪崖先生去紫府真人那里赴宴，一高兴就喝醉了酒。醉了之后，他对自己腰间的葫芦看得就没那么紧了。随着他的身子东倒西歪，葫芦的塞子松了，雪精趁机溜了出来，撒丫子往远方跑去。雪精跑到哪里去了呢？天下这么大，到哪里才能把它找回来呢？

其实，也不用替洪崖先生着急，只要事后打听打听，看哪里下了大雪就知道了，毕竟大白骡子在偷跑的路上不可能不抖毛啊。果然，后来发现在遥远的番地（大致是中原以西以北的草原甚至戈壁地带）下了很厚很厚的一场大雪。雪精这一趟逃跑得真远，闯的祸也真不小啊，想来草原上的牛马群该没有草吃了吧。

洪崖先生的坐骑还不只雪精一种，有的时候，他也会骑鸾。鸾是凤凰类大鸟，属于仙人们非常高端的飞行器。由于仙人骑鸾的场面普通人难得一见，所以为了记住这个事件，人们就将洪崖先生骑鸾飞行途中歇脚的山冈命名为鸾冈。

掰书君曰

上文故事综合改写自《有象列仙全传》《文选》《吕氏春秋》《古今图书集成》《古今小说》等资料。

洪崖先生是上古仙人的代表人物。常拿来跟他相提并论的，有浮丘公、展上公、广成子、容成子等。具体说他们是哪个时代的人物其实都不可靠，因为据说他们被记录入册时就已经好几千岁了，是后世寻仙故事中的远古标杆。比如《神仙传》里这个小故事：

汉代的时候，中山国有个叫卫叔卿的人，曾经驾驶着白鹿，乘坐着云车纵游天下，还见到了汉武帝。汉武帝热衷于求仙，就想留下卫叔卿在身边随时伺候自己。卫叔卿不答应，话都不说就走了。汉武帝让卫叔卿的儿子度世（这个名字很"修仙"）去追他。度世追到华山，远远看见父亲正在华山绝顶上与几个人愉快地玩耍（大概是蒲博游戏之类吧）。后来，度世私下问父亲："您刚才都跟谁在一起啊？"卫叔卿淡淡地说："就是跟洪崖先生他们那些人嘛。"

你看，跟那么高古的仙人做朋友，还故意说得那么云淡风轻、宠辱不惊，这就体现了仙家的基本涵养对不对。

洪崖子可做为仙话中神仙老头儿的代表，通常他们还有一部白胡子，所以我们就统称之为"白胡子老神仙"吧。白胡子老神仙必定德高望重，不仅因为吾国有敬老尊老的传统，更因为须发皆白意味着寿命很长，而寿命长是因为人家修行久，修行久，自然道行就深嘛。

洪崖先生（明王世贞辑次《有象列仙全传》）

当然，白胡子老头型神仙内部也有差异，比如，名号的有无。

有些白胡子老神仙是有名号的。比如太上老君，位尊权大，是所有白胡子老神仙的最高阶。又如《西游记》里的太白金星也是白胡子老头，属于星君，并没显示出特别强大的法力，更像个为了世界和平而四处传话和稀泥的和事佬（更多金星形象参看后文东方朔专节）。再如总是乐呵呵的寿星，也是标准的白须老头。

仙话中更多的是无名白胡子老神仙，没事自己逍遥快活，关键时刻出来替人指点迷津、挡灾解难，民众特别喜闻乐见。大体而言，你可以都将他们视为洪崖子一类。比如河上公（河上丈人），意即河上的神仙老头，姓名不示人。有没有可能他就是洪崖子呢？当然有，因为洪崖也不过是"边远隐士"嘛。河上公首次被记录是在汉朝，当时就不知道有几千几万岁。他给倨傲摆谱的汉文帝展示了身体悬空百尺的奇迹，还向其传授了自著秘辛《老子道德章句》（《神仙传》）。唐时，有人误闯仙境又见到了他，"雪髯持杖"，正带领着一堆羽衣仙学《易》（唐戴孚《广异记·麻阳村人》）。所以洪崖子河上公这样的，最符合民众对无名老神仙的想象了。像屈原遇到的渔父、张良遇到的黄石公、费长房遇到的壶公等，也都属于这一类"无名神仙"。

现在来说说神仙的坐骑。

雪精逃跑抖毛造成雪灾的故事，让人联想到著名的蝴蝶效应——谁能想到两个神仙推杯换盏互叙一回衷肠，草原里的牛马羊就要断粮饿死呢？（神仙司雪事另可参见姑射神人专节）

洪崖先生的大白骡子，在普通世人眼里得算是祥瑞。吾国古人特别喜欢赞美一些白肤白毛的动物，将它们归入祥瑞一类，比如白虎、白骡、白驴、白鹿、白兔（也许古代兔子灰毛的多，所以也算）、白乌、白鹊，等等。主要是因为它们罕见，也好看，颇给人美好的感觉，将其解释为圣君在位则祥瑞出世，可以狠拍帝王的马屁。仙道界拿这些白色动物来骑坐，除了祥瑞的缘故，也因为白色显得干净爽洁，自带仙气，符合仙

张果老骑白驴（明王世贞辑次《有象列仙全传》）

道气质。当然道教同时推崇黑白二色，所以也有不少神仙的坐骑是黑色的，比如东王公的黑熊，赵公明的黑虎等。黑色肃穆端沉，可体现祛邪镇祟等功能。此外，青色也是道教特别中意的颜色。其实"青"有多义，或谓苍黑色，或谓苍蓝色（晴空之色），在仙话中将青色解释为两者都是说得通的。据说张天师骑的就是青骡，《神仙传》里蓟子训成仙后骑的也是青骡，从生物学特性上看，青骡应该是近黑色的骡子。

骡和驴是近亲，实事求是地说，在羡仙慕道的诗文中，骑白驴的比骑白骡的多。最著名的骑驴仙人是张果老，他的白驴是纸剪的，平时揣在怀里，要用了就喷水激活。这种折叠收纳坐骑的方式，跟洪崖先生拿葫芦装雪精很相似。以小寓大、壶纳乾坤的思路是仙家标配。唐代黄台有诗句"海上使频青鸟黠，箧中藏久白驴顽"（总让青鸟跑腿，青鸟学会了偷懒；老把白驴锁箱子里不遛，白驴开始捣乱），意思是神仙们虐待动物，动物们都要造反了。有趣的是，黄台家的驴没塞进葫芦，而是码进了手提箱，嗯……难道是充气激活？

黑驴也是神仙坐骑，尤其神仙成对出现时，更要配色得体。明末小说《梼杌闲评》写一对仙道眷侣元元子、真真子，就是骑着一黑一白两驴出场的。孩子气的李白在唐玄宗那里碰了壁，"赐金放还"，郁闷之极，写诗说"自是客星辞帝座，元非太白醉扬州"，重申自己的谪仙身份。他骑驴醉入华阴县衙，强行摆谪仙人的谱，恨不得县令把他捧在手心里崇拜。纯白或纯黑的驴都不好找，想来落拓的李太白当时骑的仅是头普通灰驴了。可是聊胜于无，若连这头灰驴都没有，诗仙的谱就摆得更不完整了。

关于仙人们的坐骑,常见的还有鹤。实际上仙鹤之于仙人们,就像六龙车之于羲和,双蛇之于祝融,风火轮之于哪吒,黑虎之于赵公明,青狮之于文殊,肥鹅之于尼尔斯,扫把之于女巫和哈利·波特,是人家的常规飞行器。前文费文祎在黄鹤楼升仙后,就常常骑鹤奔波于三岛十洲等仙境间。

此外,牛也是道家神物,因为老子出关时骑的是青牛。又如羊。老子也骑过羊,他得道后曾骑着青羊降临在成都的某个集市中,后来就在那里盖了屋台纪念,历代增饰扩容,香火不断,这就是今天的青羊宫。另,广州别称"五羊城",传说是因为古代有五位仙人骑着五色羊从天而降,给当地人送来了谷穗。又如鹿。鹿生于山野,模样健美,又长寿,凡人很难驾驭,因此鹿属于仙物,仙人骑白鹿是经典画面。寿星就骑鹿,前面提到的卫叔卿也骑鹿。当然,我个人最喜欢的还是骑鱼,琴高骑赤鲤,最好要身着白衣,美得很美得很。至于龙凤鸾熊虎之类,前文接引专节已述,不再赘言。

主要出处

《有象列仙全传》《文选》《吕氏春秋·古乐》《古今图书集成》《古今小说·卷三》《神仙传》《梼杌闲评》《水经注·赣水》《汉唐地理书钞》《番禺杂记》

偶像派：王子乔的鞋子戏法

王子乔很适合做修仙界的偶像，形象年轻，身高待考，帅有可能，而富贵的确是铁板钉钉的。本节除了讲他的故事，顺便说说仙话中象征"渡"的鞋子，以及虹霓在仙话中的印象演化小史。

王子乔原是东周灵王的太子，名晋，字乔（或子乔）。传说他为人正直，因为犯颜直谏被废了太子之位，人们就叫他王子晋或王子乔了，又简称王乔。他的后裔以王为氏，王子乔是今天王姓的始祖来源之一。

王子乔幼而好道，独自在深宫中修炼。经常有神仙降临在他身边，可是左右人却无法察觉。王子乔掌握了高深的吹笙技巧，能吹出鸾凤之音回荡于宫掖，吸引种种珍禽聚集到庭中舞蹈。在王子乔直谏被斥退之后，浮丘公悄悄降临，传授给他修炼之法，又给他服食了灵药，带他远远地避居于深山中。

几年后，王子乔的朋友林良在缑山碰到了他。王子乔对林良说："我将会在七月七日升天，你去跟故人们说一声，到时候可以见面告个别。"到了七月七日，林良和王子乔的亲友及一些官员如约来到缑山，看见王子乔的马在山涧边饮水。众人正疑惑间，王子乔乘着白鹤飞过来，挥手向众人致谢、告别，然后升天而去。远近的人们都看到了这个场景，争相说道：王子登仙啦。官员们急忙恭敬地向王子乔拜别。王子乔消失之后，官员们又恋恋不舍地转身去拜他的马，没想到，他的马也已经升空了。

据说王子乔升天之后担任了右弼，率领五岳司的神仙侍候天帝早朝，

吹笙引凤：王子乔与浮丘公（河南邓州南北朝彩色画像砖）

还要管理金庭洞天这个神仙福地。他的道号是桐柏真人。不过王子乔的公差好像也不是那么忙，他经常有时间骑着白鹤或白鹿回到世上游荡，还能收徒传道。

泰山有个年轻人叫做崔文子，跟着王子乔学仙。王子乔化身为一道白霓，从天上弯下来，将仙药递给崔文子。崔文子又惊又怕，举戈向白霓击去，居然击中了。仙药落到地面，崔文子忙凑上前观看，原来是王子乔的鞋变的。崔文子就将鞋放在屋里，拿个破筐盖着。不久，破筐里传出一些动静。崔文子上前揭开破筐，只见王子乔的鞋已经变成了一只大鸟。崔文子正愣神间，大鸟拍打着翅膀飞出来，在半空转了几圈就飞走了。

不知道王子乔的一番苦心，崔文子到底领会了没有。也不知道王子乔经此试探，会不会放弃这个不开窍的徒弟。不过，据说后世有《崔文子丹法》《崔文子肘后经》等流传，看来最终他还是有所成就的。那么，这到底是王子乔提携的结果呢，还是被放弃后自学成才呢？

偶像派：王子乔的鞋子戏法

掰书君曰

上文故事改写自《搜神记》。

王子乔是有明文记录的历史人物,但目前能看到的关于他升仙的文字都是后世补的。当然,能够把这些好事找补到他身上,说明他颇有人望,可能名声在民间流传久长。他在战国时想必是许多人的精神偶像,屈原在《远游》里就表示"吾将从王乔而娱戏"——官场太黑暗,朕不想关心人类了,朕要撂挑子跟王老师玩耍去。

王子乔做偶像有天然的身份优势。仙话是很乐意拉帝王家修仙者来为自己的理论和实践背书的,可惜他们大多不争气,比如秦皇汉武燕昭王都是那种什么都不肯抛舍、只想利益得兼的贪心角色,而淮南王修炼到最后也没逃脱满门抄斩,仙话就算把他们强捧成神仙,老百姓也不很信。所以王子乔、弄玉这样弃家修道的王族就更受欢迎,有舍才有得嘛。

王子乔的故事糅合了许多神话、仙话元素。吹箫吹笙引来凤凰,弄玉萧史等故事讲过;去深山里服药,黄帝故事讲过;骑鹤飞升,费文祎故事讲过;破筐盖住的东西变成一只鸟飞走,简狄故事讲过[1]。不过,王子乔弄鞋的部分,倒是比较有新意的。会玩鞋子戏法的仙人不止王子乔一个,但他玩得最为有名,所以世人一提王子乔就想到他的鞋。

鞋,有"渡"的意思,或者说"度",因为它可以作为交通工具,承载着人从此岸到达彼岸,即哲学意义上的"渡船"。东方朔就曾经踩着别人给的一只鞋渡过红泉,采食到了令人不老的芝草,意味着渡过生死之海到达永生(跟佛教"一苇渡江"的隐喻方式差不多)。王子乔用鞋变成仙药,简直是直接上阵当船工了,可惜崔文子不开窍。聪明的话,他该吃掉那鞋,而不是先应之以"惊怪",再继之以犹豫,颇有叶公好

---

[1] "天命玄鸟,降而生商",神话中,简狄吞玄鸟蛋生下了商民族的始祖契,拙作《诸神纪》有专节讲述,此不赘言。仙话将商人神话的元素套到周王子身上并没有违和感,可见商周两族文化因子在后来中华文化中融合颇深。

龙之意。就算不懂渡船的道理，毕竟王子乔的鞋是王子乔的一部分，也就是神仙的一部分，吃掉神仙的一部分，自己不就拥有神仙基因了么？可惜，经过鞋—药—鞋—鸟几连变，大好的成仙机会飞走了。

关于王子乔的鞋，我们可以看到一个延展：

汉明帝时，尚书郎王乔做了邺县县令，每月初一都要回朝述职。汉明帝见他每次来都没有车骑，感到很奇怪，就密令太史去悄悄等候，查看实情。太史偷偷观察之后回报说：每次算着时间王乔快到之前，都会有一双野鸭子（双凫）从东南方飞过来。汉明帝便让人在那个地方埋伏人手，等野鸭子飞到，就张网捕捉。没想到将网拿过来看，捕到的却是一双鞋。汉明帝让尚书来识别，原来这是四年间尚书台发给下属官员的官靴。很显然，这是王乔的鞋，王乔是通过这种方式回京的。

有人说，汉代的这个王乔，就是周代王子乔的转世托生。

（出自东汉应劭《风俗通义》）

王子乔（明王世贞辑次《有象列仙全传》）

将上述两个故事叠加起来看，这很像一个穿越故事，穿越者带上了他独具辨识性的特征。在后一个故事里，汉太史看到的是鞋变了野鸭，那么王乔本人的真身在哪里呢？其实，这还是那个以局部寓全体的仙道原则，鞋承托着人，鞋来了，人也就来了。我们还可以将双凫理解成王乔的坐骑，他的身体就骑乘在双凫上，只不过是以虚空的形式（或精神形式）存在着，凡人看不见。王子乔可真是逍遥穿梭于人仙两界的高

唐王子乔吹笙引凤铜镜

级玩家啊。

关于送仙药的白霓，也值得一说。霓虹在仙话中经常出现，人们对它的印象有个演变过程。

严格地说，霓和虹是不同的，虹的颜色从外弧到内弧是赤橙黄绿蓝靛紫，而霓恰好相反（外弧紫而内弧红），因为形成霓的光线在水珠中多反射了一次。于是从视觉上来看，虹显得鲜亮，霓显得暗淡。不过虹也可作广义使用，囊括狭义的虹和霓。故事里的白霓，应该理解为一种特异化表述，白是神仙色，白霓可看成一道弯曲的白光、白气之类，咱就不去跟它的色谱较真了。

虹又写作蚢，别名"蝃蝀"（dì dōng），一作"蝃蝀"，全都是虫字旁。在吾国古人心目中，虹霓并不是自然现象，而是一种神异的生物，一种飞在天上的双头怪兽，这从甲骨文虹字的形状看得很明显。这样，你才能理解为何一道虹可以承担送药的任务。由于色序及视觉明暗差异的联想，虹霓还有了性别：虹是雄的，霓是雌的（《毛诗正义》）。从"雌雄"两个字都带"隹"旁（表示鸟）看，似乎早期古人认为虹霓更接近于飞禽或飞虫，而不是走兽。

虹霓在上古人那里，是阴阳相交的产物，"天二气则成虹"（《淮南子》）。在实际使用语境中，它并不是什么美好象征，而是阴阳失调产生的淫邪之物。《诗经·蝃蝀》说"蝃蝀在东，莫之敢指"，接下来讽刺一

甲骨文"虹"字形一种

个女孩子自由择偶并出嫁，不经父母之命，没有贞信。为何没人敢指点那条彩虹呢？因为它表明有人光想着自己爽快，坏了婚姻制度啊。所以，用虹的出现来暗喻"淫奔"。

大致到六朝后，虹霓的"名声"才逐渐有了比较正面的意味。比如南朝宋刘敬叔的《异苑》记载，有人见彩虹将头伸到自家锅里来喝水，随喝随竭，就往锅里灌酒给它喝，结果彩虹喝饱之后给他吐了一锅金子，这人从此过上了富足的生活。这里，不说虹已懂得报恩，至少已"进化"成个提款机了吧。宋人曾慥《类说》转录说，一个仙女化为晚虹（称"美人虹"）就饮溪水，结果差点被后魏明帝"逼幸"，气得打个响雷飞上天去——你看，此时的虹不仅不淫奔，反而很坚贞了。宋代黄休复的《茆亭客话》记载，唐人韦皋有次在西亭宴宾时忽然起了狂风暴雨，有虹从空中垂首入亭，把席上的珍馐美味吸食一空就走了。这条虹长了个驴脑袋，彩霞一般的身子，搞得韦皋又害怕又厌恶。可是不久后，韦皋就由剑南节度使荣加中书令。这么看来，虹霓还是预兆好事的祥瑞呢。

虹霓能客串祥瑞，显示其在民间认知中有了"道德"上的逆转；虹霓的驴脑袋，让人联想到仙人们的白驴白骡（虹霓不再类鸟而类兽了）；虹霓从空中伸脑袋到人家锅碗里随意吃喝，似乎也很符合仙道界的任性做派……于是，在这些观念、因素的叠加作用下，王子乔让一道白虹作送药使，就一点也不显得突兀了。

主要出处

《搜神记》《风俗通义·正失篇》《淮南子》《异苑》《类说》《茆亭客话》

最高冷：姑射山之神人

姑射神人可以说是最高端的逍遥派神仙，无论其形貌还是做派，都体现了神仙学说在哲学层面的至高理想，是文人士大夫超脱尘俗、自我安顿的最美追求。

在遥远的东方海外，有一片仙山叫做姑射（yè）山。它不是只有一座，而是零零散散有许多，因此人们也管它叫列姑射山，就是诸多姑射山、一系列姑射山的意思。在列姑射山环绕中的西南角有一个姑射国，那是神仙的国度。

姑射山神人是什么模样呢？他们的肌肤如同冰雪般晶莹洁白，他们的仪态如同少女般柔美婉约。

姑射山神人是什么心性呢？他们的心灵如同深渊般幽邃，如同清泉般明澈。他们不依仗，不偏爱，不畏惧，不愤怒，使得仙人和圣人都愿意恭谨地听从他们的差遣。

姑射山神人的生活是怎样的？他们不食五谷杂粮，日常吸清风充饥，饮甘露解渴。当他们出行的时候，他们可以凭借云气，也可以驾驭飞龙，他们自由地上下于天地之间，遨游于四海之外。

姑射山的神人有什么特殊的本事呢？他们不必施予恩惠就能使万物自足，他们不必聚敛财富自己却不会匮乏。他们凝注于道，让阴阳协调，日月常明，四季顺遂，风雨均匀；令土壤无伤，庄稼茁壮，五谷丰登；使得世间万物免于疾病和灾疫的侵害。

姑射仙洞(《天下名山图》清初刻本)

掰书君曰

这个故事综合改写自《列子》《庄子》和《山海经》。

姑射山的位置是一段悠久的公案,历代有说在西边的,有说在东边的,还有很具体地指出在某地的(如山西临汾县西),不一而足。《列子》和《山海经·海内北经》说的是在"海河洲中",我觉得这个方位更理想,很"仙儿",有蓬莱系的感觉。而且《山海经·海内北经》还说有种叫陵鱼的人鱼,所住的地方距离姑射山很近,这就更佐证此山位于海里了[1]。

---

[1] 从讲述仙话的角度,我们把《山海经》里的记述都当真的来用(互相矛盾的就挑着用)。其实关于《山海经》的性质学界有诸多说法,包括书中山海未必实有。如学者刘宗迪先生认为"《海经》中那些稀奇古怪的山川……是《海经》作者据月令古图捏造和想象的产物"(参见刘宗迪《失落的大书》,商务印书馆,2016年)。又如学者吴晓东先生认为"《海经》是一部与分野有关的书,供占星人专用"(参见吴晓东《〈山海经〉语境重建与神话解读》,中国社会科学出版社,2013年)。

海中的列姑射山其实是个群岛，众多的零散山头在海面之下相连。《山海经·东次二经》又有南姑射、北姑射之说，也很符合群岛的地理特征。《庄子》里还有"藐姑射之山"，藐就是邈，遥远之义。无论列姑射、藐姑射，还是南北姑射，都是一回事，指的都是这个藏了神仙的姑射（群）山，或者姑射群岛。

在仙话中，姑射山是跟昆仑山、蓬莱山一样的顶级仙山。不同的是，昆仑山侧重于渲染仙界威仪（大领导西王母、黄帝等常驻于此），蓬莱山侧重于炼药修道，而姑射山更侧重于高蹈隐逸，因此，姑射山比前二者更多些清寂高冷的风范。

《列子·黄帝篇》描写了姑射山中"吸风饮露""形如处女"的神人，如果不考虑书篇是否后人伪托的问题，可以认为庄子在《逍遥游》中是引用了列子的描述并对其进行了发挥，以阐释自己"至人无己，神人无功，圣人无名"的思想。至于《列子》的故事出处，或许部分来自当时真正存在的传说也未可知。当然，从道家概念到道教形象，中间还有漫长的演变过程。到后世仙话盛行时，姑射神人就从列、庄借以表达思想的譬喻，活化成为仙道界名流。

世人关于神仙的形貌和做派有种种想象，毕竟神仙也分门别类，各有千秋。姑射山神人在其中，绝对属于仙家理想的美学典范。

其实很难判定姑射山神人的性别。原文说"绰约如处子"，无非是表示一种自然朴拙、天真未凿的状态。放到仙话里就必须具体定义了。"如处子"，有个"如"，那就不是。不是处子又是什么呢？只有三种可能：第一，是男子；第二，是成熟女性（比如西王母就常被描述为"年可三十许"）；第三，无性别或故意忽略性别——即默认有男有女，毕竟成了"国"，人数够多。细究之下，三者都是成立的。本书将姑射神人放到男仙专章来讲，主要还是为了篇目平衡，同时也提醒读者姑射神人的性别判定结果不必是唯一的。

姑射神人形貌上最大的特点，是肌肤"若冰雪"。这是中国人理想

(宋)赵伯驹(传)《飞仙图》
(台北故宫博物院藏)

的肤色。咱不能机械地从字面进行理解,以为肤若冰雪就是毛细血管纤毫毕现的透明,或者纯到刺眼的惨白,其实,肤若冰雪是玉色(具体地说,羊脂玉色),称"软玉"——所以《西厢记》里张生唱道"软玉温香抱满怀"。白居易写杨玉环"雪肤花貌",又说"温泉水滑洗凝脂",可见"雪肤"等于"凝脂"——白皙,酥弹,温腻,软糯,是视觉、触觉乃至嗅觉的综合美感。中国人的肤色一直是以玉色为美之标准的,刨去自然光照和年龄、疾病因素,中国人(尤其室内工作者)也一直努力让自己肤色保持或向这一标准靠拢。《世说新语·容止》形容美男子何平叔"面至白",魏明帝怀疑他"傅粉",大夏天赐他喝热汤,结果人家擦完汗面色"皎然",像月亮一样皎洁——这跟"玉色"的说法如出一辙。当然,无论男女的"雪肤"其实都还有个隐藏条件,那就是白里需要透点红,红润是健康的体现。杨贵妃刚泡完澡之际,何平叔刚喝完汤之时,都处于血脉运行旺盛的状态,那肯定是白里透红,美得不得了的。至于户外日晒造成的黑黄,古文叫做"黧",《韩非子》说"手足胼胝,面目黧黑,劳有功者也",这种黧色是健康有光泽的,约等于英文里的 tan(棕褐色)。中国语境中,"色黄""萎黄""面色无华"等都是病态(在西方也是),没人会自认肤色黄。所以中国人从来不是也决不会说自己是黄皮肤的种族[1]——现代有些人强行解释"黄"与"黄帝""黄土"语义相关,其实完全经不起推敲。有句话怎么说来着,"我们白着呢"。那些最初将中国人整体上定性为黄种人的林奈、布鲁门巴哈们,咱们委婉点说吧,不知道是不是偏色盲。

　　说回神仙。多数仙话的作者似乎更愿意将姑射神人明确为女性。作为女仙,她(们)不食人间烟火,不介入凡俗纠纷,比独居广寒宫的嫦娥

---

[1] 可参考罗新《我们不是"黄种人"》,《东方早报》2013 年 5 月 12 日。另,仙话中有时的确描写某些仙人"色黄""面如金纸",但那与红须/赤发/蓝脸/黑面等类似,是神灵特异性的一种表现,与普通民众的肤色无关。

还高冷[1]。《喻世明言》说姑射真人与玉女周琼姬等一起司掌冰雪,就很符合她高冷的基本设定(详见玉女专节)。后世的许多诗文都会将姑射神人作为一种遥远的理想形象呈现出来。

但也有略煞风景的。比如《永乐大典》收录的这个故事:

北宋诗人林和靖一生不仕,隐居在西湖边的孤山上,梅妻鹤子,坚守清贫,名动天下。有一个雪夜,他依偎着火炉锤炼诗句,困倦了就闭眼休息一会儿。这时他看到一个"薄妆靓饰,宜笑的皪"的少女站在窗外梅树下,向他敛裙致礼说:"我是藐姑射山的神人,为天帝司掌琪花之林。天帝因为你清节不仕,决定把孤山赐给你,并且让你与水仙宫神一起享受祭祀。"说完,她就扬佩而去。林和靖惊醒后出门看,只见平林疏风,野芳微度,神人已经渺无踪迹。

(出自宋陆子方《天与清香台记》)

在这个故事中,原本"不偎不爱(而)仙圣为之臣""不施不惠而物自足"的姑射神人一改清冷风格,变得笑容可掬,还有了差事——替天帝司花传令,算是被体制强行收编了。可惜了,清雅的宋人即便写清雅的林和靖,在处理更清雅的姑射神人的形象上也未能免俗。

当然,故事用姑射神人来传令也有个比况的意义在:林和靖占着一片山隐居,生活里看不到荷锄挥汗,看不到油盐酱醋,看不到鸡飞狗跳,只有梅呀鹤呀风呀月呀诗呀歌呀(当然还有个童子干粗活),可以算是隐中极致了。大概古人觉得林氏这种禁欲系的性冷淡做派,就相当于谪在人间的男版姑射神人吧。

的确,如果以姑射神人为男性,他们就开创了男仙中的"高洁疏冷型"。他们的生活中没有炼丹熬药,没有符箓诅咒,没有蛤壳骡毛,只

---

[1] 拙作《诸神纪》有嫦娥专节述及其作为神话人物的特质,此不赘言。

有冰呀雪呀泉呀露呀光呀云呀，比所有曾经出现过的男仙都不沾烟火气。此外，将男仙描写成冰雪柔美的花容玉貌，而不是胡子拉碴、皮糙肉厚的粗豪大老爷们儿形象，可能也与早期道家"尚阴""守柔""贵雌"的理念有关。

姑射神人（无论性别）是中国人尤其文人寻求世外解脱的精神偶像，是退隐生涯的至高理想。普通人慕仙，主要是避灾病、求长生，遇到跛脚邋遢的铁拐李送送药就很开心了；文人慕仙，则有更深层的哲学追求和理想（的想象性）实践。宋代大儒朱熹曾以"独立无朋，算只有、姑射山头仙客"之句咏梅，其实又何尝不是在自况。

不理解姑射山，就不能彻底理解中国古代文人的精神世界。对于天地的崇拜敬仰，对于祖宗的尊奉追慕，对于社稷的辅佐匡正，对于黎民的安抚拯济，对于宗教的敬而远之……在复杂的思想观念中，始终有一套独特的话语强有力地支撑着他们的精神底气。老、列、庄以来对超然物外、无我无名无待的推崇，屈原、陶渊明以来对孤标傲世风骨的旗帜鲜明的自白，历代士大夫群体所秉持的"（达则兼济天下，）穷则独善其身"的处世原则，以及进儒退道/进儒退佛的立身之道……所有这一切，使得（真正有风骨的）文人们"逍遥做神仙"的宣告脱离了功利主义的世俗趣味，获得了超凡脱俗的思想格调。也正因此，类似"瑶台月下吹箫态，姑射山中绝粒人"的孤冷缥缈场景才会一再出现在骚客们的诗文之中，作为其志趣心性的具象表达。

姑射山是士大夫们为自己开发和传续的精神自留地，那里有他们想象中特立独行、超然物外的生活，没有王母，没有玉帝，没有等级秩序和功名利禄。他们虽身不能至，而心向往之。

主要出处

《庄子·逍遥游》《列子·黄帝篇》《山海经·海内北经》《世说新语》《韩非子》《天与清香台记》《阅微草堂笔记》《永乐大典》

谪仙人：东方朔是什么来历

大名鼎鼎的东方朔是谪仙的代表。仙话中，他游戏人间数十年，传授给人们许多神奇的知识，也留下许多有趣的故事。让我们来看看，他到底有什么本事，到底是什么来头。

据说，东方朔字曼倩，父亲姓张，母亲姓田。东方朔出生三天母亲就去世了，那时他父亲已经两百多岁，面貌还像个童子一样，大概也是只管修仙不顾家的人。邻母见小婴儿可怜，把他捡回去喂养。那时候东方刚刚发亮，邻母就以东方为他的姓，他的生日在当月初一，所以名朔。

东方朔从小神异，才三岁，天上天下的事就全都知道了。他经常拿手指点着天空自言自语。还是小孩的时候，有一天他忽然走丢了，过了一年才回来。养母生气地责问他，他说："我跑到紫泥之海去，紫水把衣裳弄脏了，只好又到虞泉去洗干净。我早上出发，中午就回来了，前后不过半天时间，哪里过了一年呢？"养母知道他非同寻常，也就没脾气了。

东方朔长大之后，身长九尺三寸，目如悬珠，齿如编贝。他神异的名声传到喜好仙术的汉武帝耳中，汉武帝便将他召至身边随侍。东方朔说话风趣幽默，遇到汉武帝盛怒之时，总能想法子让他平息怒火。东方朔神游过很多地方，见过很多神仙和奇珍异宝，因此仙道知识十分渊博，这更让汉武帝离不开他了。

比如，汉武帝问他吃什么东西能让人不老，东方朔回答说：吃东北方的芝草和西南方的春生之鱼。他还解释道，芝草这种东西，鸟兽吃了之后会满足之极，不愿动弹，因此羲和带着三足乌（太阳乌）在天空值班的时候都会把三足乌的眼睛遮挡起来，不然，它发现芝草后就会飞落地面啄食，不干活了。

又比如，汉武帝问他，大汉火德，该以什么为祥瑞呢。东方朔说：臣曾经去过扶桑以东七万里的昊然之墟，那里的山上有一口井，云就从井里生出来，土德生黄云，火德生赤云，金德生白云，水德生黑云。所以如果咱们这里出现赤云，那就是大汉的祥瑞了。

再比如，汉武帝经常看见彗星，觉得不祥。东方朔就献上"指星木"，对着彗星一指，它就消失了。

东方朔还从西那邪国带回十根"声风木"献给汉武帝，汉武帝把它们赐给老臣们。如果他们生病了，声风木就会出汗，如果他们快死了，声风木就会折断，以此来监测其健康状况。东方朔又从东方吉云之地带回一匹神马"步景驹"。它本来是给西王母驾车的马，西王母拜访东王公，在东王公屋外给它放了缰绳，它竟踩踏了东王公的芝田，东王公一怒之下将它抛弃在天河岸边。东方朔便去骑了回来。他用吉云仙草喂养这匹马，还骑着它去采来了吉云之地的五色露珠，装在琉璃瓶里献给汉武帝。汉武帝将它赐给群臣，大家有病的病除，没病的返老还童了。

总而言之，东方朔陪伴着汉武帝度过了漫长的岁月，时时用他的渊博刷新着汉武帝对神仙世界的认识。

汉武帝最大的愿望就是拜见西王母。有一次，东方郡县进献来一个身高七寸的短人，衣冠周全。汉武帝让他在书桌上来回溜达，问他来历，他也不回答。汉武帝就把东方朔叫了来。东方朔一见短人，立刻问道："巨灵神，你怎么逃到这儿来了？王母回来了没有啊？"汉武帝正惊愕间，短人指着东方朔揭起了短："这小子坏得很！王母的仙桃三千年一结果，他已经偷了三回！所以王母将他贬谪到此。"还没等汉武帝回过神来，短人又说："王母派我来告诉你：静心修道，五年之后她自会下凡相会。"说完，短人就不见了。

五年之后，王母果然如期降临，侍从如云，仙乐齐奏，排场很大。她还赐给汉武帝几个仙桃吃。东方朔一直躲在朱雀屏风后偷窥，见王母提到仙桃，自然更加紧张了。这些情况都没有逃过王母的法眼。王母拿手一指屏风，对汉武帝说："那小子喜欢搞破坏，耍无赖，因此我早将他贬斥下界，不许返天。不过他本性并不坏，不久后我就会召他回去。希望你善待他。"

后来，东方朔死了，汉武帝很想他。有人告诉汉武帝，东方朔生前说过"天底下除了太王公，没有人了解我"。汉武帝便找来太王公问道："你了解东方朔吗？"太王公摇摇头："不了解。""那你了解什么？""臣懂星历。"汉武帝忙说："你快看看天上诸星都在吗？"太王公回答道："诸星都在，只有岁星消失了十八年，如今又重新出现了。"汉武帝惆怅地仰天长叹道："东方朔在我身边正好是十八年，我竟然不知道他是岁星下凡啊！"

掰书君曰

上文故事综合改写自东汉郭宪《汉武洞冥记》、唐代李冗（一作李亢 / 李元等）《独异志》、晋代张华《博物志》等资料。

作为历史人物的东方朔，在诙谐放旷之外，其实有他清醒、正经的一面。他才华横溢、著作等身，说自己"避世金马门"，就是大隐隐于朝的意思。他临死时劝汉武帝"远巧佞，退谗言"，体现了他的政治关切和忧虑。

在民间传说中，东方朔以其诙谐善谑，被古代俳优界视为祖师爷，至今相声界仍旧按照传统供奉他。在仙道界，东方朔也是"顶流"，许多奇言奇人奇遇，都会箭垛式地吸附到他身上：抓到一只会说话的大乌龟，东方朔来验证才权威；青蛙肉鲜美如鱼，杨梅酿酒好喝，东方朔说的；记录种种奇事怪兽的《神异经》，东方朔写的；"管窥蠡测"这个成

齐白石《东方朔偷桃》

语,东方朔发明的;"岁后八日"[1],东方朔记录的;就连专门监督女人贞洁的守宫砂,也是东方朔发明的……

特别有意思的是唐代张鷟《朝野佥载》里讲的一个小故事。

崇仁坊有个阿来婆,会用弹琵琶的方式占卜。在问卜者缴纳一匹绫罗之后,她会烧起香,拨响琴弦,合眼而唱:"东告东方朔,西告西方朔,南告南方朔,北告北方朔,上告上方朔,下告下方朔……"请来这么多"某方朔"之后,占卜者会跪拜他们,虔诚地说出自己的求告,然后阿来婆再按照"某方朔"们的指示,一一答疑解惑。

你看,仅用神仙姓氏中的一个"东"字,民间就能根据既有的方位体系敷演出这么一大帮神仙队伍来。从中,我们也可管窥一二民间传说的复制与更新机制。

仙话中,东方朔在汉时就已经很老很老了。按照偷三次仙桃算,至少九千岁;而在"声风木"故事里,东方朔说"此木五千岁一湿,万岁一枯也",他自己则已"见此枝三遍枯死,死而复生"(又一个"曲折计数法"的例子),那就是三万岁了,对不对。那么问题来了:一个几万岁的神仙天天心甘情愿陪着一个几十岁的凡人玩耍,还处处做小伏低,到底图什么呢?仙话完美地为我们解答了这个疑惑:人家是受罚下凡历"劫"("劫"这概念道教也用),没法子嘛。受罚的原因是偷了仙桃,比起卷帘大将打碎了琉璃盏,

---

[1] 岁后八日,即大年初一到初八,分别为鸡日、狗日、猪日、羊日、牛日、马日、人日、谷日。出自托名东方朔所著的《东方朔占书》,据说是对俗说的记录。

第七单元　男神仙的嬉与游

天蓬元帅调戏了嫦娥，这个理由显得那么仙气缥缈、放旷不羁，又符合东方朔调皮捣蛋的性格。至于下界后为何非要伺候皇帝，而不是像倔伥那样找个穷乡僻壤飞檐走壁，人家也有解释：大隐隐于朝呀，这是最高级的隐逸形式。

东方朔在天上的时候是岁星，即木星。古人将木火金水土五大行星并称"五星""五纬"或"五曜"，木星是五曜之首，东方朔的地位挺高。

之所以人们将东方朔与岁星相连，我想可能有如下原因：其一，岁星主东方，这与他的姓氏相符；其二，岁星主义，汉代人"以岁星候人主"（《三国志·蜀书·先主传》），而东方朔常随汉武帝左右；其三，岁星主福德、德庆，也算祥瑞。不然，把其他哪颗行星派给他合适呢？太白（金星）主兵凶，荧惑（火星）主司非，天辰（水星）主司灾，天镇（土星）主得土之庆（据《龙鱼河图》），好像其他哪颗都不合适。

还有说他是金星下凡的。"洗髓伐毛"的黄眉翁的故事前情中，东方朔神游到了鸿蒙之泽，在那里遇到了自己的生母在采桑（还记得吧，她生下他三天就去世了）。东方朔正震惊间，黄眉翁出现了，指着母亲对他说："她以前做过我妻子，托形为太白之精。你也是太白之精。"太白即金星。虽然我们无法就此得出结论黄眉翁是不是东方朔亲爹，以及黄眉翁与两百岁的顽童老张是不是同一个人（转世），但我们至少知道了关于他前世的另一个说法。不过在星占理论中，太白金星主西、主兵、主秋，透着肃杀锋利，与总是嬉皮笑脸的东方朔实在不大契合。

关于东方朔是太白金星下凡一事，还有更多"依据"。《风俗通义·正失》说："俗言东方朔太白星精，黄帝时为风后，尧时为务成子，周时为老聃，在越为范蠡，在齐为鸱夷子皮。言其神圣能兴王霸之业，变化无常。"这是前文老子专节相似文辞的另一版本，但不断下世的主体由太上老君变成了太白金星，而且不仅东方朔，连老子也是太白金星变的了。那么，联系到谪诗仙传说，我们也可以接着往下续："……唐时为李白……"，因为李白字太白嘛。

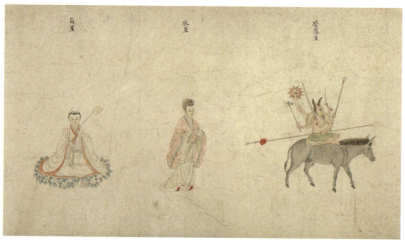

(明)仇英《五星二十八宿神形图》(局部)

顺便说一句，在某些记载中，金星并非男仙，而是女神。唐代《七曜攘灾决》说"太白者，西方白帝之子……形如天女，手持印，骑白鸡"，此书为天竺僧人金俱吒集撰，包含古印度观念，后来被引入道教体系。其中，白帝之"子"可兼指儿女，"形如天女"的"如"，大概指星星化为人形呈女相。所以在我国古代，很长时间内，金星的男神女神身份是并行的。比如元代永乐宫壁画中金星就是女性，但元杂剧里的太白金星却由"冲末"扮演。总体而言，文艺作品中，金星还是男性身份居多。到《西游记》一出，"金星老儿"在民众心目中更似乎定了型。殊不知，就算刨去持印骑鸡的天女形象，人家金星君在多数时候也并非传令跑腿的老头儿，而是倜傥的少年仙郎好吗，惹下过不少风流债呢。不然，你以为东方朔为啥是太白之精？你以为李白为啥字太白？太白就是大白、非常白，就是"夜空中最亮的（行）星"啊，这满溢的偶像气质，连银河也挡不住的。

谪仙李太白骑龙归仙（明王世贞辑次《有象列仙全传》）

《独异志》提供了关于东方朔身世的另一种说法：一个叫张少平的人，无子，早逝。妻子田氏寡居多年，忽然有天梦见一个人从天而降，压她的肚子，她因此怀孕了。这事儿没法向外人解释，田氏想着人言可畏，就搬到了代州的东部。五月初一她生下儿子，便采用地点与时间相结合的方式给儿子起名为东方朔。

理论上讲，田氏梦里从天而降的那个人，不是岁星精就是太白精。东方朔是母亲感星神而孕生的，这么高级的诞生方式，只有神仙以及不世而出的帝王、英豪等才配拥有呢。

主要出处

《洞冥记》《独异志》《博物志》《太平广记》《册府元龟》《朝野佥载》《五杂组》《三国志·蜀书》《龙鱼河图》《虎钤经》

人仙之间：去问严君平

严君平是一个介于高士与仙士之间的形象，而且，他身上还残留着一些上古巫师的特性，能够作为人与神仙之间的中介，向人类传达或解读仙界的某些秘密。此外，本节还顺便探讨一下仙话中的"乘槎"旅行是怎么回事。

严君平是汉代高士，名遵，成都人，博学无所不通，与司马相如、王褒、扬雄并称汉代的"蜀四贤"。

他在成都市中摆摊卖卜。当时，卜筮是贱业，没有社会地位。但严君平认为卜筮能够回答人们关于正邪利害的疑惑，引人向善，让当子女的孝顺，当兄弟的恭敬，当老师的爱众，当朋友的信义，当臣子的忠诚，是件惠及社会的好事，便以此为生。每天卖得百钱之后，他就收摊，将钱挂在拐杖头上。回到家，他关了门，垂下帘子，又开始向学生教授《老子》。他还为《老子》作过注，文字奇特，世未多见。比如他说"天地亿万，而道王之；众灵赫赫，而天王之；倮者穴处，而圣人王之；羽者翔虚，而神凤王之；毛者蹠实，而麒麟王之；鳞者水居，而神龙王之；介者深处，而灵龟王之；百川益流，而江海王之"，以万事万物都有其领御者来解释"道"对于宇宙的统合作用。

严君平还精通医学和炼丹术，曾编出口诀教人如何养生求寿。

严君平的贤名远播朝野，朝廷便征召他去做官，他不肯去。蜀中富人罗仲平时跟他友善，问他为何不去。他说："我没车没粮啊。"罗仲便替他准备好车粮。严君平只好说："我是爱惜自己，不是物资不够。有些东西，是我有余而你不足的。何必拿你的不足来奉我的有余呢？"罗仲不太能理解这些话。最终，严君平并没有去做官，但他的德望在朝野更高了。"蜀四贤"中的扬雄是严君平的弟子，少年时代就跟随他游学，后来在京师出仕，朝廷的贤臣都夸赞其有"君平德"。益州牧李强与扬雄交好，想让扬雄强请严君平出来辅佐自己。扬雄说："您只可以备礼诚邀他相见，不可用强权压服。"李强很不以为然。等到见了严君平的面，李强为他的气度学识所震撼，想让他事奉自己的话连提都不敢提了。

传说，汉武帝时期，张骞受命去穷尽河源（寻找黄河的源头）。他带好粮食，乘槎（chá，木筏）逆水而上。先时还能看见日月星辰，后来就芒芒忽忽分不清昼夜了。走了月余，终于见到一处城郭，屋舍像宫府般庄严，屋里有个女子在纺织。不久他又见到一个男子，正牵了牛去河边饮水。男子见到乘槎人很惊讶："怎么会有人到这儿来了？"张骞说明来意，问男子这是何处。男子说："你去问蜀郡的严君平就知道了。"临去，女子又送给张骞一块石头。张骞回去后，到蜀郡找到严君平。严君平卜了一卦，说道："某年月日，有客星犯牵牛宿。"将日期一核对，正是张骞见到那对男女的时候。原来，张骞就是冒犯了牵牛宿的客星，张骞见到的织妇是织女，牵牛的男子是牛郎，而张骞见到牛郎的地方就是"天津"（银河的渡口）。至于织女所送的石头，后来东方朔见到了，告诉他：那是织女支撑纺织机用的"支机石"（又写作"楮机石"）。

又传说，董永的儿子董仲舒，少年时在街市上被人骂没娘的孩子，哭着回去问爹。董永说："你去市上问严君平先生，他能测过去未来之事。"董仲舒便拿了十文钱去问卦。严君平告诉他："你母亲是天上的七仙女。"又详细告诉他该如何去到太白山寻母、认母。后来，七仙女母子果然如愿团聚了。

严君平为什么会知道天上的这些事情呢？人们说，他其实是天界的仙官，有了过失暂时谪罚到人间，但灵性仍在，所以能够周游八极，辨识众物。

严君平在人间一直过着俭素的生活，活到九十余岁才去世。蜀人十分爱敬他、怀念他，小心翼翼地保留着他的遗迹。严君平在成都卜卦处位于小西门以北，那里后来建成了严真观，观内有严仙井，还有支机石。广汉郡也有严君平卜台。陆游的诗句"先生久已蜕氛埃，道上犹传旧卜台"，就是游览怀古之作。

掰书君曰

上文故事综合改写自《高士传》《博物志》、明代何良俊《四友斋丛说》等资料。

所谓高士，就是那些高风亮节的避世凡人，"修身自保，非其服不服，非其食弗食"，"无营无欲，澹尔渊清"，前文已经涉及很多。严君平谢绝功名利禄，宁可自居贱流卖卜济人，当得起高士的称号。

在仙道界，严君平以卜算著称，"严君平卖卜"是诗文书画的一个传统主题。卜算源自巫筮，是一种推测能力，本书姑且将其粗略分为遥知、预知和倒推。遥知突破了空间界限；预知和倒推突破了时间界限——前者是沿着时间轴往后看，后者是往前看。当然，时间和空间因素是可以合并的。在汉代，卜算理论和实践已经很丰富了，严君平应该是将这一技术掌握得很出色的人。

高士不一定会卜算，饿死在首阳山的伯夷叔齐兄弟就不会。严君平卖卜为生，其形象在避世隐逸之外，又有更多仙道方术的成分。因此，在人们的口耳相传中他由高士演变为仙士，并进而演变为谪仙人，就可以理解了。

汉时人喜欢有事"去问严君平"，就跟汉武帝喜欢

乘槎人逢牛郎织女（明杨尔曾编《新镌仙媛纪事》）

有事去问东方朔一样，也跟后来晋人喜欢有事去问张华一样。此外，可能还有一个原因：当时的蜀郡相对于中原属于统治的边缘地带，自然地理条件和文化土壤都相对独立，成都在时人心目中是一个既遥远又繁华、适合产生奇迹的小世界，而这正符合仙话中世外高人距离"我"应该比较遥远的想象。

"槎"是竹木编成的筏，也可泛指船只。说到"乘槎"，我们可以先看一个著名的"贯月槎"典故。

尧登位三十年之际，有一艘巨槎在西海上浮现。槎上有光，夜明昼灭。海边居民遥望槎上的光芒，见它忽大忽小，就像星星月亮在其间出入一样。这艘巨槎常年绕着四海浮游，十二年为一个周期，周而复始。人们叫它贯月槎，也叫挂星槎。

槎上有羽人栖息。群仙含着露水漱口喷出，会让日月之光暗淡，如同黄昏时的景象。到了虞夏末期，就再也没有这艘巨槎的出没记录了，只有游历四海之人口中还会流传着关于它的神伟传说。

（出自东晋王嘉《拾遗记》）

科幻地看，尧时的贯月槎非常像一艘远古时期来到地球进行科学考察的外星飞船。飞行员们常年驾驶飞船遵循同一轨迹运动，记录地球环境特征、生态系统及各种变化规律。地球人无法靠近飞船，所以船中随时进行的光亮调节就成为他们最直接的观察报告。外星飞行员"含露以漱"导致日月"如暝"，大概是他们在进行某种能源实验，通过能量交融，诱发能量场变异吧——后来，人类原子弹爆炸尘埃引发的大气现象，勉强接近过这种效果。从仙话的角度看，槎上的群仙神力非常强大，能通过漱口水调节日月亮度，有点接近姑射神人的修为，使"阴阳常调，日月常明"。至于为什么非要使用漱口水……咱们这么理解，喷火喷水都是神仙的基本操作，如果不用露水漱口，那喷水的水从哪里来呢，就得用神仙自己的口水了，对不对。可神仙的口水是很宝贵的，量也小，小施惩戒让坏蛋长长面疮还可以，用来遮天蔽日却实在不够。

　　好了，现在咱们论证了"槎""乘槎"这样的元素都常与神仙相关，所以带着几分飘飘的仙气。与"槎"接近的还有个词："桴"。"桴"是小竹筏或小木筏的意思。孔子曾经说过："道不行，乘桴浮于海。"（《论语·公冶长》），意思是：如果我的主张在这世间行不通，我就坐着小木筏到海外去浮游。以往对这句话的解释总是差点意思，好像孔子打算自我放逐，或者去当渔夫海钓了此残生似的。我说说我的想法：首先，春秋时期，方仙道已经颇有影响了——它继承了古巫的思想与技法，并进而将追求目标从人神沟通调整为自我跃升；其次，孔子求访过的苌弘，就是方仙道的先师（很可能继承了蜀巫传统）[1]；再次，"乘桴"等于"乘槎"，出海等于寻仙。综上，孔子的意思其实是：如果安民济世的儒家思想在乱世得不到赏识，那我就只能退回来顾自己，也去寻神访仙碰大运吧。所以谁说"子不语怪力乱神"的，人家只是务实优先顾不上务虚而已。当然，他这么说有点赌气的意思，而且那时候神仙理论也比较囫囵，不如后世完备。

　　乘槎至天河的故事有异文。晋张华《博物志》里的乘槎人并无姓名，到梁宗懔的《荆楚岁时记》中才直接说是张骞——对，就是那个打通西域、开辟了丝绸之路的张骞，他是旅行家，精通多国语言，为人坚韧有信，这种探索新世界的事放到他身上就很说得通。但两个版本最主要的差异还不在人物，而在于航行的方向。无名乘槎人是出海（"旧说天河与海通……有人居海渚者……多赍粮，乘槎而去……"），按照中原的地理条件，出海一般意味着往东走（除非坚决秉持邹衍"大九州"那类四面围海的世界观）。而张骞是受命"穷河源"，这里的"河"特指黄河，

---

[1]《史记·封禅书》："是时苌弘以方事周灵王……苌弘乃明鬼神事……周人之言方怪者自苌弘"。苌弘是蜀人，留下过"苌弘化碧"的典故。综合来看，我认为苌弘可能是蜀巫，或至少是掌握了蜀巫知识的文化人。

清康熙五彩仙人乘槎图盘
（局部）

按照黄河的流向，河源一定是在西边。东与西，正好是中国神话/仙话中仙人所在的两个不同方位。这就意味着，往东走寻仙暗含蓬莱系神话的观念，而往西走寻仙则暗含昆仑系神话的观念。此外还有些小差异，就不细说了。

那么，这一切跟严君平有什么关系呢？关系就在于，严君平是人与仙的中介，如果没有严君平的解读和传播，神仙世界的各种酷炫跩又怎能为我等凡人所识别和艳羡呢？而且，无论东边西边的知识都可在他这里得到解释，也就意味着当时东西两大神仙体系的混融已经相当深入了。

主要出处

《高士传》《博物志》《四友斋丛说》《拾遗记》《论语》《史记》《荆楚岁时记》《独异志》《册府元龟》《云笈七签》

老顽童：左慈逗你玩儿

左慈特别能体现"嬉游"风格。他可算作散仙，却总出现在当朝权势者的跟前，然而他又不奉承，反而调皮捣蛋，让人家下不来台。这种老顽童类型，似乎特别受民众偏爱。

左慈是三国时期庐江人，字元放。他少年时即明五经，通星气。见汉末天下大乱，便入天柱山学道，在山中石洞里得到了《九丹金液经》。经过精思修习，他掌握了许多神异之道，能辟谷（断谷不食），能变形，能分身，能隐没，还能幻人视听、厌胜鬼魅……变化万端，不可胜记。

左慈特别善于用气来控制外物：他曾经用气控制水，让水逆流一两丈；又曾经在茅屋上点火做饭，而茅屋不会烧焦；他将大钉子钉入柱子七八寸，吹口气，钉子就弹射出来了；他将百余枚铜钱投入滚水中，然后让人伸进去捞钱，手却不会受伤；甚至他还能运气让一里之内做饭做不熟，让狗全都停止吠叫……

他懂得补导之术。他的辟谷诀窍传到民间成为"荒年法"，按照这个方法，只需要服食很少的豆类，十来天之后就可以不再进食而保持健壮。他炼的丹叫做"杏金丹"，服之万病皆愈，久服就通灵不死了。

左慈的名声事迹传到曹操的耳中，曹操觉得这是妖妄，便将他召来关到一间石室中，严密看守，不给粮食只给水。关了一年多放出来，左慈的模样不改，气力健壮，笑着说："我能五十年不吃饭呢。"曹操心里疑惑，仍旧让他待在身边，不放他走。

有一次曹操大宴宾客，遗憾席间少了吴国松江出产的鲈鱼。左慈说：

"这很容易。"便要来个铜盘盛上清水,又拿竹竿垂钓于盘中。须臾,钓出了一条三尺长的鲈鱼。众人大惊。曹操说:"这么多人,要两条才够吃。"左慈立刻又钓出一条来。曹操说:"有了鲈鱼,还要蜀中生姜才好。"左慈说:"没问题,这就买去。"曹操怕他出门就近去买,特意让他给自己先前派到西蜀买锦的人捎句话。不一会儿,左慈将蜀姜买来了。过了一年,买锦的人也回来了,自述某月日曾经接到某人转述曹公的话。

曹操非常忌惮左慈,想要杀掉他。左慈主动请辞,点明了曹操的心思。曹操说:"我没有杀你的意思。你的志向高远,我不敢强留。让我设酒为你饯行吧。"席上,左慈说:"如今我要远行了,请允许我分杯饮酒。"曹操同意了。左慈拔下道簪,像磨墨那样放进酒杯里搅动半天,然后拔出簪子,将杯中酒划为两截,两截之间还隔了些距离。曹操以为他说分杯饮酒的意思是自己饮完再给左慈饮,没想到左慈先将上半截喝了,再递给曹操。曹操心下大怒,不肯喝,左慈便请求将剩下的都给自己喝。喝完酒,左慈将杯子往空中一扔,杯子在屋梁处悬停住,像鸟儿一样上下忽闪。众人都抬头观看。良久,酒杯落地,众人才发现,左慈已经走了。

曹操命人追到左慈家,将他抓来关进狱中。狱卒给他戴上枷锁,刚锁上就自动开了。狱卒再想戴,却发现牢房里有了七个一模一样的左慈。曹操听了汇报,命令将七个人一起杀了。狱卒还没动手,六个左慈都变成了木片(札),剩下那个大摇大摆径直走了出去。众人急忙去追。有人不认得左慈,问他长什么样。狱卒说:"他有只眼是瞎的,头戴葛巾,身穿单衣。"刚说完,街市里

左慈掷杯戏曹(《金圣叹批三国》清初刻本)

的人全都变成了葛巾单衣的独眼老头。

不久,有吏员在别处看到了左慈,赶紧追过去。左慈走入羊群,变成了一头羊。吏员对着羊群说:"曹公不想杀先生,只是测试先生的道术罢了。如今已经验证了,曹公很想见先生,快跟我回去吧。"片刻,羊群中一头羝羊(大公羊)像人一样立了起来,开口说道:"就(急)成这样了?"众人忙指着公羊说:"这就是左慈!"急急冲上去抓他。霎时,所有的羊都变成了羝羊,全部站立起来齐声说道:"就(急)成这样了?"

后来,有人想法子杀了左慈,将尸体献给曹操。待到曹操近前察看时,那尸体却变成了一束茅草。

刘表也听说了左慈妖术惑众,也想将他抓住杀掉。有一次刘表带兵出城夸耀兵力,左慈去见他,说道:"我有薄礼,愿拿来犒劳军队。"刘表说:"你就一个人,我的军队人数众多,你哪里犒劳得了?"左慈坚持请求,刘表便答应派人去看。原来左慈带来了一斗酒,一束干肉,十个人在那里一起吃喝也不尽。大家尝了尝,酒肉的味道与普通酒肉没什么分别。左慈将干肉拿过来,一刀刀削到地上,又叫一百个士兵来取酒肉,说是给每人酒三杯,干肉一片。结果万余士兵和上千宾客都吃饱喝足了之后,酒还是满的,肉干也没完没了。刘表亲证了左慈的法力,就不想害他了。

几天之后,左慈离开刘表去了东吴,拜访丹徒的道士徐堕。徐堕家已有访客,门前停着六七乘牛车。看门人骗左慈说徐堕不在,左慈便走了。随即,看门人发现,那些驾车的牛跑到了杨树梢,在那里走来走去。他爬上树却找不到,下了树,牛又在树梢出现了。同时,车辖辘里长出了一尺长的荆棘,怎么砍也砍不断,车也推不动了。看门人只好去报告徐堕。徐堕说:"这是左公来访,你等怎敢欺负他,快去追回来!"家众追到左慈,齐刷刷叩头谢罪,左慈这才收了他的法术。

孙策知道左慈来到了东吴,也想杀他。有次孙策出游带上了左慈,让他走在自己马前,准备从后面行刺。左慈穿着木屐,挂着竹杖,在马前慢悠悠地走,孙策拿着兵器挥鞭驭马在后面追,却始终追不上。孙策见识了左慈的道行,知道奈何不了他,也只得作罢。

左慈在凡尘游历一圈之后,将《九丹金液经》《太清丹经》等经书和道术传授给了弟子葛玄,对他说:"我要入霍山,去合九转丹。"于是就此仙去。

掰书君曰

上文故事综合改写自《神仙传》《搜神记》《抱朴子》等资料。

左慈在三国时期的这番折腾,真可谓踢天弄井,气死人不偿命。虽然他表面上是个独眼老头,但内心里肯定住着一万个孙猴子——你没看错,就是孙猴子,从李世民时代往前倒推五百年正是东汉末,那会儿齐天大圣已经闹完天宫并且演砸了,正蜷缩在五指山下。左慈挨个儿捉弄当世权贵玩,想必是没人疼爱的石猴精闲极无聊,魂魄附了同道的体。

罗贯中《三国演义》里有个回目叫做"甘宁百骑劫魏营 左慈掷杯戏曹操",把左先生在曹阿瞒跟前的耍宝过程大大演绎了一番,将其描写成一个替天行道戏耍奸雄的异人。本书的左慈故事是根据各种其他文献写成的,与《三国演义》自不相同,但故事的情节结构也差不多,大体是:左慈找上门—人家怀疑—左慈炫技—人家忌惮欲杀之—左慈使法术逃脱。有的故事会把这个追杀—逃脱的环节循环上几遍。最后人家放弃了,左慈又去折腾下一个对象。有意思的是,这些故事里曹操的多疑好杀("宁可我负天下人"那股劲儿)、刘表的优柔寡断(先想杀后来又作罢)、孙讨逆[1]的莽憨冲动(别家都是派人刺杀,他非要自己动手),都在《三国演义》中得到了继承。可见相关元素在民间经过上千年锤炼后,其成果被罗贯中精准地萃取并固化了下来。抛开创作时间先后不计,你可以将这些故事当作《三国演义》的番外篇来看。

---

[1] 孙策,字伯符,授讨逆将军,绰号小霸王。

仙人涉正开目,声如霹雳,光如闪电(明王世贞辑次《有象列仙全传》)

仙人林灵素喷水化成五色云,中有鹤、龙、狮上百(明王世贞辑次《有象列仙全传》)

左慈所擅长的诸般法术,前文法术专章已有涉及,这里再聊些有趣的。

与前文通常还算克制的展示方式不同,左慈对法术的炫耀是非常刻意的,而且相对集中、全面而具有代表性:从铜盆里钓鱼属于移物术(万里取物),或者可以理解为高维度搬运;蜀中买姜属于人的瞬移术(或缩地脉);把酒水一分两半、让酒杯或牛悬停空中,应该是用了驭气术;一人变七人属于分身术,按照仙话逻辑,除本体之外的其他分身需要借托外物才能形成——在左慈这里外物是木片,在孙猴子那里就是一把汗毛;人化羝羊属于化身术;茅草伪尸属于化物术;所有羊都变成羝羊,以及所有市人都变成独眼老头则属于某种复制术,它可以是变形术和分身术的综合,或者直接就是障眼法/幻视术;车轮长荆棘可能是幻视术和移物术的结合,毕竟车轮推不动了,有手感,不光是障了别人的眼;脱枷锁一般采用缩骨术,不过按照葛洪的解释,左慈是用夏至日所生的雷霆木把枷锁给震开的;径出牢房可能用了穿墙术(牢门应该默认是关上的);与孙讨逆保持永远的等距离、不以其速度变化而改变这一条,勉强算他幻视术?或者,驭气术?我觉得驭气术好操作一点,只要在孙讨逆前面设置一团气,左慈被这气推着走,孙讨逆跑多快,他就被气顶多快,保证小霸王打死也追不上,是不是相当合理?——甚至,我们可以将这团气的大小定义为常数,比如,就叫"左气霸数"吧?

类似这种"打死追不上"的仙话母题,左元放慢虐孙讨逆并不是孤例。《神仙传》说有个叫蓟子训的得道者,不喜欢被世人围观,就骑着青骡跑到了陌上。众人

"望见其骡徐徐而行,各走马逐之不及,如此行半日,而常相去一里许,不可及也"。你看,蓟子训显然也使用了"左气霸数"驭气。他还熟练掌握其他酷炫法术,比如能让自己的二十三个分身分别去往二十三个不同的"京师贵人"处搞不同的讲座,讲座完还接受了二十三个主人家丰盛的饮食招待——这功力,一点不比左慈差。但蓟子训在仙话中的知名度可比左慈差远了。

正文里酒脯不尽的情节也值得单拿出来说说。

吃不完的肉原本就是现成典故,无论《山海经》里的"聚肉",《神异经》里的"无损兽",还是《博物志》里的"稍割牛"等等,都是那种具备韭菜般"割复生"特性的动物蛋白,是一切肉食爱好者的终极梦想。只不过无损兽之类是活的,而左慈的肉脯是……呃,干的。

至于喝不完的酒,常见的有两种解释:一种说酒是仙酒,所以仙酒一壶等于凡酒一湖;另一种则说是术士运用了移物术,把别处的酒搞了个乾坤大挪移弄到眼前。正文中食酒脯情节我选用的是《神仙传》里的说法,左慈犒劳刘表军队,无尽的酒脯用第一种思路就可以解释。而《搜神记》中的版本则提供了后者的实例:左慈犒劳曹操军队,所用的酒肉是从附近商铺搬运来的。就本故事而言,搬运的解释更合理,因为故事交代酒肉味道寻常,可见并非仙品,哪有吃不穷的道理。仙话虽然天马行空,底层逻辑还是比较严谨的。

左慈在仙道界名声大,得益于他有个好徒弟葛玄。葛玄是道教灵宝派的祖师,号仙翁(正牌的葛仙翁),被徒众尊为葛天师。左慈作为祖师爷的老师,在道众心目中自然就拥有崇高的地位了。再者,葛玄有个旁支后裔(侄孙)叫做葛洪(人称葛小仙翁),葛洪写了著名的《神仙传》,对左慈的道行和法力也进行了不遗余力的吹捧。有了这两大利好,左慈尽管游戏人间像个老顽童,在仙道界的分量仍然举足轻重。

当然,在仙道界之外,尤其是那些不信邪的,对左慈的评价就比较负面了。

统治者不喜欢妖妄那是肯定的,《周礼》管左慈这类人叫"怪民",《王制》说他们是"挟左道者"。这些人耍着"左道妖术"蛊惑人心,给政治秩序和社会风气都带来了极大挑战。曹操父子三人本来是喜欢说仙谈玄的,魏晋风度嘛,可是魏国把左慈等方士都召集到都城,曹子建还得辩护说此举是为了管束他们,"诚恐斯人之徒接奸诡以欺众",羞答答不敢承认老曹家内心深处做着与秦皇汉武一样的修仙长生梦。如果左慈不是那么放旷不羁不给面子,而是借助道家学说帮曹氏鼓吹鼓吹政权的合法性,还怕不会成为曹氏的座上客么?——当然,参考许攸、杨修等人的例子,即便如此,左先生从座上客沦为阶下囚的速度可能也很快。

在正统儒家知识分子那里,左慈也不受待见。南朝宋范晔写《后汉书》,为左慈等方士立了传,宋人罗大经就在《鹤林玉露》里骂他没文化:"如左慈之事,妖怪特甚,君子所不道,而乃大书特书之,何其陋也。"

本书是讲神仙故事,自然神仙们都高大上得不得了,不过本节的最后,我也可以偷偷给读者诸君爆个左神仙的小黑料:据曹丕《典论》说,有个议郎叫李覃,跟着左慈学辟谷,吃茯苓,喝冷水,结果狂拉肚子,差点把命给丢掉了。还记得前文尸解专节提到的那几个因修为不够或上当受骗而身体朽腐的倒霉蛋么?李议郎与他们,也就只隔着下一顿冷水茯苓套餐的距离了。当然,事情也不是没有积极的一面:说不定这是左大师研发的升仙新配方也未可知。修炼者如果拉肚子拉死,仙道界大概就会增加一种新的尸解方式了:拉解。得,就用这个"文雅"的词吧。

所以有句话怎么说来着:当天鹅在水面上优雅游弋时,谁知道它的脚掌正在水底下拼命倒腾呢?

主要出处

《神仙传》《搜神记》《抱朴子》《三国演义》《后汉书·方士传》《山海经》《神异经》《博物志》《鹤林玉露·卷之二》《典论》

最著名组合：八仙集结

八仙是大家耳熟能详的神仙组合，虽然其中有一位女仙，但因很符合"嬉与游"的主题，所以放到本章来聊更好。通过他们的故事，本节还要探讨一下仙话角色如何通过"组合"的方式进行扩展生发。

八仙是八位仙人的合称，他们是：铁拐李、汉钟离、张果老、何仙姑、蓝采和、吕洞宾、韩湘子、曹国舅。这是一个跨越千年才到齐的神仙组合，包含一贵一贱、一文一武、一老一少、一帅一美。咱们先分别简述一下他们各自的得道经历。

通常认为八仙之首是铁拐李，他就是那"一贱"。

铁拐李大约是隋唐时人。他出生在山里，从小好道，长大后高挑端正，大家管他叫李玄。有一天李玄在洞中打坐，太上老君和宛丘先生出现了，将他收为徒弟。在两位老师的指点下，李玄进步神速。附近一个忠厚少年听说后，跑来拜他为师。

有一次，太上老君约李玄去华山神会。李玄临行前交代徒弟看好自己的肉身，如果七天还不回来自己就是在华山成了仙，就要将肉体烧掉。说完，他盘腿端坐，元神出窍了。徒弟老实守到第六天，山下有人捎话来说他母亲病重弥留。徒弟急着回去见母亲，心想师父去了六天还没回来，想必已经成仙。为了避免师父的肉身被猛兽破坏，他就点火将其烧化了。

第七天李玄元神回归，却找不到肉身寄放魂魄。情急之下，看到树旁倒着个刚刚饿死的乞丐，急忙钻进这个身体。他从树下爬起来，却摔了一跤，这才发现自己找的这个身体瘸腿，而且蓬头垢面，胡须打结，十分邋遢。原本高大端正的李玄哪里忍受得了这副形象，正准备退出来再找寄托处，身后却传来太上老君的叫好声。太上老君说：这副人人嫌弃的相貌，可以让你更好地理解人间疾苦，从而更好地帮助世人。说完，又送给李玄一个金头箍，用来约束乱发；一根铁拐杖，用来帮助行走；还有一个大葫芦，用来盛装治病救命的药丸。

李玄经此一劫，就真的得道成仙了。因为他总是拄着根铁拐，人们叫他"铁拐李"。

八仙中的"一武"是钟离权，钟离是姓。通常认为他是汉朝人（也有唐人的说法），所以，又称"汉钟离"。

钟离权原是领兵之将，有次出征吐蕃战败，独自骑马逃入一个山谷，迷了路。正绝望间，一个胡僧出现，将他带到一个村庄，说这是东华先生修道成仙的地方，然后就走了。钟离权还没回过神，一个身披白鹿裘、手拄青藤杖的老人出现了，说道："这不是汉大将军钟离权吗？天晚了，到我那里去寄宿吧！"钟离权见老人一语道破自己身份，联想到胡僧说的话，心知这老人一定是世外神仙，便求他收自己为徒，以助百姓度过苦难。老人答应了，留他住下，传授给他《长真诀》、青龙剑法和炼丹术。过了一段时间，老人告诉他："你可以走了。"钟离权拜别师父出村，回头一看，村庄已经消失了踪迹。

钟离权回去后不再从军，只专心修道，又四处寻访高人。他先后遇到了华阳真人和上仙王玄甫，学到了

（日）曾我萧白《铁拐仙人图》（江户时代）

（明）赵淇《钟离权渡海图》（美国克利夫兰艺术博物馆藏）

《长生诀》,还在崆峒山紫金四皓峰的一个山洞里发现了玉匣秘诀。经过苦修,钟离权飞升成仙了。

成仙后的汉钟离形象很随和:头发梳成一左一右两个髻子,下巴上却留着长胡子。他经常敞胸露怀,手里摇一把芭蕉扇。他后来度化了不少人。包括八仙里的吕洞宾、韩湘子、曹国舅,都是被他点化成仙的。

八仙里的"一老"是张果老。其实他本名张果,"老"是尊称,因为他一在世间出现就是个老头形象。

张果老的坐骑是一头白驴。他用白纸剪出白驴的模样,折叠放入怀中,出行时,拿出来铺在地下,含水一喷,驴就打个滚儿活了。张果老骑着它日行几万里,到了目的地,再含水往白驴身上一喷,它就变回了纸驴。张果老总是倒着骑毛驴,用这种方式告诉世人:做事不能只顾眼前,要懂得回头看,随时发现并纠正自己的错误。

张果老喜欢用唱民歌的方式劝诫世人积善行德,他还喜欢到处转悠,有时候凑凑热闹,有时候化解世人的灾难。

(清)殷奇《张果老幻驴图》(美国大都会艺术博物馆藏)

何仙姑（明顾绣八仙庆寿挂屏，台北故宫博物院藏）

蓝采和（明顾绣八仙庆寿挂屏，台北故宫博物院藏）

八仙中的"一美"何仙姑，据说出现在唐朝早期，关于她的家乡有广东增城、湖南永州、安徽安庆等不同说法。

何仙姑出身农家，与母亲相依为命。她从小向往仙道，乐善好施。十四五岁时，梦见仙人教她服食云母粉，醒来照着做，很快就进入辟谷状态，身轻如燕，能在山上行走如飞。

天后武则天听说此事，便派人去召她。她跟着使者走到半路上，忽然消失不见了。几年后，有人大白天看见了她。她在街上走着走着忽然停步站立，露出了神秘的微笑。然后她的身子渐渐离开地面，越升越高，越升越远，就这样白日飞升成了神仙。

何仙姑成仙后经常手持荷花、荷叶，扶危助困，除暴安良，为世人指点迷津。

蓝采和是八仙中的"一少"。他大约是唐末五代人，经常穿件破烂蓝衫，一只脚趿拉着鞋，另一只脚光着，邋遢不修边幅，像个嘻嘻哈哈、吊儿郎当的市井少年。

他行为怪诞，夏天往破蓝衫里塞棉花，冬天单衣卧冰雪。他经常喝得醉醺醺的，手里拿着副三尺多长的大拍板，边走边打拍子边唱："踏歌踏歌蓝采和，世界能几何……故人混混去不返，今人纷纷来更多……"街上的小孩都跟在他身后学唱。

有人认为他是疯乞丐，会给他些铜钱。

蓝采和接过铜钱,用绳子穿成串,在地上拖着走。有时候绳子因为拖久磨破了,铜钱会散落一地。蓝采和毫不在意,头也不回,仍旧踏歌前行,任由别人将铜钱捡走。有时候,蓝采和会从钱串子中取出钱分给路上的穷人。有时候,他又会用这些钱给自己买酒喝。曾有跟在他身后学唱的小孩几十年后又碰到了蓝采和,当年的小孩已经头发花白了,可蓝采和还是当初那个样子,一点都没变。

后来,蓝采和踏着歌来到濠水,走进一家酒楼喝酒。正喝醉了恍惚时,他忽然听到半空中传来鹤鸣和笙箫,原来是汉钟离来迎接他了。蓝采和立刻清醒,他站起身,慢慢飞了起来,一直飞到云中不见了。只有他身上的靴子、破蓝衫、腰带、拍板等物,纷纷从云中落下。

蓝采和成仙后,经常回来普济众人。他穿着整洁的衣裳,挎着一只竹花篮,拿着一副拍板,不再谲谲了。

八仙中的"一帅"是吕洞宾。当然这个"一帅"是今天的说法,民间常说的是"一男"(对应何仙姑的"一女")。"一男"的意思并非八仙里只有他一个男性,而是说七位男仙之中,他的样貌最符合人们对中

(南宋)李迪(传)《吕仙降妖图》(局部)

年男人的"审美标准"。

吕洞宾据说是唐代人。年轻时也曾醉心科举，汲汲功名。在多次不第之后，他放弃了，开始四海云游学道。

有一年在长安城酒肆，吕洞宾见到一个奇人云房先生，就请求拜他为师。云房先生暂时收下了他，却不断变着法儿考验他的道心是否坚定。比如：他曾变成富商找吕洞宾搭伙做生意，又曾变个美女勾引他，等等等等，吕洞宾都顺利通过了考验。最后，云房恢复真身，原来他竟是汉钟离，这就是"汉钟离十试吕洞宾"的故事。

汉钟离在终南山的鹤岭向吕洞宾传授了"上清秘诀"，又赠他一把"青蛇"剑。吕洞宾终于得道成仙了。

成仙后的吕洞宾到处拯济世人，除恶霸、杀恶蛟，在长江、淮河、蓬莱岛、苍梧山等地都留下了足迹。

韩湘子是八仙中的"一文"。韩湘子是个文质彬彬的年轻人，据说是唐代大文学家韩愈的侄孙。他名湘，"子"是一个后缀，就像张果老的"老"一样。

韩湘子从小慕道，不走仕途，而是四处寻访高人。二十来岁，他在山间遇到了汉钟离和吕洞宾师徒，恳求他们收自己为徒。二仙问："你有何本事啊？"韩湘子说自己会吹洞箫。二仙便带上他一起云游，并向他传道。

即将学成时，韩湘子经过一株高大的野桃树，见树顶果实累累，而下部果实已被采光。他想孝敬师父，就爬上树去摘树顶的野桃。没想到腿一滑，掉下来摔死了。韩湘子修炼的火候本已不浅，经此一死，就彻底摆脱肉身束缚，得道成仙了。

成仙后，韩湘子受命回去度化叔公韩愈。他将一只水罐中的水变成了酒，又捧起一把土，须臾从中开出两朵牡丹大小的花。韩湘子从两个花心内各取出一个纸卷，连起来是两句诗："云横秦岭家何在，雪拥蓝关马不前。"韩愈不解。韩湘子不能泄露天机，只让叔公保重身体，就离开了。

几年后，韩愈因言获罪，被贬官潮州。从京城到潮州的路途会经过秦岭，秦岭北面有蓝田关。韩愈走到蓝田关时下起了大雪，心境十分凄凉。这时韩湘子出现了，问他是否还记得那两句诗。韩愈这才明白天机，便添上六句，成就了名作《左迁至蓝关示侄孙湘》。韩愈不肯随韩湘子去修道，韩湘子只好给了他一些养生药。随后，韩湘子手持洞箫离去，继续度化世人。

八仙中的"一贵"是指曹国舅。据说他叫曹佾（yì），是北宋仁宗曹皇后的兄弟，所以称国舅。

曹国舅生性淡泊，对富贵的出身并不在意，反而从小热衷学道，满腹学问。成年后，他忽然去皇宫向姐姐和姐夫请辞，希望云游四海。仁宗表示要给他配齐鞍马仆从，他连连拒绝。仁宗只好赐给他一块刻字的金牌。曹国舅推辞不掉，便接过来上路了。

曹国舅来到黄河渡口，坐上渡船准备过河。船家要他交摆渡钱，他犯了愁，因为一路走来拜访道友，食宿都有人接待，他没有用钱的需要，根本没带钱。船家见他没钱，挥棹要轰他下船。他一着急，摸到腰间的金牌，赶紧取下来递给船家。船家见了金牌上的字，发现他是曹国舅，吓

韩湘子（明顾绣八仙庆寿挂屏，台北故宫博物院藏）

曹国舅（明顾绣八仙庆寿挂屏，台北故宫博物院藏）

得赶紧跪下连连讨饶。一船的人知道了此事，也都跪下向他请安。

此时，船上有个衣着破烂的道人却没动，生气地说："既然已经出家，为什么要拿出金牌来仗势欺人？"曹国舅忙过去行礼解释："我不过是要用金牌支付渡钱，岂敢仗势欺人？"道人问："那你肯把金牌扔进水里吗？"曹国舅说："当然。"说着，他一把将金牌抛进滔滔黄河中。道人满意点头道："你跟我上岸去吧。"

原来，这道人是吕洞宾所化。吕洞宾收了曹国舅为徒，教他许多玄妙的口诀。曹国舅如法修炼，很快就得道成仙了。他手里总是拿着一块笏板，那是曾经贵为官身的标记。

从汉到宋，经过上千年的历程，八仙总算是凑齐了，人们又管他们叫"上八洞神仙"。

"成团"之后的八仙，虽然也有各自出行的时候，但聚在一起的活动可不少。

比如玉皇大帝开赛宝会，召集三界神祇携宝参与。八仙是第一批献宝者：汉钟离献上能扇灭火邪的羽扇，张果老献上能挑泰山的锡杖，曹国舅献上能伏鬼捉邪的土析板，吕洞宾献上可万里斩魔的雌雄剑，蓝采和献上可装尽世界的金线篮，铁拐李献上内藏风火的葫芦，何仙姑献上能罩日月星辰的铁罩，韩湘子献上可藏数万天兵的鱼鼓。八仙大方地拿出这么些好宝贝，给后来者带了个好头，玉皇大帝自然龙颜大悦，对八仙恩赏有加，分外看重。

又如王母娘娘过生日，八仙特意精心准备了礼物。他们先登太上老君之门，求他为王母写下祝寿词《千秋岁》，又根据王母所居宫殿的尺寸将之做成书画——以织女生产的锦缎为书轴，将星星编列成文字，剪下云霞作为画面的色彩。结果生日当天，玉皇、诸神、诸仙、诸佛的各种贺礼，都比不上八仙的礼物讨王母欢心。王母为此特意开放阆苑，设宴瑶池，拿出仙酒蟠桃等回馈八仙，还命董双成等五位仙女吹笛弹筝。蓝采和又持云阳板癫狂踏歌，韩湘子吹笛唱道情助兴。众仙以巨觞痛饮，热闹非凡，宾主尽欢而散。

八仙醉醺醺辞别王母，在云端一眼望见无边无涯的东海。吕洞宾建议一起乘兴东游，去看海市蜃楼，大家表示同意。来到东海上空，吕洞宾又说："如果乘云过海，显不出我等本事。不如每人用一物投于水面，各显神通而过如何？"大家兴致正高，纷纷答应。于是铁拐李以葫芦投水中，汉钟离以芭蕉扇投水中，张果老以纸驴投水中，何仙姑以荷花投水中，蓝采和以拍板投水中，吕洞宾以宝剑投水中，韩湘子以洞箫投水中，曹国舅以象牙笏板投水中。众仙在海面嘻嘻哈哈，你追我赶，这就叫"八仙过海，各显神通"。

东海龙王在龙宫听见动静，见海面一片白光漂过，忙派太子摩羯去察看。摩羯升上海面，一眼相中了蓝采和的花篮，便连篮子带人一起抢了回去。众仙登岸后不见了蓝采和，发觉是龙王在捣鬼，一起杀回。双方厮杀惨烈。八仙火烧东洋，龙王则召兄唤弟，将四海之水全调了来淹没八仙。后来，八仙合力移来泰山压塌龙宫，将一众龙子龙孙、虾兵蟹将压成了肉泥，只剩龙王敖广逃出，去玉帝那里告状。玉帝派出天兵天将捉拿八仙，齐天大圣此时站出来帮八仙打仗，双方闹得不可开交。最后，太上老君、如来佛拉着观音一起去调解，将泰山移回原处，双方终于息兵。玉帝对双方各自罚俸贬谪处理。

可是经此一役，泰山的高度就减低了许多，再也不是"登泰山而小天下"的第一高山了。因为从海底往回收的时候，不少泥土都洒落下来，沉积在了海中，这就是今天东海上那些群岛。

掰书君曰

以上故事综合改写自《夜航船》、清代王之春《椒生随笔》、清代赵翼《陔余丛考》等资料。

八仙的故事太丰富了，异文也多，只能拣要紧的压缩着讲。关于八仙的研究也很多，我尽量说点自己的新鲜想法。

（明）佚名《醉八仙图卷》

先释名。"八"这个道教常数，直接对标八卦。"八"来自"二"，是"二"的三次方，阴阳两极经过三次指数变化，就代表变化万端；将"八"相乘（即二的六次方），就是"六十四"（周文王推演的后天八卦之数），变化已经多到可以囊括宇宙了。虽然"九"也代表多，但"九"更主要是代表"极"（"数之极也，阳最盛之数"），阳极之后就该转衰了（见"亢龙有悔"的卦义）。所以"八"和"九"在吾国文化传统中承担的功能是不一样的，前者侧重多变，后者侧重极致。也正因此，虽然有"九仙"之说，但不如"八仙"广泛。

关于八仙的人选，有个发展过程。

前文提到过的"淮南八公"（"淮南八仙"），大概是迄今所见最早的八人规模神仙组合的首次公开亮相，但他们与后来人们所熟知的八仙没有关系。

东晋谯秀的《蜀纪》提到过"蜀八仙"（容成公、李耳、董仲舒、张道陵、严君平、李八百、范长生、尔朱），后来又有宋郭若虚的《图画见闻志》版本（李阿、容成、董仲舒、张道陵、严君平、李八百、长

寿仙、葛永瑰）及《太平广记》注版本（李己、容成、董仲舒、张道陵、严君平、李八百、长寿、葛永瓄）。这其中，可能只有李八百与今版八仙稍有关系。李八百号紫阳真人，据说是周穆王时人，能挂拐日行八百里，或活了八百岁，故名八百。他可能是铁拐李的原型之一，两者的交集是：一、姓氏，二、挂拐。

唐代杜甫有《饮中八仙歌》，将贺知章、李琎、李适之、崔宗之、李白、苏晋、张旭、焦遂形容为纵酒的八位谪仙人，其中"李白斗酒诗百篇，长安市上酒家眠，天子呼来不上船，自称臣是酒中仙"等是名句。唐代嗜酒的名流肯定不止八个，为何只写"饮八仙"而不凑成"饮九仙""饮十二仙"呢，可见在唐代，用"八"这个常数来给"仙"组团是对传统观念的更好继承。

今版八仙组合，据明代王圻《续文献通考》及胡应麟《少室山房笔丛》推测，可能是在元代形成的。元代王重阳的全真派大兴，以钟离权为正阳，以吕洞宾为纯阳，以何仙姑为纯阳的弟子，再以此为基础，将当时广泛流行的其他著名仙人补选进来，就形成了稳定的八仙组合。元代有《汉钟离度脱蓝采和》《吕洞宾度铁拐李岳》等杂剧，人物编排已经与今天的类似。

"八仙"观念成型后，在民间成为非常热门的标签，许多事物都会打上他们的印迹。八仙桌、八仙糕、八仙饮、八仙露、八仙酒、八仙丹、八仙散、八仙丸、八仙棹、八仙台、八仙岩、八仙石、八仙坊、八仙营、八仙庵……琼花名之"聚八仙"，醉拳名之"醉八仙"……凡此种种，不胜枚举。

今版八仙组合是七男一女。其实，早前有过六男二女的搭配。蓝采和一度被视为女仙，尤其在戏曲中。至今民间八仙画里蓝采和还梳着天真烂漫的丫髻，并且有着婴儿肥的粉红脸蛋。

八仙中男多女少，这是个值得探讨的现象。考虑到之前的淮南八仙、蜀中八仙、饮八仙、宋八仙全为男性，我们甚至可以认为这种变动算是性别平衡上的进步。通常的神仙传记类作品，默认以神仙指代男仙，所以不会有男仙这个门类（也很少"男仙"这个提法），但会将女仙单列出来。原因在于神仙传记基本都是男作者写的，男性对自己比较了解，知道男人有很多类，所以男仙也该有，比如八仙就有一贵一贱一文一武一老一少一帅之分；但在男性眼里，具有审美价值的女仙基本上只有一种——年轻漂亮，单纯善良，何仙姑和女版蓝采和都算是。

也有人质疑过男女混搭的组合方式。比如清代王之春在《椒生随笔》里引诗批评说："又况何姑爱酬答，偏与群真坐联榻。仙家想是无凡心，不妨男女相混杂。"意思是：何仙姑怎么那么爱社交啊，老跟七个男仙一起吃喝说笑，男女大防不要了吗？好吧，想来仙家跟咱们凡人不同，肚子里已经没那些花花肠子了，所以男女混杂相处也就无所谓了吧。你看，这种先打后揉的话术多有趣：先表示反对，但预防有人高屋建瓴进行反驳，又自己绕回来堵上漏洞，让别人无话可说。其实，八仙之间还真没有感情戏（"一帅"吕洞宾的纠葛是跟白牡丹，可不是跟"一美"何仙姑），加入异性，主要还是利用性别特质的差异做文章，令故事看上去没那么单调。不然，群男戏也太难为编剧了——《三国》里还有貂蝉尚香大小乔，《水浒》里还有孙二娘三阎婆惜呢，是不是。

八仙又叫八洞神仙。八洞神仙有其扩展模式，即分为上八洞神仙、中八洞神仙和下八洞神仙（或省掉"洞"字），这样一下就将组合的神仙数扩容至二十四位了。其具体人选姓名，这里不赘言。

将神仙们收纳到组合中是个好办法。一方面神仙数量极其庞大，除个别声名显赫者外，如果不被归纳到某个组合中，他们就常常难以被人捕捉和记忆；另一方面，利用数值运作，可以快速高效地扩展神仙阵容。于是我们可以看到许多经典的神仙组合，例如：两祖（伏羲女娲）、两圣（金母木公）、和合二仙、三清、三星（福禄寿）、三元大帝（天官、地官、水官）、四御、四渎神（江河淮济）、四大元帅（马灵耀、赵公明、关羽、温琼）、四值功曹（值年、值月、值日、值时）、五方上帝、五岳大帝、五瘟神、六丁六甲（阴神丁卯、丁巳、丁未、丁酉、丁亥、丁丑，阳神甲子、甲戌、甲申、甲午、甲辰、甲寅）、南斗六星君、北斗七元君、九曜诸星神（日、月、金、木、水、火、土、罗睺、计都，有异文）……乃至收纳成员更众、可视为"阵列"的冥府十殿阎罗、十二元辰、东林十八仙、二十八宿星官、三十六天罡、七十二地煞、百名花仙（出自《镜花缘》）、一百三十九地仙（出自北周《无上秘要》）、五百灵官、九府四司诸君、十万玉女，等等等等。其中有些"红人"，比如赵公明、关羽等，还成为多个组合或阵列的交集。

当然，神仙以组合出场多半是为了壮气势。即便民众耳熟能详如赵公明、马王爷（马灵耀）者，其故事也往往单独成立，不与组合中其他成员发生太多关系。

但八仙故事却大不相同，他们不仅有各自独立的故事，而且有大量互动情节：既包括彼此关系的产生和发展（试探、收徒、点化等），也包括关系的长久维护（一起喝酒嬉闹等），既包括程度不同的冲突（拌嘴、比试等），也包括关键时刻的合作（战龙王、斗邪魔等）。元世以降，

上八洞神仙（雷玥溪绘）
八仙踪迹居岛蓬，会罢蟠桃过海东。大士不为扶山海，龙王安得就深宫（摘自明吴元泰《东游记》）

随着各种文艺作品和民间传说的不断演绎，他们已经活了，就像是民众身边的一群朋友，虽然有了仙人的本领和寿命，却保留着凡人的爱恨与个性。

八仙的这种生动来自人性，恰与他们呆板的神仙身份相悖。这也使得八仙成为仙话的一大"箭垛"，成为文艺作品中最喜欢攀扯的神奇力量之一。明代熊大木的《杨家将演义》和吴元泰的《东游记》里，天门阵战役不再是军事斗争，而变成了神仙斗法。汉钟离、吕洞宾二仙在天上打赌宋辽交战的输赢，为了取胜，吕洞宾及其助手椿树精椿岩下世替萧太后摆下一百单八个奇阵，汉钟离则下凡帮助宋军统帅杨六郎出谋划策，并最终打赢了这场战役。这种简单的神怪因果论，让凡人与神仙攀上了交情。对民众而言，伟光正的王母玉帝咱高攀不起，那几个走亲民路线、整日嬉游的八仙的大腿，难道还不能抱一抱么？即便放到今天，八仙模式依然能够产生别具新意的戏剧冲突。嗯，我已经想好了一百〇八个变体，等有机会再讲给读者诸君听吧。

"神仙本是凡人做，只怕凡人心不坚"。八仙故事热闹的打斗戏耍情节（比赛斗法、降妖伏魔等）之外，也有一些说教、度化的内容，以占据讽世劝世、助世济世（惩恶扬善、扶贫济弱）的道德高度。细究起来，这自然也是道教跟佛教争民心的结果。早期方士格局有限私心重，一心只想自己长生极乐（或者靠这套话术骗统治者的钱），凡人疾苦无关痛痒。道教大兴后，丹鼎派还是偏重自己，符箓派则肯定是要管百姓的，因为要承担替人祈祷诅咒拜忏的功能。做法事，就少不了与佛教抢地盘。佛教有"大乘""小乘"之分，"大乘"的一套说法听上去境界特别高，利他无私，在中土吸粉无数。而且人家不仅会讲故事，还派出了观音、文殊、普贤、地藏等高颜值的神灵满世界普度众生。在这么强大的综合攻势下，道教再不动动脑子反击，地盘就要被别人抢光了。八仙可以说是仙道界派出进行精准狙击的特遣小分队之一。世界观要高明，理论体系要完整，道德要高尚，法术要特别酷炫跩，更重要的，不要高高在上，要深入基层，一呼百应。于是与洪崖子王子乔等不同，八仙得道后老爱在凡尘打转，收收徒，打打怪，济世利物，随时现场指导百姓的人生[1]。不关心老百姓不行啊，你不普度众生，众生谁给你供奉香火呢。

将八仙济世故事放到济公、布袋和尚等佛教大流量身上照样行得通，因为这些故事架构都遵循类型化的原则。老百姓其实并不在乎你是什么教门，只在乎你能给我带来什么好处，所以，对这些愿意放下架子跟自己打成一片的神灵，基本上照单全收。香火是管够的，您两家就分着享用吧。

主要出处

《夜航船》《椒生随笔》《陔余丛考》《酉阳杂俎》《青琐高议》《东游记》《南游记》《韩湘子全传》《八仙成道》《全元杂剧》《杨家将演义》《太平广记》

---

[1] 在某些更接近民间机智人物故事的仙话里，八仙又反过来被百姓"指导"。比如《山海经丛书之七·八仙的传说》讲名医朱丹溪与吕洞宾比赛救人，朱丹溪略施巧计让吕洞宾佩服，等等。神仙与凡人打赌、比试之类的情节，都是仙话努力向民众靠拢的表现。

"乐与怒"是英文"摇滚"（rock and roll）一词的中文译法之一[1]。将女神仙与摇滚拉到一起，看似不搭界，细究则颇能相关。女神仙是吾国以男性为主导的文化传统中的"理想女性"，青少型女仙（玉女）作为欲望对象负责提供理想形貌，中老年型女仙（各种娘娘和老母们）则作为模范妻子和母亲负责提供女性理想人格和道德高标。在这样的框架下，女神仙的自我心声和价值追求常处于被遮蔽状态。我们讨论女神仙的乐与怒，其实是考察仙话在传统的男性表达中如何呈现女性面对体制与权力的态度（顺应／屈从／不合作／反对／抗拒……），并进而探讨现实中女性关于快乐与痛苦的感受在仙话中有着怎样的曲折反映。

第八单元

女神仙的乐与怒

[1] 该译法出自中国香港摇滚乐队 Beyond 于 1993 年发行的很有影响力的专辑《乐与怒》（*Rock N Roll*）。

玉女们：转教小玉报双成

董双成（清颜希源编集、王翙绘图《百美新咏图传》）

萼绿华（清颜希源编集、王翙绘图《百美新咏图传》）

董双成、王子登等女仙是西王母的侍女，咱们从她们的故事聊起，由此探讨仙话中出现的女仙类型，并进而专述玉女（年轻貌美的女仙）的形象与功能，探讨该现象背后的社会文化原因。

西王母身边侍女众多，名姓见录的有董双成、王子登、许飞琼、石公子、婉凌华、安法其、范成君、段安香、萼绿华、吴彩鸾、杜兰香、郭密香、谢长珠等人（有异文），其中董双成、王子登、许飞琼大概是知名度最高的。

这些仙女们都是在凡间努力修仙得道飞升后，有幸被王母选拔到身边事奉的。她们与西王母一起生活在昆仑山的仙宫灵境，平时除了随侍西王母的起居，也有各自的艺术专长。

据说，董双成会吹笙和笛，许飞琼会鼓簧，石公子会击金，婉凌华会拊石，王子登会弹璈（一种古乐器），范成君会击磬，安法其会唱歌，段安香会制调。看来，这是一支专业的仙家官方乐团。

王母生日，八仙来献宝，哄得王母分外开心，便命在瑶池上重新设宴，让仙女们持觞酬劝。劝完酒，又命董双成吹起云和之笛，王子登弹起八琅之璈，许飞琼鼓起太虚之簧，安法其唱起妙初之曲（有异文），真是好一场钧天广乐。八仙听得手舞足蹈，王母让他们之中擅长音乐的蓝采和与韩湘子也来相和,两仙表示:有阳春白雪在前面,我们的踏歌和道情哪里敢和呀?

汉武帝想见西王母求长生,经过漫长的虔心等待,终于等到王母降临。王母自带天厨,赏汉武帝吃了丰珍上果,饮了殊绝香酒,甚至还给他吃了四颗仙桃。吃喝已毕,王母命王子登弹八琅之璈,又命董双成吹云和之笙,石公子击昆庭之玉,许飞琼鼓震灵之簧,婉凌华拊五灵之石,范成君击湘阴之磬,段安香作九天之钧,安法其歌玄灵之曲,真是众声澈朗,灵音骇空。

许飞琼(清任熊《列仙酒牌》)

除了歌舞奏乐,女仙们还承担一些别的职司。比如王母的仙桃就是由她们负责摘取的。仙桃成熟之际,王母筵开瑶池,七仙女奉命摘桃以飨众仙,赶上孙猴子擅闯蟠桃园偷吃,对她们使了定身法,结果阻拦不成。岁星精(东方朔前身)也爱去偷桃,不知使了什么诡计,居然接连得手三次,想必仙女们因此受了不少连累。

王母有时也负责为人间送子,此时,许飞琼、董双成、萼

女仙奏乐图(北宋武宗元《朝元仙仗图》局部)

玉女们:转教小玉报双成

绿华等就负责治疗小儿常发的痘疹。

作为王母侍儿中的领头者，董双成、许飞琼等经常获邀参加一些女仙之间的聚会活动，与她们往来的都是麻姑、嫦娥、瑶姬、素女、弄玉、姑射神人、明星玉女之类的高阶神仙，或者说神仙界的名媛。

董双成号西池玉女或瑶宫仙姬，掌管着一只琉璃净瓶，里面储藏着几片雪花。她与姑射神人（一说还有玉女周琼姬）共同司掌冰雪。每当彤云密布之时，姑射神人会用金箸敲击董双成的琉璃净瓶。敲下一片雪花来，地下就会落一尺瑞雪。

王子登号墉宫玉女、紫兰宫清虚真仙，经常替王母传达命令。王母身边有几只青鸟，也负责传信。也许王子登可以化身为青鸟，那么她就是青鸟之一；或者她与青鸟分别承担不同的职责——比如大事由她传达，小消息由青鸟告知。西王母准备降临汉宫时，就是王子登去向汉武帝传的旨："（你应当）从今日清斋，不闲人事，至七月七日，王母暂来也。"王子登还曾受命与东华青童一起向南岳魏夫人传授隐迁白罴散和白石精金化形丸，引导她成仙做了道教的花神。

许飞琼号蕊珠宫真仙，也兼花仙，还曾司掌璇宫仙禽；萼绿华号九嶷真仙，似乎兼司花，并司丹药，等等等等，就不多说了。

掰书君曰

上文故事综合改写自《太平广记》《女仙外史》《东游记》等资料。

先释题。"转教小玉报双成"是白乐天《长恨歌》里的诗句。双成即为董双成。至于小玉，有时候是专称——比如有人说吴王夫差之女紫玉死后上天为王母侍女，称紫玉或小玉；唐代蒋防传奇中的霍小玉，死后也可上天为侍儿[1]。同时，小玉又可视为通称，等于玉女。玉女，一

---

[1] 清代小说《品花宝鉴》中将霍小玉与董双成等王母侍儿并列，可能不是首创。民间在常用女仙名"小玉"前加个姓氏，甚至直接借用已有的文艺作品中名人（霍小玉）姓氏，是个可以理解的操作。

般认为是仙界的年轻女性,据说有十万之众。仙姝们的别号——西池玉女、瑶宫仙姬、墉宫玉女之类——也是泛指,等于"西王母居处的侍从女仙"。

其实"玉女"的外延是有浮动的,我们可按照其权位差异简单分为高阶玉女、中阶玉女和低阶玉女。在仙话所虚拟的古早时代称玉女的女仙,地位常常很高,很有能量,比如老子的母亲玄妙玉女(《玄妙内篇》),以及元始天尊的配偶太元玉女(《枕中书》)都是高阶玉女,分量与西王母相似。而《云笈七签》提到的代表五方的玉女青腰、赤圭、黄素、白素、玄光,她们似乎有独立的职责,不仅是替上司当差跑腿,可算作中阶玉女。小玉、双成这类侍从性质的,可算低阶玉女。本节所讨论的玉女,都指低阶玉女。

厘清了玉女这个概念的外延,现在我们来讨论女仙群体的类型。

仙话中的女仙主要可以分为三类:年长型、成熟型和青少型。这种分型的依据不光是年龄,还与伴随年龄而生的气质、法力和权势等纠缠在一起。之所以不用三阶玉女来套,是因为后来一提玉女,民众脑子里就是青春靓丽单纯可爱的少女,稍有资历的女仙都自动改换名号归入中老年档了。

年长型与成熟型都掌权,差别是前者形象鸡皮鹤发,把仙寿写在了脸上,而后者则是端庄稳重的中年女性。年长型的女仙常被尊为"老母""圣母",比如斗母(斗姥)、后土老母,以及后文的骊山老母等等[1]。成熟型的女仙常被称为"娘娘"(这个称呼年长型也适用),比如子孙娘娘、眼光娘娘、痘疹娘娘等。后文的妈祖模样虽是二十来岁,但不算青少型而要算成熟型,因为她具备庇佑众生的母性,被民间尊为天后娘娘,极受尊崇。权势显赫的西王母的形象介于成熟型和年长型之间,

---

[1] 老母实为民众对上年纪女神仙的通用敬称,不光女仙,狭义的女神在民间也有称老母的,比如羲和老母。

有的故事说她驻颜有术，看上去只有三十来岁，有的故事为了表明她年高德劭，又将她描绘为老人，于是她既被尊为"王母娘娘"，也被称为"瑶池老母""西池老母"。碧霞元君的情况与西王母类似。

再说青少型。如前所述，其以各种女仙童和一众低阶玉女为代表，比如雷部推车的阿香、瑶池吹笙的董双成等，形象都只有十几岁，职司都是侍从类。

女仙中长得"磕碜"的很罕见，老年的要慈祥，中年的要端庄，青少年的就必须都美艳。女性不好看基本上是没资格做神仙的。因为吾国历朝绝大多数时候，文学创作和审美的主体都是男性（即这些故事基本是源自男性、围绕男性、服务男性的），女性在传统话语体系里很少获得主体性。青少型女仙存在于仙话中的最大功能，其实是作为审美客体被消费，她们能带来愉悦，且不增加任何精神负担（像王母、妈祖这样有威势的女神仙对男人们而言是有压迫感的）。历史上的祸水级红颜们能够以感叹、怜悯、仰慕、追思等名义得到歌咏或传颂，也不过出于这样的原因。所以，男性根据集体偏好而对女仙在年龄、容颜、性格、职能等方面进行取舍，也就可以理解了——试想，哪个文艺男青年的梦里不是对着"明月珠衣翡翠裳，冰肌玉骨自清凉"，想着"拂笺霍小玉，捧砚董双成"呢？

理论上，神仙都该勘破了皮囊，因为皮囊可以随心而变，世人也不应以皮囊美丑来评估他们的价值。有谁嫌弃过铁拐李蓬头垢面、汉钟离腹如覆锅、赤脚大仙脚丫子既脏且臭吗？没有。只要段位到了，照样同桌吃喝、称兄道弟不是。然而，假如何仙姑面若夜叉，许飞琼耳大如轮，恐怕信徒们就该集体幻灭了——算了算了，俺们还是去信仰雍容美丽、白衣胜雪的观音娘娘好了。这说明：与人间相似，神仙的世界对女性也依然苛刻些。

不过，从女性角度想，如果修仙是获得超越不平等现实的唯一可能途径，那么只要有志于此，就都该试试。长得不好看更要努力修仙了：

(元)佚名《仙女图》

成了仙，首先死不了，这就可以睥睨一切凡人；同时还有法力，那还怕什么呢，不服就灵宝五符、六甲六壬等往上招呼嘛，"学术"强才是真的强。何况，（理论上）神仙还不必操心婚嫁问题。有了"学术"加持，一切对你外貌的品头论足都将是浮云。

似乎的确有极少数女仙实现了对容貌的超脱。比如《列仙传》里的毛女，浑身长毛，近乎兽，肯定不能算美女；而同书阳都女则双眉相连、耳朵细长，一副怪模样。不过，这类容貌属于男女都可能有的异相，不能简单以丑陋概之。

理论上神仙是绝情去欲的，但也的确有些仙话会涉及神仙的婚配，比如《汉武帝内传》就说西王母曾经把王子登配给北烛仙人。这类情节显然与绝欲思想背道而驰，将原本充满高逸感的神仙生活给世俗化了，并且导致对女仙的要求又重归"妇德"的老套路，也"怪没意思的"。

更有甚者，某些仙话情节毫不掩饰对青少型女仙的"消费"。比如《飞剑记》中一个修玄素之术者说："若到了瑶池……醉则命段安香铺床，贾陵华盖被，董双成打扇，许飞琼扶我上七宝御床。我则枕着那许飞琼白净净、柔嫩嫩之膝，大睡一觉……"《金瓶梅》里西门庆也有类似名言："咱……就使强奸了嫦娥，和奸了织女，拐了许飞琼，盗了西王母的女儿，也不减我泼天富贵。"玉女仙姝在他们眼里，不过更高档的商品而已。前文提过，仙话里有不少糟粕，这种脑中/口头的性骚扰也算一类。令人稍感"放心"的是，无论基于仙格的自我维护还是基于所谓贞节观，绝大多数仙话里女仙对此类骚扰都至少会嗤之以鼻。不然，也未免太乌烟瘴气了。

正文中的玉女姓名和乐器、歌曲等有各种异文，均为音或形之讹转，此处不细究。

石公子的名字值得单独说一说。石公子肯定是女仙，因为人家说了"西王母命诸侍女（奏乐）"，石公子在诸侍女之列。公子本义是先秦诸侯的孩子，多指儿子，女儿一般称女公子，也有不加女字的，如《公羊传·庄公元年》"群公子之舍则以卑矣"句，何休注"谓女公子也"。后世逐渐以公子专指男性。仙话中以石公子命名王母侍女，获得了一种特异的语感：一面有些上古风，另一面又有些中性风，隐然便有了不以柔婉事人的超脱。果然人家石公子有摇滚范儿，在仙乐队里是搞打击乐的（击金），放到现在就是"你们都来跟随我的节拍"的鼓手；此外，那些传令送药赏花之类的琐事差遣中，也不大见到她的身影。

董双成与姑射神人共司冰雪之事前文提过，这种对自然现象的因果进行阐释的思路，与大白骡雪精抖毛下雪的思路相似，非常天真有趣。而且，前者同样加上了一个小意外情节：紫府真人摆酒筵，姑射真人和董双成喝醉了唱歌，拿金筷子敲击琉璃瓶打拍子，结果雪片敲出来多了，造成当年好大的雪。故事算是好故事，只是，你要怎么想象姑射神人和首席玉女都喝醉了疯玩卡拉 ok……说好的高傲冷淡不可亵渎呢？

主要出处

《太平广记》《女仙外史》《丁卯集》《东游记》《云笈七签》《飞剑记》《喻世明言》

圣母的慈悲：妈祖救厄

妈祖（天后）在我国南方沿海地区受到普遍崇奉，关于她的信仰有长达一千年的演变过程。本节讲讲关于她的故事和信仰历史，由此一探民间俗神信仰发生发展的原理，以及民间与官方的长期互动是如何将信仰逐步推高、升级的。

宋代哲宗年间，福建兴化府（今莆田）林巡检家生下了第六女，起名为默，呼为默娘。

林默娘从小便显得与众不同。她聪明好学，过目成诵，尤其爱研究道教经典，精通玄理，会巫祝之术，能预知未来。她仁慈善良，无师自通了医药之术，救济街坊。她身上还经常发生灵异之事。比如，她曾经在织布时睡去，灵魂飞到东海大战鳄鱼精。她的父母不相信，结果按照她的说明，果然在岸边发现了她遗落的绣鞋。被救的船家也说："刚才风雨大作时，恍惚看见一位神人从天上尽力扶持，我们才没有翻船。"林家父母这才知道默娘不是凡人。

到了该许嫁的年纪，默娘拒绝了一切提亲者，更加用心修真炼气，葆摄益纯，逐渐进入绝粒的状态。到二十八岁那年重阳节，她登上湄峰，在仙乐与彩云的迎接中升天成仙了。

成仙之后的林默娘经常显灵，人们为她建庙供奉，遇到水旱灾情、疫疠祟降乃至海盗袭扰，都向她祈祷，总能得到好结果。商船出海前，都要到她的庙里占卜，如果求得吉兆，即便遇到怒涛汹涌也能安然无恙……种种灵验呈报到朝廷，宋徽宗为林默娘的庙宇赐号"顺济"。

南宋官员路允迪等乘船出使高丽，路遇飓风，船几乎颠覆。忽然天空出现明霞散绮，一位女子登上樯竿用力持舵旋舞，这就是默娘。过了许久，一切终于安定下来。事后，路允迪报请朝廷，宋高宗进封林默娘为"灵惠夫人"，这是她获得官方封号的开始。后来，随着显圣事迹越来越多，历代对她的封号从"夫人""妃"到"天妃"直到最高的"天后"。林默娘成了南部沿海最负盛名的海神。得到她的恩惠的人不胜枚举，各地为她兴建了数目众多的宫庙，人们亲切地称她为"妈祖"。

比如，明初郑和下西洋时途遇风暴，正危急时忽然看见一个姑娘提着红灯出现在海面上，踏波导航。郑和船队跟随她的指引避开风浪区，安然入港。

林母得孕：感大士赐丸得孕

嘉靖年间，陈侃奉命封琉球，途遇飓风。舵折了，船即将倾覆。全船人一起大喊"天妃，天妃！"忽然有红光照耀下来，又有蝴蝶双飞，过一会儿，船就平静了。

清初施琅准备收复台湾前，因为天旱井水枯竭，数万人马断水了。施琅来到天妃庙烧香祈愿，在庙内发现一口古井。他命人清理和加深古井，忽然，甘美的井水泉涌而出。得到妈祖的恩赐，施琅军心大振。后来海上开战时，妈祖还亲自出马护佑，使施琅顺利收复了台湾。

乾隆年间，翰林周锽奉命册立琉球国王。船行至海中骤遇飓风，漂到了黑洋中。日月晦暝，水色一片黢黑。故老相传，进入黑洋无人生还，船上人不由相对悲号。正在此时，忽见水面起了万点红灯。舟人欣喜若狂，匍匐在船板上说："我们能活啦，娘娘来啦！"果然，一个梳高髻、着金环的美丽女子出现在空中指挥。顷刻，风止息了，船就像有人牵引一样，轰隆轰隆地驶离了黑洋。

妈祖学道：遇道人秘传玄诀

妈祖救厄（雷玥溪绘）
上下乾坤就里，方圆变化无量。妖氛一切尽归降，瞻仰庙貌景象（摘自《天妃娘妈传》）

妈祖不光在海上庇佑过往船只，她还有更大的神通。

妈祖能降妖伏魔。黄河入海口有巨鱼吞舟为害，船民向天后祈求驱除。有一天风潮大作，巨鱼被潮水涌上海滩，鱼眼睛已经被挖去了，鱼背上还有几行红字，写明这是对巨鱼千余年来伤生过多的惩罚。

妈祖能治病。明代官员罗玘为秀才时，在一次坐船途中染上疫病，以锥刺手都流不出血来，眼见得快死去了。他的弟弟在一旁与他诀别。冥冥中，他仿佛陷入了一个臭不可闻的烂泥潭，只有一丝气息尚存。正在此时，罗玘忽然听到舟人大喊"天妃来了！"他睁开眼，感觉船一阵下沉，就像轿子降落一样。然后他听到一个女子声音说："这里面有位（将来的）学士，病在孤旅中，怎么一个神道都没来救护呢？我来送他一阵好风吧。"说完，船身上浮一下，像是轿子举起的样子。罗玘顿时浑身打冷战，弟弟忙给他披上几件蓑衣御寒。罗玘出了一身臭汗，湿透衣裳，过一会儿，他慢慢苏醒，再过些日子就痊愈了。后来，他果然中了进士，官至侍郎。

妈祖还司孕嗣。当地有个妇人，成亲十年不孕，到处求告都没用。后来她向天妃祷告，便生了一个儿子。此后，凡有不孕不育的人向妈祖祷告，都是随祷随应。

妈祖还能庇护农业。有一年春播之前，兴化知府做了个梦，梦见天妃对他说："原本今年各处都该荒旱的，但我竭力向上帝恳求，祂特许本郡有七分收成。"那年果然天旱，官民都很着急。到了秋收时节，别府俱荒，只有兴化收成勉强过得去。兴化为此在天妃诞日大兴盛会，将全郡的男子都叫来感谢天妃的功德。

凡此种种，不胜枚举。妈祖的广大神通，使她成了中国沿海最负盛名的全能神（仙），其信仰至今越演越烈，随着华人移居的足迹，妈祖庙（天后宫）已经遍布全球。

掰书君曰

妈祖属于典型的成熟型女神仙。她是民间与官方联手造神最成功的典范之一。她的事迹经过了上千年的层累增饰，她的灵验经过了无数人在各种时间地点的循证。作为民俗信仰的偶像，她是民众自身愿望的投射，具有丰富的精神内涵和动人的精神力量。

妈祖的故事繁多，民间传说、演义文学都在不停为其增添内容，本节只能择要略叙。关于妈祖信仰的研究著述汗牛充栋，成果斐然，本书也不着意重复了。

海神自古有之，比如北海之神玄冥（又名禺强）、东海之神禺䝞等，以其年代久远、事迹不广传，民间便知之不详。待妈祖一出，东南沿海直至东部海域的所有海神便让位于她，她成了"四海总神"（实为海路护佑神）。随着历代华人下南洋、远涉四海的脚步，妈祖的形象更是牢牢占据了海神信仰的中心位置，并与所有显赫的神灵一样，逐渐箭垛式地承担起更多、更复杂的职能。与妈祖信仰相关的庙会祭祀、金身巡安、谒祖进香、分灵交香等活动，更是让妈祖信仰成为复杂、庞大、立体的活态民俗文化。

民间信仰实践有其自身规律。树立起一个偶像之后，最重要的一件事是要其"接受民间香火"。比如二郎神跟舅舅玉帝不睦，自己跑到凡间在灌口二郎庙承受香火，变得无比强大。又如哪吒剔骨还肉后，其泥胎如果在翠屏山"行宫""受香烟三载"，就"又可立于人间"。受香火这一过程，可以理解为神灵在争取选票（老百姓用膝盖投票）。香火是俗神信仰的群众基础和法理依据。（根据某些事迹）树立一个偶像—崇拜—验证—长久的崇拜—更长久的验证……经得住这个表面宽松实则挑剔的烦冗互动过程，原本虚拟出的偶像就获得了广泛深入的认证，其资质与能力再无可疑。

大浪淘沙，历史上被刷下来的俗神偶像可太多了，关于他们的信仰活动在正统叙事中被统称为"淫祀"。而妈祖接受了千年供奉，香火鼎盛不衰，形象被多重赋活，她早已是"真的"了。坚信，不需要理由，进而得到印证和回应，信仰的原理就是如此。从旁观者的角度，也许我们可以将所有的循证都视为"幸存者偏差"，但信仰的标靶能确立起来，所需要的"幸存者"也不在少数。漫长的汇聚和累积过程中，信仰便在这些偏差的缝隙里逐渐将根扎牢了。

放到今天来看，娱乐偶像与粉丝之间也存在类似的选择与淘汰的关系。一个偶像被假设为能力强大，道德完美，方方面面经得起反复检验。粉丝的追捧行动就是香火。香火兴旺且持续不灭，意味着粉丝的拥戴颠扑不破，那么这些偶像就可能成为一时的"顶流"。不同的是，妈祖是虚拟偶像，可以无限崇高（"真正"能力强大、道德完美），而娱乐偶像都是真人出演，真人哪有那么完美呢，不完美哪有永不露馅的呢，所以娱乐偶像的前浪就比较容易被后浪拍死在沙滩上。

官方与民间在信仰发展中的互动、互促在本例中也得到了经典呈现。妈祖应有真人原型，是不是名为默不好说，但姓林是较确切的。她"初以巫祝为事，能预知人祸福"，死后人们为之立圣墩庙。因屡次展现神迹，上达朝廷后，宋徽宗赐以庙额"顺济"。到南宋，宋高宗封其为"灵慧夫人"，官方认证了其海神（实为海路护佑神）地位。后来诸帝在顺济之上又递加昭应、崇福、善利等两字美称。到宋光宗时代，经路允迪奏请，进封林氏为"灵慧妃"。之后又逐次在灵慧上添加助顺、显卫等一系列美称。到了元代，南粮北运偏重海道，东南妈祖信仰随之北上，元世祖封她为"护国明著天妃"，这是她被称为"天妃"之始。之后，又在天妃之上添加显佑、辅圣、广济等美称。明代也延续了天妃称号，还改封过圣妃，崇祯帝又改封过她碧霞元君（天仙圣母青灵普化碧霞元君等）。到清代，因庇佑收台及护战等神迹，康熙帝先是封她"天妃""圣母"，后来更晋封为"天后"。可以说，一位（非创世的）后起女神仙，其地位到了"天后"也就到头了。此后清代每次进封，都加上类似诚感咸孚、垂慈笃祜这样的四字美称（除最后一次光绪只加了两字），最终形成了长达六十四字的惊人封号。

我们可以看到，妈祖漫长的名号演进史基本上遵循了这样一种操作模式：(民众)崇拜—(妈祖)显圣—(受患者)请封—(朝廷)加封。每次进封都是官方对民间吁请的回应，对民众信仰实践的引导，对神灵地位和精神内涵的提升。如此循环往复，民间的声音与官方的声音彼此追逐，彼此放大，就像声波的波纹重重叠加，最终形成了东南沿海民间信仰的最强音。

类似妈祖这样的造神方式，其实早有先例。我们来看《神仙传》里的一个故事。

明德化窑妈祖像

东陵圣母是广陵海陵人。嫁给杜氏为妻，又师从刘纲学道。她能变化，能隐形，掌握多种道术。杜氏不信，经常生气地责备她。东陵圣母曾经治病救人，杜氏知道后更加气恼，干脆告官，说圣母奸妖，不理家务。官府将圣母抓到狱中。不一会儿圣母就从窗户飞出去，飞到云里就此升天了，只在窗台留下自己所穿的一双鞋。于是远近人们立庙事奉她，凡有所求立刻见效。圣母庙中常有一只青鸟，如果有人丢了东西，就去庙里问，青鸟会立刻飞到偷盗者头上。这样一来，小偷都不敢再干坏事了。久而久之，海陵变得民风淳朴，路不拾遗。大家都知道，东陵圣母在天上看着，如果做奸盗之事，小恶果是非病即伤，大恶果就会被风浪溺没，或者被虎狼杀死。

东陵圣母其实就是一个雏形期的妈祖，以修道得法始，以升仙护佑当地百姓终。只不过当时的海陵百姓还

清（佚名）《妈祖奇迹图》（局部）

没学会如何拿本地俗神信仰去跟朝廷互动，而且防盗治病这类功能也没有护佑出海安全迫切，所以她的声势没有造起来，随着时间推移，就逐渐淹没在历史的烟云中了。

  妈祖在闽语里是奶奶的意思。除了妈祖，民间对她还有娘妈、妈祖婆、神姑、祖姑、姑婆等多种称谓。林默生于宋哲宗元祐年间（或说宋太祖建隆年间等），一般认为她登仙时不过二十八岁，形象上算是青年，何况她还未婚，有点处女神的意思。但神格/仙格上，妈祖却绝不是"神仙姐姐"，而是"神仙妈妈""神仙姑奶奶"，是拥有超凡神力与博爱心肠的慈母般的女神。因此无论圣母也好，娘妈也好，婆也好，奶奶也好，都不表示她的年龄大，而是表现民间对她的慈爱面的推崇，而神姑、祖姑等称呼，则侧重她为了济世放弃婚配的事实。

清代学者赵翼在《陔余丛考》里提到件有趣的事。台湾土人这样解释为何他们习惯称她"妈祖"而不是"天妃"（当时可能还没升"天后"）：遇到风浪危急的时候，你一喊妈祖，她哪怕披头散发也会立刻赶来——自家奶奶嘛，形象不重要，救命要紧；如果你喊天妃这种官称的话，她就只好凤冠霞帔、全套披挂了——而地球人都知道，女人一旦进入打扮流程，是非常耽误时间的。你看，妈祖与民众的关系已经如此亲近，早成为家族的一分子了。

"天妃"原本是泛指，意思是天上的神妃，或者就是神女仙姝之义，并不局限于某一人。比如《洞玄本行经》说卫罗国王之女配瑛感灵风而孕，生下一女，"位应天妃"。后来有了官封加持，"天妃"这一称谓在信众心中才渐渐发展为专指妈祖。

"天妃"也不一定非得与天帝有家庭关系。明人李昌祺在《剪灯余话》中提到，宋人何思明质疑过林女为天妃的说法："使天而妃之，是天犹有情欲之未忘也，乌得为天哉？"按"天妃"是元以后封的，于宋止为"妃"，所以这可能是明人借宋人之口对俗说发起的挑战。其实，人间帝王进封妈祖为天妃乃至天后，并不意味着他们认为妈祖去天上做了天帝的妃子乃至正室，而只是以人间女子的秩禄等序来比拟神仙级别而已，毕竟，人们无法想象出一种自己完全没见过的东西。不然还有什么美称可用呢？圣母？神君？元君？这些称号已经在别人身上多次用过了，没有特殊性。还有个很厉害的称呼"王母"，但"王母"是西王母专称，而且本质上更接近先天神，在民众心里的地位不可替代。所以，只剩天妃—天后这个序列可用。

还有认为天妃并不是女神的。明人陆容在《菽园杂记》里说："古人帝天而后地，以水为妃。然则天妃者，泛言水神也。"意思是这种把称谓对应起来的做法只是打比方，天是皇帝，地是皇后，那地上的水就是妃子了，所以你们看到的女神不是女的——是不是有点"你知道吗屈原心心念念的美人其实是大男人楚怀王哦"的意思。另一个明人谢肇淛在《五杂俎》里则解释说"天妃……其谓之妃者,言其功德可以配天云耳",也表示"妃"这个称号只象征地位,与性别无关。他俩还都进一步认为将海神塑为妇人像是讹传,好比文盲们将"杜拾遗"(杜甫)理解为"杜十姨"一般,性别都搞错了。我在此处提及此说,并非赞同其观点,我是觉得这两个钢铁直男还挺可爱的,不理解俗神信仰发生发展的原理机制却非要强行解释,又没能解释妥帖,实在有趣得紧,忍不住跟大家分享一下。

主要出处

《广东新语》《天妃显圣录》《天妃娘妈传》《三教源流搜神大全》《奇闻类记》《涉异志》《五杂俎》《连城璧外编》《夷坚支志》《陔余丛考》《剪灯余话》《菽园杂记》《春渚纪闻·卷第四》

老祖母：骊山老母广收徒

骊山老母可说是年长型女仙的代表。她在吾国民间传说中特别著名，神通广大，徒弟众多，具有较多的俗神特征。咱们从她的事迹聊起，也对其他"老母"略作涉及。

骊山女大概是殷周之间的人，传说她曾经做过"天子"，那么至少是某个部族（乃至联盟）的女首领。最晚在唐宋时期，她已经以女仙的面目出现在世间，被人们尊称为骊山老母。据说她的身体修炼得十分神奇，可以隔肉见骨。她时常采紫草为食。当她行走在太阳底下时没有影子。

唐代有个书生名叫李筌，从小信奉神仙，到处访仙求道。有一天他来到嵩山，在一个岩洞里得到一本《黄帝阴符经》。李筌将这本经书带走，一路上研读了数千遍，还是不明白什么意思。这一日他来到骊山，又将经书翻出来研究，仍旧不得其门而入。

正在苦恼之际，一位老妇人出现了。她头戴莲花巾，身穿不会被雨水淋湿的霓衣，足下是凌波袜和远游履，样貌非凡。这就是骊山老母。她看着李筌身边一段山火烧过的树枝，自言自语道："火生于木，祸发必克。"李筌大惊，忙问道："这是《黄帝阴符经》上的文字，老母如何得而言之？"骊山老母说："《阴符经》是上清秘籍，凡人哪能看得懂？"说罢，她让他拿出经书，为他逐一讲解，指点玄义。

讲完经书，骊山老母说："现在天色也不早了，我看着你已经有些饿了的样子，这样吧，我这里有些麦饭，就给你吃吧。"说罢，她从袖中取出一个瓜瓢，让李筌去取些水来。李筌找到一处泉眼，刚刚用瓜瓢盛满

李筌遇骊山老母（明王世贞辑次《有象列仙全传》）

水，瓜瓢忽然沉没到泉水中消失了。

李筌急忙回去找老母，老母也不见了，只在树下留有数升麦饭。骊山老母的麦饭是用黑豆、大麻子和青州枣按照一定的配比和方法制成的，李筌吃了之后就绝粒了，自己入山寻仙，不知所踪。

同样是在唐代，诗人李白小时候调皮，不愿静心读书学习。有一次他来到溪边玩，看到一个老姆正在那里磨一根铁杵。李白问："您磨它做什么呀？"老姆回答："我要做一枚绣花针。"李白笑道："铁杵这么粗，绣花针那么细，要磨到猴年马月才能成啊？"老姆回答："只要功夫深，铁杵磨成针。"李白若有所悟。他念叨着老姆这两句话往家走，走出不远回头看，老姆已经不见了踪迹。当然，她就是骊山老母，是特意来点醒李白的。据说李白是太白金星下凡，大概骊山老母不愿他荒废了这一遭人生吧。

骊山老母的徒弟还有著名的女将樊梨花。骊山老母教会了樊梨花移山倒海之法、撒豆成兵之术，以及金木水火土五遁之神通，又赠她诛仙剑、打神鞭、混天棋盘、分身云符、乾坤圈等法器，因此樊梨花能够封侯挂帅，镇守樊江关，还与薛丁山发生了纠缠不清的孽缘。

当樊梨花陷入与截教教主及其手下野熊仙、金鲤仙、神龟仙、黑鱼仙、花马仙、野狐仙等教众的大战时，骊山老母骑着一匹金鳌从天而降，邀来轩辕、王敖、张果老、五元仙母、金刀圣母、武当圣母等大仙，破了截教的阵法，大获全胜。

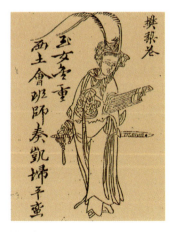

樊梨花

掰书君曰

上文故事综合改写自《墉城集仙录》《薛丁山征西》等资料。

骊山老母又写作郦山老母,或者黎山老母。郦与骊形近且音同,黎与骊音同。

骊山是吾国文化中一个重要的地理符号,周幽王在骊山烽火戏诸侯,秦始皇坑儒的坑挖在骊山脚下,始皇陵墓建在骊山,传说中三百里的阿房宫逶迤在骊山,杨贵妃沐浴的温泉也深藏骊山中……骊山还出产一种人鱼,传说秦始皇陵里用人鱼膏点灯,永远都燃不尽。这样一个毓秀专钟、幽秘独具的地方能出产一位神通广大的老太太,也就不足为奇了。

骊山老母是典型的年长型女神仙,鸡皮鹤颜,神通广大。她号称"地仙之祖"[1],具有很浓厚的"非官方"色彩,是典型的俗神。元代杨景贤的杂剧《西游记》里,孙行者自报"小圣弟兄姊妹五人,大姊骊山老母,二妹巫枝祇圣母,大兄齐天大圣,小圣通天大圣,三弟耍耍三郎",可见在当时民众心目中,骊山老母与那些"在野"的精怪是一家子。历代游走江湖的道姑、女冠等常自称骊山老母的徒弟,行一些卜筮通神、斩妖伏魔之术。正文故事中樊梨花武艺、法术与法器的来源,就被民众解释为得自骊山老母的真传。

如果说青少型女神仙的综合形象是女儿,成熟型女神仙的综合形象是妻子/母亲,那么年长型女神仙的综合形象就是祖母/姥姥。中国传统文化对于祖母的角色期待,除了与母亲相似的慈爱温暖,还有久历世事的智慧和一呼百应的权威。因此我们看到,许多特别需要积势积威的岗位,都是年长型女神仙在司掌。

比如碧霞元君,有时候就被民众称为"泰山老奶奶";日神羲和(十个太阳的母亲),被称为"羲和老母";后文提到的子孙娘娘阵列中,还

---

[1] 也有说镇元子是地仙之祖的,见于《西游记》《四游记》等书。按照仙道界的通常做法,我们可以将骊山老母理解为地仙的女祖,将镇元子理解为地仙的男祖,两不耽误。

有诸多的"婆祖""婆母""奶娘"。

又如斗姆。斗姆或写作斗母、斗姥,据说她是"北斗众星之母"。若依《灵宝领教济度金书》的说法,她是元始天尊在夜间以先天阴气化生,与玉皇大帝齐名。若依《北斗本生真经》的说法,她是某遥远古国周御王的紫光夫人,一日感孕而生下包括天皇大帝、紫微大帝和北斗七星(贪狼、巨门、禄存、文曲、廉贞、武曲、破军)在内的九个儿子。我们知道历史上道教为了跟佛教争民心,其本生经故事也学佛本生故事,极尽浮夸之能事,那么在道教经书中,斗姆这样一个高级得不得了的女神仙,其形象自然就相当老练、严肃而沉稳了——连天皇大帝都是她儿子,她不"年长"怎么行?顺便说一句,斗姆通常四面八臂,手持日月铃印弓戟等物,这种造型摆明了是对标佛教女神千手观音的。

此外,我们还有后土老母、灶王奶奶(她很多时候被描绘成老妇)、土地婆婆、床婆、针婆,等等,也都是典型的"年老才让人放心"的女神仙,就不赘言了。

清梵气先天斗姥延龄谢罪宝忏图(局部)

主要出处

《墉城集仙录》《史记·秦本纪》《汉书·律历志》《神仙感遇传》《薛丁山征西》《古今伪书考》《全元杂剧》《灵宝领教济度金书》《北斗本生真经》

孕嗣保障组：子孙娘娘大家族

子孙娘娘是一系列生产保育神的总称，其中特别著名或特别灵验的，民间也会突出其名号。让我们从一个具体的例子——临水夫人陈靖姑——说起，并进而一探吾国文化中孕嗣保障团队的特色。

唐时，有条蛇妖占据了福建古田县临水村的一个洞穴，强迫人们每年进贡童男童女，否则便要为祸。观音路过此地，见恶气冲天，便咬破指头，将一滴血滴到世间。当地的陈夫人葛氏接到这粒红珍珠般的血滴，吞入腹中，十月怀胎生下一个女儿。因为是十四日子时所生，所以叫她陈十四，又因当时夜深人静，别称静姑，现在一般写作靖姑。

陈靖姑长大后，专门去闾山中学习法术，并结交了许多姐妹英豪。学成之后，她率领众人杀入蛇妖洞穴，用法术和法器斩除了蛇妖，解救了被作为祭品送入洞中、差点死于蛇口的童男童女。由此，陈靖姑受到了当地人的崇敬。以后再有斩妖除魔的事，只要陈靖姑出面，便没有解决不了的。

不但如此，陈靖姑还担负起了催生、助产和保育的责任。唐朝的皇后难产，她前去皇宫为其做法催生，帮助皇后成功产下了太子。因此，她被封为"都天镇国显应崇福顺意大奶夫人"。

据说，陈靖姑后来嫁给刘氏为妻。当她怀有数月身孕时，赶上当地大旱，百姓百般祈雨无效。陈靖姑十分焦急，不顾家人劝阻，施法求雨。最后雨降下来了，陈靖姑也因此献出了生命。

百姓对陈靖姑的爱戴与日俱增。他们为她修建了祠庙，向她祈祷，

陈靖姑（左为其二兄）（《三教源流搜神大全》清刻本）

还为她庆生、办庙会，演戏唱曲舞龙灯。她的职能渐渐由斩妖除魔更多地转向送子、安胎、催生、救助难产、催乳、护幼等，成为民间生育女神和保育女神。民间更为她配祀了多达三十六位"婆祖"（娘娘），帮助她一起更好地实现对孕产妇和幼儿的保护。以后历朝历代又为她加封"顺懿""护国""昭惠""慈济"等封号，直至"天仙圣母""天后"等等。

掰书君曰

上文故事综合改写自《三教源流搜神大全》、清代连横《雅堂文集》等资料。

陈靖姑在闽浙一带是几乎与妈祖齐名的民间俗神，人们一般称其为

"大奶夫人""陈十四夫人""陈十四娘娘"等，其主要职责就是保护孕产妇和婴幼儿的健康安全。之所以叫"大奶"，有人说或许因为她成神时处于孕期，其时女性的身体为了哺乳做准备，乳房会发生生理变化，所以"大奶夫人"体现了她当时的体貌特征。也有人说可能与她会催乳有关，孕产妇"大奶"，意味着产乳量丰足，一方面表明自身健康，另一方面也能喂饱婴儿。所以，如果从这个侧面理解，她的称号的含义是：让产妇"大奶"的夫人。

陈十四夫人大致属于女巫，或者道姑，但她的形象和事迹明显有着杂糅的痕迹。比如说她是观音指间血落入人间所化，以及民间结会崇奉她时会念《金刚经》《心经》等，让她与佛教拉上了关系；她的法术、法器、斩妖除魔事迹等，又是民间巫术或道教故事中常见的元素；而她对子嗣的保佑功能、民间让儿童拜她为"亲娘"、庙会时演出孝道剧目等习俗，则是传统亲族观念和儒家伦理道德观的反映。

对于生产保育神的崇拜由来已久。女娲作为今人能溯及的最早一批大母神之一，其神职中就具有生产保育功能。虽然后世曾将她的神职缩小为"高禖神"，但促婚的目的也是为了子嗣顺利延续。战国时代屈原的《九歌》中，我们还能看到产育女神少司命的身影。虽然对她的崇拜在后世发生了断裂和转移，但至少在当时的荆楚地区，产育女神是一个显赫而重要的存在[1]。

孕产保育是人类尤其女性的大事。在这件大事上，传统文化为我们留下了一个强大的神仙队伍来保驾护航。归纳起来，承担此责的神灵大致有两类：第一类是可兼职护佑孕产妇和子嗣的全能神，如女娲、妈祖、碧霞元君、送子观音[2]等；第二类是专司孕嗣的专职神，除了极少数的

---

[1] 拙作《诸神纪》中有少司命专节，此不赘言。
[2] 观音虽然源自佛教，但经过深刻的本土化之后，却有着浓厚的道教和民间宗教特征，在民间文化语境中是一个兼具释道元素的神仙。下文弥勒的情况类似。送子是弥勒在我国衍生出的一项分职，可能因其胖而笑的形貌十分亲切而被民众追加此功能。大肚笑弥勒的形象其实来自我国五代时期的布袋和尚。

清周培春绘民间神像图：送子娘娘（左）、送子张仙（中）、子孙娘娘（右）

男神仙（送子张仙、送子弥勒等），主体是一个庞大的女性神仙团队。陈十四夫人及其配祀的姐妹，是这个大团队当中的一个小分队。

专司孕嗣的女神常被笼统地称为"注生娘娘"或者"子孙娘娘"。"注"是记载、登记、预示之义。在我看来，"注生"有着两层互相关联又略有区别的含义：其一是对新生命的安排与管理，《搜神记》说"南斗注生，北斗注死"，民间关于阴司的故事中又有"生簿""死簿"之说，那么"注生"在这个层面上就意味着安排一个新生命到世间，或者直白点，在"生簿"上登记打钩，放个灵魂到人间去给人家当子女。民间的子孙娘娘庙里常有些粉彩描画的泥娃娃，求子者拿红线拴一个回家去，希望借此引来孩子"入胎"，这个习俗就是在"生簿"上登记要人的形象化表达。其二是掌管生育之事，"生"和"育"是一个前后相继的漫长过程，"注生"就意味着在此过程中提供全方位一条龙保障服务。综观娘娘们的职责，其实都是在诠释"注生"在这两个层面上的含义。相比"注生娘娘"，"子孙娘娘"这个称呼更直接易懂，在现代的流传似乎也更广。

子孙娘娘总是成群亮相，在有些地方（专门的子孙娘娘庙）会直接作为主神奉于主殿，在有些地方则会作为（碧霞、妈祖、东岳、药王等主神的)配祀列于偏殿。同时被供奉的娘娘数量从三五位到十几位、数十位不等。

关于配祀的这些娘娘都主管什么工作，咱们还是先从陈靖姑说起。广东梅州等地将陈靖姑与林九娘、李三娘合称"三奶娘"，三者并祀。台湾、闽南等地的注生娘娘庙则配祀十二婆祖：陈四娘、葛四娘、阮三娘、曾生娘、林九娘、李大娘、许大娘、刘七娘、马五娘、林一娘、高四娘和卓五娘，其具体职责分别为：注生、注胎、监生、抱送、守胎、转生、护产、注男女、送子、安胎、养生、抱子。福州的注生娘娘庙甚至扩展到了三十六婆祖，分工更加详细、护卫更加周全，就不展开了。

我们再来看另一位著名的催生送子女神、广州地区崇奉的金花夫人的故事。

金花夫人本是明朝洪武年间粤地的女巫。有一次，巡抚夫人难产快不行了，梦见神告诉她去请金花女来。金花来后，夫人果然顺利产下孩子。民间众人知道了这件事，再也没人敢求娶她了。金花感到羞愤，投水而死，年仅十五六岁。粤人立祠纪念她，奉她为保佑生产的女神。后来，金花夫人庙发展到配祀二十位"奶娘"，其职司包括：送子、白花（生男孩）、红花（生女孩）、转花、栽花、送花、剪花、濑花、养育、血刃、羊刃、大笑、小笑、保胎、保痘、梳洗、教食、教饮、教行、腰抱。

（参见过伟《中国女神》）

金花夫人与陈靖姑的情况类似，都是女巫死而成神（仙），并且生前都有保佑生育的事迹。不同的是金花夫人是处女神，称"夫人"稍显尴尬而勉强。但前文也说过，吾国文化中对于女性其实并没有太多尊称方式，看起来比较"高级"的称号往往都与男性挂钩，比如夫人、天妃、天后等等。

金花庙里奶娘们的职司几乎覆盖了人类的整个胎儿、婴儿阶段，但这仍不是全部。在别的庙宇中，我们能看到更多的子孙娘娘名号。

比如，北京东岳庙"娘娘殿"里供奉的九位娘娘职司是催生、培姑、送生、引蒙、斑疹、乳母、子孙、天仙、眼光；而药王庙"娘娘殿"里则去掉了培姑，增添了痘疹；天津妈祖庙配祀的子孙娘娘则另有耳光、千子、引母等名号，此不赘言。这些扩展的职责，为女神仙增添了医疗保健功能。

子孙娘娘们的称号，除了"娘娘"，还有"圣母""元君""老母""夫人"之类，多数着眼于母性。在产育方面，母亲，甚至母亲的母亲自然比年轻女性更具发言权，因此这些娘娘们通常都是中老年形象，面容端庄、沉稳、慈祥，以增加权威感。有些地方更是抛开"中老年"这种含糊性，直接表明这些神仙都是老太太。比如前述福州送子庙里的"婆祖"，梅州等地的"六花婆母"（六位送子女神），广州金花夫人庙里的"大笑姑婆""小笑姑婆"等。这些女神仙们脸上深刻的法令纹象征着广大的智慧与非凡的能力，能带给有所求祷的女性巨大的心理安慰。至于为什么一个十几岁的少女金花能够胜任娘娘小分队的队长，并领导一群妈妈婆婆共同完成送生保育任务，我想，可能因为在当地，金花其人是真有所本的吧。

主要出处

《三教源流搜神大全》《雅堂文集》《番禺县志》《广州府志》《中国女神》《民间俗神信仰》

处女神的尊严：麻姑指爪风波

麻姑的形象很有意思，介于青少型和成熟型之间——形貌上是青少型，职司上属于成熟型。她为我们留下了"沧海桑田"的典故。而关于她的另一场风波，似乎更能体现她对女仙的身份尊严的维护。

麻姑是天上的神仙，据说飞升后居住在蕊珠宫。世人原本对她知之甚少，直到汉代王远（字方平）成仙后的事迹流传于世。

王方平东去括苍山的路途中，度化了一个叫蔡经的市井小民。十年后蔡经还家，说七月七日王方平要来，命家人准备饮食接待其从官。到了那一日，王方平果然在盛大的仙乐仪仗导从下降临。

蔡经向王方平引见了自己的家人，王方平说要派人请麻姑来相会，众人都不知道麻姑是谁。王方平对着空中吩咐道："就说方平敬报，我久不在民间，今日暂到此地停留，不知仙姑可以前来一叙吗？"过了一会儿，回信就来了。仍旧只闻其声，不见送信的人。回复说："麻姑再拜。与您一别，倏忽五百年不见了。有劳来信，我现在蓬莱有事，稍后便去赴约。"

过了一会儿，空中再次传来人马之声，众人望去，其仪仗数量是王方平的一半。麻姑降临后，蔡经举家都来相见。只见她十八九岁模样，面容姣好，头顶中央梳了一个发髻，其余头发披散下来，垂到腰间。她的衣裳显露出美丽的花纹，可是又并非世上的锦绮，光彩耀目，无可名状。

麻姑入门拜王方平，王方平起身应礼。坐定后，麻姑召唤自带的天厨奉上仙馔仙酒，所用的杯盘都是金玉做的，所吃的食物都是各种香气馥郁的花果。又用松柏枝来烧烤肉脯，说是麒麟肉干。俩人边吃边聊。

麻姑说："自打上次聚宴后，我已经见过东海三次变为桑田。不久前到蓬莱，发现海水比往昔浅了。算算时间也过了一半，难道是东海又将还复为陆地了吗？"王方平笑道："圣人们都说，在海中行走时又会扬尘了，看来你说得有理。"

麻姑表示愿意见见蔡经的母亲等亲戚女眷。当时蔡经的弟妇生产后才数十日，麻姑一望就知道了，忙道："噫，且站住，不要前来。"她让蔡家人拿来少许米，撒到地面，说是祛秽。大家惊讶地发现，米粒一落到地面就全都变成了珍珠。王方平不由笑道："仙姑毕竟年少，我老了，不再喜欢玩这种小把戏了。"说笑间，又赐给蔡经家人许多仙酒。

当时蔡经在一旁留神看着，见麻姑手爪与普通人不同，长达四寸，不由心想："她这指爪好，如果我背上痒痒时能用来爬挠（抓挠），就太妙了。"刚有这个念头，麻姑和王方平就都察觉了。麻姑大怒。于是，蔡经不知怎么就跌倒在地，双目流出血来。王方平呵斥道："仙姑是神人，你怎么敢动念头用她的指爪爬背（挠背）呢？"紧接着，鞭声响起，蔡经的背上开始显露出一道又一道鞭痕，却见不到是谁在执鞭。蔡经疼痛难忍。王方平淡淡地说："也不是谁都能轻易挨到这鞭子的。"

鞭完之后，王方平和麻姑都离去了。蔡家人为接仙准备的所有饮食也都吃光了，却没人看见有谁来吃喝。

麻姑特别擅长酿酒，与王方平聚宴时带来的仙酒就是她自酿的。她还专门采集绛珠河畔的灵芝酿造了一种寿酒，每年三月三（一说七月十八）王母诞辰时，她便将此酒作为寿礼奉献给王母。众神仙为了给王母贺寿献上的礼物极多，而麻姑酒在其中独得王母青睐，可见此酒神力与美味非同凡响。

麻姑在仙界的时候居多。她经常在蓬莱与昆仑山之间往来，与斗姥、玄女、织女、嫦娥、南岳卫夫人、董双成、王子登、何仙姑、樊夫人等神仙交游酬唱，参与神仙界的各种大型活动与中小型聚会。

麻姑也会下到人间。宵海昆仑山石落村有个姓刘的人很有钱，曾经在海中钓得百丈长的大鱼，用其骨架做房梁，建了一座大屋，起名叫"鲤堂"。堂前原有一株巨大的槐树，树荫能覆盖数亩之地，世间罕有。有一天，刘氏梦到一个仙女来找他，自称麻姑，问他要大槐树给自己整修庙宇。刘氏很不情愿，借口说："您的庙距离此地好几里呢，怎么搬得过去呢？要搬得过去当然可以啊。"醒过来之后，他并不相信梦中的事。数日后的白昼，忽然风雨大作，天空昏晦如夜，人们赶紧都躲到屋里。不久雨霁云开，一切如初，只有大槐树不知去向。人们到处帮刘氏寻找，最后到了麻姑庙，发现此树已经横卧在了庙前。这下子人们相信麻姑的神力了，自然如她所愿为她增修了庙宇。

麻姑在世上有不少遗留。今天的江西南城、湖北麻城、山东济阳山、广东罗浮山等地还有麻姑山、麻姑峰、麻姑台、麻姑坛、麻姑洞等遗迹，据说是她修仙得道之地。其中山东济阳山上的麻姑仙处是她飞升的地方，山上千余年都能听到金鸡啼鸣，玉犬吠叫。罗浮山上有一种金缕草，色彩金红艳丽，据说是麻姑插髻的金钿变成。又有一种罗浮大蝴蝶，号称小凤凰，纹彩绚烂，翅膀可以做团扇，相传是她遗留的衣裳所化。

最有名的是江西南城县麻姑山的仙坛，这是传说中麻姑的另一个飞升处。唐代大书法家颜真卿做抚州刺史时途经麻姑山，登顶拜谒古仙坛，撰书《麻姑仙坛记》，勒碑纪念。此碑毁于明末大火，但碑文早已被人拓下传世，成了至今为后人追慕、摹写不已的楷书典范。南城的麻姑仙坛也经由颜公墨宝而名声大盛。

王方平教训胆敢冒犯麻姑的蔡经。麻姑所梳即为麻姑髻。明刊本《三教源流搜神大全》画成王方平执鞭，与《神仙传》等资料所述有出入

麻姑撒豆成珠（明杨尔曾编《新镌仙媛纪事》）

(唐)颜真卿《麻姑仙坛记》拓本

掰书君曰

上文故事综合改写自《神仙传》《太平御览》、金代元好问《续夷坚志》等资料。

像麻姑这样能给人强烈而独特记忆点的女仙不多,她最广为人知的事迹可能有三:其一是贡献了"沧海桑田"这个成语,其二是"麻姑献寿",其三是"指爪爬背"。

麻姑是介于青少型与成熟型之间的女仙。她的外貌显小,"年十八九许",尤其所梳的发型,"于顶中作髻,余发散垂至腰",属于半披发,既有女童的稚气(所谓"少女感"),又有道教的仙风(参见道教做法事时披发仗剑的传统)。后世管这发型叫"麻姑髻",女孩们常会效仿梳绾。此外,《女仙外史》里她自况"我是千春处子身,仙郎相见不相亲",也挑明她属于少女/处女神。但是,她出行排场大,法力强,身份高(参考其名媛社交圈)、靠近领导核心(独得王母青睐)……这些又在展示她的成熟威仪。极年轻的外貌加上极老成的内心,咱们说她"童颜沧桑"甚至"童颜枯木心",怕是也不为过。

麻姑的长寿,体现在与王方平所聊的闲天中。她说起沧海似乎又要变成桑田,仿佛凡人以谈论天气打开话匣子,十分云淡风轻。《神仙传》常用类似的可爱小细节来侧面展现神仙境界。海平面(至少)下降几米这种级别的地质变迁,往短了说发生一次怎么也得几千年吧(还要与特定气候条件相连);海底露出后要风化成土壤,还得靠大量淡水冲洗去盐碱变得可耕殖才能种桑,这个过程,怎么又得几千年吧。麻姑见证这一变化过程,不是只有三次,而是"接待以来,已见东海三为桑田",人家办两次招待中间就隔了三个"沧桑",你算算她到底多大岁数了?往短了说,几万岁不嫌

麻姑划着仙槎去向王母进献自酿仙酒（清项焜《麻姑晋罻图》，大英博物馆藏）

处女神的尊严：麻姑指爪风波

多吧?你看看,"曲折计数法"在渲染时间感方面有着多么炫目的修辞效果。

麻姑能够"活久见"沧桑,加上酿得一手好仙酒,瑶池捧寿,云翘薰衣贺王母,更证明她驻颜有术,延年有方。于是,麻姑在民间又有女寿仙的美名。与之相应的男寿仙自然是南极仙翁。不过,在仙话中男寿仙可以呈现自然老态(大背儿头,秃顶,白胡子,拄拐棍),女寿仙的颜值却垮不起,必须坚持头发黑亮,胶原蛋白饱满,行动轻灵敏捷,也怪不容易的。当然,素有"杠精"气质的太白李诗仙不理会这种"潜规则",偏说"麻姑垂两鬓,一半已成霜",不知道麻姑本姑听了会不会感到扎心——这么多年的仙酒面膜和发膜都白做了呢。

麻姑的特色五寸指爪,你可以想象成她的指骨或指甲特别长。这种怪异特征与以下几个因素相关:首先当然是活得久,仙寿高。指爪好比寿命的量化指标,是她放大版的染色体端粒,活越久累积越多,都堆在手指尖那里展览——不然该拿什么招摇呢,南极仙翁好歹还有部长胡子嘛。其次,她的指爪有些像鸟爪,这是神仙相(参见古拙仙专节)。再次,指甲长也是神仙养尊处优的体现。好比慈禧太后戴两寸长的指套,说明身份高,平时不用干体力活——麻姑的体力活,想来也就是掐掐绛珠河畔的灵芝吧,那种精细工作,倒真需要尖尖细细长长的指爪才干得好。

蔡经见到麻姑的指爪,想拿来挠痒痒,麻姑为何大怒?[1]我们可以这么理解:首先,不脱阶级尊卑观念,蔡经在仙界只算喽啰,怎能"以下犯上"。其次,这是她作为体制内的女仙,对"被凝视"与"被评价"的抗拒。麻姑有独立的仙格,不是谁的侍从,别人对她形貌的凝视与评价,有着卑化、物化女仙(及其身体的部件)的企图,她从中感受到了不平等。再次,更严重的是,蔡经的冒犯隐含着性骚扰意味。古时达官显

---

[1]《神仙传》里略过了麻姑的反应,只写了王方平的反应。但我们可以想见麻姑的愤怒,不然,王方平也不必立刻鞭挞蔡经替她出气。至于葛小仙翁为何不写麻姑自己的反击,嗯……是不是因为"生气就不好看了"?

贵身上痒了,常让婢妾做人肉痒痒挠,所以"爬背"有肌肤相亲的暗示。《太平御览》引《道学传》说,王方平收蔡经为徒前,从背后观察过他,说他"心邪,不可教之仙道",就只教了度世术。可见蔡经的确是会动歪念头的人。当然这情节有异文,《神仙传》里王方平观察的就是另一个人。不过,仙话中男子对年轻女仙的这种欲念是确实存在的,前文玉女和徐仙姑专节都论及了。

有意思的是,"借麻姑指爪爬背"这个典故,后来却成了雅俗文学中都爱用的"梗"。俗的不必说了,意思跟西门大官人的心思差不多,雅的却雅得各有趣致。苏东坡"莫寻唐举问封侯,但遣麻姑为('为'也作'更'——笔者注)爬背",李商隐"直遣麻姑与搔背,可能留命待桑田",重点都不是要拿麻姑当粗使丫头,而是表达对退隐修仙的向往。更有对"挠痒"的扩展使用。杜牧说"杜诗韩笔愁来读,似倩麻姑痒处搔",夸赞杜甫的诗和韩愈的文章写得爽,能解自己愁闷——他这痒处其实在心里,不在背上。明《后西游记》作者说自己写此书是"曲借麻姑指爪,遍搔俗肠之痛痒",意思是借神魔小说表达俗世关怀。你看,文人的痒处从后背一路扩展到了心和肠——"雁引愁心"之"心"、"酒入愁肠"之"肠",于是"搔痒"具有了文学活动的象征性,从一个生理解决技巧升华为心灵抚慰方案了。不过遗憾的是,在文士的清高大梦中,有道如麻姑,也不过是他们"享仙福"的伺候者而已。

《神仙传》里,鞭子是王方平的,但后世更多仙话(如《女仙外史》等)却将鞭子说成麻姑自己的,叫做"麻姑神鞭"。这种说法,大概算是替麻姑找回了一些身份尊严吧。

主要出处

《神仙传》《太平御览》《续夷坚志》《古小说钩沉》《女仙外史》《茯苓仙传奇》

神女无情：江妃邂逅郑交甫

江妃二女是与洛神齐名的女神，刘向将她们收入了《列仙传》。其实，相比后天的女仙，她们更接近于先天神。从她们对人类情挑的态度，我们还可一探女神仙在精神层面的自足和超脱。

从前有个男子叫郑交甫，他乘车途经江汉一带时，在水滨看见两个异常美丽的年轻女子。

这两个女子身着云霞般的衣裳，面容婉娈如同朝晖，牙齿皓洁，肌肤柔腻，眼神顾盼犹如流光。她们腰肢纤细，步履轻灵，行路如同清风拂过，腰间玉佩叮当作响，举手投足间散发出迷人的芬芳。

郑交甫看呆了，对仆从说："我想下车去请她们将玉佩解下来送给我。"仆从不以为然地回答道："这一带的人都善于言辞，我怕您说不动她们，反而会后悔呢。"郑交甫不听他的，自己下了车，走到两位女子跟前打招呼："两位辛苦了。"

二女并不很惊讶，礼貌地答言："客人您辛苦。我们有什么可辛苦的？"她们的声音如同兰音玉语，郑交甫愈发动心。他吟咏道："橘子呀柚子呀，我用方筐盛放啊，让它浮在汉水上，顺着河流往下漂。我要沿着河岸追，一路采食香芝草。"然后他说："我知道这样做很不礼貌，但是我想请你们将玉佩送给我，可以吗？"

二女听了他的请求，没有什么犹豫，也开口应答道："橘子呀柚子呀，我用圆筐盛放啊，让它浮在汉水上，顺着河流往下漂。我要沿着河岸追，一路采食香芝草。"吟罢，她们就真的解下玉佩交给了郑交甫。

江妃邂逅郑交甫（雷玥溪绘）
二妃游江滨，逍遥顺风翔。交甫怀环佩，婉娈有芬芳（摘自三国魏阮籍《咏怀》）

郑交甫惊喜地接过玉佩揣入怀中，贴心口放好，告别二女往回走。走出数十步，低头看看自己怀中，他惊讶地发现：玉佩不见了！他忙回望那两个女子刚才站立的地方，这才发现，她们竟也忽然消失了！

这两位女子，其实是江妃，也就是江汉女神。她们平时在天界与江汉间交相出没，乘坐着云车，以羽毛作车轮，以彩霞作旌旗，车队御风而行，四处漫游。她们与湘妃、洛神、龙伯、河伯冰夷、海神海若等交游，在水晶宫里聚宴，在兰芷渚上唱酬。兴致高时，她们甚至会在水面上起舞。清雅的箫管声中，她们的翠袖霓裳翻飞，如同风卷流云，而她们的罗袜踏着江波，不生一丝尘埃。

掰书君曰

上文故事改写自《列仙传》。

江妃号称"水媛"，或"水仙"。《毛诗注》说美女为媛，水媛就是"水里的美仙女"或者"美女水神"。"妃"不表示婚姻关系，主要是表地位，前文已述。

在"江妃"这个称谓中，代表地盘的"江"是她的专属符号。"江"大概率特指长江，或者长江的大支流（比如长江与汉水交界一带的水域）。江妃的来历比较模糊。《广雅》提到"江神谓之奇相"，《蜀梼杌》说奇相是雷蒙氏之女，龙首马身，偷了黄帝的玄珠沉江而死，死而为江渎神。江妃可能是独立产生的，也可能与奇相之间有辗转演变的关系。毕竟，一条大河有个男神或女神是顺理成章的事，不管古早以前有没有，一旦需要，就可以现造。在江妃身上，远古地祇的先天痕迹大于后天之仙的属性。

抛开奇幻情节，江妃故事其实有着浓浓的《诗经》意境。《国风·周南·汉广》说"汉有游女，不可求思"，几乎表达了同样的"爱不可及"的惆怅。只不过，汉女是故事的凡人版，而江妃是故事的仙女版。

也正因此，"汉女"与"江妃"在吾国文学中常常并举。两者的地理位置也差不多：前者发生在周南部的汉水流域（"周南"跨湖北、河南，汉水跨今陕西、湖北，若取交集则为湖北），范围稍广；后者发生在江汉交汇地区，那就是今武汉一带，范围稍窄。但两个故事发生的地点在本质上没有差别。两个故事都有着古楚国文化气质，比较"放得开"。尤其一见钟情就去问人家要信物，哪怕放到今天来看，也算太过直接了。

从郑交甫的冲动和江妃的反应来看，讨信物这个行动并不突兀。可能当时当地原有借物搭茬的传统，意味着"你先给我个东西订交，回头我还你个东西，然后我们再如何如何"。当然，爱上人家不主动送礼，反而索要人家的东西，并且要到手就走，逻辑上显得有点奇怪。以今天的标准，多少有点"集邮"的感觉。

郑交甫对江妃拦路吟咏示爱，应该也是当时当地传统，相当于对歌，像我们熟悉的歌仙刘三妹/刘三妲故事里那样。这从郑氏仆人的劝阻中能得到佐证。仆从说"此间之人，皆习于辞"，这里所谓"习于辞"，肯定不是指擅长唠闲嗑，理解成擅长男女社交辞令、擅长对歌应答会更贴切。"橘子呀柚子呀"（橘是柚也）这种起兴方式，也是典型的民歌风格。江妃几乎原样唱还给他（只改了一个字），就意味着接受而不是拒绝。我个人更好奇如果拒绝会怎么唱，是先借用《诗经》"匏有苦叶"起兴然后说"人涉卬否，卬须我友"（我要等来真爱才上船）么，还是先用"汎彼柏舟"起兴然后说"我心匪石，不可转也"（死心吧我不会改主意的）呢？

"去水边邂逅爱情"是个古老的文化传统，荆楚、吴越这样的水乡自不待言，即便其他（相对的）旱陆地区也不遑多让。《诗经·溱洧》的场景发生在郑国（今河南地域），"洧之外，洵訏且乐，维士与女，伊其相谑，赠之以勺药"，上巳节到了，大家抓紧去水边，趁"修禊"（xì）的机会调笑谈恋爱。为什么修禊这件事对民间年轻人如此具有吸引力呢？我是这么看的：什么"招魂续魄、祓除不祥"之类的巫术意义，什么踏青健身之类的医养意义，对普通人而言都只是表面理由，关键是，窝过

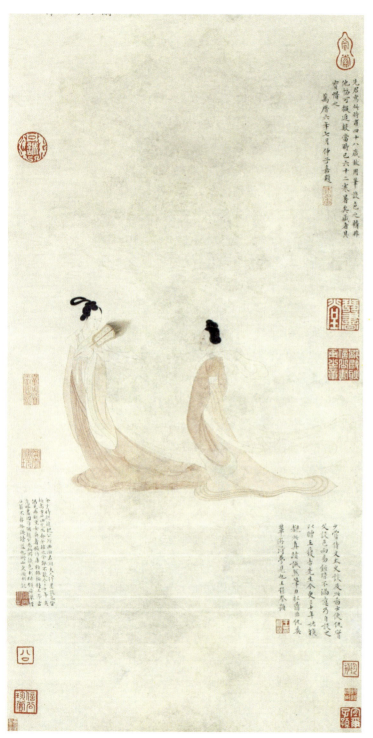

(明)文徵明《湘君湘夫人图》

一冬之后，天气暖和了，大家都要去水边洗去身上污垢，也就是洗澡啊——"湿身诱惑"这个小机灵可不是当代人的发明。不然，你以为泼水节为什么至今不衰、越战越勇呢？所有颠扑不破的民俗传统，背后肯定都有着让普通人无法抗拒的生理理由或经济理由，只不过有些显得粗鲁坦荡，有些则会经过道德的过滤和包装。比如在书斋学者孔老夫子和曾皙那里，"浴乎沂，风乎舞雩"（《论语》）就远离了男女水边调笑的俗情，达到了寄托人生理想的高度。无怪乎"郑卫之声"会招致后世许多冬烘先生的批评——连基本的包装都没有，太不讲究了。回到江妃与郑交甫故事，郑交甫在江汉岸边见到美女，双方吟诗唱和、解物定情的细节，可视为上古"到水边谈恋爱"之风的余绪。

江妃邂逅郑交甫（明杨尔曾编《新镌仙媛纪事》）

除了汉女，常与江妃相提并论的女神还有湘娥（湘妃）、洛神（雒嫔）、山鬼等，其中湘妃、洛神也都属于水媛、水仙。

湘妃也是二女，名为娥皇和女英。据说她们是帝尧的女儿，都嫁给帝舜为妻。帝舜死，她们滴泪成斑竹，古琴曲《湘妃怨》替她们表达了这种哀恨。后来她们死在湘江，死而为神。其实湘水神古已有之，其形象比较狞厉，与《湘妃怨》中的古帝遗孀或者屈原《九歌》中的湘君湘夫人形象都有很大差异[1]。湘妃的二女组合很可能启迪了江妃的二女组合，郭璞、刘向等甚至认为江妃二女就是湘妃二女，那么这算是江妃的第二个来历。不

---

[1] 拙作《诸神纪》有专节"恋爱中的湘水之神"和"美神宓妃"述及湘妃和洛神，此不赘言。

过就神话/仙话而言，我以为完全没必要将两者整合起来：本来江、汉、湘之间有些地理距离，各有其神挺好；江妃在故事中表现出的脾性与湘妃也不同；而且，湘妃已有多重神格了，就另外保留一个神格单纯的江妃吧。

现在来讨论下故事中江妃与郑交甫之间的"感情"问题。

曹子建在《洛神赋》里曾哀叹，自己与洛神彼此有意，却因"人神之道殊"而彼此错过。人神道殊会是什么情形呢？我们从郑交甫身上可以得到具体感受："趋去数十步，视佩，空怀无佩，顾二女，忽然不见"，所有你以为真实把握住的东西其实都是假象。用科幻术语说，玉佩和江妃的影像好比高维物体在其与低维空间交界面的投影，本来就是虚幻的视觉乃至触觉效果，后来人家移出交界面了，作为低维生物的凡人自然就看不见了。这种情况下，跨维度恋爱就谈不成了。

那么，明知人神道殊的情况下，神话/仙话中女神仙对凡人示爱会有什么反应呢？在我看来可归为三类：第一类，接受甚至迎合，比如洛神之于曹植。第二类，愤怒并进行惩罚——当然这里对方所示的"爱"并非真正的爱意，而是情欲/性骚扰，参见麻姑、徐仙姑等故事。（但郑交甫对江妃的心思不宜理解为性骚扰，而是"慕少艾"的人类天性，何况人家除了要块玉，也没干动手动脚之类过分的事）。第三类，无所谓，无情，就是江妃对郑交甫这样的。

江妃对郑交甫的态度很值得玩味。她们是此间的主人，所以称郑氏为"客子"，气定神闲，态度礼貌。还反问他"妾何劳之有"，摆明了已看穿他没话找话的搭茬术。郑氏对歌，她们几乎原样唱还，郑氏要信物，她们立刻就给，太好说话了。玉是很宝贵的，随身佩戴的玉更增加了私密感，又不是溱侧洧畔随手采摘的兰草、芍药，哪能随便赠予陌生人？梁简文帝萧纲有诗句"江妃纳重聘"，意思是玉佩的授受意味着双方定了亲，你看这事有多严重。后世有人据此认为江妃对郑交甫有意，我觉得是个巨大的误会。若真的有意又无法"突破次元壁"，她们也该如洛神那样"抗罗袂以掩涕兮，泪流襟之浪浪"才对。可她们一直笑嘻嘻的，顺水推舟陪郑氏玩儿，纵容他将独角戏直唱到底，真是全无心肝。无论玉佩是她们故意收回，还是随着她们的消失而自动消失的，她们多少存了些戏耍之意。连曹植都说"感交甫之弃言兮"，认为是江妃出尔反尔，背弃了诺言。说起来，洛神有意而江妃无心，子建兄也该知足了。

因此，江妃对郑交甫是真正的无所谓，真正的无情，在她们身上似乎体现出一种比后天之仙更自在自如的先天性。你伤心也罢，惆怅也罢，与我何干？无情不是负心，无情是没有，不在乎，"云无心以出岫"，不喜亦不怒。一切都是尘埃，一切都是浮云，浑不放在心上。这种属于神仙的精神自足和超脱，凡人心肠哪里承受得住？

江妃留在人间最著名的"遗物"，是唐代产生的词牌名《临江仙》。临江仙就是指水媛江妃，最初歌词的内容"多述木意，有调无颢"，意即专门歌咏江妃故事。发展到后来，该词牌脱离本事，赋咏他物，又衍化出各种格律变体，明代杨升庵的"滚滚长江东逝水"即为个中名篇。

主要出处

《列仙传》《宾退录》《乐府诗集》《太平广记》《古今词话》《艺文类聚》

学术派：那一场旷世盲棋

前文在散仙节聊过男仙如何逍遥，包括以橘中戏打发时间。本节说说女散仙的逍遥与追求。在我看来，她们可视为女仙中的技术流或学术流。

唐代翰林王积薪极其痴迷围棋。他每次出行都会带上便携棋具，棋盘是在纸上画出的，棋子盛在竹筒里，挂于车辕和马鬃毛之间。如果路遇民间弈者，他就与人家下棋，如果能赢了他，他会送给对方点心、肉、酒之类作彩头。

安史之乱，唐玄宗南逃，百司奔赴行在，王积薪也跟去了。蜀道狭窄，路途常在邮亭留宿。屋舍都被大官们先占了，王积薪没处睡，只得沿着山间溪流前行，希望找地方借宿。

走到溪林深处，果然看到一户人家，家中只有一个老妇和一个少妇。王积薪表明来意，两人表示不便让他进屋，但可以提供饮水和炊火帮助他。

太阳刚刚落山，老妇和少妇就都关门休息了。王积薪在屋檐下歇息，到夜深也睡不着觉。正在辗转间，忽然听到屋内老妇对少妇说："良宵也没什么好消遣的，我跟你下围棋赌一局如何？"少妇回答："好的。"

王积薪心下大奇，屋内没有点灯烛，老妇和少妇又分别居住在东西两头的房间里，她们这棋可怎么下呢？他将耳朵附在门扉上偷听。只听得少妇说道："我在东五南九下一子。"老妇应道："我在东五南十二下一子。"少妇又说："我在西八南十下一子。"老妇又应道："我在西九南十下一子。"每落一子，两人都思索良久，不觉已经将近四更。王积薪将她们的对弈棋谱悄悄记下，记到第三十六着上，忽然听到老妇说："你已经输了,不过,我也只赢你九枰而已。"少妇表示同意,心甘情愿认输。

次日清晨,王积薪整理好衣冠,礼貌地向老妇请教棋艺。老妇说:"你可以按照自己的想法,布一个棋局给我看看。"王积薪忙拿出随身携带的棋具,倾尽毕生所学之秘诀妙招开始布局。布了卜来手,老妇回头对少妇说:"可以教给这个年轻人一些常势。"少妇听了,便过来在棋盘上简略地指示攻守杀夺、救应防拒之法。王积薪请求讲解得更加详细些,老妇笑着说:"就这些,你已经可以无敌于人间了。"

王积薪只好恭敬地拜谢,向两人告辞。离开十数步一回头,老妇少妇以及她们的屋间都消失了踪影。

从此以后,王积薪的棋艺天下无敌。只不过每次他复盘老妇和少妇对弈的棋势时,虽然竭尽心力,却总无法达到老妇那种能胜九枰的结果。这个棋势被命名为"邓艾开蜀势",一直流传到后世,没有人能够解开它的奥妙。

掰书君曰

上文故事改写自唐代薛用弱《集异记》。

下盲棋的一老一少两女子关系是"妇姑",即婆媳。原文未说明理由,我想可能有这么几条:第一,少妇的发型装扮与少女不同,王积薪一眼能看出来;再者,妇姑之间的关系亲疏也与母女不同;第三,也可能是人家自报的。至于为何将她们设定为妇姑,大概是为了在黑灯瞎火之外,多给下盲棋做一层铺垫——妇姑分处两室,说明她们关系有距离,如果是母女,则大可同室做伴不尴尬。当然这二人算是模范婆媳,白天做伴,夜里唠嗑,听着像女大学生宿舍的夜间卧谈会,除了互相不撒娇,关系还挺铁。

妇姑二人显然是神不是鬼,如果是鬼,凡人回望时见到的会是野坟荒冢,而本故事中只是"失向之室间"而已。因此,妇姑二人应该是云游的神仙,在溪林深处歇脚,并且用法术为自己营造了临时居所,不需

背生双翅的仙人玩"六博棋",神情激动,动作夸张(东汉仙人六博图石函,四川新津县老君山崖墓出土)

要时"收了神通",屋子就像被橡皮擦去,不留痕迹。王积薪遇仙,也许是巧合,但理解为刻意也未尝不可:两位女仙的出现,就是为了向王积薪传授棋艺。那么王积薪就是仙选之人了。

下棋是神仙的标配活动,男仙下,女仙也下。围棋模拟宇宙阴阳,有抽象之乐、数学之乐。据说,围棋是帝尧为他和妻子女皇(尧妻名)所生的儿子朱(丹朱)发明的,丹朱是吾国历史上第一位围棋国手。在神话时代之后,围棋的规制经过了漫长的演进:汉制棋枰纵横十七道,唐制可能十八道,大致在宋世固定为纵横十九道,那么满盘棋子就是三百六十一枚。所以《棋经十三篇》认为围棋暗合天地之道:"三百六十,以象周天之数,分而为四,以象四时",加上"白黑相半""以法阴阳",典型的仙道配色,怎不让人打心底喜爱。唐相李泌出身围棋神童,幼时解释围棋如何具"方圆动静"之质——"方若行义,圆若用智,动若骋才,静若得意",这四条简直是做人做仙的基本修养。因此,神仙爱下围棋,表明人家具有随时体道、悟道的觉悟。

与橘中叟等男仙下棋是为了赌博取乐不同的是,妇姑二人的盲棋,有着学术钻研的色彩。她们更偏重棋艺本身,而且棋力惊人:比如,需要极高数学能力和极强记忆力的盲棋对她们而言只是家常便饭,说下就下,因此平时根本不备棋具;又如,她们下到三十六着就能精算出满盘输赢,可

第八单元 女神仙的乐与怒

这才刚把棋盘摆了十分之一；再如，她们自创了各种棋势，对攻守杀夺、救应防拒之法有成套理论和实战经验。总而言之，与执掌权柄的王母、救苦救难的天后、事奉传信的玉女等都不相同，妇姑二仙更像是专门钻研围棋技术的棋仙，是神仙中的学者，有着浓厚的技术流风范。

技术流的女仙在仙话中不是孤例，我们再来看一个小故事。

君子国凤凰岭有位仙女与族雪道君交好，两人各自用玉膏炼成上药互相馈赠。仙女喜食榆叶，在自己的仙宫栽种了许多榆树，然后邀请族雪道君到榆树下相会。

好吧，你肯定好奇男女神仙在一起做什么，是谈恋爱吗？不，没这回事。人家端端正正坐在树下，并且还把金童叫了过来，一起研讨《镠虹宝典》。

（据元伊世珍《琅嬛记》引《修真录》）

关于《镠虹宝典》的出处和内容实难查证，想来，"镠""虹"这两个字眼都可视为神仙元素（参考镠民和王子乔专节）。由此我们可以合理化地推知，《镠虹宝典》大概是一本讨论如何超凡得道、如何长生不死的神仙秘籍。人家榆下仙女心心念念的不是儿女情长，而是怎么炼药，怎么召开学术研讨会，怎么让自己的仙道修为更上一层楼。

仙话中对于女仙如何刻苦钻研道法的记录还有不少。《神仙传》说太阴女卢全好道，"颇得其法，未能精妙"，为了访求名师，不惜当道沽酒，抛头露面做小买卖，跟汉代成都富家女卓文君为了爱情做出的牺牲一样。终于，太阴女等来了太阳子，"授补道之要，授以蒸丹之方"，成功攀上了学术险峰。为了学术，人家也真是蛮拼的。

主要出处

《集异记》《酉阳杂俎》《浪迹丛谈》《神仙传》《修真录》

卑屈成神：厕神兼乩仙紫姑

紫姑因卑微身世和屈辱经历而被民间底层奉为厕神，我们可由此论及一类亲近、庇佑卑微者的小俗神。同时，由厕神为女性这个现象出发，我们也一探民间污秽观以及对待污秽的方式。

据说，紫姑是莱阳人，叫做何媚，字丽卿。她被寿阳的李景纳为妾室。大妇性妒，容不下她，经常派她去做清理厕所之类跟污秽打交道的事。后来，在某年正月十五这天，大妇暗暗将她杀害于厕所里。天帝怜悯她的遭遇，便命她为厕神。

世人为紫姑制作了人偶，用葫芦瓢做脑袋，在瓢面画上她的脸，用稻草竹篾等扎成身子，穿上花衣。到了正月十五这一天夜间，姑娘们在厕所里或猪栏边点上香烛祷告，对着人偶说道："紫姑神，紫姑神，你的丈夫子胥不在，你家的大妇曹姑也回娘家了，小姑你可以出来玩耍了。"拜完后不久，感觉人偶有了动静，这就是紫姑神降临了。

姑娘们向紫姑神占卜自己心里牵挂的事情，甚至占卜年成丰歉等大事，有些地方还抬着紫姑神的偶像到田间巡游，借助她的神威祛除灾祟、免除病疫等等。后来，紫姑又成了乩（jī）仙，人们通过扶乩与她沟通。

掰书君曰

上文故事综合改写自《异苑》《雅堂文集》等资料。

上古神话里，帝喾有个女儿叫做紫姑，喜好音乐。她去世以后，每年正月十五，人们会奏乐将她迎回，向她占卜蚕桑等事宜。这位帝喾女

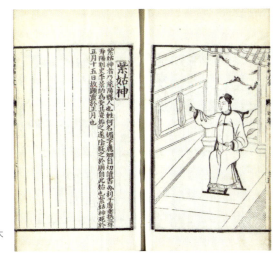

紫姑（《三教源流搜神大全》明刻本）

与厕神的交集主要是都在正月十五受祭。很有可能，在漫长的流传史中，帝喾女的事迹逐渐被人淡忘，但祭祀日和受祭者的名号、性别还顽强地留存于人们的记忆中，到唐宋之际，当新神厕神诞生后，人们便直接将帝喾女之名挪过来指称新神。毕竟，无论她叫何媚也罢，丽卿也罢，或叫别的某某氏也罢，与"紫"这个字及其内涵都没有必然关联，很难说它不是借用的。

紫姑又叫子姑、三姑，或者坑三姑娘（这个"坑"当是"茅坑"之义）。她是死而为神，其神籍和神力不是自己修仙修得的，而是天帝特批的，所以她的故事不需要讲述艰难的修炼过程，直接讲结果就可以了。她的合法性也体现在灵验上。紫姑带有浓厚的民间俗神色彩，非常亲民而低调，没有正式的庙宇，贡品简易，祭祀方便，解决的也大多是生活小问题。

在多数地方，祭祀紫姑的都是女子（少数将紫姑神职扩大化的地方会男女共奉，比如湖北鹤峰县土家族民俗），这让该信仰具有了一种小团体内部信仰的私密性。女孩子们有各种小秘密，需要各种神灵来解答心中的疑惑，紫姑因此可视为一类"姑"的代表，包括箕姑、针姑、帚姑、竹姑、苇姑等等，她们所依附的物件，与女孩子的日常生活、工作内容紧密相关。旧俗认为正月百草有灵，所以帚苇针箕等皆可邀神。宋人范成大在《上元纪吴中节物俳谐体三十二韵》中写道，"筵簪巫志怪，香火婢输诚。帚卜拖裙验，箕诗落笔惊。微如针属尾，贱及苇分茎"，描述了吴中女子卜帚、箕、针、苇的情形，并且提到进行这种小型占卜的多为"婢子之辈"，又说这些都是"末俗"，看在过年面上就姑且忍了（可见平时都只能"地下"进行）。《红楼梦》里写芳官等丫头斗草占卜与此类似，也可旁证信奉诸姑者多是年轻女孩。

上述诸姑中，箕姑又称筲箕姑，常认为就等于紫姑。卜箕姑又称扶箕。宋人陆游《新岁》诗句"载糗送穷鬼，扶箕迎紫姑"，印证了此绑定由来已久。清人俞樾在《茶香室四钞》引《嘉定县志》解说当地如何操作："卜箕姑，以筲箕插筋，蒙以巾帕请之，至则能写字，能击人。"至于别的地方，卜法不尽相同。从描述看，扶箕就是扶乩，后世通行的做法是由两个人扶着一个丁字形的木架，让木架下垂一端在沙盘上画字，画出的字就视为神鬼的指示。

后来，人们将乩仙（箕仙）扩大化了，从紫姑扩展为其他民间俗神——有男有女，通常都是些你没听过的名字，比如韩碧霞、陈百史之类，但紫姑仍可算其中名流。《五杂俎》说"箕仙之卜，不知起于何时，自唐、宋以来，即有紫姑之说矣。今以箕召仙者，里巫俗师，即士人亦或能之。"可见箕卜入门轻松、源远流长、传播广泛。我们来看一个小故事。

从江南来了个扶乩者，说他的乩仙是卧虎山人，但这位乩仙不替人预测吉凶祸福，只与人唱和诗词，还能作画，所画为几笔兰竹。乩仙下坛所作的绝句如："爱杀嫣红映水开，小亭白鹤一徘徊。花神怪我衣襟绿，才藉莓苔稳睡来。"诗意颇为清浅不俗。有人问他的名号，乩仙说：

妙玉扶乩(《红楼梦》清孙温绘本)

卑屈成神:厕神兼乩仙紫姑

"世外之人,何必留名?如果你一定要逼我,我不过杜撰出一个名号来对付你罢了。"

(出自清纪昀《阅微草堂笔记》卷三)

你看,这位乩仙颇得高士之傲,文士之趣,而又有百变狐仙之诙谐。你不知道他是男是女,他也不管你鸡毛蒜皮的俗务,降坛只为了向世人显示自己的文才——当然你也可以认为,其实这不过是怀才不遇的底层小文人(扶乩者)假托乩仙在过自己的文学瘾罢了。

俞正燮《癸巳存稿》提到苏州有"田三姑娘",嘉兴有"灰七姑娘",也都是紫姑类神仙。"田三姑娘"与"三姑"应该是同源的,"灰七姑娘"则当与《嘉定县志》中提及的"七姑"同源。

"七姑"就是"戚姑",而"戚姑"来自汉初刘邦后妃戚夫人的可能性很大。据说戚夫人被吕后做成"人彘",最后杀害于厕所,人们因同情而以之为厕神,倒也符合在死地为神的传统。戚姑与紫姑的经历相似,所蕴含的精神内核也一致,所以紫姑神也罢,戚姑神也罢,作为厕神,她们可以混融为一。

现在来讨论一下厕神为什么是女性这个问题吧。

要知道,男性跟厕所的渊源一点不比女性浅。比如春秋时期的晋景公是掉进茅坑而死的(事见《左传·成公十年》),他身份高,如果厕所需要神的话,完全可以找他担任(在死地为神)。又如淮南王刘安,他升仙后因过失被谪守都厕三年,罚满后只能当散仙,没有职务。刘安都已经是神仙了,又守过三年神仙公厕,以他为厕神,顺便替他解决工作问题,不是也挺好的么?

将女性与污秽相连,其观念最初应该源于对女性生育过程的恐惧。在原始人看来,生育是神秘的,也是让人敬畏的。随着男尊女卑社会的建立,对女性生育血污连同经期血污的认识逐渐由神秘可怖转为污秽不洁,同时又认为其中蕴含的神秘力量仍然存在。《杨家将演义》里天门阵

(清)佚名《三霄娘娘送子图》,此图中主位为 云霄、琼霄、碧霄三位娘娘

的妖女阴风、义和团用来压制敌方阵营的经血污物,都是这一观念在后世的体现。

厕所的污秽与经血的污秽高度相关,除了厕所是经血的倾倒之处,也因为古时女性常将孩子生在干净的马桶里以避免污染被褥,马桶等于可移动的小型厕所。《封神演义》将"坑三姑"演绎为云、琼、碧"三霄娘娘",她们的法器混元金斗的原型就是马桶(净桶),金蛟剪就是剪短脐带的剪子。封神后她们"专擅先后之天","凡一应仙凡人圣……落地先从金斗转劫",意思是她们负责转生,大家投胎都要从她们这"神仙马桶"落到"凡世马桶"里去。

聊到这里,我们还可以顺便讨论一下厕所作为污秽之所,为什么又被视为具有神异功能,甚至还能保佑民生。学者过伟先生认为这与中国以农立国,农业重视粪肥有关[1],这当然是一条好理由。再者,我认为还与正统文化对钱财羞羞答答、欲拒还迎的心态有关——其实,保佑民生,归根结底就是保佑经济基础,保佑有钱挣。

所谓"视金钱如粪土",那自然也就"视粪土如金钱",在金钱与粪土间建立起等价关系。底层文化很善于戳破某些冠冕堂皇的伪装,偏要富贵粪中求。《太平广记》收录了一个凡人欧明与神婢如愿的故事,如愿不堪忍受欧明虐待,从积薪粪土中遁去,欧明便"以杖捶使出",还大呼"汝但使我富,不复捶汝"(只要你让我发财,我就不捶你了)。虽然他没得逞,当地却就此有了捶粪求财的习俗("今世人岁朝鸡鸣时,转往捶粪,云使人富也")。这个故事充满了狡黠的民间智慧,怎么看怎么是满满"挣脏钱不害臊"的隐喻。如果联系上"人无外财不富"的俗谚,您各位仔细想想,它是不是还在讽刺甚至教唆些什么?

不要嫌钱脏,粪土产黄金。厕神与财富的真实关系,或作如是观。

主要出处

《异苑》《雅堂文集》《五杂俎》《神仙传》《太平广记》《右台仙馆笔记》《茶香室四钞》《阅微草堂笔记》《癸巳存稿》《杨家将演义》《封神演义》《池北偶谈》

---

[1] 参见过伟《中国女神》,广西教育出版社,2000年。

后记

本书是《诸神纪》的姊妹篇。

写这样的书，费尽心力，反响未知，难免忐忑。关于为何要写，我在《诸神纪》的前言、本书的前言和行文中都说了不少。言犹未尽，还有些不成熟的思考，放在后记里与读者诸君略叙两句。

治学问，当然要与现实发生关联，毕竟神话、仙话、鬼话云云，归根到底都是人话。

今天，文化输出似乎正成为一个全社会热议的话题。输出什么、如何输出，是考验，也是挑战。我个人看法，在这方面，道比儒似乎更能胜任些——也许道的东西更具某种所谓"普遍性"吧。简单归因的话，相比儒对秩序和自我约束的讲究，道更彰显自然与自由，彰显自我实现（当然，道的内涵不止于此），而人类的天性喜欢自在，不喜欢被约束。文化输出，说到底是在有起码共识的基础上与他者文明进行对话，那么，拿对方更容易理解的东西开路，也许效果会更好。现成的例子是，近几年，玄幻文学和李子柒都在海外受到热烈追捧，而他们身上，恰恰体现出了道（道家/道教/神仙学说）的某些特质。由此可以想见，在这方面，更"正宗"的、更能体现中华文明精神的仙话（而不是更随意的玄幻作品），显然具备可深入挖掘和操作的价值。

当然，文明发展到一定程度，影响力会自然外溢。目前我们之所以会有输出/输入焦虑，是因为现代化之后重组的中华新文明还不够强大，从文明碰撞和冲突的角度来看，好比一直处于"仰攻"位置，所以难免吃力，事倍功半。我想这是个正常的过程，也不必过于担忧。周秦以后，中华文明受到过两次重大的外来文明的冲击，东汉有来自西方的佛教，清末有来自更西方的欧美文明（其影响延续至今）。这两次冲击的过程都伴随很大的痛苦，但凭借中华文明强大的包容性和融合力，我们也从中获益良多。我们的文明一直有着傲人的根和源，外来冲击好比给花木换盆，只要原先的根系足够深足够壮，新加入的土壤早晚能转化为营养。但是，回到今天的全球对话语境中，光有根源却并不够，要取得话语权，还需要有势。势靠积，积势久，站位高，才有飞流直下三千尺。历史上，我们的势曾经积得很高很厚，不过在将近两百年前轰然崩塌了，目前仍然处于找补、重积或者说复兴的过程中。那么，当下该用什么来积势呢？我以为，其中不可或缺的一环是不断对传统文明进行现代化的审视与扬弃，并且不断将这种审视与扬弃的成果与本文明的后裔们分享。在这个意义上，神话、仙话都是积势的好材料。

  关于以上话题，相信读者诸君自有思考，此处就不再多说了。

  再说说本书的写作吧。就我自己的认知，我更倾向于将《诸神纪》与《诸仙纪》都理解为一种具有当下性的"笔记"，而不是板着脸的学术专著。它也许比古代的笔记体著述更有学术味一些（更有体系、更注重论证等），但同时它应该比学术专著具有更多的弹性，可以容纳作者在一定程度上的自由联系与发挥，从而体现更多的个性与趣味。老实说，趣味性是我喜欢阅读古代笔记的最大原因，有时候甚至超过了知识性。

  当然，这也与我个人的写作取向有关。我是写小说的，天生青睐丰饶的细节，思维愿意发散跳跃。本书写作过程中被激发出的许多小思绪、小碎片，也许与该节主题的学术论证无关，但我相信仍然是有意义和趣味的。另一方面，我想有时候读者也会喜欢一些边边角角的东西，世界本来就深藏于细节中嘛。细节可以见众生，见神仙，见天地。

与《诸神纪》相似,《诸仙纪》也力图成为一本"轻学术"的书。"轻学术"的意思,除了上文所述的个性、趣味性,还有很重要的一点是桥梁性——在高冷的学术成果/学术语言与普通读者的通俗阅读需求之间架起桥梁。学界关于仙话的研究可谓成果丰硕,但对普通读者而言,这些成果可能不那么好读、好懂。本书在阐发自己的研究心得之外,也愿意试着成为一座桥,让双方能相向而行并最终相遇。

得益于《诸神纪》的尝试,我个人感觉《诸仙纪》在"轻学术"的尺度把握上可能有了些许进步。但到底如何,还是恳请读者诸君检验与批评。感谢你们。

囿于篇幅,本书不再将所引资料的原文单独摘录,而是融入正文中,并在每节末再次注明资料来源。此外,本书的参考书目还有相当部分与《诸神纪》是一致的,读者诸君如果有需要,也可以核查《诸神纪》末的文献索引。

同样囿于篇幅,本书中还有些章节暂时拿掉了,正如岳永逸教授序中所提及的那样。希望在将来,我能有机会将它们收录进我的新书中。

本书的原创插画由中央美院国画专业的雷玥溪同学绘制,感谢她以精湛的技艺和独特的想象力,让这本书变得十分生动可爱。

真诚地感谢人民大学的民俗学专家岳永逸教授。他在教学与研究的百忙之中拨冗为我作序,高屋建瓴地阐述了仙话的当代赋意,种种精妙论述与见解,令我深受启发,也令拙作焕然增辉。昔年我们曾同在钟敬文先生门下学习,青春堪忆;如今他深耕本业,建树颇丰,其执着不懈的精神,一直激励我继续努力。

我要特别感谢本书的责编闵艳芸女士。她对本书从结构到内容都提出了很多高标准的、专业而中肯的建议,更为搜寻书中资料配图付出了艰苦卓绝的努力。我想,在当下恐怕少有编辑能为了这些细节的到位和完美如此付出了。她的专业和认真促成了我们的再度合作。借此机会,我要向她的职业素养和无私奉献致以深深的敬意和真挚的谢意!

当然,我还要感谢我的所有家人,感谢你们这么多年来对我始终不变的包容、理解和支持。嗯,爱你们。

最后,还是那句话:荣耀归于诸神,谬误归于我。文明的本体不朽。

严优 谨上
2022.2.22